HEYNE <

DER AUTOR

Gerhard Haase-Hindenberg, Jahrgang 1953, Abitur auf dem zweiten Bildungsweg, siedelte zeitweilig in die DDR über, wo er an der Hochschule für Schauspielkunst »Ernst Busch« in Ost-Berlin studierte. Er arbeitete als Schauspieler, Regisseur und Theaterautor an Theatern in Nürnberg, München und Berlin, sowie für TV- und Kinofilme. Regelmäßig publiziert er Reportagen und Interviews in der *Welt* und der *Berliner Zeitung*, sowie für den Hörfunk.
Sowohl sein Debüt als Buchautor, *Der fremde Vater* (2004), als auch die bei Heyne erschienenen Bücher *Göttin auf Zeit* (2006) und *Der Mann, der die Mauer öffnete* (2007) sorgten für ein großes Medienecho.

GERHARD HAASE-HINDENBERG

Göttin auf Zeit

Amitas Kindheit als Kumari in Kathmandu

WILHELM HEYNE VERLAG
MÜNCHEN

FSC
Mix
Produktgruppe aus vorbildlich
bewirtschafteten Wäldern und
anderen kontrollierten Herkünften

Zert.-Nr. SGS-COC-1940
www.fsc.org

Verlagsgruppe Random House FSC-DEU-0100
Das für dieses Buch verwendete FSC-zertifizierte Papier
München Super liefert Mochenwangen.

Taschenbucherstausgabe 10/2007

www.heyne.de
Printed in Germany 2007
Umschlaggestaltung: Eisele Grafik-Design, München,
unter Verwendung eines Fotos von Udyog Raj Singh
Druck und Bindung: GGP Media GmbH, Pößneck

ISBN: 978-3-453-64513-4

Für Amita, Anita und Bina

Inhalt

Prolog: Recherche mit Überraschungen

Die heiligen Verse der Mantras habe ich von meinem Vater gelernt, der mir auch die tantrische Kraft verliehen hat. Er hat mich in die Rituale eingeweiht, die eigentlich geheim sind. Aber ich will sie Ihnen erklären, damit Sie in Ihrem Buch die Wahrheit schreiben …

Puspa Ratna Bajracharya
Raj Guru – Oberhaupt der Pancha-Buddha-Priester

Ich hatte mich auf eine übliche Übersetzertätigkeit eingestellt, und plötzlich fand ich mich in einer spannenden Recherche wieder, durch die ich viel Neues über die Kultur meines Volkes erfahren habe.

Jaya Krishna Nhuchhe Pradhan
Nepalesischer Übersetzer

Würde dieses Mädchen mir seine Geschichte erzählen? Drei Jahre und neun Monate, nachdem ich Amita das letzte Mal als souverän agierende Kumari beobachtet hatte, saß ich einem Teenager in Bluejeans und gelbem T-Shirt gegenüber, der scheu meinem Blick auswich. Selbst auf die Frage nach ihrem Alter wölbte sie den Mund zur Schnute und sprach kein einziges Wort. Dabei hatte sie am nächsten Tag Geburtstag – ihren sechzehnten. War dies wirklich das Mädchen, das ich zweimal in seinem Leben als Mädchengöttin Kumari gesehen hatte?

Ich erinnerte mich an jenen kühlen Dezembertag 1991, als ich zum ersten Mal den Kumari Bahal, den Wohnsitz der »lebenden Göttin«, am zentralen Durbar-Platz in der Altstadt von Kathmandu betreten hatte. In dem für jedermann zugänglichen Innenhof erläuterte mir ein Wächter, dass dort oben im mittleren der drei Fenster gelegentlich die Kumari leibhaftig zu sehen sei. Und er deutete an, dass er der Mann sei, der das gegen einen kleinen Obolus bewerkstelligen könne. Kurz darauf streckten mir zwei kräftige Frauenarme ein pausbäckiges, geschminktes Kleinkind entgegen, das gerade irgendetwas kaute. Wenige Sekunden nur gestattete man mir den Blick auf die »lebende Göttin«. Damals war Amita drei Jahre alt und seit drei Monaten im »Amt«. Und das war sie noch immer, als ich neun Jahre später in das Himalaja-Königreich zurückkehre, um mir bei ihrer Vorgängerin Rasmila die nötigen Informationen für eine Reportage über deren Leben nach der Kumari-Zeit zu beschaffen. Denn eine Mädchengöttin blieb man eben nur solange, wie man ein Mädchen war.

Mein nepalesischer Journalisten-Kollege Prateek Pradhan von der *Kathmandu Post* hatte mir den Kontakt zu Rasmila und deren Familie vermittelt. Und er informierte mich über eine Puja, wie man in Nepal die Opfergottesdienste nennt, die am Abend nach meiner Ankunft im Tempelbezirk der einheimischen Gottheit Machhendranath stattfinden, und bei der auch die aktuelle Kumari erscheinen werde.

Die Puja war schon in vollem Gange, als die mittlerweile zwölfjährige Mädchengöttin hereingetragen und auf einen kleinen roten Thron gesetzt wurde. Dem äußeren Anschein nach verfolgte sie, von der ich seinerzeit nicht wusste, dass sie Amita heißt, die Zeremonie nahezu teilnahmslos. Fast gelangweilt nahm sie zur Kenntnis, wie erwachsene Männer sich ihr zu Füßen warfen.

In Vorbereitung meiner neuerlichen Begegnung mit diesem Mädchen sah ich mir immer wieder die Filmaufnahmen an, die ich damals aus nächster Nähe gemacht hatte. Es schien, als ginge von diesem als lebende Göttin verehrten Mädchen tatsächlich eine geheimnisvolle Kraft aus. Aber steckte dahinter nicht nur das nachvollziehbare Selbstbewusstsein eines Kindes, dem von allen Seiten Verehrung entgegengebracht wird? Ein fragiles Selbstbewusstsein, wie man es von Kinderstars in Hollywood kennt und das nur so lange von Dauer ist, solange sie aus Stretch-Limousinen ins Blitzlichtgewitter der Fotografen steigen? Außerdem vernebelte das aufwändige Make-up der Kumari den Blick für die Realität. Neben dem »dritten Auge« auf der Stirn, jenem Insignium der göttlichen Macht, verwandelten grellrot geschminkte Lippen und ein bis zu den Schläfen gezogener Kajalstrich das Mädchen zu einer heiligen Femme fatale.

War dieser scheu in die Gegend blickende, Schnute ziehende Teenager dort wirklich jene Kumari aus dem Machhendranath-Tempel? Ich machte mir klar, dass sie vor nicht allzu langer Zeit einen enormen Kulturschock verkraften musste. Den Wechsel von einer Kindheit, in der sie auf riesigen Manifestationen verehrt wurde (und selbst der König sich vor ihr verneigte), in eine kaum definierte Rolle innerhalb einer Gesellschaft, in der die Frauen vielfach noch immer nicht mit ihren Männern am gleichen Tisch speisen. Würde dieses Mädchen seine Geschichte ausgerechnet einem fremden Mann aus einer fernen Welt erzählen?

Im Vorfeld der geplanten Begegnungen ging ich davon aus, dass es einige Zeit dauern würde, bis die Eltern der Ex-Kumari mit mir auch über ihre einstigen Gefühle sprechen würden. Und ich wurde damit überrascht, dass sie gerade diese Empfindungen von Anfang an in den Mittelpunkt ihrer Schilderungen stellten.

Ich rechnete damit, dass ich während meiner Gespräche mit Priestern und religiösen Funktionären – die hier solche Titel wie Badaguruju, Mul Purohit oder Raj Guru tragen – erst einmal allgemeine Worthülsen und sakrale Chiffren über mich ergehen lassen müsste. Das wäre bei Kurienkardinälen vermutlich ebenso. Dann aber kam es anders. Mein nepalesischer Reporterkollege Yuvraj Acharya richtete es so ein, dass ich jenen heiligen Männern in einer gelösten privaten Atmosphäre begegnen konnte. Und das führte dazu, dass sich einige von ihnen als geradezu eloquent erwiesen und mir gar die lange geheim gehaltenen tantrischen Riten des Kumari-Kults anvertrauten. Die größte Überraschung aber bescherte mir schließlich Amita selbst – jenes Mädchen, das fast zehn Jahre die »Schutzgöttin des nepalesischen Königs« war und bis zu unserer Begegnung noch nie mit irgendeinem Menschen außerhalb des Kumari-Hauses (außer mit ihrer Schwester) über ihre außergewöhnliche Kindheit gesprochen hatte. Nicht einmal mit den Eltern – und es hat auch nicht den Anschein, als ob sie dies je tun würde.

Zunächst vergingen zwei entsetzlich lange Tage, an denen ich Yuvraj Acharya meine Fragen in Englisch formulierte, er diese ins Nepali übersetzte und Amita Schnuten zog. Der Vater saß immer dabei und auch Kalpana Shakya, die aus der gleichen Kaste kommt wie die Kumaris. Sie war mir schon vor Jahren bei meinen Begegnungen mit Amitas Vorgängerin Rasmila als interkulturelle Mittlerin behilflich gewesen. Hatte ich diesmal das falsche Mädchen ausgewählt? Sollte ich nicht besser Rasmilas Eltern anrufen, deren Tochter mir seinerzeit Rede und Antwort stand? Dann aber erinnerte ich mich an die augenscheinlich standardisierten Antworten der Ex-Kumari Rasmila, die sie mir und vielen anderen Journalisten gegen dreistellige Dollar-Summen als Tageshonorar verkaufte. Und immer, wenn die Fragen privater wurden, nach Gefühlen und Sehnsüchten in jener Zeit im Kumari Bahal, sprang deren eloquente, intellektuellere Schwester Pramila ein.

Die Überraschung passierte, als Amitas Vater am zweiten Tag kurz aus dem Zimmer gerufen wurde. Als habe das Mädchen nur auf einen solchen Moment gewartet, sprach es unaufgefordert einen ganzen Satz – in Newari. Auch Yuvraj versteht die Sprache der Newar nicht, jener Ureinwohner des Kathmandu-Tales. Kalpana übersetzte ihn ins Nepali und Yuvraj ins Englische: »Sometimes in Kumari Bahal I felt an awful loneliness!«

Im ersten vollständigen Satz nach zwei Tagen gesteht sie, dass sie sich manchmal furchtbar einsam fühlte! Sofort hake ich nach. In knappen Sätzen erzählt sie leise von einem vergitterten Fenster, hinter dem sie oft saß und auf die Welt hinausblickte. Und sie spricht von ihrer Sehnsucht nach Durga, die wie eine ältere Schwester mit ihr im Kumari-Haus zusammenlebte. Dann kommt der Vater ins Zimmer zurück und Amita verstummt wieder.

Jetzt war mir klar, dass das Mädchen in Gegenwart des Vaters oder anderer Familienmitglieder nicht über ihre Zeit als Kumari sprechen würde. Offensichtlich aber hatte sie andererseits das Bedürfnis danach.

Amitas Vater hat mir später erzählt, dass sie schon vier Wochen, nachdem sie Kumari geworden war, während seiner Besuche nicht mehr mit ihm sprach. Als ich Amita danach frage, erklärt sie knapp: »Ich wusste nicht, worüber wir reden sollten.«

Wie würde es mir gelingen, einen traditionsbewussten newarischen Vater davon zu überzeugen, dass er seine Tochter mit mir und meinen Mitarbeitern allein lassen soll? Ich musste mein Anliegen mit einem journalistischen Prinzip begründen, denn er durfte es nicht auf sich beziehen. Also erklärte ich, dass ich alle Gesprächspartner getrennt interviewen müsse, um möglichst authentische, unbeeinflusste Aussagen zu bekommen. Und ich verband diese Erklärung mit einem Angebot. Im Gegensatz zu Rasmilas Familie hatte er nicht nach einem Honorar gefragt. Nun aber bot ich ihm eine Summe, die es Amita ermöglichen würde, nach ihrem Schulabschluss eine Ausbildung zu machen. Fortan konnte ich mit dem Mädchen allein sprechen.

Amita blieb bei den kurzen Sätzen und Kalpana wurde offenbar ungeduldig. Bald sprach sie mehr als mein Gegenüber, und ich hegte den Verdacht, dass sie Amita Alternativantworten anbot, aus denen sie nur noch auszuwählen brauchte. Ich beschloss daher zunächst, die Arbeit mit einem Übersetzer ins Deutsche fortzusetzen, der auch

Newari spricht. Yuvraj hatte dafür sofort Verständnis. Umso mehr, als er neben seiner Tätigkeit für die *Kathmandu Post* ohnehin genug damit zu tun hatte, mir den Kontakt zu den anderen Gesprächspartnern herzustellen.

Der Übersetzer, den mir das Goethe-Zentrum von Kathmandu vermittelte – ein Newar, der dort Deutsch unterrichtet –, hatte zwei Jahre in Saarbrücken gelebt. Auf der Dachterrasse meines Hotels erteilte ich dem sympathischen Jaya einen Crashkurs in Interviewtechnik und beschwor ihn, meine Fragen möglichst kommentarlos zu übersetzen. Schon am nächsten Tag bestätigte er meinen Verdacht in Bezug auf Kalpanas »Hilfestellung«, und ich beschloss, künftig auf sie zu verzichten. Ein gewagter Schritt, denn offenbar hatte sich Amita ein wenig an Kalpanas Art der Fragestellung gewöhnt. Außerdem musste die Familie des Mädchens nun akzeptieren, dass die sechzehnjährige Tochter oft stundenlang mit zwei fremden Männern allein war.

Amitas Zutrauen wuchs mit jedem unserer Gesprächstermine, was sicher auch damit zu tun hatte, dass wir uns auch über ganz andere Dinge unterhielten. Über indische TV-Soaps beispielsweise und über aktuelle Trends im Nepali-Pop. So erfuhr ich ganz nebenbei, dass die Cartoon-Serie *Spiderman* im indischen Fernsehen die Lieblingssendung der lebenden Göttin war.

Das Mädchen fand bald zunehmend Spaß an unseren Treffen, aber sie entwickelte ein gewisses Misstrauen gegenüber jeder Form von Methodik. Sobald sie aber das Gefühl bekam, dass wir uns nicht einfach nur unterhalten, sie vielmehr systematisch ausgefragt wird, runzelte sie die Stirn, und der Mund war auf dem Sprung zur Schnute. Also erschien ich fortan ohne Manuskript, sprang in den Themen hin und her. Eines Tages machte ich ihr dann den Vorschlag, die Unterhaltung einfach mal umzukehren. Ich würde erzählen, was ich so aus unseren Gesprächen behalten hatte, und sie solle kontrollieren, ob ich auch alles richtig verstanden habe. Amita war einigermaßen überrascht, als ich ein Manuskript hervorholte und thematisch geordnet Punkt für Punkt vorlas, worüber wir in den vergangenen Wochen völlig ungeordnet gesprochen hatten. Dabei machte ihr die Rolle des »Zensors« offenbar großen Spaß. In der Folgezeit überraschte sie mich gelegentlich sogar mit eigenen schriftlichen Aufzeichnungen, die sie für mich angefertigt hatte. Wir waren ein richtig gutes Team geworden.

Steinchen für Steinchen wurden die Informationen wie bei einem Mosaik zusammengetragen, und es entstand das Bild einer außergewöhnlichen Kindheit eines nepalesischen Mädchens, das von der Welt weitgehend isoliert als »lebende Göttin« aufwächst. Dabei wird die Geschichte aus verschiedenen Perspektiven geschildert – neben der des Mädchens und ihrer Familie, aus der ihrer jahrelangen Betreuerin im Kumari-Palast und aus dem Blickwinkel der religiösen und gesellschaftlichen Avantgarde Nepals. Die Unterschiede zwischen den einzelnen Sichtweisen ist beträchtlich. Viele Hintergründe des Kumari-Kults waren Amita übrigens bis zu unserer gemeinsamen Arbeit unbekannt. Denn natürlich hatte es niemand für nötig befunden, eine Göttin über die Hintergründe ihrer eigenen Existenz zu informieren.

Rasmilas letztes Fest

Das Kumari-Fest an den Indra-Jatra-Feiertagen haben zwar erst die Malla-Könige vor etwa vierhundert Jahren eingeführt und sie haben auch das Kumari-Haus gebaut. Den Kumari-Kult aber gibt es, seit es die vielarmige Göttin Durga gibt – also seit mindestens tausend Jahren.

Madhav Bhattarai
Religiöser Ratgeber des derzeitigen nepalesischen Königs

Das Indra-Jatra-Fest ist für eine Kumari der Höhepunkt des Jahres. Ich bin sicher, dass das auch jede Kumari so empfindet, denn man wird in einem goldenen Wagen durch die Stadt gefahren und alle Leute sind auf den Straßen und jubeln einem zu. Und das passiert auch noch an dreien der vier Festtage …

Rasmila Shakya
Kumari von 1983 bis 1991, Amitas Vorgängerin

Es ist das Fest, auf dem der König bei seiner Göttin erscheinen wird. Der Oberpriester des Palastes ist zum Tempelraum der Kumari hinaufgestiegen, um das Kommen von Mousuf Sarkar (»Seine Majestät«) für den letzten Tag der Indra-Jatra-Feierlichkeiten anzukündigen.

Sie kennt diesen Mann dort, solange sie zurückdenken kann. Man nennt ihn Mul Purohit und die Menschen in ihrer Umgebung haben großen Respekt vor ihm. Die Hindu-Priester aus dem Taleju-Tempel ebenso wie die Pancha-Buddha-Priester, die eben noch im Agam, jenem dunklen Raum im Erdgeschoss, mit ihr gemeinsam eine Puja zelebrierten, und natürlich Durga-

didi, ihre schwesterliche Freundin, die jede Nacht mit ihr im gleichen Bett schläft. Auch der Mul Purohit ist ein Priester, der Oberpriester des Königs. Und wenn er am ersten Morgen des Indra-Jatra-Festes zu ihr kommt, so kündigt er den Besuch des Königs an. Vier Tage wird sie jetzt mit den Bewohnern von Kathmandu das Ende der Regenzeit feiern, dreimal wird sie in dieser Zeit auf einem goldenen Wagen durch die Stadt gefahren, und am letzten Tag kommt dann der König hierher und lässt sich durch ihren Segen für ein weiteres Jahr seine Macht bestätigen. Das alles weiß sie, die als lebende Göttin über das Königreich Nepal wacht, aus jahrelanger Erfahrung. Aber sonst weiß sie fast nichts über den Mul Purohit. Sie kennt nicht einmal seinen Namen.

Der würdevolle ältere Herr ist vor der Mädchengöttin niedergekniet, hat seine Stirn auf ihre Füße gelegt und dann in gebotener Distanz Aufstellung genommen. Er blickt ihr tief in die Augen. Er liest darin, dass die Empfehlung des Badaguruju, des religiösen Ratgebers des Königs, richtig war, gleich nach dem Fest die Astrologen des Hofes zusammenzurufen.

Schon oft hat sie der Mul Purohit in den letzten Jahren auf diese Weise angesehen. Immer hat sie dann die Augen niedergeschlagen oder woanders hingesehen. Heute aber hält sie dem Blick des alten Mannes stand.

Der Mul Purohit vermisst in ihren Augen den Sanftmut der Göttin Parvati, der Begleiterin des großen Gottes Shiva. Es ist in diesen Augen aber auch nicht mehr die Furchtlosigkeit der Durga zu entdecken, der anderen Existenz jener Göttin Parvati. Vielmehr strahlt dieser Blick dort die ganz profane Empfindung eines pubertierenden Mädchens aus – nämlich Auflehnung.

Plötzlich entdeckt sie, was diesen Blick so außergewöhnlich macht. Alle Menschen in ihrer Umgebung haben braune Augen. Manche sind dunkler, andere etwas heller. Die Augen des Mul Purohit aber sind grün – und das macht sie so unheimlich.

Es ist nur eine Frage der Zeit, bis sich auch die körperlichen Merkmale dafür einstellen, was er bereits in diesem Blick erkennen kann – das Mädchen hat seine göttliche Mission erfüllt. Ein letztes Mal wird ihr auf den Straßen Kathmandus die Verehrung des Volkes zuteil werden. Dann wird Mousuf Sarkar noch einmal vor ihr niederknien und den Segen erbitten – von der Kumari, die seit der längst vergangenen Ära der Malla-Dynastie auch als Taleju, als Privatgöttin der nepalesischen Herrscher, verehrt wird. Danach aber wird der Rat der Hofastrologen zusammentreten und aus den Horoskopen von Mädchen aus der Shakya-Kaste im Alter zwischen zwei und vier Jahren eine neue Kumari bestimmen.

Vor vierhundert Jahren, so erklärt der Volksglaube die Existenz der Mädchengöttin, soll sich einer der Herrscher aus der längst untergegangenen Malla-Dynastie der Göttin Taleju beim Würfelspiel in eindeutiger Absicht genähert haben. Dieser Legende nach sei sie daraufhin erzürnt aufgesprungen und habe beim Verlassen des Palastes geschworen, künftig nur noch in Gestalt eines jungfräulichen Wesens aus der Shakya-Kaste zu erscheinen. Jener Kaste, der einst auch der historische Buddha entstammte. Fortan erscheint die Hausgöttin des jeweiligen Hindu-Königs immer in der Gestalt eines kleinen buddhistischen Mädchens. Da aber nach nepalesischer Definition mit dem Beginn der Pubertät ein Mädchen aufhört, ein jungfräuliches Wesen zu sein, ist dieses Indra-Jatra-Fest das letzte Fest jener Kumari, die schon bald wieder ihren Geburtsnamen Rasmila tragen wird. Denn in der »Schwarzen Nacht« des Dashain-Festes in einem Monat wird die lebende Göttin auf jenem Thron dort eine andere sein.

Vom kleinen Hof unten sind die schrillen Töne der Sanai-Flöten und die Trommeln der newarischen Musiker zu hören, die das Erscheinen von Ganesh und Bhairav, den beiden nur für das Indra-Jatra-

Fest ausgewählten Kindergöttern, ankündigen. Ihnen allein ist es erlaubt, die Kumari zum Indra-Jatra-Fest hinauszuführen, aus jenem Palast, den die Buddhisten Kumari Bahal nennen (nach jenem umbauten Hof, wie er bei Klöstern üblich ist) und die Hindus Kumari Ghar (Kumari-Haus). In der Verehrung der Kumari aber finden der offizielle Hinduismus und die spezielle, von den newarischen Ureinwohnern des Kathmandu-Tales praktizierte Form des Buddhismus zu einer spirituellen Vereinigung.

Als die beiden Jungen in den Masken der Kindergötter den Tempelraum betreten, senkt der Mul Purohit endlich den Blick und nennt die Kumari »Dyo Maiju« – Mädchengöttin.

In der Nacht hatte es noch einzelne Schauer gegeben. Dennoch beginnen die Bewohner des Kathmandu-Tales sich auf dem Durbar-Platz und den Straßen der Altstadt zu versammeln, um das Ende des Monsuns zu feiern. Sie werden dem Regengott Indra dafür danken, dass er die fruchtbaren Böden des Tales nicht hat austrocknen lassen. Sie werden ihm aber auch danken, dass er sie nicht weiter mit Regengüssen behelligt. Und sie werden ihrer Kumari huldigen und sie um eine reiche Ernte bitten.

Viele genießen in farbiger und leichter Kleidung die ersten Sonnenstrahlen am fast wolkenlosen Himmel. Andere vertrauen offenbar nicht ganz der Güte des Gottes Indra und haben das Haus für alle Fälle mit einem Regenschirm verlassen.

Amrit Man Shakya und seine junge Frau Mimita sind vom Nachbarbezirk Bagbazar herübergekommen. Sie haben sich mit den beiden kleinen Töchtern durch die an diesem Tag schon früh völlig überfüllte New Road gekämpft, um hier am Durbar-Platz beim Beginn der Jatra, der Prozession, dabei zu sein. Und das hat einen ganz besonderen Grund. Der Sohn von Amrits Cousine wird in diesem Jahr den kleinen Gott Ganesh verkörpern, den Sohn des Götterpaares Parvati und Shiva, und die Jatra zu Ehren der Kumari mit einem eigenen Wagen anführen.

Die fast dreijährige Amita und ihre fünfzehn Monate ältere Schwester Anita konnten in der letzten Nacht vor Aufregung kaum schlafen. Aber weniger wegen des mit ihnen verwandten Ganesh als vielmehr wegen der Kumari, die für viele Mädchen Kathmandus so etwas wie ein Idol ist. Was für ein Kleid wird sie wohl tragen? Wie wird sie geschminkt sein? Dies sind Fragen, mit denen Anita auch ihre kleine Schwester in Erregung versetzte.

Im Hof des Kumari Bahal drängen sich die Menschen, die der Kumari hier ihre Opfergaben niederlegen. Die Mutter hilft der kleinen Amita beim Tragen der mit Obst gefüllten Schale, und der Vater achtet darauf, dass Anita die Öllampe gerade hält – beim Abstellen unter jenem Fenster, hinter dem sich im zweiten Stock der Thron der Mädchengöttin befindet.

Noch immer stehen entlang der Hauswand Wartende mehrerer Generationen, um ihrer Kumari Opfergaben zu bringen. Obgleich der Wächter am Eingang mehrfach darum gebeten hat, den Hof nicht mehr zu betreten, da bereits Ganesh und Bhairav eingetroffen seien, haben sich immer wieder Menschen durch das schmale Tor gedrängt. Darunter auch Angehörige der niederen Kasten, denen es nur an diesem Tag erlaubt ist, den Kumari Bahal zu betreten (auch wenn es dafür offiziell keine gesetzliche Regelung gibt). Draußen auf dem Durbar-Platz ist das Indra-Jatra-Fest längst auch eine Touristenattraktion. Menschen aus vielen Teilen der Welt haben rechtzeitig auf den Stufen der drei großen Pagoden Platz genommen und halten ihre Kameras bereit.

Die beiden Shakya-Schwestern haben die Opfergaben abgestellt und hüpfen voller Erwartung umher. Mahnend werden sie vom Vater darauf hingewiesen, dass dies ein heiliger Ort sei, während seine Frau den Blick hinauf zum Fenster der Kumari richtet. Sollte womöglich im nächsten Jahr eines ihrer beiden Mädchen dort sitzen und dem König als Zeichen ihres Segens die Tika auf die Stirn drücken?

Vor einiger Zeit war die Cousine ihres Mannes, die Mutter des Jungen, der heute den Ganesh verkörpern wird, zu ihnen nach Hause gekommen. Es war aber kein üblicher Verwandtenbesuch. Sie war in offizieller Mission unterwegs gewesen und hatte um die Horoskope der beiden Töchter gebeten. Höheren Ortes gehe man davon aus, dass die Göttin Taleju schon bald den Körper der amtierenden Kumari verlassen und neu inkarnieren werde, hatte ihr die Cousine ihres Mannes mitgeteilt. Für diesen Fall wolle man im Kumari Bahal vorbereitet sein. Und da die Göttin Taleju traditionell ja nur im Körper eines kleinen Mädchens aus der Shakya-Kaste wiederkehre, der einstigen Kaste der Gold- und Silberschmiede, sei sie aufgefordert, den Hofastrologen die Horoskope von Anita und Amita zur Verfügung zu stellen.

Die Mutter der beiden kleinen Mädchen war erschrocken. Als sie am Abend ihrem Mann davon berichtete, schien er hingegen hocherfreut: »Stell dir nur vor, was für ein Glück dies für unsere Familie wäre! Und welche Ehre!« Seither sind drei Wochen vergangen und der königliche Palast hatte sich nicht mehr gemeldet.

Natürlich muss man es als Ehre empfinden, eine Kumari in der Familie zu haben, hatte sich die Mutter wieder und wieder selbst zugeredet. Zeigte es doch, dass Taleju das eigene Haus wohlwollend zur Kenntnis genommen hat und es künftig unter ihren besonderen Schutz stellen wird. Dennoch lag sie seither an so manchem Tag apathisch auf dem Sofa in der Wohnstube und fürchtete, dass die Göttin tatsächlich die Herausgabe einer ihrer Töchter fordern würde. In der Familie aber behielt sie solche Gedanken, die ihr selbst nicht geheuer waren, für sich. Wie hätte man auch verstehen sollen, dass sie sich vor einer göttlichen Fügung fürchtete?

In den letzten Tagen wurde sie ruhiger. Wahrscheinlich hatten die

Hofastrologen längst in einem anderen Mädchen die neue Göttin erkannt. Schließlich werden in achtzehn Bahals – den nach Klöstern benannten Stadtbezirken Kathmandus – Shakya-Mädchen in dem entsprechenden Alter gesucht.

Mimita Shakya weiß nicht, dass keineswegs alle Shakya-Familien der Stadt um die Horoskope ihrer Töchter gebeten werden. Vielmehr schlagen die Chitaidars, jenes Ehepaar, das gemeinsam mit seinen Kindern die Kumari betreut, den Hofastrologen ausschließlich Mädchen aus ihnen bekannten oder gar verwandten Familien vor. Die derzeit noch amtierende Kumari ist sogar eine Nichte der Chitaidar.

Für diese Art der Selektion göttlicher Fügungen gibt es durchaus nachvollziehbare Gründe. Schließlich leben die Chitaidars jahrelang mit der jeweiligen Kumari zusammen. Deshalb sind sie naturgemäß an der Minimierung späterer Unwägbarkeiten interessiert – beispielsweise wenn die Eltern beginnen, sich um die Zukunft ihrer Tochter Sorgen zu machen. Dies geschieht erfahrungsgemäß wenige Jahre vor dem absehbaren Ende ihrer Kumari-Existenz, wenn also die Rückübertragung der Verantwortung auf das Elternhaus in greifbare Nähe rückt. Kritische Stimmen in Kathmandu sprechen davon, dass die Chitaidars vor allem nach Kandidatinnen suchen, deren Familien das System ihres Clans nicht hinterfragen. Längst nämlich würden sie den Kumari Bahal wie ein privates Familienunternehmen führen, gelegentlich ist gar von finanziellen Unregelmäßigkeiten die Rede – und dies offenbar mit Billigung des königlichen Palastes.

Die Familie von Amrit Man Shakya ist den Chitaidars und der Priesterschaft als traditionsbewusste, religiöse und insofern zuverlässige Familie bekannt. Schließlich entstammt ja auch der diesjährige Ganesh diesem Zweig. Andere Shakya-Familien, in denen beispielsweise der soziale Aufstieg in akademische Berufe geschafft wurde und man womöglich während Studienaufenthalten in Europa oder den Vereinigten Staaten mit westlichem Gedankengut »infiziert« worden ist, haben da kaum Chancen. Man stellt also gar nicht erst die

Frage, ob sie überhaupt bereit wären, eine ihrer Töchter als lebende Göttin aus dem Haus zu geben.

Schräg gegenüber vom Kumari Bahal steht schon der Festwagen der Mädchengöttin. Unter der Aufsicht des Mul Purohit haben Priester bereits am Morgen dessen dreigeschossigen goldenen Pagodenaufbau, in welchem später die Kumari sitzen wird, rituell gereinigt. Dann haben sie an die glockenförmige Spitze, wie sie sich üblicherweise auf buddhistischen Klöstern befindet, ein rot-weißes, nach unten führendes Band angebracht, welches wiederum an eine Dhwaja erinnert – jenes breite Metallband, das an hinduistischen Tempeln den Göttern als Weg dienen soll. Momentan wird das Gefährt der Mädchengöttin von einer Gruppe von Männern mit Blumengirlanden geschmückt. Es sind Männer vom Guthi Sanasthan, dem Kumari-Komitee, das offiziell »Amt für religiöse Güter« heißt. Man erkennt sie an der schwarzen Farbe ihres Topi, jener typisch nepalesischen Kopfbedeckung, und den großen rot-weißen Buttons am Revers.

Offensichtlich ist die Vorbereitung der Kumari-Prozession ausschließlich Männersache. Hingegen sind ganze Heerscharen von Frauen damit beschäftigt, mit Reisigbündeln den Platz vor dem Kumari Bahal zu fegen. Dabei wirbeln sie so viel Staub auf, dass die beiden Mädchen zu husten beginnen, ehe sie die Mutter erschrocken zur Seite ziehen kann.

Gleich neben dem Palast der Kumari, auf den Stufen zum dreigeschossigen Trailokya-Mohan-Narayan-Tempel, der dem Gott Vishnu geweiht ist, hat Amrit noch ein paar Lücken erspäht. Wenn die anderen Besucher etwas zusammenrücken, würde er mit seiner Frau und den beiden Töchtern Plätze mit guter Aussicht finden.

Geduldig harren die Menschen aus. Nur die Touristen äugen in Sorge um ihre kostbaren Kameras gelegentlich zu den nun aufziehenden Wolken hinauf. Erneut ertönt der krächzende Ton der newarischen Musiker, die als Erste das Tor des Kumari Bahal durchschreiten. Im nächsten Moment springt ein Tänzer hinaus, der als Dämon Lakhi maskiert, einen Furcht erregenden Tanz aufführt. Mit seiner fratzenhaften Maske, die von langen dunkelroten Haaren eines Yak-Bockes eingerahmt ist, blickt er in alle Richtungen. Als er auf die Stufen der Vishnu-Pagode zuläuft, klammert sich Anita erschrocken an ihre Mutter, während ihre kleine Schwester zu lachen beginnt. Erstaunt nimmt der Vater zur Kenntnis, dass Amita offenbar ein furchtloses Wesen ist.

Die Mädchen wollen alles erklärt bekommen. Ihre Eltern aber wissen auch nicht mehr, als dass Lakhi eben ein Dämon ist, die Tänzer unter dem weißen Umhang mit den kleinen Glocken darauf den mythischen Elefanten Tana Kishi darstellen und das schöne Lied, welches die Männer in den weißen Uniformen gerade spielen, die Nationalhymne ist. Als die große Mercedes-Pullman-Limousine vorfährt, klatschen die Menschen in die Hände, und als die beiden Mädchen hören, dass sich darin der König befindet, klatschen auch sie. Die Enttäuschung ist groß, als dem Wagen ein Mann entsteigt, den weder ein goldener Umhang ziert, noch jene Krone mit dem langen weißen Schweif, wie auf dem Bild zu Hause im Wohnzimmer. Vielmehr trägt er einen dunklen Anzug und auf dem Kopf einen bunten Topi.

Auf dem Balkon an der Westseite des schneeweißen einstigen Palastes der Malla-Könige, schräg gegenüber des Kumari Bahal, haben sich neben Mitgliedern des Hofes und der nepalesischen Regierung auch ausländische Diplomaten versammelt. Auf dem davor liegenden Durbar-Platz beobachtet das Volk, wie ihr König Birendra in geschmeidiger Eleganz seiner Rolle als erster Mann des Staates gerecht wird. An seiner Seite Königin Aishwarya in einem orangegelben seidenen Sari und in gebotener Distanz schräg dahinter, ein eleganter älterer Herr, der religiöse Ratgeber des Königs. Jener Badaguruju ist auch derjenige, der den Hof gegebenenfalls über die Notwendigkeit informiert, eine Kumari abzulösen. Als Begründung wird er dafür den Verlust von Blut bei der Mädchengöttin anführen. Sei es, dass die Kumari sich verletzt oder deren erste Menstruation eingesetzt hat. In den letzten Jahrzehnten allerdings wollte man auf eine blutende Göttin lieber ganz verzichten, weshalb die Kumaris in jedem Fall mit Vollendung des zwölften Lebensjahres nach Hause geschickt wurden. Und so würde es auch in diesem Jahr sein. Bereits vor Wochen hat jener elegante Herr dort veranlasst, dass die Horoskope potenzieller Kandidatinnen eingeholt und zum Chefastrologen des Königs gebracht wurden. Gleich nach dem Indra-Jatra-Fest erwartet er dessen Ergebnis.

Im Moment werden oben auf dem Balkon noch die Hände aneinander gelegt und nach allen Seiten zum Gruß vor das Gesicht geführt. Sobald der Monarch aber an die Brüstung treten und sich seinem Volk zuwenden wird, werden die Untertanen in ihm die Inkarnation des mächtigen Gottes Vishnu erkennen, den Bewahrer der hinduistischen Welt. Als solcher wird der nepalesische König jener Göttin Taleju nachher auf Augenhöhe begegnen, der sich einst einer seiner Vorgänger beim Würfelspiel in eindeutiger Absicht genähert haben soll. Die intellektuelle Elite um den Badaguruju findet den Kult um die jungfräuliche Kumari schon lange zuvor in den heiligen Schriften erwähnt. Demnach wurden, zumindest an den hohen Feiertagen, schon vor einem Jahrtausend Mädchen öffentlich als Manifestationen der Göttin Durga verehrt.

Die Musikanten haben neben den beiden steinernen Löwen links und rechts vom Eingang zum Kumari Bahal Aufstellung bezogen. Als sie die altertümlichen Instrumente schließlich absetzen, wird es still auf dem Durbar-Platz – die erwartungsvolle Stille vor dem Erscheinen der Mädchengöttin. Nur die Touristen führen ihre Gespräche in vielen Sprachen der Welt ungehindert in der üblichen Lautstärke fort, geben sich untereinander Tipps, mit welcher Belichtungszeit das bevorstehende Ereignis am wirkungsvollsten zu fotografieren sei.

Der kleine Ganesh wird herausgeführt. Da er im leuchtenden Rot der Kumari gekleidet und wie diese geschminkt ist, halten ihn viele der ausländischen Besucher bereits für die Mädchengöttin. Hunderte Kameraverschlüsse klicken, Camcorder beginnen zu surren. Die Verwirrung unter den Touristen ist groß, als nun auch Baihrav in gleicher Aufmachung erscheint. Amrit Man Shakya aber weiß, dass die Kumari gar nicht durch das Haupttor ins Freie treten wird. Vielmehr ist dafür jenes unscheinbare Tor schräg unter ihnen vorgesehen. Früher als die meisten anderen hier werden seine beiden Töchter also die Kumari gleich aus nächster Nähe sehen können. Doch sie wird nicht erscheinen, solange der König auf dem Balkon dort drüben noch Konversationen pflegt. Die Mädchengöttin erwartet die ungeteilte Aufmerksamkeit des Königs. Diese aber ist nur gegeben, wenn sich Mousuf Sarkar an die Brüstung seines Balkons begibt und hinüber zum Haus der lebenden Göttin blickt.

Zunächst treten die fünf Pancha-Buddha-Priester in Gewändern jener Farben auf, deren Elemente sie verkörpern: Erde, Wasser, Feuer, Luft und Himmel. Wie aber sollen die Shakyas das alles ihren kleinen Töchtern erklären? Sie versuchen es gar nicht erst, sondern belassen es dabei, ihnen zu sagen, dass dies die fünf Männer seien, die die Kumari vor der Macht der Dämonen schützen.

Plötzlich ertönt auf dem Durbar-Platz lauter Jubel. Nepals Herrscher hat sich an die Brüstung des Balkons begeben. Dieser Jubel aber gilt diesmal nicht dem König, sondern der Mädchengöttin Kumari, die in diesem Moment auf starken Mannesarmen durch die kleine Seitentür in die Öffentlichkeit getragen wird. Ihre rot gefärbten Füße, die keine Schuhe tragen, dürfen den unreinen Boden nicht betreten. Von der Begeisterung, die nun auch die Menschen auf dem benachbarten Basantapur-Platz erfasst, und dem Blitzlichtgewitter der Pressefotografen wird die Kumari begrüßt, wie anderswo Kinderstars aus der Welt des Films und des Showbusiness.

Den beiden Töchtern der Shakyas aus Bagbazar stehen vor Bewunderung und Staunen die Münder offen, obgleich die Kumari doch kaum anders aussieht als zuvor Ganesh und Baihrav. Die Mädchengöttin wird zu ihrem Wagen neben dem alten Königspalast Hanuman-Dhoka hinübergetragen und dort an einen Mann vom Guthi Sanasthan weitergereicht, der oben vor dem Kumari-Thron schon auf sie wartet. Einige Minuten vergehen, in denen auf dem Wagen hektische Betriebsamkeit herrscht.

Zuerst werden die beiden kleineren Wagen von Bhairav und Ganesh über den Durbar-Platz gezogen. Dann folgt der Wagen mit dem gewaltigen goldenen Aufbau, in dem die Kumari wie ein liegen gelassenes Püppchen wirkt. Doch nach wenigen Metern, direkt vor dem Balkon des Königs, stoppt die göttliche Kutsche schon wieder.

Der König und seine Kumari befinden sich nun auf gleicher Höhe. Nepals Herrscher ist der Einzige, der ihr lange und tief in die Augen sehen darf, ohne den Zorn der Durga fürchten zu müssen. Von diesem Recht aber macht der Monarch keinen Gebrauch. Vielmehr lässt er sich einige Münzen reichen, die er in Richtung des Kumari-Thrones schleudert, ehe der goldene Wagen von Männern der niederen Kasten an langen Seilen in Richtung der südlichen Altstadt gezogen wird.

Amrit drängt seine Familie zum Aufbruch. Seine beiden Töchter maulen zwar, aber er möchte den Durbar-Platz unbedingt verlassen haben, ehe sich einige tausend andere auch dazu entschließen. In den nächsten Tagen wird er immer wieder zu den verschiedenen Streckenabschnitten der Kumari-Prozessionen gehen. Stumm wird er die Göttin Taleju darum bitten, eine seiner Töchter zu erwählen. Die Mutter der beiden Mädchen aber wird zu Hause auf dem Sofa liegen und hilflos einem zwischen Hoffnung und Furcht schwankenden Gefühl ausgeliefert sein.

Die Auswahl

Ich lese die charakterlichen Merkmale der Mädchen exakt aus dem Horoskop. Eine Kumari benötigt nämlich höhere charakterliche Qualitäten als der König, damit er sie verehren kann. Das ist wichtig für unser Land.

Mangal Raj Joshi
Königlicher Chefastrologe

Der Astrologe, der Amitas Horoskop einst erstellt hat, hatte daraus nicht ersehen können, dass sie eine künftige Kumari ist. Er hatte nur davon gesprochen, dass sie außergewöhnliches Glück haben wird.

Amitas Mutter

In der Ecke eines dunklen Hinterhofes in der Altstadt von Patan, der früheren Königsstadt südöstlich von Kathmandu, lebt und wirkt der Chefastrologe des Königs. Aber auch Menschen aus der normalen Bevölkerung können zu ihm kommen. Und da es der Schicksalsgläubigkeit und auch der Tradition der Nepalesen entspricht, bei der Geburt eines Kindes ein Horoskop erstellen zu lassen, erarbeitet sich der Hofastrologe auf diese Weise ein nicht zu verachtendes Zubrot.

Allerdings ist Mangal Raj Joshi trotz der Anerkennung des Monarchen und dem zusätzlichen Salär durch seine Klienten offensichtlich ein bescheidener Mensch geblieben. Nichts in diesen beengten Wohn- und Arbeitsverhältnissen deutet darauf hin, dass jener greise Mann, der auf dem Fußboden hinter einer schlichten Holzkiste über seinen Berechnungen sitzt, ein für die Geschicke des Staates einflussreicher Mann ist.

Der alte Herr stammt aus einer Astrologendynastie und war schon als Kind in die schicksalsstiftenden Konstellationen der Gestirne eingeweiht worden. In den dreißiger Jahren hatte er in der heiligen Stadt Benares in Indien studiert, ehe er in seiner nepalesischen Heimat zum Universitätsprofessor und königlichen Astrologen aufstieg. Es gibt kaum eine politische Entscheidung, die der König trifft, ohne ihn zuvor um den Blick in die Sterne zu bitten.

Schon seit Stunden brütet der Astrologe über den Horoskopen von kleinen Mädchen aus der Shakya-Kaste. Eine von ihnen, daran glaubt er fest, ist zur nächsten Kumari des Königs bestimmt. Dieser unerschütterliche Glaube lässt für den Astrologen von vornherein gar nicht erst die Möglichkeit zu, etwa alle Aspirantinnen für ungeeignet zu halten.

Seine Aufgabe ist es, ehe er sich mit seinen Kollegen im königlichen Palast endgültig beraten wird, eine astrologische Analyse zu erarbeiten. Sein Wort wird bei der Auswahl Gewicht haben, niemand wird ernsthaft an der Analyse des weisen Mannes zweifeln. Schon gar nicht die drei anderen Hofastrologen, die einst allesamt seine Schüler waren. Und so entscheidet sich in diesem Moment in einem dunklen Hinterhof in Patan das Schicksal eines kleinen Mädchens, das zu diesem Zeitpunkt noch irgendwo in Kathmandu im Kreise seiner Familie lebt.

In einem Flügel des geräumigen Königspalastes hat der Chefastrologe seine Berechnungen entlang der Wand aufgehängt. Keiner der drei anderen Astrologen weiß, wessen Horoskop sich hinter den Ausarbeitungen ihres Meisters befindet. Deren Blicke nämlich sollen sich ausschließlich auf die Konstellation der Gestirne richten. Doch ehe der Chefastrologe seine Kollegen nach vorn bittet, um die Ausarbeitungen vorzustellen, gefällt er sich noch einmal in der Rolle des Lehrers. Auch wenn alle Anwesenden längst Meister ihres Fachs sind, referiert Mangal Raj Joshi zunächst über die große Weisheit des Universums. Er spricht über die Bedeutung der Sonne im Verhältnis von hell und dunkel, heiß und kalt, gut und böse. Schließlich ermahnt er seine Kollegen angesichts der bevorstehenden Aufgabe, sich der großen Verantwortung bewusst zu sein. Dann tritt er an die Ausarbeitungen heran und erläutert insbesondere die unterschiedlichen Konstellationen von Sonne, Mond und Jupiter, verweist auf die störenden oder positiven Aspekte anderer Gestirne. Durch die Art und Weise aber, wie er die einzelnen Konstellationen deutet, gibt es kaum einen Zweifel, welches Horoskop wohl am ehesten jenen edlen Qualitäten entspricht, die sie »Rajuk« nennen. Sie müssen höherwertiger als die des Königs sein. Neben den körperlichen Voraussetzungen, die andere zu beurteilen haben, sind die geistigen und charakterlichen Qualitäten, die eben dem Horoskop zu entnehmen sind, für eine Kumari unerlässlich. Genau dies herauszufinden ist die Aufgabe des hier versammelten Gremiums.

Jeder der Astrologen tritt einzeln zu den Berechnungen und betrachtet die Ausarbeitungen aus nächster Nähe. Gelegentlich schreibt sich einer etwas auf, bevor er die anderen Planetenkonstellationen betrachtet und mit den Notizen vergleicht. Endlich notiert jeder die Nummer seines favorisierten Horoskops auf einen Zettel und legt ihn gefaltet auf den Tisch des Chefastrologen. Langsam und mit würdiger Miene öffnet der alte Mann endlich einen Zettel nach dem anderen, betrachtet ihn jeweils kurz und legt ihn zustimmend zur Seite. Schließlich stellt er befriedigt Einstimmigkeit fest.

Dabei hätte es genügt, wenn nur einer der drei anderen Astrologen zum gleichen Ergebnis wie er gekommen wäre. Die Bestimmung besagt nämlich, dass die einfache Mehrheit genügt, im Fall eines Patts jedoch die Stimme des Chefastrologen den Ausschlag gibt.

Mit dem Gestus der Gelassenheit nimmt der oberste Sterndeuter des Königs das ausgewählte Horoskop von der Wand und steckt es in einen großen braunen Umschlag. Er verneigt sich zum Dank und zum Abschied vor seinen Kollegen. Dann geht Mangal Raj Joshi hinüber in den Raum, wo der Badaguruju und der Mul Purohit bereits auf ihn warten. Er überreicht ihnen den Umschlag, in dem sich das Horoskop der fast dreijährigen Amita Shakya aus dem Stadtbezirk Bagbazar befindet.

Als die Cousine und die Schwiegermutter ins Zimmer treten, weiß die Mutter der beiden Mädchen sofort, was deren Besuch zu bedeuten hat. Das Herz schlägt ihr bis zum Hals, als sie fast tonlos fragt: »Wer von den beiden?«

Der Enthusiasmus der Cousine wirkt ein wenig übertrieben, als sie jubelt: »Amita!«

Die Mutter fühlt, wie die Beine schwach werden, und ohne den Besucherinnen einen Platz anzubieten, setzt sie sich auf den Rand des Sofas. Warum ist Amrit jetzt nicht da, ihr Mann? Schon als die Horoskope abgeholt wurden, musste sie die Entscheidung allein treffen. Warum kommen die Frauen auch nicht am Abend, wenn die Männer zu Hause sind?

»Freust du dich denn nicht?«, wird sie von der Cousine gefragt. Hilflos erwidert Mimita Shakya: »Ich will das nicht allein entscheiden.«

Und dann kommt der Satz, der für immer unwidersprochen bleiben wird: »Es ist bereits entschieden! Der Hofastrologe hat die Sterne befragt.«

Es ist die Schwiegermutter, die diesen Satz ausspricht. Niemand wird gegen diese unanfechtbare Autorität der Familie das Wort erheben – auch Amrit nicht. Wortlos steht Mimita Shakya auf und lässt die beiden Frauen allein in der Wohnstube zurück. Eine Etage höher sieht sie von der Tür des beengten Kinderzimmers aus zu, wie die beiden Mädchen mit ihren Puppen spielen. Die Kinder nehmen sie gar nicht wahr. Irgendwann fällt unten die Haustür ins Schloss.

Kann man diese beiden kleinen Mädchen voneinander trennen? Wie soll man Amita erklären, dass sie künftig für viele Jahre in einem anderen Haus leben wird, mit fremden Menschen? Und Anita, dass sie ihre Spielkameradin erst wiedersehen wird, wenn sie beide keine kleinen Mädchen mehr sind?

Nach einer Weile steigt die Mutter die steile Treppe wieder mit leisen Schritten nach unten. Sie fühlt sich vollkommen leer, als sie sich auf das Sofa setzt und an der gegenüberliegenden Wand auf ihr Hochzeitsbild stiert. Das ist nun sechs Jahre her! Warum hatte sie nie in Erwägung gezogen, dass die Göttin Taleju eine ihrer Töchter auswählen könnte? Immerhin stammt sowohl ihre als auch Amrits Familie seit mehreren Generationen aus der Shakya-Kaste – eine wesentliche Voraussetzung für die Auswahl zur königlichen Kumari.

Warum Amita? Weil sie für ihr Alter schon erstaunlich gut sprechen kann? Weil sie ein fröhliches Kind ist, das gern durch die ganze Wohnung tanzt? Weil sie unlängst vor dem Buddha-Schrein dort drüben kokett gesungen hat: »Ich bin eine kleine Göttin …?« Konnte Mangal Raj Joshi, der Sterndeuter des Königs, das alles in ihrem Horoskop lesen?

Schon unmittelbar nach Amitas Geburt hatte ihr ein anderer Astrologe ungewöhnliches Glück vorausgesagt. Aber ist es ein Glück für ein kleines Mädchen, nicht bei seiner Familie aufzuwachsen, um die Kindheit als lebende Göttin in einem Palast zu verbringen – abgeschieden von der realen Welt?

Der Mutter laufen Tränen übers Gesicht. Zunächst schluchzt sie noch leise in sich hinein. Dann aber bricht der Schmerz in einem gewaltigen Schrei aus ihr heraus. Erschrocken horcht sie im nächsten Moment, ob die Mädchen sie womöglich gehört haben und die Treppe heruntergestürzt kommen. Vor der Tür aber ist alles still. Mit dem Handrücken wischt sie sich die Tränen aus dem Gesicht. Wer ist sie denn schon, dass sie eine göttliche Fügung in Zweifel ziehen dürfte? Wird es doch ein großes Glück für ihre Tochter sein, von der ganzen Nation verehrt zu werden. Die Menschen werden zu der kleinen Amita »Dyo Maiju« sagen, und sie werden wissen, dass sie über das Land wacht. Der König höchstpersönlich wird vor ihr auf die Knie gehen, um von ihrer Hand die Tika zu empfangen.

Mimita Shakya beschließt, sich umzuziehen. Sie will ihrem Mann die frohe Kunde in einem roten Sari mitteilen, der Farbe der Kumari. Sie nimmt sich vor, den heutigen Abend als den schönsten ihres bisherigen Lebens zu begehen.

Experten des Königs

Wenn der Astrologe das beste Horoskop gefunden hat, sagt er Bescheid, und es werden die zweiunddreißig erforderlichen körperlichen Merkmale überprüft. Meine Frau untersucht das Mädchen nackt. Wenn wir damit fertig sind, sagen wir dem König, dass wir das richtige Mädchen gefunden haben.

Ramesh Prasad Pandey
Mul Purohit – königlicher Oberpriester

Wenn man seine Tochter nicht als Kumari hergeben will, so ist das möglich. Aber dann darf man das Horoskop nicht aushändigen. Denn wenn die Horoskope erst mal überprüft sind und die Wahl getroffen wurde, kann man keinen Rückzieher mehr machen.

Amitas Vater

Sie würde nicht mitkommen in den Kumari Bahal und auch nicht in den Königspalast, um ihre Tochter dort vorzustellen. Schließlich habe sie in dieser Sache bis jetzt die Verantwortung weitgehend allein zu tragen gehabt. Er solle sich deshalb freinehmen, um der Aufforderung des Palastes nachzukommen. Das hat sie ihrem Mann gesagt und er hat es akzeptiert. Damit war die Sache für Mimita Shakya erledigt.

Niemals zuvor hatte sie so mit Amrit gesprochen. Wollte sie auf diese Weise einem Gespräch mit ihrem Mann über Amitas Zukunft aus dem Weg gehen? Sollte so verborgen bleiben, dass hinter dem Enthusiasmus, den sie seit dem Besuch von Cousine und Schwiegermutter an den Tag legt, ein Gefühlsgeflecht von Ratlosigkeit,

Sorge und Verzweiflung steckt? Oder hatte sie mit ihrer vehementen Ablehnung, gemeinsam mit Amita den Königspalast aufzusuchen, nicht vielleicht das Gegenteil beabsichtigt? Hatte sie etwa die heimliche Hoffnung, dass Amrit ihr ungewöhnliches Verhalten zum Anlass nehmen würde, um endlich mit ihr das Gespräch zu suchen?

Seit Tagen leben sie nebeneinander her, konfrontiert mit der schicksalhaften Deutung des königlichen Astrologen, und ohne ein Wort über deren Konsequenzen – nicht miteinander und schon gar nicht mit den Mädchen. Nun würde es Amrits Aufgabe sein, Amita den Zweck des gemeinsamen Besuchs im Narayanhiti Durbar, dem neuen Königspalast im modernen Teil von Kathmandu, zu erläutern.

Amrit hat seine beiden Töchter in die Wohnstube gerufen und sich dort mit ihnen auf den Fußboden gesetzt. Er hat angefangen, von der Kumari zu erzählen. Er hat erläutert, wie wichtig es ist, dass ein kleines Mädchen über das Land wacht, und wie schön es für dieses Mädchen ist, von allen Menschen verehrt zu werden. Die Töchter des Amrit Man Shakya hören ihm zu, und als er an das letzte Indra-Jatra-Fest erinnert, teilen sie lebhaft ihre Erinnerungen mit. Sie fallen sich gegenseitig ins Wort, sprechen von der riesigen Krone der Kumari und deren goldenem Wagen, beklagen sich, dass der König keine Krone getragen hat und sie schon so früh nach Hause mussten.

»Diese Kumari wird aber schon bald keine Kumari mehr sein«, sagt Amrit, und seine Töchter sehen ihn an, als ob er den Weltuntergang verkündet hätte.

Irgendwie hat er das Gespräch falsch angefangen, geht es ihm durch den Kopf. Um eine positive Wendung hinzubekommen, ruft er ihnen zu: »Bald wird ein anderes hübsches Mädchen unsere neue Kumari!«

An den ratlosen Mienen seiner beiden Töchter kann Amrit erkennen, dass sie ihn nicht verstehen. Woher sollten sie auch wissen, dass eine Kumari nicht vom Himmel fällt, sondern ein Mädchen aus einer ganz normalen Familie ist? Eine Göttin auf Zeit.

»Die Kumari ist zwar eine Göttin. Aber sie ist auch ein Mädchen, die eine Ma und einen Baa hat. So wie ihr!«, versucht er eine Erklärung, und er ist Anita dankbar, als sie ihm mit ihrer Bemerkung fast ins Wort fällt: »Dann können wir ja auch die Kumari sein ...!«

Amita springt begeistert auf, hüpft durch das ganze Zimmer und ruft: »Jaaaa, ich will eine Kumari sein!«

Anita aber lässt sich aus der Hocke nach hinten fallen und lacht.

»Du siehst ja gar nicht aus wie die Kumari!«, ruft sie. Und nachdem sie sich wieder aufgerichtet hat: »Wo ist denn überhaupt deine Krone?«

Amitas Antwort erfolgt prompt: »Ich gehe mit Ma eine kaufen!«

Amrit ruft seine jüngere Tochter zu sich und nimmt sie in den Arm.

»Du bekommst die Krone, die die Kumari am Indra-Jatra-Fest getragen hat. Denn wenn sie keine Kumari mehr ist, dann braucht sie sie ja nicht mehr.«

Die beiden Mädchen sehen ihren Baa überrascht an. Auch wenn sie diese Bemerkung in ihrer ganzen Bedeutung nicht verstehen, so spüren sie offensichtlich in diesem Moment, dass dahinter keine Fantasterei steckt.

Amrit ist froh, dass es ihm fast spielerisch gelungen ist, Amita ein wenig auf ihre künftige Rolle vorzubereiten. Auch wenn es über eine verbale Ankündigung noch nicht hinausging. Während des morgigen Besuchs im Kumari Bahal wird es sicher eine Gelegenheit geben, ihr zu erklären, dass dieser Palast ihr künftiger Wohnsitz sein wird. In den nächsten Tagen wird er dann auch Anita darauf vorbereiten müssen, dass sie ihre weitere Kindheit ohne die kleine Schwester verbringen wird. Im Augenblick aber will er das Thema nicht weiter vertiefen. Es wird schließlich für alle Beteiligten noch schwer genug werden. Und Amrit ist froh, in seiner Frau eine starke Partnerin zu haben. Mit ihrer bemerkenswerten Entschlossenheit, der Göttin Taleju die eigene Tochter zur Verfügung zu stellen, hatte sie schnell seine anfänglichen, unausgesprochenen Zweifel zerstreut.

Der Wohnsitz der Mädchengöttin ist alles andere als ein prunkvoller Palast. Es gibt in unmittelbarer Nähe des Kumari Bahal weitaus imposantere Bauwerke als diesen quadratischen zweistöckigen Ziegelbau, den König Jaya Prakash Malla vor zwei Jahrhunderten für seine Hausgöttin errichten ließ. Wer um die Besonderheit dieses Bauwerks nicht weiß, muss schon einen Sinn für die newarischen Holzschnitzereien haben, mit denen die Fenster und das schmale Eingangstor umrahmt sind, um das Gebäude interessant zu finden. Touristen richten ihre Kameras eher auf die drei gewaltigen Pagodentempel auf dem Durbar-Platz oder auf den schneeweißen alten Königspalast, der nach Hanuman, dem Affengott, Hanuman Dhoka benannt ist. Selbst die beiden steinernen Löwen vor dem Eingang des Kumari Bahal werden von kunstinteressierten Besuchern wegen ihrer braunen Mähnen und den pinkfarbenen Brüsten bestenfalls als kitschige Kopien jener Löwenskulpturen vor dem Shiva-Parvati-Tempel am nördlichen Durbar-Platz wahrgenommen.

Besucher, die dennoch den Weg in den Innenhof des Kumari Bahal finden, wundern sich, dass das Haus der lebenden Göttin weniger ein feudales Refugium als vielmehr ein von Taubenkot verdrecktes, dunkles Gebäude ist. Im obersten Stockwerk, neben jenem großen Fenster, hinter dem der rote Baldachin über dem Thron zu erkennen ist, sitzt meist ein grauhaariger, älterer Herr mit einer großen Brille. Eigentlich ist er lediglich der Ehemann der Chitaidar und für viele innerhalb der konservativen Priesterschaft schon deshalb ein personifiziertes Ärgernis. Traditionell nämlich wurden die Mädchengöttinnen ausschließlich von unverheirateten Frauen betreut, die ihnen rund um die Uhr zu Diensten waren. Die Mutter des grauhaarigen Herrn mit der großen Brille aber, die das Amt einst als Witwe übernommen hatte, war die letzte unverheiratete Chitaidar. Sie lebte mit dem minderjährigen Sohn im Kumari Bahal, und als dieser später heiratete, blieb er mit seiner Frau einfach dort wohnen. Schließlich machte das Kumari-Komitee die Schwiegertochter der greisen Chitaidar zu deren Nachfolgerin. Die Pragmatiker hatten sich gegen die Traditionalisten durchgesetzt. Ihrem Argument, dass nämlich die künftigen Kinder der noch jungen Chitaidar einmal ideale Spielkameraden für die Kumari sein würden, konnte man nur schwer mit dem Anspruch nach spiritueller Reinheit für das göttliche Refugium begegnen.

Mittlerweile leben drei Generationen der Chitaidar-Familie im Kumari Bahal. Das Sagen aber hatte zu keinem Zeitpunkt die Chitaidar, sondern deren Mann, weshalb die Priesterschaft schon bald begann, ihn abfällig als Chitaidar zu bezeichnen. Der grauhaarige Herr mit der großen Brille aber lässt es sich gern gefallen, dass mittlerweile kaum noch jemand seine Frau, sondern alle ihn »den Chitaidar« nennen. Beschreibt das doch die wahren Machtverhältnisse im Haus der lebenden Göttin. Er thront auf seinem Platz neben dem Kumari-Fenster, von wo aus er das Geschehen innerhalb und außerhalb des Gebäudes argwöhnisch beobachtet.

Nach Auffassung des Raj Guru, des geistlichen Oberhauptes der Pancha-Buddha-Priester, hat mit dieser Entwicklung im Kumari Bahal ein rapider Werteverfall begonnen, der mittlerweile immer gravierendere Ausmaße annimmt. Dieser Mann ohne offizielles Amt spiele sich als alles entscheidender Hausherr auf. Dabei seien es doch die Pancha-Buddha-Priester, die im Erdgeschoss des Kumari Bahal den Agam, jenen dunklen Tempelraum, betreuen. Schließlich liege doch gerade dort jene spirituelle Energie verborgen, die überhaupt erst einem Shakya-Mädchen zur göttlichen Existenz verhilft. Und nur die Pancha-Buddha-Priester würden über das geheime Wissen verfügen, wie ein solcher transzententaler Prozess in Gang gesetzt werden könne. Daraus leite sich ja wohl das natürliche Recht ab, dass sie bei der Auswahl einer neuen Kumari ein wichtiges Wort mitzureden hätten.

Der Chitaidar aber würde dem königlichen Astrologen von vornherein nur die Horoskope von Mädchen aus ihm genehmen Familien vorlegen. Kommt das nicht einer Bevormundung der Göttin gleich, in welchen Körper sie inkarnieren darf und in welchen nicht? Doch damit nicht genug. Nach dem Spruch des Hofastrologen besucht er auch nicht mehr, wie früher üblich, die ausgewählte Familie gemeinsam mit einem der Pancha-Buddha-Priester. Wie oft aber war in der Vergangenheit gerade die spirituelle Energie eines buddhistischen Priesters vonnöten, um die Mütter der künftigen Kumari daran zu hindern, ihren Töchtern die Haare abzuschneiden! Ohne genügend Haupthaar, das sich rituell zu einem Knoten binden lässt, das wussten sie, kann ein Mädchen keine Kumari werden. Der Chitaidar aber hat diesmal den Raj Guru gar nicht erst gefragt. Stattdessen hat er lediglich eine Verwandte des ausgewählten Mädchens zu dessen Familie geschickt – wenngleich mit Erfolg.

Von seinem Stammplatz aus entdeckt der Chitaidar, wie Amrit Man Shakya mit seiner kleinen Tochter über den Hof kommt. Er ruft nach seiner Frau und eilt den beiden Besuchern entgegen, um zu verhindern, dass sie die Treppe bis in den Thronsaal hinaufsteigen. Die voraussichtlich neue Kumari soll der derzeitigen Mädchengöttin nicht begegnen.

In dem lang gestreckten Raum eine Etage tiefer sitzen sie sich schließlich gegenüber. Der Vater der künftigen Kumari ist ein bescheidener Mensch, seit vielen Jahren Busfahrer – der Chitaidar hatte Erkundigungen über ihn eingeholt. Dieser einfache, freundliche Mann sorgt für seine Familie und begeht alle Feiertage nach den strengen Regeln des von den Newar praktizierten Vajrayana-Buddhismus. Ein solcher Mann, so mag sich der Chitaidar überlegt haben, wird weder übertriebene Ansprüche noch überflüssige Fragen stellen. Und seine Frau, die eigentliche Chitaidar, scheint keine Zweifel zu haben, dass die Gutachter des Palastes und auch der König selbst dieses ausgesprochen hübsche Mädchen als Kumari bestätigen werden.

Sie mag es, dass die freundliche Frau dauernd zu ihr sagt, wie hübsch sie ist. Es gefällt ihr auch, wenn sie sagt, dass sie es hier ganz sicher schön finden wird, und alle, die hier wohnen, sich schon auf sie freuen. Und als der Mann mit der großen Brille erzählt, dass es im Haus auch noch andere Kinder gibt, sagt sie, dass sie ihre Schwester Anita mitbringen will. Ihre Ma will sie auch mitbringen, die kann sehr schön singen, und abends kommt Baa dann von der Arbeit und bringt für alle Erdnüsse mit …

Warum aber freuen sich denn die fremden Leute nicht? Sie schaut zu ihrem Baa, aber auch der schaut ernst auf den Boden. Dann sagt der fremde Mann, sie würden jetzt zusammen zum König gehen, der möchte sie unbedingt kennen lernen. Und als sie fragt, ob er heute die Krone auf dem Kopf hat, wie auf dem Bild zu Hause, da lachen nun doch noch alle, und sie lacht auch.

Es ist schon fast eine halbe Stunde her, seit die Frau des Mul Purohit die kleine Amita an die Hand genommen und den hohen Gang entlanggeführt hat. Seitdem sitzt der Vater des Mädchens neben dem Chitaidar auf dem Flur im Königspalast und wartet. Sein Begleiter, das ist ihm schnell klar geworden, hat keine Ambitionen, sich mit ihm zu unterhalten. Wann immer Amrit Man Shakya den Ansatz dazu machte, antwortete der Chitaidar knapp und scheinbar unwillig. Warum das hier denn so lange dauern würde, wollte Amitas Vater wissen.

»Der Astrologe stellt erst noch das Horoskop vor«, bekam er zur Antwort.

Nach einer Weile fragte Amitas Vater, wer denn die zweiunddreißig für eine Kumari erforderlichen Schönheitsmerkmale an seiner Tochter überprüfen würde.

»Niemand«, sagte der Mann neben ihm auf der Bank, »die stehen alle in dem Horoskop.«

Tatsächlich aber hat die Frau des Mul Purohit eben hinter einer der raumhohen Flügeltüren genau diese Überprüfung abgeschlossen. Sie nahm es nicht mit allen Merkmalen gleichermaßen wichtig. Die absolute körperliche Unversehrtheit aber musste schon garantiert sein. Deshalb hatte sie Amita zunächst nackt ausgezogen und penibel alle Teile ihres kleinen Körpers nach möglichen Verletzungen abgesucht. Bei dieser Gelegenheit nahm sie dann auch gleich zur Kenntnis, dass man dem Kind die geforderten »wohlgestalteten, zarten und geschmeidigen Füße, die Schenkel eines Rehs, den Hals einer Muschel, tief im Becken sitzende Geschlechtsorgane und im Übrigen den Körper eines Banyanbaumes« bescheinigen konnte. Sie hatte die Zähne nicht gezählt, doch überprüft, ob sie gerade stehen. Die Zunge war »feucht«, wie es die Vorschrift erfordert, und dass sie bei einem dreijährigen Mädchen auch »klein« war, versteht sich von selbst.

Dann hatte die Frau des Mul Purohit das Kind wieder angekleidet. Die übrigen Merkmale würden die Gutachter des Königs nebenan, zu denen auch ihr Mann gehört, selbst in Augenschein nehmen. Sie sollen entscheiden, ob dies »die Wimpern einer Kuh, die Wangen einer Löwin und die tiefe Stimme eines Spatzes« sind.

Als Amrit Man Shakya mit dem Chitaidar in den großen Saal gebeten wird, läuft Amita ihrem Vater entgegen und klammert sich an sein Bein. Sie lässt selbst dann nicht los, als der Mul Purohit sich zu ihr hinunterbeugt, um ihr eine Blumenkette um den Hals zu hängen, ihr eine Tika auf die Stirn und ein Geldstück in die Hand zu drücken. Die Münze solle sie nachher dem König geben.

Nachdem der königliche Oberpriester auch Amitas Vater und dem Chitaidar die Segnung einer Tika zuteil werden ließ, geht er zurück zu den Mitgliedern des Kumari-Komitees.

Die Herren an dem langen Tisch warten. Amrit Man Shakya und der Chitaidar warten auch. Und neben der großen Tür, durch die Amita vorhin hereingeführt worden war, wartet die Frau des Mul Purohit.

Niemand spricht. Amrit Man Shakya hat das Gefühl, als ob die Zeit stehen geblieben sei. Die alten Männer starren ohne äußerlich erkennbare Gefühlsregung auf das Mädchen, das die neue Kumari ihres Königs werden wird. Es kann daher nur spekuliert werden, welchen Gedanken sie dabei nachhängen.

Sicher ist dem Mul Purohit nicht entgangen, dass man diesmal eine besonders kleine Kumari gefunden hat. Das Mädchen ist noch nicht mal drei Jahre alt. Er mag an die positiven Erfahrungen denken, die man in der Vergangenheit mit besonders jungen Mädchen gemacht hat. Sie hatten während der Metamorphose zur Göttin nicht allzu hartnäckig an ihrem bisherigen profanen Leben festgehalten. Während der tantrischen Inthronisations-Zeremonie im Tempel, so haben ihm seine Taleju-Priester mehrfach berichtet, sei diese Veränderung vielmehr schon nach kurzer Zeit deutlich wahrnehmbar. Bei Mädchen hingegen, die schon älter als vier Jahre sind, hielten sich erfahrungsgemäß die bereits verfestigten individuellen Persönlichkeitsstrukturen der alten Existenz einige Tage länger.

Die Frau des Mul Purohit mag sich fragen, weshalb ein Mädchen unbedingt zweiunddreißig Merkmale der äußerlichen Schönheit benötigt, um zu einer Göttin befähigt zu sein. Mancher der hier versammelten Männer des Kumari-Komitees mag es hingegen geradezu als Segen empfinden, dass es diese Merkmale gibt. Vor allem wenn sie, wie im vorliegenden Fall, in einer solch optimalen Weise realisiert sind. Ein anderer mag sich vorstellen, wie die Schönheit dieses Kindes erst erblühen wird, wenn man es mit den Attributen der göttlichen Verführung ausstattet, mit den aufwändigen Schminkereien, dem Schmuck an Hals und Armen und den roten Füßen einer Braut.

Die Männer des Guthi Sanasthan mögen jenen Moment herbeisehnen, wenn sie sich vor ihr niederwerfen dürfen, um anschließend von dem Wasser, mit dem diese »zarten und geschmeidigen Füße« gewaschen wurden, zu trinken. Die Kenntnisreicheren unter ihnen mögen eine gedankliche Verbindung herstellen zwischen dem Pfau, dem Emblem der Kumari, und dessen mythologischer Bedeutung als Schutztier der Kurtisanen. Sie mögen gar an die rituellen Tänze der Devadasis, jener in die Prostitution abgesunkenen indischen Tempeltänzerinnen denken, denen man trotz oder gerade wegen ihrer Unreinheit Zugang zum privatesten Heiligtum der Götter gewährte. Und vielleicht fällt ihnen dann die Rijisha ein, eine der sieben Höllen, deren Insassen wild umherirren müssen, getrieben vom schlechten Gewissen wegen sündiger Gedanken, die ihnen dort in Form von Schlangen, wilden Tieren und giftigen Insekten erscheinen.

Möglicherweise aber sind all diese alten Männer auch nur angesichts der von der Königsgöttin Taleju Auserwählten kollektiv in einen Zustand der meditativen Trance gefallen.

Sie mag es nicht, wie die alten Männer sie ansehen. Warum kann ihr Baa denn nicht endlich mit ihr nach Hause gehen? Die Frau Doktor hat sie nebenan untersucht, und nun will sie sich zu ihrer Schwester ins Bett kuscheln und mit den Puppen spielen …

In dem Saal mit den meterhohen Porträts einstiger nepalesischer Herrscher sitzen einander zwei Herren gegenüber, die die Welt kennen. Und die Kenntnis dieser Welt hat ihr Denken mindestens ebenso geprägt wie die heimische Tradition. Zwar tragen auch sie wie die Männer vom Guthi Sanasthan nebenan jene Tracht, die Doura Suruwal genannt wird, und auf dem Kopf einen Topi. Doch trotz der traditionellen röhrenförmigen Hose und dem hemdartigen Oberteil unter dem Jackett ist die Sicht dieser Herren auf die nepalesische Gesellschaft keineswegs durch die Gebirgskette des Himalaja verengt.

Wenn diese beiden Männer die traditionellen Werte im eigenen Land hochhalten und es sogar zum einzigen »hinduistischen Königreich« der Welt erklärten, so hat dies nicht nur religiöse Gründe. Vielmehr steht dahinter das ureigenste Interesse, die Tradition als Garant für die bestehende Ordnung zu nutzen. Gerade in einer Zeit, in der von Seiten der politischen Linken Stimmen nach Abschaffung der Monarchie laut werden, gilt es, der tiefreligiösen Bevölkerung ein Faktum in Erinnerung zu rufen: Die Kumari ist auch das leibhaftige Symbol für das Königtum!

Der Herr mit der auffallend großen Brille, der sich lässig im europäischen Biedermeiersofa zurücklehnt, hat sich seine hohe Bildung im renommierten St. Joseph's College im indischen Darjeeling angeeignet, am britischen Nobelinternat Eton, an der Universität von Tokio und in Harvard.

Sein Gesprächspartner darf es sich erlauben, während der Unterhaltung gelegentlich aufzustehen und durch die dünnen Gardinen vor den raumhohen Fenstern zum Durbar Marg hinüberzusehen, einer der breiten Hauptverkehrsstraßen Kathmandus. Man versteht einander blendend, der gemeinsame internationale Background schwingt immer mit. Denn nicht nur der König, sondern auch der Badaguruju ist ein weit gereister Mann. Der elffache Familienvater ist exakt neunzehn Jahre und einen Tag älter als sein königliches Gegenüber. Einst hatte auch er in Indien, in Großbritannien und den USA studiert und war später viele Jahre für die UNESCO tätig gewesen. Vor einigen Jahren sogar als Leiter der »Asia Pacific Education Section« in Frankreich.

Diese beiden Herren gelten als die mächtigsten Männer Nepals. Und das zu Recht. Der eine nämlich ist als royales Staatsoberhaupt nach wie vor befugt, jederzeit den Notstand auszurufen. Und der andere ist längst weit mehr als nur jener religiöse Ratgeber, der er als königlicher Chefpriester offiziell ist. Vom eigenen Volk aber lässt sich der eine als Inkarnation des Gottes Vishnu verehren – und der andere als »erhabener Meister« bezeichnen.

Im Raum nebenan werden diese beiden mächtigen Männer bereits erwartet – von den biederen Traditionalisten des Guthi Sanasthan, von dem auf seine begrenzte Macht versessenen Chitaidar, vom Mul Purohit, jenem Hüter der religiösen Dogmen, und von einem Busfahrer aus Bagbazar mit seiner kleinen Tochter. Wenn in wenigen Minuten die beiden Herren in der traditionellen Doura Suruwal durch die hohe Tür treten, werden sich nicht nur verschiedene soziale Klassen begegnen, sondern auch Menschen mit gänzlich unterschiedlichen kulturellen Erfahrungen.

Die große Tür zum Saal nebenan wird geöffnet und alle Anwesenden erheben sich.

Warum schauen denn die Männer hinter dem langen Tisch da drüben plötzlich alle auf den Fußboden?

Zum ersten Mal in seinem Leben hört Amrit Man Shakya sein Herz schlagen. Es ist kein schneller Schlag wie bei einer Aufregung oder nach einer körperlichen Anstrengung, vielmehr ein schweres, unglaublich lautes Pochen, das durch den gesamten Körper zu dröhnen scheint.

Der Mann, der neben Amita in die Hocke geht, spricht zu ihr, aber das Mädchen versteht seine Sprache nicht.

»Ich freue mich, Sie zu sehen, man hat mir sehr viel Gutes und

Schönes von Ihnen erzählt«, übersetzt der Chitaidar den nepalischen Satz ins Newarische.

Der Mann, der neben ihr kniet, trägt eine riesige Brille. Aber er sieht nett aus. Leise flüstert Baa ihr etwas ins Ohr. Sie soll dem Mann nun die Münze geben. Aber sie will lieber warten, bis der König kommt …

Nur widerwillig lässt sich Amita schließlich die Hand führen. Da nämlich der Herr neben ihr keine Krone auf dem Kopf hat, erkennt sie nicht, dass dies derselbe Mann ist, der zu Hause auf dem Foto in der Wohnstube abgebildet ist.

[illegible]

[illegible]

[illegible]

[illegible] auch die [illegible] Kraft und Magie [illegible]

Vom Mädchen zur Göttin

Die künftige Mädchengöttin kommt ja als normales Kind aus dem Kumari-Haus. Deshalb reinige ich sie mit heiligem Wasser, ehe sie in den Mul Chowk (Haupthof des Tempels) eintritt. Ich spritze Wasser auf sie zum Zeichen der Purifikation – und insofern reinige ich das ganze Land.

Uddav Karmacharya
Mul Pujari – hinduistischer Hauptpriester im Taleju-Tempel

Die Newar-Familien des Kathmandu-Tales feiern Geburtstage nicht nach dem gregorianischen Sonnenkalender, auch nicht nach dem offiziellen nepalesischen Kalender, sondern nach einem eigenen Mondkalender. Danach hat Amita an »Navami« Geburtstag, dem Tag vor der ersten Vollmondnacht des Herbstes – also jeweils zwischen Ende September und Mitte Oktober. Fortan aber wird Navami für Amita noch eine weitere Bedeutung haben. Es ist der neunte Tag des hinduistischen Dashain-Festes, an dem man in Nepal den historischen Sieg der Göttin Durga über den Büffeldämon Mahisasura feiert. Die Nacht zuvor wird Kala Ratri (»Schwarze Nacht«) genannt. In dieser findet eines der seltenen Ereignisse des Jahres statt, zu denen die Mädchengöttin das Kumari-Haus verlässt: die geheimnisvolle Durga-Puja im Haupthof zwischen dem Taleju-Tempel und dem alten Königspalast Hanuman Dhoka.

Der Zusammenhang, der zwischen der kleinen Kumari und jener Durga besteht, ist selbst gläubigen nepalesischen Hindus oft nicht klar. Um ihn zu verstehen, muss man in der lokalen Religionsgeschichte weit zurückgehen. Seit mehr als einem Jahrtausend gilt die tapfere Durga – wie auch die Göttinnen Kali und Bhagwati – als

Furcht erregende Seite von Parvati, der Gattin des Göttervaters Shiva. Damals, so besagt der Volksglaube, habe sich Durga in der Stadt Simraungardh im Süden Indiens in Form einer neuen Göttin manifestiert – der Taleju. Diese sei ursprünglich keine sichtbare Göttin gewesen, sondern eine geheimnisvolle Kraft. Als solche sei sie vor einigen Jahrhunderten ins Kathmandu-Tal gekommen, wo sie seither als Schutzgöttin der wechselnden Königsfamilien fungiert. Inzwischen aber ist die Mädchengöttin Kumari deren leibhaftige Inkarnation. So liegt es nahe, dass im Fall von deren Ablösung die göttliche Macht eben während jener Durga-Puja in der »Schwarzen Nacht« von einer Kumari zur anderen übertragen wird (wenn nicht ein außergewöhnlicher Anlass den vorzeitigen Wechsel erfordert).

In diesem Jahr, welches nach dem nepalesischen Kalender das Jahr 2048, nach dem newarischen 1111 und nach dem gregorianischen 1991 ist, findet Navami (am Ende des nepalesischen Monats Ashwin) Mitte Oktober statt. Seit dem letzten Dashain-Fest hat es in der ganzen Welt große politische Veränderungen gegeben. Im Osten Europas sind die kommunistischen Regime zusammengebrochen, die beiden deutschen Staaten haben sich nach vier Jahrzehnten der Trennung wieder vereinigt, in Südafrika geht die Apartheid ihrem Ende entgegen, und in Israel denkt ein ehemaliger General laut über Friedensverhandlungen mit den Palästinensern nach. Auch der kleine Himalaja-Staat Nepal hat seither einige innenpolitische Veränderungen erlebt. Noch im Frühjahr des letzten Jahres hatte die königstreue Regierung die absolute Monarchie gegen friedliche Demonstranten mit Gewehrfeuer, Tränengas und Massenverhaftungen verteidigt. Der Protest aber nahm immer breitere Formen an, sodass sich der König schließlich im April 1990 über den Rundfunk an sein Volk wandte, die Aufhebung des Parteienverbots ankündigte und für das kommende Frühjahr freie Wahlen versprach. Im Mai siegte dann die Kongresspartei landesweit mit absoluter Mehrheit und stellt seither den Ministerpräsidenten.

Dennoch schlagen die Uhren in diesem Jahr 1991 in Nepal anders als in anderen Teilen der Welt, denn jeder dritte der frei gewählten Abgeordneten gehört der Kommunistischen Partei an. Wenngleich auch sie auf die religiösen Traditionen ihres Landes Rücksicht nehmen müssen und am vergangenen Indra-Jatra-Fest ein Transparent vor die Parteizentrale aufgehängt hatten, mit der Parole: »Die KP Nepals grüßt die Kumari.« Und so sitzt am Durbar-Platz, allem politischen Wandel zum Trotz, ein kleines Mädchen auf dem Thron der lebenden Göttin, auch wenn es in dieser Nacht selbst hier eine personelle Veränderung geben wird.

Die künftige Mädchengöttin steigt in ein klappriges Taxi, das ihr Vater an der Straße angehalten hat. Amitas Mutter folgt ihr, in der Hand eine kleine Reisetasche, in der sie nur das Waschzeug und ein wenig Unterwäsche eingepackt hat. Schließlich wird dem Mädchen künftig die Kleidung in der roten Farbe der Kumari zur Verfügung gestellt – dort, wo es jetzt mit seinen Eltern hinfährt und aller Voraussicht nach die nächsten Jahre leben wird. Die Dimension dieser langen Trennung aber haben offenbar weder Amita noch ihre größere Schwester wirklich verstanden. Denn obgleich ihr Baa es ihnen am Morgen noch einmal zu erklären versucht hatte, vollzog sich der Abschied ohne Tränen.

Am Hanuman-Dhoka-Palast bezahlt Amrit Man Shakya dem Fahrer 25 nepalesische Rupien. Amita drückt beim Aussteigen ihre Puppe fest an sich, die die Mutter ihr kurz vor dem Verlassen des Hauses noch schnell in den Arm gelegt hat. Dann gehen sie zum Kumari Bahal hinüber. Vor dem schmalen Eingang steht eine ältere Frau und bietet Farbpostkarten mit dem Bild der Mädchengöttin an. Da sie ihr Geschäft fast ausschließlich mit Touristen macht, beachtet sie die Shakyas gar nicht. Mimita Shakya aber betrachtet nachdenklich die unterschiedlichen Porträtfotos, die die Frau aufgefächert in der Hand hält. Mit ausdrucksloser Miene blickt darauf die kleine Kumari direkt in die Kamera. Schon bald, so geht es Amitas Mutter durch den Kopf, wird diese Frau den Touristen aus aller Welt das Foto ihrer Tochter anbieten.

Es fällt Mimita Shakya schwer, mit ihrer Tochter die Schwelle des Kumari Bahal zu überschreiten. Sie muss an die heftigen Albträume denken, von denen Amita in den letzten Tagen geplagt wurde. In der Nacht, nachdem das Mädchen im Palast untersucht und anschließend dem König vorgestellt worden war, fing es an. Anita hatte ihre Eltern geweckt und teilte ihnen besorgt mit, dass ihre kleine Schwester weinen und manchmal laut schreien würde. Dann haben sie Amita zu sich ins Ehebett geholt. Hier sollte sie nun die letzten Tage bis zu ihrem Umzug in den Kumari Bahal schlafen. In der nächsten Nacht ging es wieder los. Mehrfach hatten die Eltern ihre Tochter geweckt. Doch kaum war sie wieder eingeschlafen, fing sie erneut an zu wimmern und zu schreien. In seiner Hilflosigkeit hat ihr der Vater schließlich eine Ohrfeige verpasst. Aber schon im nächsten Moment tat es ihm entsetzlich Leid.

Am folgenden Morgen rief Amrit Man Shakya im Kumari Bahal an und berichtete von den nächtlichen Albträumen seiner Tochter. Der Chitaidar aber erklärte, diese Vorgänge seien »völlig normal«. Schließlich würden sich bereits die gewaltigen Energien der Taleju und auch der Durga ankündigen, und das sei für das Mädchen natürlich ungewohnt. Dies wäre lediglich eine Übergangsphase, die ganz sicher bald vorbei sei.

Auch Amitas Vater wirkt nicht gerade entschlossen, den Kumari Bahal zu betreten. Auffällig lange betrachtet er die aufwändigen Holzschnitzereien rund um das schmale Eingangstor. Oben thront die vielarmige Durga, zu deren Füßen der Eingang zum Hof von unzähligen kleinen Totenköpfen eingerahmt ist. In ihrer Zeit als Mädchengöttin wird seine Tochter nie wieder dieses Tor durchschreiten. Für die wenigen Male, die sie im Laufe der nächsten Jahre an Zeremonien außerhalb dieses geräumigen Hauses teilnehmen wird, ist ein schmuckloser Weg über einen dunklen Nachbarhof vorgesehen. Schon heute Nacht wird Amita dort durch jene kleine Maueröffnung ins Freie gelangen, wo sie am letzten Indra-Jatra-Fest ihre Vorgängerin gesehen hat. Hinter diesem eigenwilligen Vorgang steht eine Tradition, deren Herkunft niemand mehr zu benennen weiß.

Der Tempel der Göttin Taleju ist das höchste Bauwerk des Kathmandu-Tales. Das Heiligtum mit seinem fünfstufigen Sockel und dem filigran verzierten, dreistöckigen Dach liegt einige hundert Meter nordöstlich des Kumari-Hauses. Jedes Jahr am späten Abend des Astami, zum Ausklang des »großen achten Tages« des Dashain-Festes, findet zwischen diesen beiden heiligen Stätten eine eigentümliche nächtliche Prozession statt. Die Kumari verlässt dann ihre Wohnstatt und geht mit ihrem Gefolge zu Fuß über den Durbar-Platz hinüber zum Tempel, um in einem speziellen Raum im Mul Chowk, dem Haupthof, an der Durga-Puja teilzunehmen. Eigenartigerweise findet diese kleine Prozession kaum öffentliche Beachtung. Die Bewohner von Kathmandu, die sich einen Monat zuvor noch glücklich schätzten, wenn sie während der Indra Jatra aus großer Entfernung einen Blick auf die Kumari erheischen konnten, hätten hier die Möglichkeit, sie aus unmittelbarer Nähe zu betrachten. Dennoch erscheinen bestenfalls einige ausländische Besucher, die von ihren Stadtführern über dieses Ereignis informiert worden waren. Für das Fernbleiben der einheimischen Bevölkerung gibt es nur eine plausible Erklärung: Es ist schließlich die Furcht erregende Göttin Durga, die in dieser Nacht den Weg dort hinübergeht, und ein böser Blick von ihr kann entsetzliches Leid bringen. Dies erklärt auch, weshalb jene Männer, die vor der Kumari die weißen Tücher entrollen, damit die Füße den unreinen Boden nicht berühren, niemals zu ihr aufblicken.

Im Taleju-Tempel bereitet sich die Priesterschaft auf ein ganz besonderes Ereignis vor: Ein kleines Shakya-Mädchen wird heute Nacht vom Kumari-Haus herüberkommen und nach einem geheimen Ritual als lebende Göttin dorthin zurückkehren.

Der Mul Pujari, der königliche Hauptpriester, lässt es sich nicht nehmen, die mit einem roten Tuch verhüllte Statue der Taleju höchstpersönlich vom oberen Raum des Tempels hinunter in den Hof zu tragen. Kein normaler Sterblicher, so wird behauptet, habe jemals gesehen, was sich unter dem Tuch befindet. Keiner der hinduistischen Besucher, die gestern noch daran vorbeiflaniert sind – am einzigen Tag im Jahr, an dem der Tempel für die Gläubigen geöffnet ist. Aber auch keiner der etwa fünfzig Priester, von denen jeder im Tempel seinen eigenen Verantwortungsbereich hat, durfte je einen Blick auf das Antlitz dieser Göttin werfen. Selbst von den fünf Priestern, die in der »Schwarzen Nacht« in Anwesenheit der Kumari die nächtliche Durga-Puja zelebrieren, bekommt niemand die enthüllte Statue zu sehen. Das Bildnis der Göttin steht dabei nämlich weitgehend im Dunklen und wäre für die etwas entfernt sitzenden Priester selbst dann nur in Umrissen erkennbar, wenn sie verbotenerweise den Kopf heben würden. Allein der Mädchengöttin ist es erlaubt, einen Blick darauf zu werfen. Bevor sie auf einem kleinen Thron zu Füßen der Statue Platz nimmt, zieht der Mul Pujari mit gesenktem Haupt das Tuch weg. Ein kleines Öllicht beleuchtet spärlich die bildliche Darstellung jener Göttin, die von ihrer leibhaftigen Inkarnation kurz betrachtet und gleich darauf wieder verhüllt wird.

Wie in jedem Jahr am Morgen des Astami überquert also der Mul Pujari mit der verhüllten Göttin im Arm den Haupthof. Hier war in der Nacht zuvor der Göttin Durga ein gewaltiges Tieropfer gebracht worden. Vierundfünfzig Ziegen und ebenso viele Büffel liegen in ihrem eigenen Blut, jeweils mit einem einzigen rituellen Schwerthieb enthauptet. Ein Blutopfer, das schon seit Jahrhunderten fester Bestandteil des Durga-Kults ist.

Als junger Mann war der Mul Pujari einmal dem Gerücht nachgegangen, demzufolge es früher auch Menschenopfer gegeben habe. Er hatte historische Schriften studiert und Hinweise dafür gefunden, dass sich im 16. Jahrhundert zum Baubeginn des Tempels von Kamakhya im indischen Assam hundertvierzig Männer freiwillig haben hinrichten lassen. Ihre Köpfe waren der Shakti, dem weiblichen Gegenstück Shivas, auf Tabletts präsentiert worden. Für den Haupthof von Kathmandu aber hatte er solche Belege nicht gefunden. Seit jeher sind es offenbar Tiere, die man der Göttin Durga hier im Mul Chowk als Blutopfer bringt. Einhundertundacht Tierkadaver weisen aber nicht nur auf eine Metzelei hin, sondern auch auf eine heilige Zahl.

Nach Ansicht des Chefastrologen des Königs ist diese Zahl zusammengesetzt »aus den sieben Planeten, plus den zwei Mondphasen (zwischen Neumond und Vollmond, beziehungsweise umgekehrt) multipliziert mit den zwölf Tierkreiszeichen«. Natürlich weiß auch der Hofastrologe, dass im Sonnensystem mittlerweile neun Planeten entdeckt worden sind. Auf eine Korrektur der heiligen Zahl aber besteht er nicht und rettet so alljährlich zwölf Ziegen und zwölf Büffeln das Leben.

Der Mul Pujari betritt jenen dunklen Tempelraum, der Aadhyro Kotha genannt wird, und stellt die verhüllte Taleju behutsam auf einen kleinen Altar. Er geht davor in die Hocke und verharrt in dem fast vollständig abgedunkelten Raum in stiller Meditation. In wenigen Stunden wird er hier ein tantrisches Ritual zelebrieren, von dessen Bedeutung für die Welt er zutiefst überzeugt ist. Auch wenn das spirituelle Wissen um jene universellen Zusammenhänge in anderen Teilen der Welt offenbar gar nicht mehr vorhanden ist. Jedenfalls weisen die Fragen westlicher Besucher, die ihn gelegentlich aufsuchen, darauf hin. Die Begriffe »Tantra« oder »tantrisch« werden von diesen Leuten fast immer nur mit sexuellen Praktiken in Verbindung gebracht. Das tantrische Durga-Ritual aber hat damit gar nichts zu tun.

Da es aber seit Jahrhunderten von den Priestern als Geheimnis behandelt wird, kann der Mul Pujari solche durch westliche Sichtweisen geprägten Vorurteile auch gar nicht zerstreuen. Wie sollte er Nichteingeweihten einen Vorgang beschreiben, den er selbst nur gefühlsmäßig erlebt, in dem er abtaucht in einen transzendentalen Zustand?

Das tantrische Ritual ist eben nicht das friedliche Ritual der vedischen Puja, die überwiegend öffentlich zelebriert wird und den Frieden und die Liebe in den Mittelpunkt stellt. Die vedischen Rituale sind daher den meist christlich geprägten Menschen aus dem Westen viel leichter zu vermitteln. Der Tantrismus aber ist letztlich unvereinbar mit deren Weltbild, in dem es nur einen gerechten und verzeihenden Gott gibt. Die Furcht erregende Seite wird in deren Kulturkreis seinem Gegenspieler, dem Satan, zugesprochen. Blutopfer sind ihnen höchstens noch aus Bibeltexten bekannt, und das Versetzen in einen transzendentalen Zustand wird bestenfalls noch von einigen fundamentalistischen christlichen Sekten oder versprengten Klostergemeinschaften praktiziert. Wie also sollte er ein Ritual beschreiben, in dessen Mittelpunkt die Furchtlosigkeit und eine gefährliche Unruhe stehen?

Der tantrische Priester beschränkt sich daher bei solchen Gesprächen meist darauf, zu erklären, dass er sich in einen Zustand versetzt, in dem die Göttin schließlich von ihm Besitz ergreift. Und jemanden wie ihn, der diesen Zustand einige hundert Mal durchlebt hat, stört dann auch nicht das oft abfällige Lächeln seiner westlichen Gesprächspartner.

Nach seinem Sieg über die Malla-Dynastie vor mehr als zweihundert Jahren hat König Prithivi Narayan aus der Shah-Dynastie die Ausübung der tantrischen Tempel-Rituale bei der newarischen Priesterschaft belassen. Da die Shah-Herrscher das Kathmandu-Tal von außen erobert haben und nicht der Volksgruppe der Newar entstammen, waren sie im Gegensatz zu den Malla-Königen nie mit dem Tantrismus vertraut. Auch deren jeweiliger Oberpriester nicht, weshalb der Mul Purohit auch heute noch trotz seiner hohen Stellung akzeptieren muss, an den tantrischen Ritualen im Bereich des Taleju-Tempels nicht teilnehmen zu dürfen.

Die Durga-Puja, die immer exakt um 22.10 Uhr beginnt, ist einer der Höhepunkte des Tempeljahres. Die Inthronisation einer Kumari aber, bei der dem auserwählten Shakya-Mädchen die Göttlichkeit der Taleju eingehaucht wird, gehört zu den wichtigsten spirituellen Erfahrungen eines newarischen Priesterlebens. Der Hauptpriester des Tempels, der vor der verhüllten Statue sitzt, hat schon viermal in seiner langen Priesterzeit jene göttliche Einhauchung erlebt, in deren Verlauf sich der Körper des Mädchens rot färbt. In der heutigen Nacht wird er dem Werden einer lebenden Göttin sicher zum letzten Mal in diesem Leben beiwohnen dürfen.

In wenigen Stunden wird er Uddav, seinen Sohn, der ihm als Assistent zur Seite stehen wird, hereinbitten und ihn mit den Handreichungen dieser ganz besonderen Puja vertraut machen. Der Sohn des Mul Pujari hat sich für diesen speziellen Anlass eine Doura Suruwal in der roten Farbe der Kumari schneidern lassen.

Vor etlichen Jahren wurde er von seinem Vater in die geheimen Riten des allgemeinen Tempeldienstes eingeweiht. Anschließend wurde ihm die Dhkysha – die Priesterweihe – verliehen. Seither hat Uddav die in Sanskrit verfassten heiligen Schriften der Veden weiter studiert, übernahm verschiedene Aufgaben im Tempel und versah gelegentlich den Priesterdienst bei der täglichen Morgen-Puja im Kumari-Haus. In absehbarer Zeit wird Uddav seinem Vater auf den Posten des Mul Pujari nachfolgen, so wie dieser das Amt einst von seinem Lehrer übernommen hatte. Noch aber sitzt der derzeitige Hauptpriester allein in der Dunkelheit des Aadhyro Kotha und bittet die Göttin Taleju um Kraft und spirituelle Eingebung für das tantrische Ritual der kommenden Nacht.

Die künftige Kumari springt vor ihren Eltern die schmale Treppe hinauf. Das Mädchen kennt das verwinkelte Haus ja bereits vom letzen Besuch. Diesmal aber wird ihr auch der Eintritt in den geräumigen Thronsaal in der oberen Etage gewährt.

Dieser Raum hier ist viel höher als bei ihr zu Hause, wo sich die Besucher an der Tür immer den Kopf anstoßen, obwohl ihnen ihr Baa sagt, sie sollen aufpassen. Und viel größer ist er auch. Die drei Fenster sind so groß, dass sie fast vom Boden bis zur Decke reichen … aber trotzdem ist es hier ein wenig dunkel.

Zielstrebig geht Amita auf den kleinen roten Thron mit den Löwenbeinen zu. Im Volksmund wird er auch Löwenthron genannt. Er dominiert den Saal allein schon durch seinen Standort in der Mitte des Raumes und dem darüber aufgespannten roten Baldachin mit den goldenen Fransen.

»Da wirst du künftig sitzen«, sagt der Chitaidar.

Amita hatte ihn sofort als jenen Mann wiedererkannt, der mit ihr und ihrem Vater unlängst im Königspalast war. Doch als Amita auf den Thron klettern will, wird sie von ihm daran gehindert.

Wann aber darf sie denn dort sitzen? Der Mann hat gesagt, er will sich erst ein wenig mit ihr unterhalten, damit sie sich besser kennen lernen. Aber sie kennt den Mann doch schon! Und als sie ihm das gesagt hat, haben alle gelacht …

Warum sehen sich denn alle so komisch an? Sie hat sich doch nur auf Mas Schoß gesetzt und gefragt, wann sie wieder nach Hause gehen.

Ma sagt, dass hier ganz viele Menschen herkommen werden, um sie zu besuchen. Deshalb muss sie auch immer hier sein … Die Menschen werden alle ganz lieb zu ihr sein und sie verehren, weil sie ganz, ganz wichtig für diese Leute sein wird. Aber warum sie so wichtig für diese Leute sein wird, das hat Ma nicht gesagt.

Noch hat Amita die junge hübsche Frau nicht entdeckt, die sie aufmerksam von einer Ecke des Raumes aus beobachtet. Sie ist die unverheiratete Tochter des Chitaidar-Paares, und nichts passt weniger zu dieser freundlichen Person als ihr Name: Durga.

Sie ist fasziniert – von der Anmut des kleinen Mädchens, seinem natürlichen Lachen und dem zierlichen schmächtigen Körper. Die neue Kumari, so scheint es, ist ein verletzliches Wesen, das eines ganz besonderen Schutzes bedarf.

Durga ist in einem Alter, in dem Nepalesinnen ihre ersten Kinder gebären. Und noch bevor sie mit der neuen Kumari einen Satz wechseln konnte, hat sie an sich ein heftig einsetzendes Gefühl registriert, für das der Begriff »Zuneigung« zu wenig wäre. Das sensible Kind dort, das spürt sie, wird sie brauchen, um sich in diesem Palast zu Hause zu fühlen und seiner göttlichen Aufgabe nachkommen zu können. Durga ist entschlossen, der Göttin eine ergebene Dienerin und dem Mädchen eine schwesterliche Freundin zu sein.

Die junge Frau in der Ecke dort kommt ihr bekannt vor. Aber sie weiß, dass sie sie noch nie gesehen hat. Sie lächelt die fremde Frau an und die fremde Frau lächelt zurück.

Niemandem im Raum ist der kurze Blickwechsel zwischen den beiden entgangen, jener emotional aufgeladene Augenblick, in dem sich eine stumme Adoption vollzog. Dabei ist keineswegs sicher, ob Durga sich darüber im Klaren ist, dass sie in diesem Moment auch für ihr eigenes Schicksal eine entscheidende Weiche gestellt hat. Zumindest im nächsten Jahrzehnt wird sie unverheiratet bleiben müssen – denn kein Ehemann würde akzeptieren, dass seine Frau das Bett nicht mit ihm, sondern mit der Kumari teilt. Aber auch keinem Mann zuliebe würde Durga den Dienst für die lebende Göttin aufgeben. Eine Herausforderung, die sie angesichts der kleinen Amita in ungewohnte Erregung versetzt.

Sie freut sich, weil diese Frau auf sie zukommt. Sie kennt diese Frau nicht, aber sie spürt, dass sie nett zu ihr sein wird. Und als die Frau sie an die Hand nimmt, rutscht sie von Mas Schoß und geht mit ihr mit.

Mimita Shakya spürt einen Schmerz, als ob ihr das Herz von einem Ring zusammengeschnürt würde. Sollte sie nicht froh sein, dass ihre Tochter jener Frau so vertrauensvoll folgt, die doch in den nächsten Jahren eine wichtige Person im Leben von Amita sein wird? Doch es setzt sich das mütterliche Gefühl der Trauer durch, darüber, dass sich für Amita der Wechsel offenbar ohne jeden Abschiedsschmerz vollzieht. Dann aber macht sich Mimita Shakya klar, dass das Kind die Dimension des Ereignisses ja im Moment noch gar nicht begreifen kann.

Das rote Kleid mit den goldenen Fäden dort ist wunderschön. Und auf einem Tisch steht die goldene Krone der Kumari mit ganz vielen bunten Steinen. Die fremde Frau sagt, dass die Krone »Mukut« heißt. Und schon bald darf sie diese Mukut aufsetzen.

»Das Kleid aber darfst du schon jetzt anziehen«, sagt die Frau und Amita ruft: »Ohhh!!!«

Im Vorraum des Aadhyro Kotha hat die Frau des Mul Pujari gemeinsam mit ihrem Sohn Uddav und einem Dutzend weiterer Taleju-Priester bereits die Shagun, jene als »heiliges Essen« bezeichneten Opfergaben, aufgebaut, die der Kumari während der Durga-Puja gereicht werden. Der königliche Oberpriester ist gekommen, um zu kontrollieren, ob alles in ausreichender Weise vorhanden ist. Denn selbst wenn die Mädchengöttin von vielen der Speisen nur wenig nehmen wird, so muss von allem genügend vorrätig sein, falls sie doch einen größeren Appetit entwickeln sollte. Außerdem wird die

Göttin Durga heute Nacht erstmals in einer neuen Inkarnation erscheinen. Da sollten diesbezüglich keine unangenehmen Überraschungen passieren.

Die Bedeutung der tantrischen Opfergaben ist klar definiert und verschiedenen Gottheiten zugeordnet. Das Büffelfleisch steht natürlich für das Blutopfer, welches man der Durga bringt, jener furchtlosen Manifestation der Parvati. Und weil es auch für Parvatis Gatten Shiva eine solche personifizierte Manifestation gibt – den furchtlosen Bhairav nämlich –, muss auch ein Ziegenbock geopfert werden. Da es in Nepal aber mehr Büffel als Ziegenböcke gibt, begnügt man sich seit vielen Generationen damit, der Kumari das Ziegenfleisch in allegorischer Form als schwarze Bohnen zu reichen. Angeblich spenden gerade sie eine besonders starke Energie. Statt des Erpels, als weiteres Tieropfer einer weiteren Göttin, werden gekochte Enteneier serviert. Diese stammen zwar bekanntlich nicht vom Erpel, sondern von dessen weiblichem Pendant, gehören aber ohnehin zum Speiseplan der Mädchengöttin. Ob im Kuchen oder in anderen Speisen – wo immer Eier verwendet werden, stammen sie von der Ente, und das hat seinen Grund. Die Kumari darf nämlich nichts vom Huhn essen, weil das – nach Überzeugung der hinduistischen wie der buddhistischen Priesterschaft – zur geistigen Verwirrung führen würde. Zu dieser Erkenntnis ist man jedenfalls irgendwann einmal gekommen, und niemand vermag mehr zu sagen, wann und warum.

Die einzelnen Opfergaben werden durch schmale Ingwerstreifen voneinander getrennt, die sie wie eine Mauer schützen, um deren spirituelle Energie zu erhalten. Ganz oben auf der tantrischen Tafel liegt dann noch gerösteter Fisch, der Lakshmi symbolisiert – die Göttin des Wohlstands. Und um alle diese Götter glücklich zu machen, werden als Beilagen Linsenkuchen, Fladenbrot und Flockenreis serviert.

Zu einer tantrischen Puja aber gehört auch jenes »heilige Wasser«, das vielfach als »Geschenk der Götter« bezeichnet wird. Dieses heilige Wasser wird in drei verschiedenen Varianten ausgeschenkt, die ihrerseits unterschiedliche Bedeutungen und allesamt eine berauschende Wirkung haben. Nacheinander werden der Mädchengöttin Rato Rakshi (ein roter Schnaps), Jhaand (weißes Reisbier) und Ela (ein hochprozentiger Reiswein) gereicht. Die drei alkoholischen Getränke stehen ihrerseits für das Blut der Tieropfer, die Milch heiliger Kühe und im Übrigen schlichtweg für die Unsterblichkeit.

Der Mul Purohit ist mit den Vorbereitungen für die erste Durga-Puja der neuen Mädchengöttin sehr zufrieden. Gleich wird er hinübergehen in den Kumari Bahal, um dort die zeremonielle Übergabe der Yantra, der Kumari-Kette, von der alten auf die neue Mädchengöttin vorzunehmen. Es erfüllt den Oberpriester des Königs mit einem Gefühl der Zufriedenheit, dass nämlich er, dem man die Teilnahme an der nächtlichen Durga-Puja verwehrt, schon vorher diese Insignien der göttlichen Macht weitergeben darf. Ihm obliegt es, die kleine Göttin auf diese Weise willkommen zu heißen und sie damit überhaupt erst in jenen Stand zu setzen, der ihr Einlass in den dunklen Tempelraum des Aadhyro Kotha verschafft. Der Mul Purohit verneigt sich nach allen Seiten und macht sich auf den Weg.

»Du hast wunderschönes Haar!«, sagt Durga, nachdem sie Amitas Zöpfe gelöst und damit begonnen hat, das lange schwarze Haar mit einer Bürste durchzukämmen. Sie geht dabei sehr behutsam vor. Niemals könnte sie sich verzeihen, der Kumari Schmerz zugefügt zu haben. Auch wenn Amita noch gar nicht die Kumari ist. Das nämlich ist im Moment noch Rasmila.

Durga muss daran denken, dass das Mädchen, mit dem sie die letzten Jahre das Bett geteilt hat, jetzt ein Stockwerk tiefer vor sich hin stiert und stumm auf seine Ablösung wartet. Durgas Vater, der Chitaidar, hatte Rasmila erst an diesem Morgen auf nicht sehr behutsame Weise mitgeteilt, dass dies ihr letzter Tag im Kumari Bahal sein wird. Als Durga kurz darauf zu ihr kam, begegnete sie nicht etwa einem traurigen Mädchen – vielmehr wirkte die Kumari gleichermaßen fassungslos wie verängstigt. Sie hatte sich offensichtlich entschlossen, mit niemandem mehr zu sprechen. Auch mit Durga nicht, die bisher ihre Dienerin und Freundin war. Dabei hatte gerade sie in den letzten Monaten immer wieder den Versuch unternommen, die Kumari auf ihre baldige Ablösung vorzubereiten. Durga hatte ihr von der Familie erzählt, in deren Haus sie »irgendwann einmal« zurückkehren würde. Und während sie der Kumari Unterricht in Lesen, Schreiben und den Grundrechenarten erteilte, hatte sie ihr von deren kluger Schwester berichtet. Sie hatte erzählt, dass sie Pramila heißt und Mathematik studiert. Sie würde ihr, »wenn sie mal nicht mehr hier wohnen wird«, sicher helfen, eine gute Schülerin zu werden. Die Kumari aber hat diese Signale offenbar nicht zur Kenntnis genommen.

Während Durga noch einmal die letzten Wochen vor ihrem geistigen Auge Revue passieren lässt, bürstet sie in gleichmäßigen Bahnen das lange Haar jenes Mädchens, welches in wenigen Stunden Rasmilas Nachfolgerin werden wird.

Es ist schön, wie diese Frau, die Durga heißt, aber die sie Durga-didi (Durga – große Schwester) *nennen darf, das Haar bürstet. Es tut überhaupt nicht weh. Und wenn man die Augen zumacht, ist es sogar noch schöner. Durga-didi hat gesagt, dass sie das jetzt jeden Morgen machen will. Was wird wohl Ma dazu sagen, wenn man nun jeden Tag hierherfahren muss? Aber hat Ma nicht gesagt, dass sie jetzt hier wohnen soll?*

Durga empfindet es als einen wahrhaft erregenden Vorgang, daran mitzuwirken, aus diesem kleinen, anmutigen Mädchen eine lebende Göttin zu machen. Auch wenn die Vergöttlichung selbst natürlich in der Hand der Priesterschaft liegt, so bereitet sie doch das Mädchen zumindest äußerlich darauf vor. Mit einem Blick kontrolliert Durga noch einmal, ob alles dafür bereitliegt – das Öl, mit welchem sie das Haar einreiben, das rote Tuch, mit dem sie es zu einem Knoten hochstecken wird. Und die Schminkutensilien, mit denen sie später, vor dem nächtlichen Gang zum Taleju-Tempel, das kindliche Gesicht in ein göttliches Antlitz verwandeln wird. Jeder Handgriff ist eingeübt, war in der Vergangenheit schon hunderte Male bei Rasmila erfolgt, seit Durga vor einigen Jahren die Betreuung der Kumari von ihrer Mutter übernommen hatte. Ambika und Sita, ihre beiden älteren Schwestern, hatten sich schon früh entschieden, eine eigene Familie zu gründen. Durga aber hat es nie bereut, sich in den Dienst der Dyo Maiju, der Mädchengöttin, gestellt zu haben. Und als sie heute die künftige Kumari, dieses fröhliche und verletzlich wirkende kleine Mädchen gesehen hat, fand sie wieder einmal bestätigt, dass ihr Platz an deren Seite ist.

Über Nepals Hauptstadt ist bereits die Dunkelheit hereingebrochen. Aber noch immer sind die Straßen sehr belebt, an diesem Astami, dem achten Tag des – nach Indra Jatra – zweitwichtigsten religiösen Festes. Die Stufen der gewaltigen, dreihundert Jahre alten Maju-Deval-Pagode auf dem Durbar-Platz sind an diesem Abend Treffpunkt der Jugend von Kathmandu. Die Teenager in Bluejeans und T-Shirts mit den aufgedruckten Fotos internationaler Popstars unterscheiden sich äußerlich kaum von ihren Altergenossen am Times Square oder dem Piccadilly Circus. Nur wenige Meter entfernt stellt sich das traditionelle Nepal in Reih und Glied an, um in den Kumari Bahal eingelassen zu werden. Und gelegentlich mischen sich diese beiden Gruppen. Wenn die Besucher im Hof des Kumari-Hauses ihre Schuhe ausziehen, so ist manche Reebok-Kopie darunter, abgestellt von jungen Männern, die sich die Ray-Ban-Sonnenbrille aus chinesischer Produktion lässig ins gegelte Haar hochgeschoben haben. Niemandem von ihnen wird die Kumari heute eine Tika auf die Stirn drücken, und niemand ist mit dieser Absicht hergekommen. Sie wissen, dass sie in dieser Nacht eine neue Kumari bekommen und stellen im Hof unter deren Fenster ihre Opfergaben nieder. Und niemand kann sagen, ob es die letzten Opfergaben der scheidenden oder die ersten der neuen Mädchengöttin sind.

Einige der Besucher haben aber auch ein ganz anderes Ziel. Wie in jedem Jahr an Astami sitzen nämlich im Stockwerk unter dem Thronsaal acht lebende Kopien der königlichen Kumari. Diese werden Gan-Kumaris genannt – kindliche Göttinnen für einen Tag. Es heißt, sie würden gemeinsam mit der Taleju die insgesamt neun Hausgöttinnen der einstigen Malla-Könige repräsentieren. Kaum jemand in Kathmandu aber kennt sämtliche Namen dieser neun Göttinnen. Ähnlich wie es vielen Bewohnern der christlichen Länder Schwierigkeiten bereiten dürfte, die Namen aller zwölf Apostel zu nennen. Vielfach aber werden die Gan-Kumaris auch als Verkörperung der acht verschiedenen Aspekte der Göttin Durga angesehen. Doch sie dürfen die königliche Kumari nicht zu Gesicht bekommen. Die offizielle Begründung dafür lautet, dass jenes dritte Auge, das auch jeder Gan-Kumari auf die Stirn geschminkt worden ist, niemals in das der Kumari blicken dürfe. Ansonsten würde deren göttlicher Blick verloren gehen.

Die acht Shakya-Mädchen werden im ersten Stock des Kumari Bahal gemeinsam zu Tagesgöttinnen geweiht. Viele Familien sind stolz, wenn die eigene Tochter, Enkelin oder Cousine auf einem der Throne für die Gan-Kumari Platz nehmen darf. Anschließend werden sie von ihrem Vater oder einem anderen männlichen Familienmitglied zum Taleju-Tempel hinübergetragen, wo sie von Priestern in einer eigenen Puja verehrt werden.

Die kleinen Tagesgöttinnen und ihre Familien wissen nicht, dass mancher der Priester heute lieber nicht die Puja der Gan-Kumaris zelebrieren würde. Denn keiner, der hierfür eingeteilt ist, darf in der Nacht auch noch an der Durga-Puja im Aadhyro Kotha teilnehmen – an dem sich dort vollziehenden spirituellen Erlebnis einer transzendenten Vermischung des Menschlichen mit dem Göttlichen.

Im großen Saal in der zweiten Etage des Kumari Bahal hat mittlerweile die noch amtierende Mädchengöttin mit unbewegtem Gesicht auf dem Löwenthron Platz genommen. Sie ist jetzt zwölf und auf den Tag genau seit acht Jahren die königliche Kumari von Kathmandu. Heute Morgen hat ihr der Chitaidar nicht nur mitgeteilt, dass sie die rote Kleidung der Kumari nur noch vier Tage tragen dürfe, sondern auch, dass sie diese bereits im Haus ihrer Eltern verbringen wird.

Ihrer Eltern? Sind das etwa diese kleine rundliche Frau im grünen Sari dort drüben, die ihr ständig zunickt, und der Mann mit dem kurzen Schnurrbart neben ihr? Und wer ist das Mädchen mit der kreisrunden Brille? Ihre Schwester, die Studentin? Alle diese Leute gehören zu ihrer Familie. Denn die Frau dort, von der man ihr seit jeher sagt, sie sei ihre Ma, kennt sie vor allem als Schwester der Chitaidar. Deshalb sagt sie ja zur Chitaidar »Kaki« (newarisch: Tante) *und zum Chitaidar sagt sie »Kaka«* (newarisch: Onkel). *Und da sind noch Durga-didi und ihre Schwestern – und die beiden Brüder von Durga-didi, die vor einiger Zeit geheiratet haben und seither mit ihren Familien in einem Flügel des Kumari Bahal wohnen. Drei Kinder sind während ihrer Kumari-Zeit hier geboren – Sourav und Gaurav und im letzten Monat die kleine Garima. Das ist ihre Familie!*

Auf einem schmalen Hocker neben der Kumari sitzt Amita in dem neuen Kleid aus rotem und goldenem Brokat. Eigentlich lümmelt sie eher darauf, denn noch hat ihr niemand gezeigt, wie sich eine Göttin würdevoll verhält. Auch sonst hat sie, trotz der roten Kleidung, noch nichts von einer Göttin. Die Kleine wirkt auf ihre Eltern eher kostümiert.

Zwei Taleju-Priester murmeln die Mantras vor sich hin, jene seit vielen Generationen mündlich überlieferten heiligen Sprüche. Noch einmal verneigt sich der königliche Oberpriester vor jenem Mädchen, welches die vergangenen acht Jahre die königliche Kumari von

Kathmandu war. Dann nimmt er ihr die grobgliedrige Kumari-Kette vom Hals und legt sie Amita um. Sofort untersucht das kleine Mädchen neugierig das schwere Schmuckstück, das immerhin die Macht der Göttin Taleju symbolisiert. Aufgeregt blickt sie zu ihren Eltern hinüber und beginnt mit dem Yantra zu spielen, jenem goldenen Anhänger in Form eines Donnerkeils, dem man eine magische Kraft nachsagt. Nun wird ihr auch die Nagmala um den Hals gelegt, jene hölzerne Schlange, deren Funktion der Schutz der künftigen Mädchengöttin vor der Macht der Dämonen ist.

Zwischen den Eltern der scheidenden und denen der neuen Kumari findet kein persönlicher Kontakt statt, wenngleich man sich aus den Augenwinkeln heraus beobachtet. Amitas Vater fällt auf, dass beide Elternpaare selbst für nepalesische Verhältnisse auffallend klein sind. Aber er verbindet diese Beobachtung nicht mit der Frage, ob dahinter etwa ein Kalkül stecken könnte. Es käme dem tiefgläubigen Amrit Man Shakya nicht in den Sinn, darüber nachzudenken, ob der Chitaidar oder das Kumari-Komitee ganz profan nach besonders kleinen Kumari-Eltern Ausschau gehalten haben könnten – im Hinblick darauf, dass dann auch das Mädchen möglichst lange einen besonders kindlichen Eindruck machen würde. Jedenfalls fällt Amrit Man Shakya auf, dass auch der Vater der langjährigen Kumari nicht nur klein, sondern, wie er selbst, ausgesprochen schmächtig ist. Und es ist nicht zu übersehen, dass sich an seiner Frau bereits erste Anzeichen zu einer rundlichen Figur zeigen, wie sie bei jener Kumari-Mutter dort bereits ausgeprägt sind. Da dies aber hierzulande als Zeichen von Wohlstand gewertet wird, ist Amrit Man Shakya darauf sogar ein wenig stolz. Er weiß nicht, womit der Vater der nun scheidenden Kumari sein Geld verdient, um die Familie zu ernähren. Ihm aber ist es gelungen, mit dem Job als Busfahrer des nepalesischen UN-Quartiers sogar etwas Geld zur Seite zu legen, um in absehbarer Zeit am Stadtrand ein kleines Haus zu erwerben. Erst in diesem Moment fällt ihm ein, dass Amita am Ende ihrer Kumari-Zeit wohl nicht mehr dorthin zurückkehren wird, von wo sie an diesem Morgen gemeinsam aufgebrochen waren.

Amitas Mutter hingegen stellt sich die Frage, wer sich eigentlich glücklicher schätzen darf: sie, deren Tochter gerade die göttlichen Insignien erhält, oder die Mutter jenes Mädchens, der in diesem Augenblick eine Tochter zurückgegeben wird?

Das Mädchen, das bis eben die königliche Kumari war, wird zu der kleinen rundlichen Frau und dem Mann mit dem Schnurrbart geführt. Gleich wird man sie in einer Sänfte zum Haus dieser ihr fremden Menschen tragen.

Amita aber ist noch immer eine Kumari auf Widerruf. In dieser »Schwarzen Nacht« wird sich zeigen, ob sie sich des Kumari-Thrones als würdig erweist. Doch keiner der anwesenden Priester will das bevorstehende grausige Defilee, vorbei an den einhundertacht geköpften Tieren, als eine weitere Prüfung verstanden wissen. Niemand hier im Thronsaal hegt irgendeinen Zweifel daran, dass der Hofastrologe mit seiner Analyse richtig gelegen und die wahre Kumari gefunden hatte.

Gegen 22 Uhr ist der Durbar-Platz wie leer gefegt. Die Jugendlichen sind um diese Uhrzeit – anders als ihre Altersgenossen in den westlichen Metropolen – längst zu Hause. Nur im benachbarten Stadtbezirk Thamel haben noch einige Bars geöffnet. Doch die Preise in den Etablissements des Touristenviertels, die »Full Moon« oder »Via Via« heißen, sind für die meisten einheimischen Teenager unbezahlbar.

In den Seitengassen westlich des Durbar-Platzes aber ertönt in dieser Feiertagsnacht überall noch Musik. Vor dem Kashtamandap, jener überdachten Plattform aus dem 14. Jahrhundert, dem Kathmandu seinen Namen verdankt und wo sonst Gemüsehändlerinnen ihre Waren feilbieten und streunende Hunde Mittagsschlaf halten, haben Menschen verschiedener Kasten um eine Gruppe newarischer Musiker

Platz genommen. Weiter nördlich, in der Nähe des Krishna-Tempels, wird in dieser Nacht eine riesige, mit Ziegenfell bespannte Trommel geschlagen, um die bösen Geister fern zu halten. Denn immerhin ist es ja einst in der »Schwarzen Nacht« gewesen, in welcher der Büffeldämon Mahisasura sein Unwesen trieb. Kaum jemand aber nimmt zur Kenntnis, wie sich neben dem Kumari Bahal eine kleine Tür öffnet und zunächst ein newarisches Musikanten-Trio, dann zwei Männer mit riesigen Stoffballen im Arm und schließlich die neue Kumari mit dem weiteren Gefolge erscheinen. Ein ernst blickender Mann mit einem bunten Topi auf dem Kopf hält eine große, von einem Akku gespeiste Neonröhre in die Höhe. Vor Amita werden bahnenweise Tücher entrollt, über die sie barfuß schreitet, an beiden Seiten von zwei Frauen an den Händen geführt. Sie haben dafür Sorge zu tragen, dass die – künftige – Mädchengöttin nicht strauchelt.

In dieser Nacht, das spüren alle in dieser kleinen Gruppe, ist das gesamte Universum in eine ganz besondere Stimmung getaucht. Noch hat die Göttin Taleju zwar nicht von jenem kleinen Mädchen Besitz ergriffen, das schon die Insignien der Göttlichkeit um den Hals trägt. Doch die Göttin hat die Aura dieses außerordentlich hübschen Kindes bereits erreicht, bereit sich in dieser Nacht mit ihr zu vereinen. Man befindet sich in dieser *Twilight Zone,* in dem sich das Potenzial großer Veränderungen formiert. Denn durch jede neue Kumari werden auch neue Energien mobilisiert.

Es ist aber auch die Zeit der Bilanzen. Und so werden in dieser Nacht von vielen Nepalesen, die weltweiten und nationalen Veränderungen der letzten Monate mit dem Wirken und Sein der nun scheidenden Kumari in Verbindung gebracht. Manch einer aus Amitas kleinem Gefolge mag sich die zwischen Hoffnung und Sorge angesiedelte Frage stellen, wie wohl in einigen Jahren die Bilanz dieser Kumari aussehen wird. Das Land jedenfalls, dessen Schutz sie heute Nacht übernehmen wird, gehört zu den ärmsten Ländern der Welt, und es hätte dringend Veränderungen zum Guten nötig.

Durga-didi hat ihr erzählt, dass die Männer das mit den Tüchern machen, weil ihre Füße den Boden nicht berühren sollen. Doch dann hat sie zu Durga-didi gesagt, dass sie ja einfach nur die Schuhe anziehen muss. Da hat Durga-didi gelacht und den Kopf geschüttelt. Und dann hat sie gesagt: »Das geht nicht! Eine Kumari trägt nämlich keine Schuhe!«

Die beiden Männer haben zwei etwa zehn Meter lange weiße Stoffbahnen dabei. Um eine verzögerungsfreie Prozession zu gewährleisten, müssten immer dann, wenn die Kumari eine der beiden Stoffbahnen betritt, zwei Männer nach hinten laufen, um die eben überschrittene Bahn nach vorn zu holen. Dazu aber hätte es insgesamt vier Männer bedurft, statt jener zwei, die eben noch – statt nach hinten zu laufen – mit dem Ausbreiten der vorderen Stoffbahn beschäftigt sind. Seit Jahren stört es alle, die an diesem Zug teilnehmen, dass die Prozession zwischendurch immer wieder ins Stocken gerät. Aber niemand fühlt sich dafür verantwortlich, zwei weitere Männer mit dieser Aufgabe zu betrauen. Die Einzige, die daran keinen Anstoß nimmt, ist Amita.

Immer wenn alle stehen bleiben, dreht sie sich zu ihrer Ma um, die dann lacht und ihr zunickt. Und Baa läuft dauernd neben dem Zug her und knipst mit seinem Fotoapparat. Manchmal blitzt er ihr auch direkt in die Augen. Aber nicht mit Absicht.

Wo ist denn Durga-didi? Als der Zug wieder stoppen muss, weil die Männer mit den Tüchern nicht nachkommen, entdeckt sie Durga-didi ganz hinten, wo es ziemlich dunkel ist. Durga-didi nickt ihr zu. Sie würde ihr gern zuwinken, aber die beiden Frauen neben ihr halten die Hände fest.

Der alte Hauptpriester des Taleju-Tempels hat die fünf Priester, die ihm assistieren werden, zu einer kurzen Puja in den Aadhyro Kotha gebeten. Der sakrale Raum wird nur durch kleine Öllichter, die zwischen den Hörnern von neun Büffelköpfen aufgestellt wurden, spärlich beleuchtet. Die verhüllte Statue der Göttin ist mehr zu erahnen als zu sehen.

In wenigen Minuten wird Uddav das Mädchen am Tor zum Hof in Empfang nehmen. Dann werden sie gemeinsam auf dem roten Läufer im Uhrzeigersinn an den getöteten Tieren vorbeilaufen. Das Mädchen wird keine Angst haben, da ist sich der junge Priester sicher. Denn nicht er wird es an den Kadavern vorbeiführen, sondern bereits die unsichtbare Energie der furchtlosen Durga.

Eben hat Uddav die rituellen Gegenstände unweit des kleinen Throns unter der verhüllten Taleju-Statue aufgebaut, von wo aus er sie später seinem Vater reichen wird. Einige dieser Gegenstände hat er noch nie zuvor gesehen, weiß nicht einmal etwas über ihre Funktion – die Patro beispielsweise, eine mit Silber ausgeschlagene Gehirnschale eines Menschen, an deren Rändern kleine Totenköpfe eingraviert sind. Oder das zur Rute gebundene heilige Gras Kusa, welches Botaniker unter dem Namen *Eragrotis cynasuroides* kennen. Seiner spirituellen Wirkung wegen wird es normalerweise zur Purifikation im Tempelraum ausgestreut. Uddav aber fragt nicht nach der Bedeutung dieses nun zur Rute gebundenen Grasbüschels. Jeder Priester soll nämlich nur so viel von den tantrischen Geheimnissen wissen, wie es für seine Tempelarbeit notwendig ist.

Sie blickt zu dem riesigen Tempel hinauf, der in der Dunkelheit richtig gefährlich aussieht … Einer der beiden Männer, die die Tücher ausgerollt haben, hebt sie nun hoch. Plötzlich kann sie auf Ma und Baa herunterschauen … und auch auf Durga-didi, die immer noch im Dunkeln steht.

Am Tor zum Mul Chowk, dem Haupthof vor dem Taleju-Tempel, setzt der Mann das Mädchen ab, welches bereits wie die Kumari gekleidet und geschminkt und doch noch immer die kleine Amita aus dem Stadtbezirk Bagbazar ist. Dunkel hebt sich der große Hof, an dessen Tor die Gefolgschaft des Mädchens zurückbleiben muss, vor der weißen Rückfront des Hanuman-Dhoka-Palastes ab. Obgleich Amitas Mutter weiß, was sich an Astami im Mul Chowk abspielt, bekommt sie beim Anblick der vielen toten Tiere einen gewaltigen Schreck. Wie wird Amita diesen entsetzlichen Anblick verkraften? Für einen kleinen Moment durchzuckt sie die Hoffnung, das Mädchen werde sich losreißen und schreiend in ihre Arme fliehen. Niemals werde die Priesterschaft oder gar Mousuf Sarkar ein solch ängstliches Kind als Inkarnation der furchtlosen Göttin Durga akzeptieren. Doch Amita lässt sich von dem Taleju-Priester ohne Probleme über den roten Läufer führen, vorbei an all den Tierkadavern.

Sie bleibt stehen und blickt nach hinten zu dem Tor vor dem großen Tempel. Und weil niemand mehr ihre Hände festhält, winkt sie Durga-didi zu. Aber nicht Durga-didi winkt zurück, sondern ihre Ma.

Die Mutter der künftigen Kumari beginnt zu zittern. Es ist ein heftiges Zittern, und trotz der lauen Oktobernacht ist ihr plötzlich sehr, sehr kalt. Ihr Mann legt sanft den Arm um sie und führt sie weg von diesem grauenvollen Ort. Als Buddhisten haben sie nur wenig Verständnis für dieses hinduistische Schlachtritual. Als Amrit Man Shakya seine fröstelnde Frau aus dem Tempelbezirk hinaus auf die Straße führt, ist in einiger Entfernung die große Trommel des Krishna-Tempels zu hören.

Durga bemerkt, wie sich das kleine Mädchen, das ihr in den wenigen Stunden ans Herz gewachsen ist, vor dem Betreten des Aadhyro Kotha noch einmal zu ihr umdreht. Trotz der Entfernung und trotz der Düsternis spürt sie die starke emotionale Verbundenheit zu diesem Kind. Wenn dieses Mädchen nachher den Tempelraum wieder verlassen wird, wird es nicht mehr die gleiche Person sein. Dann wird sie der Kumari in einem der Nebenräume auf Anweisung des Mul

Pujari die Mukut auf den Kopf setzen. Abermals wird sich Durga als ergebene Dienerin der einzigen lebenden Göttin der Welt erweisen.

Ein kühler Herbstwind pfeift über den nächtlichen Durbar-Platz. Mimita Shakya zieht den breiten Pashminaschal enger um den Hals und schmiegt sich dicht an ihren Mann. Auf dem Weg nach Hause war sie vorhin plötzlich stehen geblieben und hatte erklärt, sie wolle in dieser »Schwarzen Nacht« die Kumari sehen. Sie sprach nicht von Amita, sondern von der Kumari. Amrit hatte sofort zugestimmt und war mit ihr zum Durbar-Platz zurückgelaufen.

Seit über einer Stunde sitzen die beiden nun schon im Dunkeln zwischen den gewaltigen Löwenstatuen am Fuße des Shiva-Parvati-Mandir-Tempels. Nur die kleinen Strahler zwischen den fünf Bögen über ihnen streuen ein wenig Licht. Sie wissen, dass man ihre Tochter in diesen Minuten in einem geheimen tantrischen Ritual zur Kumari weiht. Und sie wissen auch, dass sie auf dem Weg zu ihrer neuen Wohnstatt den Durbar-Platz wieder überqueren muss. Das Mädchen aber wird ihre Eltern hier im Dunkeln nicht entdecken.

Mehrmals schon hat gleich hinter ihnen die gewaltige Taleju-Glocke geschlagen, und jedes Mal ist Amitas Mutter zusammengeschreckt. Was das Schlagen der Glocke zu bedeuten habe, hatte sie ihren Mann gefragt. Der aber hat nur mit den Schultern gezuckt. Stattdessen erzählte er seiner Frau, dass ihre Tochter während der Puja von den alten Erfahrungen gereinigt werde, damit die Göttin Taleju in einen reinen Körper Einzug halten könne. Wie aber diese Verwandlung genau vor sich gehe, dürfe niemand außerhalb der Priesterkaste wissen.

Beinahe lautlos verlässt die kleine Gruppe das weitläufige Areal des Taleju-Tempels. Die neue Kumari sitzt in einer roten Sänfte, die von vier kräftigen Männern getragen wird. Der Kopf der kleinen Mädchengöttin vermag die gewaltige Mukut kaum zu tragen, weshalb die beiden Frauen nun neben der Sänfte hergehen, um sie festzuhalten. Der ältere Herr mit dem bunten Topi auf dem Kopf erhellt mit seiner Leuchtstoffröhre die eigenwillige Szenerie. Langsam bewegt sich die kleine Gruppe in Richtung Durbar-Platz. Vor der Taleju-Glocke bleibt sie stehen. Dreimal nun ertönen deren dumpfe Schläge. Einige zufällig vorbeikommende Passanten rufen angesichts des sehr kleinen Mädchens eher erstaunt als ehrfurchtsvoll: »Dyo Maiju!«

Das Erste, was Amitas Eltern wahrnehmen, ist ein kleiner Lichtschein am Boden. Schon der dreimalige Schlag der Taleju-Glocke und die Rufe der Passanten haben ihnen das Erscheinen der neuen Kumari angekündigt. Nun ist sie selbst zu sehen, aufrecht in der Sänfte sitzend, flankiert von den zwei ernst dreinblickenden Frauen im roten Sari mit breitem weißem Schal, die sie vorhin über die Stoffbahnen geführt haben. Ist das etwa ihre Tochter Amita? Diese kleine, energisch geradeaus blickende Person mit der riesigen Mukut auf dem Kopf, dem gold umrandeten roten Dreieck und dem dritten Auge auf der Stirn ist ohne jeden Zweifel die zur Mädchengöttin inkarnierte Taleju.

Plötzlich springt Mimita Shakya auf, wird aber im nächsten Moment von ihrem Mann wieder zurückgezogen. Es ist kurz nach Mitternacht an diesem Navami des Jahres 1111 des newarischen Kalenders, dem dritten Geburtstag jenes Mädchens, das bis gestern Amita Shakya hieß. Dieser Name aber wird für Jahre getilgt sein. Schon bald wird sie ihn vergessen haben, und selbst wenn ihre Eltern sie im Kumari Bahal besuchen, werden sie sich vor ihr verneigen und sie Dyo Maiju nennen.

Traum und Wirklichkeit

Im Agam führe ich der Kumari durch ein tantrisches Ritual die göttliche Energie in den Körper ein. Ich benutze dazu ein Werkzeug, das Yantra heißt, eine Art Donnerkeil mit magischer Kraft. Mit den Mantra-Sprüchen aus dem »Zeitalter der Wahrheit« nehme ich mit der Göttin Vajra Devi Kontakt auf und führe sie mit dem Mädchen zusammen.

Raj Guru
Oberhaupt der Pancha-Buddha-Priester

Der Raj Guru hat Ihnen alles erzählt – das ist seine Entscheidung. So weit will ich nicht gehen. Denn wenn ich alles erzählen würde, gäbe es kein Geheimnis mehr. Die Puja der Pancha-Buddha-Priester unterscheidet sich aber komplett von der unseren.

Mul Pujari
Hinduistischer Hauptpriester im Taleju-Tempel

Die Kumari schläft sehr unruhig. Immer wieder wälzt sie sich von einer Seite zur anderen. Manchmal schnauft sie nur tief, oftmals aber wimmert sie leise. Durga, die wach neben ihr liegt, weiß, dass der Übergang von der kindlichen zur göttlichen Existenz nicht konfliktfrei vor sich geht. Das war damals bei Rasmila auch nicht anders. Wenngleich sie das nur vom Hörensagen kennt, denn als die kleine Rasmila in den Kumari Bahal gekommen war, war sie ja selbst noch ein Mädchen gewesen.

Kaum hörbar beginnt die Kumari zu sprechen, murmelt eher unverständliche Worte. Offenbar durchlebt die Mädchengöttin in diesem Moment heftige Träume.

Überall Blut und Tiere ohne Köpfe. Riesige Augen in den abgeschlagenen Köpfen der Büffel und Ziegen starren sie an. Plötzlich taucht der Metzger auf, der seinen Laden gleich neben dem Haus hat, wo sie mit Ma und Baa und Anita wohnt. Der kleine dicke Mann hat den Kopf einer Ziege in der Hand. Dabei lacht er ganz laut. Sie hört Baas Stimme: »Wenn die Tiere tot sind, können sie dir nichts tun! Du musst keine Angst haben.« Sie hat auch gar keine Angst, und das will sie ihrem Baa sagen. Doch als sie sich zu dem Tor vor dem großen Tempel umdreht, ist Baa nicht mehr da. Und Ma auch nicht. Nur ihre neue Freundin, die Durga-didi, steht dort …

Auf der dünnen weißen Gardine vor dem vergitterten unverglasten Fenster brechen sich die roten Strahlen der aufgehenden Sonne. Zwischen dem nahen Durbar-Platz und der entfernteren New Road erwacht bereits der Verkehr. Das Knattern der Motorräder und das Klingeln der Rikscha-Fahrer dringt bis hinauf in den Khopi, den Schlafraum der Mädchengöttin. Aus den Morgennachrichten erfahren die Menschen im erwachenden Kathmandu, dass das kleine Himalaja-Königreich eine neue Kumari hat.

Noch kann Durga die kleine Göttin neben sich ein wenig schlafen lassen. Der Tag wird ohnehin lang und aufregend für das Mädchen werden. Nach der nächtlichen Durga-Puja wird es am Vormittag in dem dunklen Tempelraum ein Stockwerk tiefer eine weitere, diesmal buddhistische Zeremonie geben. Dem folgt die Kumari-Puja oben im Thronsaal, wie sie künftig zweimal am Tag zelebriert werden wird. Danach wird die neue Kumari bereits ausgewählte Gläubige empfangen und von ihrem Thron aus segnen. Und dann hat die Kumari heute auch noch Geburtstag. Bei einem kleinen Fest am späteren Nachmittag soll sie die anderen Kinder kennen lernen, die im Kumari Bahal leben. Durga ist sicher, dass die Kumari sich mit den Kindern ihrer beiden Brüder verstehen wird.

Eine schwarz gekleidete Frau hat ihr das schöne rote Kleid weggenommen. Jetzt hat sie gar nichts mehr an. Ein Mann in einem roten Anzug gießt aus einer komischen Vase Wasser über sie, und sie fängt an zu frieren. Ein ganz alter Mann beugt sich zu ihr herunter. In der Hand hat er eine Rute mit langem Gras. Damit berührt er sie überall – auf dem Kopf und an den Schultern, am Bauch und zwischen den Beinen. Die ganze Zeit murmelt er irgendetwas in einer Sprache, die sie nicht versteht.

Was wollen denn alle diese fremden Menschen von ihr?

Noch vor dem Sonnenaufgang hatte der Raj Guru, das religiöse Oberhaupt der newarisch-buddhistischen Priesterkaste, jenen Raum im Erdgeschoss des Kumari Bahal betreten, der Agam genannt wird. Nur wenige Stunden nach der Zeremonie seines hinduistischen Priesterkollegen drüben im Aadhyro Kotha, suchte auch er die Dunkelheit eines sakralen Raums, um mit seiner Göttin in Kontakt zu treten. Nur ist es in seinem Fall die Gottheit Vajra Devi. Bevor er sie aber in einem tantrischen Ritual anrufen kann, muss er den Platz, auf welchem er pünktlich um neun Uhr das Mädchen empfangen wird, spirituell reinigen. Und erst wenn es den Agam wieder verlässt, hat die Nation, aus Sicht des Raj Guru, eine neue Kumari – unabhängig davon, dass die hinduistischen Taleju-Priester ihre eigene Zeremonie schon in der Nacht zuvor durchgeführt und die Nachrichtensendungen dies bereits verkündet haben.

Auch in diesem dunklen Raum liegen überall die Köpfe von Büffeln herum, mit kleinen Flammen zwischen den Hörnern. Männer sitzen da und murmeln und schauen auf den Boden. Der alte Mann hebt ein Tuch hoch und darunter ist etwas, das sie nicht genau erkennen kann. Es sieht aus wie ein langes Schwert oder eine ganz dünne Frau oder … Dann wird das Tuch wieder darüber getan. Dauernd bietet man ihr etwas zu essen an. Und man hält ihr eine große Schale hin, die außen ganz hässlich aussieht, innen aber sil-

bern glitzert. Als sie daraus trinkt, muss sie sich schütteln. Trotzdem wird ihr von dem Mann im roten Anzug die große Schale immer wieder an den Mund gehalten.

Das Murmeln der Männer wird immer lauter und lauter, und die Köpfe der Büffel mit den Flammen fangen an zu fliegen. Sie fliegen durch den ganzen Raum und brüllen in dieser fremden Sprache, die sie nicht verstehen kann. Sie hält sich die Ohren zu, und dann schreit auch sie ganz laut.

Erschrocken ist Durga hochgefahren. Sie war noch einmal eingenickt. Hatte sie etwa geträumt oder hat die Kumari eben wirklich geschrien? Sie blickt das Kind neben sich an, das heftig atmet. Nach einer kleinen Weile aber wird der Atem ruhiger und plötzlich huscht der kleinen Göttin sogar ein Lächeln über das Gesicht. Leicht wiegt sie den Oberkörper hin und her.

Die ganze Welt um sie herum tanzt. Nicht nur die Menschen, auch die Häuser, die Tempel – einfach alles. Sie blickt von ihrem hohen Sitz auf die Leute herunter. Auf die starken Männer, die ihren Stuhl auf den Schultern tragen, und auf die Frauen, die sie festhalten, damit sie nicht herunterfällt, und auf Durga-didi, die vor ihr herläuft und sich manchmal zu ihr umdreht und lächelt.

Plötzlich hört sie die Stimme ihrer Ma, wie sie sagt, dass alle es gut mir ihr meinen und sie ganz, ganz wichtig für diese Menschen sein wird. Aber diese Stimme ist weit weg, und sie weiß auch nicht, was das bedeutet, was Ma da sagt. Dann wird die Stimme immer leiser und sie kann Ma nirgendwo mehr sehen und Baa auch nicht. Aber sie hat keine Angst, denn Durga-didi ist ja da.

Als Durga der Kumari sanft über das schwarze Haar streicht, schlägt die Mädchengöttin die Augen auf und blickt sie ungläubig an.

»Guten Morgen, Dyo Maiju! Du hast geträumt, nicht wahr?«

»Ich weiß nicht … ?!«

Noch sind die Augen der Kumari klein und verschlafen.

»Durga-didi!?«

»Ja, Dyo Maiju?«

Warum sagt sie Dyo Maiju? Hat sie ihren Namen vergessen? Was machen sie beide überhaupt hier … in diesem Raum … und in diesem Bett?

Die Kumari hat sich ruckartig aufgesetzt und blickt sichtlich irritiert im Zimmer umher.

»Wo ist denn Anita-didi?«

»Du suchst deine Schwester, wie!?«

»Wo ist sie denn?«

Die Dienerin der Kumari nimmt die kleine Göttin in den Arm und flüstert ihr ins Ohr: »Deine Anita-didi ist zu Hause bei deiner Ma und deinem Baa …«

»Können wir da jetzt auch hingehen?«

Wortlos gießt Mimita Shakya den Tee auf. Seit dem Aufstehen haben sie und ihr Mann nur wenige Worte gewechselt, und über Amita haben sie überhaupt nicht gesprochen. Niemand im Haus hat an diesem Morgen über Amita gesprochen – die Großmutter nicht, keiner von ihren beiden jüngeren Brüdern, die in der obersten Etage wohnen, und selbst Anita verhält sich ungewöhnlich zurückhaltend. Man spielt einander eine Normalität vor, die (noch) keine Normalität ist.

Mimita schenkt ihrem Mann Tee ein, stellt Fladenbrot auf den Tisch und schält einen Apfel. Sie funktioniert – und sie leidet. Sie wird von einem Gefühl gequält, als ob ihrem Körper etwas amputiert worden wäre. Der Phantomschmerz ist fast unerträglich. Sie weiß, dass natürlich jeder hier an Amita denkt. Und dies ist auch der Grund, weshalb diese gespenstische Stille herrscht, die kaum auszuhalten ist.

Erstmalig ist Amrit froh, dass sich sein Arbeitgeber – eine Unterorganisation der UN-Vertretung drüben in Patan – nur bedingt um nationale Feiertage kümmert und er auch an den Festtagen des Dashain den Bus fahren muss. Noch im letzten Jahr hatte er bedauert, am Geburtstag seiner Tochter nicht zu Hause sein zu können. Heute, so hofft er, würde ihn seine Tätigkeit wenigstens ein paar Stunden auf andere Gedanken bringen. Vorerst aber macht er sich Sorgen um Amitas Ernährung. Er weiß, dass die Kumari vor der morgendlichen Puja nicht essen darf. Aber ein kleines Mädchen muss doch ein Frühstück bekommen. Überhaupt muss es regelmäßig essen. Warum nur hat er darüber nicht mit dem Chitaidar gesprochen?

Anita versteht nicht, warum alle an diesem Morgen schweigen. Sie spürt diese seltsame Atmosphäre und fühlt sich unbehaglich. Wenn jetzt Amita-bahini (Amita – jüngere Schwester) da wäre, könnten sie sich hier in der Küche in eine Ecke setzen und spielen. Weil sie aber nicht ahnt, dass Amitas Abwesenheit der Grund für diese seltsame Stimmung ist, spricht sie aus, woran jeder denkt: »Warum ist denn Amita-bahini nicht da?«

Einen Moment erstarren alle Familienmitglieder. Mimita schießen Tränen in die Augen und sie läuft aus der Küche.

»Ich habe dir doch erklärt, dass deine Amita-bahini jetzt woanders wohnt. So, und jetzt muss Baa zur Arbeit«, sagt Amrit und verlässt ebenfalls den Raum.

Anita wundert sich, dass ihre Eltern vor ihr weglaufen. Als sie ihre Großmutter ansieht, macht diese ein freundliches Gesicht und fragt: »Willst du ein Glas Saft?«

Dies also ist der Augenblick, von dem Durga seit langem wusste, dass er unvermeidlich kommen würde. Immer wieder hat sie ihn gedanklich durchgespielt, und sie weiß auch, dass ihr nun ein argumentativer Spagat bevorsteht. Wie erklärt man einer lebenden Göttin, dass sie eine Göttin ist? Und wie vermittelt man ihr, dass sie einerseits eine unanfechtbare Autorität darstellt, sich andererseits aber gewissen Regeln unterwerfen muss? Zunächst mal gilt es, einem kleinen Mädchen beizubringen, dass es fortan in einem geweihten Palast wohnen wird statt in jener vertrauten Umgebung, in der es gelebt hatte, ehe es eine Göttin wurde.

»Ich weiß, dass du etwas ganz Besonderes bist, Dyo Maiju …«, beginnt Durga zögernd.

»Aber ich heiße doch Amita …«

»Das weiß ich. Aber ich sage Dyo Maiju, weil ich dich verehre, und auch andere Leute werden das zu dir sagen. Und die Kinder, die hier mit dir spielen werden, werden dich Kumari-didi nennen. Wir alle verehren dich, weil du eben etwas ganz Außergewöhnliches bist.«

»Was denn?«

Das Mädchen sieht Durga erwartungsvoll mit seinen schwarzen, inzwischen wachen Augen an.

Leise beginnt Durga: »Das werden wir gemeinsam herausfinden. Ich weiß aber jetzt schon, dass die große Göttin Taleju, die auf unseren König aufpasst und auf das ganze Land, sich dieses kleine Mädchen ausgesucht hat, damit sie sich darin verstecken kann und keiner der Dämonen sie finden wird.«

Dabei piekst Durga bei jedem Halbsatz mit dem Zeigefinger ein wenig in den Bauch des Mädchens. Und weil das kitzelt, muss die Kumari kichern. Im nächsten Moment geht Durga vor ihr auf die Knie, und während sie weiterspricht, beugt sie den Kopf mehrfach bis hinunter zu Amitas kleinen Füßen.

»Und weil dieses kleine Mädchen überhaupt keine Angst kennt, verehren wir es und nennen es Dyo Maiju. Und weil dieses kleine Mädchen ein ganz besonderes Mädchen ist, werde ich ihm gleich die schönen langen Haare bürsten. Und weil dieses kleine Mädchen heute Geburtstag hat, gibt es später einen großen Kuchen!«

Nun sieht Durga in das überraschte Gesicht der Kumari und im nächsten Augenblick lachen sie beide los.

Auf einem kleinen Altar im Vorraum zum Agam sitzen fünf Buddha-Figuren, die von den Gläubigen Dhyani-Buddhas genannt werden. Sie gelten nach der Lehre des Vajrayana-Buddhismus als die »Schöpfer des Universums in verschiedenen Zeitaltern«.

Die Figuren, die nur wenige Zentimeter groß sind, unterscheiden sich farblich voneinander und auch durch die Stellungen ihrer Hände. An diesen beiden Merkmalen kann man deren inhaltliche Bedeutung ablesen.

Der grüne Buddha hat eine Hand in den Schoß gelegt, während er dem Betrachter die andere Handfläche entgegenhält. Er repräsentiert »die Wahrheit und das Wesentliche der Rede«.

Der Himmel steht für die Konzentration, und der blaue Buddha drückt dies dadurch aus, dass er eine Handfläche auf dem Knie und die andere im Schoß abgelegt hat.

Das durch den roten Buddha versinnbildlichte Feuer steht für die Meditation, die allein dadurch »zur Unsterblichkeit führt, weil die Kraft der Ewigkeit im Körper spürbar wird«. Seine Hände hält der rote Buddha mit nach oben geöffneten Handflächen im Schoß.

Der gelbe Buddha hingegen hat nur eine Hand geöffnet. Diese weist gleichermaßen auf ein Geben und Nehmen hin, denn der gelbe – oder auch goldene Buddha – wird mit dem Geld in Verbindung gebracht, welches der Reiche einnimmt, um es dann unter den Armen zu verteilen.

In der Mitte sitzt der weiße Buddha, der beide Handflächen nach außen gerichtet vor die Brust hält, was man leicht als abwehrende Geste fehlinterpretieren könnte. Doch soll ihn genau diese Geste als »Buddha der Reinheit und des Friedens« auszeichnen, da der zugleich »das Prinzip der Gleichheit« repräsentiert.

Von Kindesbeinen an hat sich Durga für die Bedeutung und die Geschichte der fünf Dhyani-Buddhas interessiert. Eine besondere Faszination ging für sie dabei immer von der Herkunftslegende aus. Demnach seien die fünf Erleuchteten nicht etwa auf natürliche

Weise in die Welt gekommen, sondern vielmehr vom Adi-Buddha erschaffen worden. Dieser Ur-Buddha wiederum habe sich sogar selbst erschaffen und sei beim Ausbruch eines infernalischen Feuers auf die Welt geschleudert worden. In der Vorstellung der kleinen Durga tauchte dabei immer ein Lava speiender Vulkan auf.

Der Funke der Begeisterung will nicht recht auf die Kumari überspringen, die in vollem Ornat und geschminkt, aber mit leerem Magen, neben Durga steht. Fühlt sich das kleine Mädchen durch die detaillierten Erläuterungen überfordert? Oder verschweigt eine wissende Göttin höflich, dass Durgas Ausführungen für sie keine nennenswerten neuen Informationen enthalten? Die Dienerin jedenfalls ist irritiert, als sie bemerkt, dass sich die Kumari schließlich mehr dafür interessiert, was sich unter dem bodenlangen Tuch befindet, mit dem der Altar abgedeckt ist. Deren Interesse an der Legende der Dhyani-Buddhas vermag Durga erst zu wecken, als sie ausführt, dass jedes der fünf göttergleichen Wesen ein eigenes Reittier hat.

Die Kleine ist zwar nicht sehr erstaunt darüber, dass der blaue und der gelbe Buddha auf einem Elefanten und einem Pferd reiten, dass die anderen sich jedoch auf einem Löwen, auf dem Vogelmenschen Garuda und sogar auf einem Pfau fortbewegen sollen, will sie kaum glauben.

»Der Buddha ist doch viel zu schwer für den kleinen Pfau«, sagt die Kumari.

Die gleichermaßen unbekümmerte wie nahe liegende Bemerkung aus dem Mund der lebenden Göttin bewirkt, dass erstmalig auch Durga Zweifel an der Richtigkeit der Legende kommen.

Die irdischen Vertreter der fünf Dhyani-Buddhas versehen ihren priesterlichen Dienst normalerweise in Alltagskleidung. Zur Feier des Tages aber tragen die fünf Pancha-Buddha-Priester an diesem Morgen ihre bodenlangen Gewänder in den Farben jener Elemente, die sie verkörpern. Zudem haben sie ihre goldenen Kronen mit bunten Blumen geschmückt. Ein solches Ornat tragen die Pancha-Buddha-Priester üblicherweise nur während der Indra-Jatra-Prozessionen – und am Weihetag einer neuen Kumari.

In wenigen Minuten wird der Raj Guru das erwählte Mädchen empfangen, um ihr in einem aufwändigen tantrischen Ritual die göttlichen Kräfte der Vajra Devi einzupflanzen. Ihm wird dabei von einem der Pancha-Buddha-Priester assistiert. Die drei anderen Priester werden zuvor den Agam verlassen. Vorerst aber benötigt der Raj Guru noch deren spirituelle Energie, um gemeinsam die Göttin anzurufen und ihre Kräfte zu empfangen. Kein leichtes Unterfangen, denn keiner von ihnen ist in der privilegierten Lage der Taleju-Priester, die jene spirituelle Tätigkeit hauptberuflich ausüben. Diese sind in der Situation, ihre gesamte Lebensenergie in den tantrischen Ritualen zu konzentrieren. Die Pancha-Buddha-Priester aber haben nicht den Königspalast als Sponsor im Rücken, und so müssen sie neben dem Tempeldienst einem ganz normalen Broterwerb nachgehen. Mehrfach hat sich der Raj Guru im Kreis seiner Priesterkollegen darüber beklagt, dass seine Tätigkeit als Chef einer Firma für Elektroinstallationen derart viel von seiner Energie absorbiert, dass er ernsthaft den Verlust der tantrischen Fähigkeiten befürchtet. Fähigkeiten, die er sich in jahrelanger Übung unter Anleitung seines Vaters – des einstigen Raj Guru – erworben hat.

Im ansonsten dunklen Tempelraum brennt nur ein winziges Öllicht vor einer kleinen Stupa, jenem kuppelartigen Gebilde, in welchem heilige Reliquien aufbewahrt werden. Die buddhistischen Priester stehen nebeneinander und sprechen gemeinsam die alten Verse der Mantras. Für den Erfolg des tantrischen Rituals ist es unerlässlich, dass sie dabei in einen gemeinsamen Atemrhythmus kommen. Deshalb heben sie bei jeder Einatmung gemeinsam die Arme und halten dann den Atem kurz an, während sie fünfmal die Hände ruckartig in die Luft schleudern. Mit der langsamen Ausatmung senken sie die Arme wieder und sprechen dabei die mantrischen Texte. Es dauert lange, bis es den einzelnen Priestern gelingt, jegliche gedankliche Tätigkeit auszuschalten und das Ich aufs pure Gefühl zurückzuführen. Schließlich aber erreichen sie jene »spirituelle Einheit mit den göttlichen Kräften«. Ein Zustand, der von säkularen Interpreten profan als »Trance« bezeichnet wird.

Die Tür öffnet sich ein wenig und durch einen schmalen Spalt verlassen die Priester den Agam. Stumm und mit zum Boden gerichtetem Blick treten sie zur Seite, um der Mädchengöttin Platz zu machen.

Die Kumari spürt, wie Durga die Hand auf ihre Schulter legt und sie in den dunklen Tempelraum schiebt. Die Tür schließt sich hinter ihr, und dem Mädchen fällt es schwer, sich zu orientieren. Ein paar Meter entfernt brennt ein einzelnes Öllicht. Schräg davor steht der Raj Guru, ein kleiner Mann, auf dessen Kopf die blumengeschmückte Krone überdimensional wirkt.

Das Mädchen wird von kräftigen Männerarmen, die überraschend aus der Dunkelheit auftauchen, hochgehoben und zu einem Sitzkissen getragen.

Die Blumen auf der Krone von diesem alten Mann sehen schön aus. Aber warum ist es denn so dunkel? Man kann die Krone ja gar nicht richtig sehen. Und warum ist Durga-didi nicht mitgekommen? »Ich warte hier draußen auf dich«, hat sie vorhin leise gesagt.

Die Kumari hat das Gefühl, das alles schon einmal erlebt zu haben. Die Arme, die sie einfach hochheben, der alte Mann, der vor einem brennenden Öllicht steht und in einer fremden Sprache murmelt. Aber sie erinnert sich nicht, dass sie erst in der letzten Nacht gleich zweimal eine vergleichbare Szene erlebte – während der nächtlichen Durga-Puja und in ihrem morgendlichen Traum.

Der gleichmäßige Singsang des buddhistischen Priesters gibt dem Mädchen das behagliche Gefühl eines In-sich-Ruhens. Ein Gefühl, welches den Körper schließlich ganz schwer werden lässt, wie man es oft kurz vor dem Einschlafen erlebt. Dabei ist sie gar nicht müde. Die Kumari schließt die Augen und genießt diese angenehme Stimmung.

Der Raj Guru spürt, dass sein Körper angefüllt ist mit der göttlichen Energie der Vajra Devi. In den Händen hält er nun den Jwalanhyanka, jenen Spiegel mit dem silbernen Feuerkranz. Fast tonlos beginnend und dann immer lauter werdend, skandiert der alte Priester die magische Silbe »Om …!«, während er mit dem Finger über den Feuerkranz streicht. Dann greift er zu der Muschel mit dem geweihten Wasser, die ihm der assistierende Priester hinhält. Langsam lässt er das Wasser über den Spiegel laufen. Schließlich wendet er sich dem Mädchen zu und hält ihm den Spiegel direkt vor das Gesicht. Nun entdeckt er, wie sie mit geschlossenen Augen und hochkonzentriert vor ihm sitzt – ganz offensichtlich bereit, die göttliche Weihe in Empfang zu nehmen. Es ist ein erregender Augenblick für den Raj Guru. Denn er erkennt in diesem auffällig kleinen, auffallend schönen Mädchen, in dem vom Schein des Öllichts nur spärlich beleuchteten Gesicht, unverkennbar – die königliche Kumari.

Langsam öffnet sie die Augen und plötzlich entdeckt sie in einem kleinen silbrigen Bild: die Kumari! So nah hat sie sie noch nie gesehen. Vor Erstaunen öffnet sie den Mund – und der rote Mund der Kumari auf dem Bild da vor ihr öffnet sich auch. Und als sie die Augen aufreißt, werden auch die Augen der Kumari mit der schwarzen Ummalung ganz groß. Jetzt weiß sie, dass es wahr ist, was der Baa ihr gesagt hat und auch Durga-didi – sie ist selbst die Kumari!

Die lebende Göttin muss an die andere Kumari denken, die sie am letzten Indra-Jatra-Fest gesehen hat. Und es fällt ihr das Mädchen ein, dem man gestern auf dem Thron die Ketten abgenommen hat. Aber sie denkt nicht darüber nach, weshalb dieses Mädchen keine Kumari mehr ist.

Auch sie wird einmal in einem goldenen Wagen durch die Stadt gezogen. Der König wird ihr Münzen zuwerfen und die Menschen werden ihr zujubeln.

»Wir alle verehren dich, weil du etwas ganz Besonderes bist«, hat Durga-didi gesagt. Sie freut sich so wie sonst, wenn sie eine neue Puppe bekommen oder ihr Baa eine Tüte leckerer Cashewnüsse mitgebracht hat. Sie will nachher unbedingt die Durga-didi fragen, ob sie mit ihr auf dem goldenen Wagen mitfahren wird.

Nicht zum ersten Mal in ihrem Leben verspürt Amita jenes Glücksgefühl, das ihr der Astrologe schon kurz nach der Geburt als bestimmendes Lebensgefühl prophezeit hatte. Zum ersten Mal aber empfindet sie es, ohne dass ihre Mutter in der Nähe ist. Vor allem aber wird sie dieses Gefühl heute mit einer Person teilen, die sie noch gestern gar nicht gekannt hat – mit jener Frau, die sie Durga-didi nennt.

Die Großmutter hat sich mit Anita auf das Bett gesetzt und spielt mit ihr und den beiden Puppen. Das hat sie bisher noch nie getan. Sie aber will nicht, dass Anita nach nebenan zu ihrer Mutter geht und sie dort weinen sieht.

Die ältere Frau ist noch immer sehr überrascht, dass ihre Tochter Mimita auf diese Weise reagiert. Hatte sie doch in den letzten Wochen allen im Haus das Gefühl vermittelt, sehr glücklich darüber zu sein, dass die Wahl der Taleju auf Amita gefallen ist. Konnte sie sich in Mimita so sehr täuschen?

Während sie ihrer Enkelin vorspielt, dass sie eine der Puppen in den Schlaf wiegt, überstürzen sich ihre Gedanken. Wie hätte sie denn seinerzeit reagiert, wenn man von ihr verlangt hätte, eine ihrer Töchter als Kumari wegzugeben? Wäre es ihr schwer gefallen? Nun hatte sie allerdings vier Kinder, sodass die Zurückgebliebenen nicht so allein gewesen wären wie jetzt die kleine Anita. Wie wird es wohl ihrer Enkelin im Kumari Bahal ergehen – an diesem ersten Tag als lebende Göttin, der zudem auch noch ihr Geburtstag ist? Ob deren Gedanken in diesem Moment wohl bei der Familie sind? Oder ob die neuen Einflüsse dort so gewaltig auf das Mädchen einwirken, dass solche Überlegungen gar nicht erst aufkommen?

Die göttlichen Energien der Göttin Vajra Devi haben seinen gesamten Körper zum Zittern gebracht. Der buddhistische Oberpriester muss regelrecht physische Kraft aufwenden, um dem Mädchen diese Energie mit dem Yantra einzupflanzen. Immer wieder richtet er die Spitze des tantrischen Werkzeugs auf die Brust des Mädchens, und unter lautem Ausstoßen mantrischer Verse verwandelt er das Kind in die göttliche Persönlichkeit der Kumari. Dann hängt er der kleinen Göttin die Blumen-Mala um den Hals und verstreut Reis um ihren Thron.

Völlig erschöpft tritt der Raj Guru schließlich einige Schritte zurück, lässt sich vom assistierenden Priester das Sinhamu reichen – das reichlich verzierte silberne Gefäß, in dem sich zinnoberrotes heiliges Pulver befindet. Er taucht den Mittelfinger der rechten Hand in den Sinhamu und drückt der nun göttlichen Jungfrau die Tika auf die Stirn. Dann fällt der alte Mann vor seiner Kumari auf die Knie.

Sie weiß nicht, warum der alte Mann vorhin so geschrien hat … und auch nicht, warum er jetzt vor ihr kniet. Aber sie weiß, dass man es Tika nennt, wenn man einen roten Punkt auf die Stirn bekommt. Das hat Baa bei Ma auch immer so gemacht und auch bei ihr und bei Anita …

Und weil der alte Mann immer noch vor ihr kniet und weil es so aussieht, als ob ihr der Mann das rote Pulver hinhält, steckt sie einen Finger hinein und malt auch ihm eine Tika auf die Stirn. Plötzlich – ein riesiger Schreck. Der alte Mann hat sich ganz tief zu ihren Füßen gebeugt, und jetzt küsst er sie sogar. So wie Durga-didi vorhin. Aber das war ja nur Spaß …

Der Raj Guru glaubt, das unverkennbare, ruckartige Zeichen verspürt zu haben, mit dem sich die Göttin Vajra Devi endgültig im Körper des Mädchens manifestiert hat. Der heilige Mann ist fest davon überzeugt, eine wichtige Arbeit geleistet zu haben – für das Tal, das Land und den Planeten. Diese Arbeit hat den Raj Guru zwar körperlich erschöpft, aber auch ausgefüllt mit einem unbeschreiblichen Glücksgefühl.

Als ihr die Opfergaben gereicht werden, greift die Mädchengöttin mit beiden Händen zu. Gierig stopft sie den Linsenkuchen in den kleinen Mund, nimmt Stücke vom getrockneten Fisch und Schnitze eines geschälten Apfels. Zwischendurch spült sie die Speisen mit Milch hinunter. Nicht ohne Wohlwollen beobachtet der Raj Guru, wie seine Opfergaben von der Kumari auf geradezu genussvolle Weise angenommen werden. Und er empfindet eine große Freude, als sie auch zu den weißen, gebrannten Reisflocken greift, die für »die Reinheit der Herzen« stehen.

Der Priester in der roten Robe des Elementes Feuer, der dem Raj Guru während der Puja assistiert hatte, öffnet die beiden Flügel der Tür. Die schräg in den Hof des Kumari Bahal einfallenden Strahlen der Mittagssonne fallen auf die Schwelle, hinter der Durga wartet. Als das Mädchen sie entdeckt, läuft es auf seine Freundin zu und lässt sich von ihr mit einem Schwung auf den Arm nehmen.

Stunden nachdem der Raj Guru den Agam betreten hatte, tritt das Oberhaupt der newarischen Buddhisten nun hinaus in die Helle des Tages. Neben der frisch geweihten Kumari stehend, blickt er hinauf in den wolkenlosen Himmel. Er weiß, dies ist nicht nur der erste Tag des Herbstes – es ist auch der Beginn einer neuen Ära.

Eine Göttin in der Lehre

Normalerweise muss man einer Kumari natürlich nicht sagen, wie sie zu tun hat. Aber in den ersten Tagen helfen wir ihr schon. Wir zeigen ihr vor und während der Puja, wie sie sich verhalten muss. Doch es ist wie ein Wunder, dass die Kumari fast alles von selbst richtig macht. Wahrscheinlich deshalb, weil sie eine göttliche Inkarnation ist.

Durga
Amitas Dienerin im Kumari-Haus

Die kleine Gruppe der Auserwählten, die sich im Raum neben dem Thronsaal zusammengefunden hat, gehört zur nepalesischen Upperclass, und das Ereignis, welchem man entgegensieht, gilt als einer der Höhepunkte des gesellschaftlichen Lebens. In einem »hinduistischen Königreich« rekrutiert sich die Highsociety naturgemäß einerseits aus dem familiären Umfeld des Königshauses und andererseits aus den Familien der brahmanischen Priesterschaft, also aus der Kaste der intellektuellen Elite.

Der Badaguruju, der Chefpriester des Königs, ist mit seiner Gattin und den drei ältesten Söhnen erschienen, auch die Männer des Kumari-Komitees haben ihre Ehefrauen mitgebracht. Nachrangige Mitglieder der weit verzweigten Königsfamilie und der Regierung stehen in edlen Roben herum, und die Frau des Mul Purohit gibt sich als Expertin. Nie zuvor, so informiert sie die Anwesenden, habe sie bei einer Kumari einen so perfekten Körper gesehen. Und der Hofastrologe weist darauf hin, dass auch deren Horoskop in einer selten idealen Übereinstimmung mit dem des Königs stehe.

Diejenigen, die dem Mädchen schon begegnet sind, schwärmen

von ihrer liebenswerten Ausstrahlung. Niemand vergisst zu erwähnen, wie außergewöhnlich klein sie ist, und alle schweigen über deren Herkunft. Natürlich weiß jeder der Anwesenden, dass die Kleine – wie alle Kumaris zuvor – aus der Shakya-Kaste stammt. Beim überwiegenden Teil der nepalesischen Bevölkerung gilt die einstige Kaste der Gold- und Silberschmiede als eine hohe Kaste. Nicht aber bei den hier anwesenden Brahmanen. Sowohl für die newarischen Hindu-Priester als auch für die nicht-newarische Geistlichkeit um den Mul Purohit gilt Gold als das Symbol des Gottes Vishnu. Wer aber dieses göttliche Metall einschmilzt, kann aus Sicht der brahmanischen Orthodoxie unmöglich einer hohen Kaste angehören. Demzufolge gelten die Shakyas in diesen Kreisen zu den unteren Gesellschaftsschichten. Unabhängig davon, dass die Brahmanen und ihre Frauen zu Ereignissen wie diesem hier natürlich mit reichlich Goldschmuck erscheinen. Unabhängig aber auch davon, dass nur wenige Shakyas überhaupt noch diesem Gewerbe nachgehen.

Die soziale Abwertung der Shakya-Kaste aber hat eine gewisse orthodoxe Logik. Denn nur wenn der König von seiner Göttin zum Kniefall vor einem Mädchen niederen Standes gezwungen wird, kann von einer wahrhaft demutsvollen Verehrung die Rede sein. Das Gleiche gilt natürlich auch für all diejenigen, die hier nun darauf warten, es dem Mousuf Sarkar gleichtun zu dürfen. Denn in dieser elitären Sichtweise bezüglich der Herkunft der Kumari sind sich fast alle der hier Anwesenden einig. Und auch darin, diese nicht öffentlich vor sich herzutragen. Schon gar nicht hier im Kumari-Haus, denn auch die Familie des Chitaidar, die die Wartenden mit aromatischem Himalaja-Tee versorgt, gehört der Shakya-Kaste an.

Im Thronsaal sieht es derzeit noch nicht danach aus, als ob die Puja bald beginnen könne. Im Moment nämlich zieht es die Kumari noch vor, ausgelassen mit Durga durch den ganzen Raum zu toben.

Durga-didi schafft es nicht, sie zu fangen. Immer wenn Durga-didi ganz nah an sie herankommt, läuft sie nach der anderen Seite weg … Warum hört denn Durga-didi plötzlich mit dem Spiel auf? Sie sagt, dass im anderen Saal ganz viele Leute auf sie warten, und sie verspricht, dass sie nachher einen großen Geburtstagskuchen als Belohnung bekommt, wenn sie sich nun auf den Thron setzt. Sofort klettert sie auf den schönen Sessel mit dem roten Dach darüber und den goldenen Fransen.

Die Kumari hat sich tief ins Polster des Thronsessels gefläzt und ihre von Durga rot gefärbten Füße weit nach vorne gestreckt, die nackten Fußsohlen in jene Richtung, wo sich nachher die Gläubigen vor ihr verneigen sollen. Als Durga sie kitzelt, zieht die Kumari die Füße schnell zurück.

»Die Fußsohlen sind unser Geheimnis«, sagt Durga. »Schließlich muss niemand wissen, dass wir die Füße nur oben so schön rot angemalt haben.« Und sie setzt bittend hinzu: »Du darfst mich nicht verraten!«

Es gefällt ihr, mit der Durga-didi ein Geheimnis zu haben. Keinem außer der Durga-didi und der Ma von Durga-didi, die sie Thuloma (Tante) *nennen darf, und die von dort drüben zusieht, wird sie zeigen, dass die Füße nur oben rot sind.*

»Soll ich dir einen Trick verraten, wie keiner unser Geheimnis entdecken kann?«

Aufgeregt schüttelt die Kumari den Kopf, was in Nepal eine zustimmende Geste ist.

Offensichtlich hat Durga nun die Aufmerksamkeit des Mädchens endgültig für sich gewonnen. Sie hat das Gefühl, ihm mühelos alles beibringen zu können, wenn sie es nur zu einem gemeinsamen Geheimplan erklärt.

»Erst mal musst du dich ganz gerade hinsetzen, sonst funktioniert der Trick nämlich nicht.«

Sofort gibt das Mädchen die lässige Haltung auf. Durga greift nach dem kleinen Schemel mit dem Kissen aus rotem Samt und der goldenen Kordel. Nun nimmt sie die Füße der Kleinen und legt sie darauf ab – die Knie nach außen gerichtet und die beiden Fußsohlen zueinander. Mit großen Augen sieht die Mädchengöttin ihre Dienerin an, als hätten sie gemeinsam eine einzigartige Entdeckung gemacht.

Durgas Mutter, die eigentliche Chitaidar, beobachtet vom Stuhl neben dem Fenster aus, wie ihre Tochter behutsam versucht, das kleine Mädchen auf seine göttlichen Pflichten vorzubereiten. Der erste Tag ist immer der schwierigste, weiß die erfahrene Chitaidar. Sie hatte das bei Rasmila erlebt und zuvor bei Anita, die, kaum dass sie auf dem Thron saß, wieder aufsprang und zum Fenster lief, um irgendwelchen Unfug hinauszurufen. Umgehend hatte sie daraufhin veranlasst, dass der Hof von Besuchern geräumt und das vordere Tor verschlossen wurde. Ihre Tochter aber macht mit der neuen Kumari rasch Fortschritte. Nachdem sie ihr die richtige Sitzhaltung vermittelt hat, widmet sich Durga nun den Mudra, jenen göttlichen Handhaltungen, mit denen die Kumari die Opfergaben der Priester entgegennehmen und anschließend den Gläubigen den Segen erteilen wird.

Die Chitaidar ist zuversichtlich, dass Durga und die Mädchengöttin auch künftig gut miteinander klarkommen werden. Immerhin wird ihre Tochter in den nächsten Jahren die Betreuerin Nummer eins für die Kumari sein. Damit soll Durga darauf vorbereitet werden, später einmal die Stellung der Chitaidar zu übernehmen. Und weil es bislang nicht danach aussieht, als wäre sie an der Gründung einer eigenen Familie interessiert, könnte mit ihr wieder das alte Prinzip der Chitaidar hergestellt werden – das einer allein stehenden Betreuerin der Kumari.

Während des gesamten Vormittags hatte Amrit Man Shakya kaum eine ruhige Minute. Erst musste er mit seinem kleinen Bus einen französischen Gast vom Luxushotel »Yak & Yeti« unweit des königlichen Palastes abholen, dann stand er gleich zweimal hintereinander im Stau. Auf dem breiten Boulevard des Durbar Marg kam man zumindest noch im Schritttempo voran, doch drüben in Patan ging nichts mehr. Er riet seinem Gast schließlich, die kurze Reststrecke zum UN-Komplex zu Fuß zu gehen. Danach hatte er für diese fünfhundert Meter fast eine Dreiviertelstunde gebraucht. Zeit genug, um immer wieder neue Gedanken an die Tochter durchzuspielen. Nun geht er in einem der UN-Büros nervös auf und ab und überlegt, wie er auf all seine Fragen Antworten bekommen könne. Weshalb gibt man der Kumari vor der Morgen-Puja nichts zu essen? Ob sie wohl heute Nacht schlafen konnte? Vielleicht hat sie ja geweint? Sicher wird sie Heimweh haben und ihre Familie vermissen! Schließlich greift Amrit zum Telefonhörer und wählt die Nummer des Kumari Bahal.

Der Chitaidar hat alle Hände voll zu tun, um die hohen Gäste standesgemäß zu bewirten. Ständig lässt er von seiner ältesten Tochter Sita frischen Tee und Gebäck auftragen und beantwortet nebenbei Fragen. In welcher Stimmung die Kumari von der nächtlichen Durga-Puja zurückgekehrt sei, wo denn der Raj Guru wäre, der sie doch sicher am Morgen schon in den Agam gebeten habe, ob heute tatsächlich der Geburtstag der Mädchengöttin sei? Und nun klingelt auch noch das Telefon. Glücklicherweise kommen in diesem Moment seine Frau und Durga vom Thronsaal herüber. Während der nun stattfindenden Puja des Mul Pujari mit der Kumari dürfen sie nicht dabei sein. Der Chitaidar macht seiner Tochter ein Zeichen und Durga greift zum Telefon.

Atemlos hat Amrit sich seine Sorgen von der Seele geredet. Nun bemüht sich Durga ihn zu beruhigen. Neugierig hat inzwischen der Chitaidar die Nähe zu seiner Tochter gesucht und verfolgt aufmerksam deren Ausführungen: »Es ist wirklich ein ganz liebenswertes

Kind, und wir hatten schon sehr viel Spaß miteinander … Nein, geweint hat sie nicht. Obgleich das anfangs normal wäre … Vor allem macht es ihr große Freude, geschminkt zu werden … Ja, da haben sie Recht. Das geht allen Mädchen so … Im Moment findet gerade die Puja statt. Aber auch sonst wäre es nicht gut, mit ihr zu telefonieren. Es ist immer besser, hier vorbeizukommen. Die ersten vier Wochen aber sollte kein Besuch der Eltern stattfinden … Nun ja, wir wollen ihr eine Eingewöhnungszeit gönnen. Womöglich bekäme sie ja sonst doch noch Heimweh … Natürlich würden wir uns melden, wenn irgendwas wäre … Namaste!«

Endlich werden die Auserwählten in den Saal gebeten. Neugierig drängelt sich die Gruppe als Pulk durch die Tür und bleibt einige Meter vor dem Thron der Mädchengöttin stehen. Es herrscht eine fast atemlose Stille in dem großen Saal. Fassungslos blicken unzählige Augenpaare auf jenes Faszinosum, welches sich ihrem Blick dort drüben bietet.

Die Frau des Mul Purohit kann es kaum glauben, dass diese Kumari mit jenem Mädchen identisch sein soll, das noch vor wenigen Tagen nackt vor ihr gestanden hat. Bei jenen, die das Kind zum ersten Mal sehen, entsteht umgehend das Bedürfnis, jener auffallend kleinen Mädchengöttin die Füße zu küssen und von ihr den Segen zu empfangen. Alle warten nur darauf, dass der Badaguruju seine privilegierte gesellschaftliche Stellung nutzt, um als Erster vor den Thron zu treten. Doch selbst der königliche Chefpriester, der im Palast noch ein verschüchtertes Kind erlebt hatte, erkennt nun in jener kleinen Person dort eine wahrhaft göttliche Erscheinung. Eingerahmt von der imposanten Persönlichkeit des Mul Pujari und dessen in einen roten Doura Suruwal gekleideten Sohn Uddav.

Die Leute starren sie an, aber sie hat keine Angst vor ihnen. Sie weiß ja, dass diese Menschen gekommen sind, um sie zu verehren. Am liebsten würde sie zu ihnen hinlaufen und mit ihnen sprechen. Aber wenn sie aufsteht, können die Leute sehen, dass Durga-didi unten die Füße nicht rot angemalt hat. Deshalb presst sie die Fußsohlen ganz fest aufeinander und wartet.

Warum aber darf sie mit den Leuten nicht reden? Durga-didi hat gesagt, eine Göttin hört sich an, was ihr die Leute sagen, aber selber spricht sie nicht mit ihnen. Und sie lacht auch nicht, weil die Leute sonst denken, man lacht über sie, und das wäre nicht schön.

Gespannt beobachtet Durga die Szene von jenem Stuhl am Fenster aus, der eigentlich dem Chitaidar vorbehalten ist. Auch an ihr geht die ungeheuere Ausstrahlung, die jene kleine Person auf dem Thron dort in den letzten Minuten entwickelt hat, nicht spurlos vorbei. Noch vor einer Stunde hatte sie der Kumari die wichtigsten Verhaltensregeln beigebracht, doch inzwischen hat die Göttin Taleju offenbar endgültig von der Persönlichkeit des Mädchens Besitz ergriffen.

Durga ist in ihrem Innern sehr aufgewühlt – nicht nur, weil es schon lange her ist, dass sie die erste öffentliche Audienz einer neuen Kumari miterleben durfte, sondern auch, weil sie dieses Mädchen als ihren Schützling betrachtet. Sie ist dem Schicksal dankbar, dass es sie als deren Dienerin erwählt hat.

Mit leiser Stimme und gesenktem Haupt bittet der Chitaidar die Gläubigen sich in einer Reihe anzustellen. Diszipliniert formiert sich die Gruppe hinter dem Badaguruju. Der alte Herr begibt sich zum Thron. Umständlich geht der Brahmane vor dem Shakya-Mädchen auf die Knie und legt ihr eine goldene Münze auf das Kissen. Während er sich zu den kleinen, korrekt an den Sohlen aneinander gestellten roten Füßen hinunterbeugt, haucht er kaum hörbar ein ehrfurchtsvolles »Dyo Maiju«.

Sie ist froh, dass es nicht kitzelt, als der alte Mann ihre Füße küsst. Sonst hätte sie bestimmt lachen müssen. Auf jeden Fall wird sie die Fußsohlen aneinander pressen, dann kann es auch nicht kitzeln … Die goldene Münze auf dem Kissen sieht wunderschön aus. Ob sie die wohl behalten darf?

Nun fällt ihr wieder ein, was Durga-didi ihr vorhin gezeigt hat. Sie greift in die kleine Schale mit den orangegelben Blütenblättern und streut sie dem alten Mann auf den Kopf.

Der Mann aus ihrem Traum, der mit dem roten Anzug, steht wieder neben dem Sessel. Er hält ihr die silberne Schale hin. Oder wie nennt man das? Er hat es ihr vorhin gesagt, bevor die Leute gekommen sind. Aber sie hat es schon wieder vergessen. Sie weiß aber, dass darin das rote Pulver ist, für die Tika. Das hat sie ja vorhin schon bei dem Mann mit dem roten Anzug gemacht und bei dem älteren Mann und auch bei der Durga-didi und beim Baa und der Ma von der Durga-didi und dann bei Sita, die Durga-didis Schwester ist, und der anderen Schwester und ihren Brüdern. Es macht Spaß, mit dem Finger die Tika auf die Stirn zu malen …

Die Kumari taucht den kleinen Mittelfinger in den Sinhamu und führt die rot gefärbte Kuppe an die Stirn des Badaguruju. Der einflussreiche und weit gereiste Mann schließt die Augen und gibt sich ganz der Spiritualität des Augenblicks hin. Der betagte Sanskrit-Gelehrte löst sich völlig von seiner intellektuellen Gedankenwelt. Der weise Lehrer würde am liebsten stundenlang in dieser Position verharren. Dann aber spürt er, wie ihm jemand die Hand reicht. Als er aufblickt, entdeckt er seinen ältesten Sohn, der ihm beim Aufstehen behilflich sein will.

Jeder, der sich vor ihr hinkniet, hat ihr etwas mitgebracht. Auf die eine Seite von ihren Füßen legen sie Geldstücke und Geldscheine … aber auf die andere Seite Schokolade und eine Frau sogar einen ganz großen Kasten, auf dem viele Bilder von kleinen runden Schokoladenstückchen sind.

Eine entfernte Verwandte des Königs hat der neuen Kumari ein für nepalesische Verhältnisse außergewöhnliches Geschenk gemacht. Die Frau, deren Familie in den letzten vier Jahrzehnten mit der touristischen Erschließung des Landes viel Geld verdient hat, war mit ihrem Mann zur Internationalen Tourismus-Börse nach Berlin gereist. Auf einer der großen Geschäftsstraßen in der deutschen Hauptstadt hatte sie in einem Spielwarenladen eine wunderschöne Puppe aus US-amerikanischer Produktion mit dem nichts sagenden Namen »Barbie« entdeckt. Diese Puppe legt sie nun zu den anderen Opfergaben vor den Thron.

Sie kann nicht erkennen, ob sie mit der Puppe den Geschmack der Kumari getroffen hat oder ob das Geschenk aus einer fernen Welt von ihr nicht vielmehr als zu profan abgelehnt wird. Wie aber konnte sie erwarten, dass die Mädchengöttin überhaupt irgendeine Reaktion zeigt?

Das Geschenk von dieser schönen Frau im blauen Sari ist eine ganz große Überraschung. Mit Anita hat sie diese Puppe mit dem langen gelben Haar schon mal im Fernsehen gesehen. Wie gern würde sie diese Puppe gleich aus dem Karton nehmen. Das aber traut sie sich nicht.

Es ist ganz schwer, sich zu freuen und trotzdem nicht zu sprechen – und noch nicht einmal zu lachen.

Von ihrem Platz am Fenster aus bemerkt Durga den Blick der Kumari. Ohne den Kopf zu bewegen, sieht die Kleine zu ihr herüber. Durga glaubt, in den schönen schwarzen Augen ein stummes Lachen zu erkennen – und eine Vertrautheit, die die Kumari nur mit ihr teilt und sonst mit niemandem.

Zwei Stockwerke tiefer betreten unablässig Besucher aus vielen Ländern den Hof, um »die Wohnstatt der einzigen lebenden Göttin der Welt«, wie es in ihren Reiseführern heißt, zu besichtigen. Die touristische Herbstsaison geht langsam zu Ende, doch noch immer kommen Individualreisende hierher, aber auch Besuchergruppen mit einheimischen Stadtführern. In vielen Sprachen wird ihnen von einem kleinen Mädchen berichtet, welches angeblich niemals lachen, ja nicht einmal lächeln darf. Umso erstaunter sind diese Besucher dann, wenn zwei Stockwerke über ihnen fröhliches Kinderlachen zu hören ist.

Im Moment aber gibt die neue Kumari ihre erste heilige Audienz. Und dabei würde eine lachende Mädchengöttin die Gläubigen vermutlich ebenso irritieren wie in deren Welt kichernde Ministranten während der Heiligen Messe.

Fast zwei Stunden hat die erste Audienz der Kumari gedauert. Eine lange Zeit für ein kleines Mädchen, das artig auf einem Sessel sitzt und die Fußsohlen aneinander presst. Kaum haben die letzten Gäste den Thronsaal verlassen, eilt der Chitaidar herbei, klaubt mit flinken Fingern die Geldscheine zusammen und lässt sie in der Tasche seiner Hose verschwinden. Auch die Goldmünze des Badaguruju.

»Das hier gehört alles dir!«, sagt Durga, während sie die übrigen Opfergaben in einen großen Korb schichtet. Verschiedene Sorten von Keksen, die große Schachtel mit den Brüsseler Pralinen, amerikanische Schokoriegel, heimische Nüsse und allerlei Obst.

Wieder einmal verspürt die Kumari jenes sich steigernde Glücksgefühl, das sie manchmal ohne jeden Grund überfällt. Diesmal aber ist dieses Gefühl alles andere als grundlos. Denn Durga reicht ihr die Puppe, die sie schon aus dem Fernsehen kennt.

Wie schön sie ist! Sie sieht ganz anders aus als alle schönen Mädchen, die sie kennt. Sie ist schöner als Anita oder die Cousine Bina, die den Baa und die Ma manchmal besucht und dann mit ihr spielt. Sie ist sogar schöner als Durga-didi. Und Durga-didi ist sehr schön. Aber das sagt sie der Durga-didi nicht. Auch nicht, als Durga-didi fragt: »Ist sie nicht schön?« Sie drückt die Puppe nur ganz fest an sich.

»Du kannst jetzt aufstehen«, sagt Durga.

Doch als die Kleine die Beine bewegen will, spürt sie sie gar nicht. Sie beginnt hektisch zu strampeln – und vor lauter Schreck fängt sie zu schreien an. Bestürzt stellt Durga den großen Korb ab.

»Was ist denn los?«

»Meine Beine, meine Beine! Ich spüre meine Beine nicht!«

Durga fängt an zu lachen. Sie fasst nach den beiden kleinen Füßen und beginnt sie kräftig zu massieren.

»Sie sind eingeschlafen.«

Nun rüttelt sie kräftig an den Beinchen der Kumari.

»Dann wollen wir sie mal wieder aufwecken.«

Schon bald spürt die Kumari, wie sich das Gefühl mit einem leichten Kribbeln zurückmeldet. Erleichtert fängt das Mädchen zu lachen an, was im Hof zwei Stockwerke tiefer möglicherweise mal wieder zu Irritationen führt.

»Bekomme ich jetzt den Kuchen?«

Die Kumari blickt Durga voller Erwartung an. Die Dienerin erwidert den Blick mit gespieltem Ernst. Um die Spannung zu erhöhen, wartet sie noch einen Moment ab, ehe sie laut ruft: »Wo bleibt der Geburtstagskuchen für die Dyo Maiju?«

Man ist wieder unter sich. Im Raum neben dem Thronsaal, in dem sich am frühen Nachmittag noch die Spitzen der Gesellschaft ein Stelldichein gaben, wird das göttliche Geburtstagskind von der vielköpfigen Familie des Chitaidar-Paares erwartet. Deren Söhne Mahendra und Gautam sind vom Nordflügel des Kumari Bahal herübergekommen, wo sie mit ihren Frauen und Kindern leben. Aber auch die Töchter Sita und Ambika haben es sich nicht nehmen lassen, sich mit ihren Ehemännern aus dem Nachbarbezirk Itumbahal hierher auf den Weg zu machen, um die neue Kumari zu begrüßen.

Auf dem kleinen Tisch in der Mitte des Raumes hat Durgas Mutter den riesigen Kuchen gestellt, den die Kumari-Bäckerei eben geliefert hat. Das kleine Familienunternehmen backt keineswegs nur für die Mädchengöttin. Vielmehr ist es eine ganz normale Bäckerei für jedermann – nur dass deren Backstube an den westlichen Teil des

Kumari Bahal grenzt. Da aber das Brot und auch die Kuchen, die man ins Haus der Kumari liefert, dort unter Berücksichtigung der religiösen Gesetze gefertigt werden, darf der Titel »Kumari-Bäckerei« verwendet werden. Vermutlich geschieht dies aus ähnlichen kommerziellen Erwägungen, weshalb auch das Café Demel in Wien den Zusatz »k. u. k. Hofzuckerbäcker« verwendet. Mit dem Unterschied, dass auf dem Kumari-Thron von Kathmandu tatsächlich noch jemand sitzt, für den man backen kann. Und heute ist dies ein großer Kuchen aus Hefeteig, für den man aus religiösen Gründen Enteneier und aus optischen einen dicken Zuckerguss mit bunten Perlen verwendet hat.

Noch nie hat sie einen so großen Kuchen gesehen. »Ist der für mich ganz allein?«, hat sie die Durga-didi gefragt. Und die Durga-didi hat gelacht und gesagt: »Vielleicht gibst du uns ja ein Stückchen ab. Sieh mal, ich glaube, da warten schon zwei junge Männer. Ob die auch was von dem großen Kuchen abbekommen?« Und dann hat die Durga-didi sie an der Hand genommen und ist mit ihr zu den beiden kleinen Jungen gegangen.

»Das ist Sourav und das da Gaurav«, sagt Durga. Die Freude der Begegnung aber scheint einseitig zu sein. Als die Kumari nämlich den beiden Jungen entgegenspringt, versteckt sich Sourav blitzschnell hinter dem bodenlagen Sari seiner Mutter. Gaurav, der neben dem Tisch auf dem Boden sitzt, beginnt zu weinen. Und wenn Gaurav erst einmal weint, dann hört er so schnell nicht mehr auf. Das war zumindest bisher immer so. Doch jetzt geschieht das Wunder. Die Kumari hüpft vor dem Jungen herum, sticht mit den Zeigefingern in die Luft und ruft: »Chiep, chiep, chiep …!«

Schlagartig hört der kleine Gaurav zu weinen auf und sieht die herumhopsende Kumari mit großen Augen an. Nun beugt sie sich zu ihm hinunter und schlingt ihre Arme um seinen Hals. Hilflos blickt der offensichtlich überraschte Junge zu seiner Mutter. Diese aber kann sich für ihren Sohn keinen sichereren Ort vorstellen, als in den schützenden Armen der Göttin Taleju.

Mit zwei Portionen Kuchen hat die Kumari den beiden kleinen Jungen nicht nur die Scheu nehmen, sondern augenscheinlich auch das Vertrauen von Gaurav und Sourav gewinnen können. Und die Kumari verteilt weiter den Kuchen, den Durga in gleich große Stücke zu teilen versucht – an den Chitaidar und seine Frau, an Durgas Geschwister und deren Ehepartner. Alle sind gerührt, dass diesmal nicht sie der Mädchengöttin eine Opfergabe bringen, sondern dass es vielmehr die Kumari ist, die alle hier beschenkt. Die neue Familie des Mädchens jedenfalls ist sehr angetan von der Freundlichkeit und auch von der Anmut des kleinen Wesens.

Die Frau von Durgas Bruder Gautam sitzt neben der Tür zum Treppenhaus und hält ein kleines Bündel im Arm. Als die Kumari mit einem Stück Kuchen herantritt, fällt deren Blick auf dieses Bündel, aus dem sie mit zwei großen schwarzen Augen angesehen wird.

Was ist das denn? Das sieht ja aus wie eine Puppe … Ein Baby! Was für schöne Augen das hat!

Etwas umständlich stellt die Kumari den Teller mit dem Kuchen auf den Fußboden. Dann beugt sie sich über das Bündel und streicht über das kleine Köpfchen. Stolz und glücklich blickt die Mutter des Babys in die Runde. Doch im nächsten Moment beginnt der erschrockene Säugling markerschütternd zu schreien. Unvermittelt sieht sich dessen Mutter einer problematischen Situation gegenüber. Eigentlich würde sie jetzt aufstehen, im Raum umhergehen und durch leichtes Wiegen versuchen, das Kind zu beruhigen. Aber müsste das die Kumari nicht als Affront empfinden, als ob man ihr das Kind entziehen wollte? Würde ein solches Verhalten womöglich den Zorn der Göttin Durga auf sich ziehen und Unglück über ihre

Tochter bringen? Also bleibt die junge Mutter mit dem schreienden Baby sitzen – und die Kumari wiederholt das Wunder von vorhin.

»Chiep, chiep, chiep …!«, ruft die Mädchengöttin erneut und sticht mit ihren kleinen Fingern über dem Köpfchen des Babys in die Luft. Ein paar Mal noch lässt die Kleine einen Schrei los, ehe sie verstummt und einzuschlafen scheint.

Durga hat die Szene mit gemischten Gefühlen beobachtet. Einerseits hat sie natürlich die Hoffnung, dass in der kleinen Garima für die Kumari eine echte Freundin heranwachsen wird. Andererseits wird sie die Zuneigung der Mädchengöttin künftig mit der kleinen Nichte teilen müssen. Die beiden Mädchen werden miteinander spielen, während sie die Tage im Büro der staatlichen Landwirtschaftsbehörde in Patan verbringt. Denn neben dem Posten der Chitaidar, den offiziell ja nach wie vor ihre Mutter bekleidet, ist keine weitere Dienerin für die Mädchengöttin vorgesehen. Deshalb geht sie tagsüber der Tätigkeit einer Assistentin des Behördenleiters nach.

Die kleine Kumari hat sich augenscheinlich schnell in die neue Familie eingewöhnt. Ein Geburtstagskuchen gleich am ersten Tag hat dazu sicher beigetragen. Durga fällt auf, dass die Kumari nicht ein einziges Mal während dieser kleinen Feier nach ihren Eltern oder ihrer Schwester gefragt hat. Doch sie weiß auch, dass dies keineswegs so bleiben muss.

Sie freut sich, dass das Baby nicht mehr schreit. Und sie freut sich auch, dass allen der Kuchen so gut schmeckt. Und es ist schön, dass alle so nett zu ihr sind. Und wenn sie ganz wild durch den Raum hüpft, schimpft niemand mit ihr. Alle schauen sie ganz freundlich an und manche lachen sogar.

»Hier ist noch ein großes Stück Kuchen. Wem gehört das wohl?«, ruft Durga in den Raum.

Und ihre Familie antwortet nahezu unisono: »Der Dyo Maiju!!!«

Die stumme Tochter

Nach einem Monat bin ich zum ersten Mal in den Kumari Bahal gegangen. Allein. Da hatte sich meine Tochter schon sehr verändert. Sie hat gar nicht mehr mit mir gesprochen. Ich habe mir damals gesagt, dass sie eben jetzt eine lebende Göttin ist und das Gefühl für den Vater verloren hat ... Trotzdem hat das sehr wehgetan, und ich bin nach diesem ersten Besuch ins Kino gegangen, um mich abzulenken.

Amitas Vater

Ich habe erst am späten Abend erfahren, dass mein Mann ins Kino gegangen war. Ich bin zu Hause gewesen und habe mich entsetzlich einsam gefühlt. Obwohl ich nicht weinen wollte, liefen mir plötzlich Tränen übers Gesicht.

Amitas Mutter

Seit einer Woche weint die Kumari nachts nicht mehr. Seit einer Woche beklagt sie sich, wenn Durga am Vormittag zur Arbeit geht. Und heute Morgen hat sie Durga geradezu angefleht, sie nicht allein zu lassen.

Natürlich würde Durga lieber rund um die Uhr bei der Kumari bleiben, statt nach Patan hinüberzufahren, um dort einer Bürotätigkeit nachzugehen. Andererseits weiß sie die Mädchengöttin in guten Händen. Sie lässt es sich zwar nicht nehmen, der Kleinen jeden Morgen die Haare zu bürsten, zu ölen und zum Knoten hochzubinden, sie zu schminken und anzukleiden. Dann aber sind ja auch noch ihre Eltern für sie da, die offiziellen Chitaidars. Die Kumari ist jedenfalls nie allein, auch wenn die Kinder ihrer Brüder allesamt noch zu klein sind, um adäquate Spielkameraden für sie zu sein. Dennoch fühlt sich Durga heute auf dem Weg zu ihrer Arbeitsstelle nicht wohl, und das liegt nicht nur daran, dass der Bus mal wieder hoffnungslos überfüllt ist.

Die Zahl der Gläubigen, die sich von der Kumari segnen lassen, ist seit einigen Tagen deutlich weniger geworden. Die Bevölkerung von Kathmandu steht inzwischen anderswo Schlange. Mittlerweile nämlich hat sich der Winter angekündigt – durch kühle Tage und eiskalte Nächte. Prompt wurden von der Regierung wieder Kerosin und Propangas rationiert. Wer also nicht frieren will, muss dafür sorgen, dass ständig jemand aus der Familie an einer der Stationen ansteht, die den Brennstoff für die kleinen Öfen verkaufen, wie sie in nepalesischen Haushalten üblich sind.

Nachdem der Taleju-Priester die morgendliche Puja mit der Kumari durchgeführt und sie anschließend ein kleines Frühstück eingenommen hat, wurde die Mädchengöttin in den Thronsaal gebeten, um Audienz zu halten.

Durgas Mutter bereitet unten in der Küche inzwischen das Mittagessen vor, und deren Mann liest an seinem Stammplatz neben dem Fenster die Zeitung. Die Kumari aber sitzt, die Fußsohlen artig aneinander gepresst, mit der vorgeschriebenen Handhaltung einer lebenden Göttin auf dem Thron und wartet.

Am Morgen war die Postkartenverkäuferin vom Durbar-Platz heraufgekommen. Wie jeden Morgen hat sie sich von jenem Mädchen die Tika geben lassen, dessen Porträtfoto sie unten vor dem Gebäude anbietet. Die alte Frau verkauft nur wenig in diesen Wochen, denn die Touristensaison ist endgültig vorbei. Auch dem Chitaidar ist das nicht entgangen. Noch vor zwei Wochen waren genügend Ausländer in der Stadt, denen es ein paar Rupien wert war, einen Blick auf die lebende Göttin zu werfen. Wenn von unten der Ruf des Wächters zu vernehmen war, hat der Chitaidar das Mädchen ans Kumari-Fenster gebeten und sie den Fremden zum Betrachten hingehalten. Für wenige Sekunden musterten sich dann Wesen aus fremden Welten – nur durch zwei Stockwerke voneinander getrennt.

An diesen kühlen Tagen des beginnenden Winters finden also nur noch vereinzelt Gläubige den Weg über die schmale Treppe zum Thronsaal herauf, gehüllt in bunte Pashminaschals aus dem Himalaja-Gebiet. Der Chitaidar hebt dann meist den Kopf von der Zeitung auf und beobachtet, wie sie der Kumari die Füße küssen. Er nimmt zur Kenntnis, wie die Mädchengöttin den Besuchern ein paar Blütenblätter auf den Kopf streut und die Tika auf die Stirn drückt. Vor allem aber versucht der Chitaidar zu erspähen, ob zu ihren Füßen neben verzehrbaren Opfergaben auch Bares abgelegt wird. Danach vertieft er sich wieder in seine Zeitung. Die Mädchengöttin hingegen gähnt, spielt mit den Ketten um ihren Hals und langweilt sich. Denn solange kaum Gläubige kommen, um die Tika von ihr zu empfangen, scheint es, als würde die Zeit nicht vergehen. Und heute ist wieder solch ein ereignisarmer Tag, an dem aus den Stunden zwischen morgendlicher Puja und Mittagsmahl eine kleine Ewigkeit werden.

Die Beine sind mal wieder eingeschlafen, und deshalb streckt sie sie aus. Es ist ja niemand da, der die weißen Fußsohlen sehen kann. Sie bewegt die Zehen immer hin und her, wie es ihr die Durga-didi gezeigt hat. Sie spürt, wie es zu kribbeln anfängt. Eigentlich hat sie Lust aufzustehen und ein bisschen herumzuspringen. Aber wenn dann jemand …?

Der Chitaidar, den die Kumari seit einiger Zeit Thuloba, Onkel, nennt, blättert die Seiten der Zeitung um. Und weil er dabei kurz in ihre Richtung sieht, presst sie schnell wieder artig die Fußsohlen aneinander.

Etwa drei Kilometer nordöstlich des Kumari Bahal sitzt die kleine Anita in der Wohnstube auf dem Fußboden und spielt. Sie kritzelt auf großen Blöcken mit bunten Stiften herum, die sie von ihrem Baa bekommen hat. Ihre Mutter sitzt daneben und sieht zu. Apathisch, ohne innere Anteilnahme. So wie gestern schon. Und den Tag zuvor. Und die ganze letzte Woche …

Zwei Wochen ist es nun her, seit Anita das letzte Mal nach ihrer kleinen Schwester gefragt hat. Überhaupt spricht in diesem Haus niemand mehr von Amita – wenngleich ganz sicher alle an jedem Tag an sie denken. Selbst zwischen Amrit und ihr ist inzwischen eine merkwürdige Sprachlosigkeit entstanden. Man beredet bestenfalls noch Organisatorisches, all das, was den gemeinsamen Haushalt betrifft.

An Navami war Amitas Name zwischen ihnen zum letzten Mal gefallen, als Amrit ihr am Abend erzählt hatte, dass er im Kumari Bahal angerufen habe. Im ersten Monat, so war ihm mitgeteilt worden, sollten sie ihre Tochter nicht besuchen. Dieser Monat ist heute zu Ende.

Am Morgen hatte sie insgeheim gehofft, dass Amrit auf den Ablauf dieser Frist hinweisen und einen gemeinsamen Besuch im Kumari Bahal vorschlagen würde. Doch er hat wortlos das Frühstück eingenommen und ist danach zur Arbeit gefahren. Ob er nicht daran gedacht hat? Sie kann es sich nicht vorstellen, aber sie sprechen ja kaum noch miteinander. Überhaupt ist in der gesamten Familie nichts mehr so, wie es einmal war.

Bei den Bewohnern von Bagbazar, die erst aus den lokalen Nachrichten erfahren hatten, dass die neue Kumari aus der unmittelbaren Nachbarschaft stammt, war deren Wahl wochenlang Gesprächsthema. Viele Nachbarn und auch Geschäftsleute haben ihr, der Mutter der lebenden Göttin, gratuliert. Einmal aber hat sie zufällig gehört, wie sich vor dem Haus zwei Frauen unterhielten. Die beiden Nachbarinnen waren sich darin einig, dass »eine gute Mutter niemals ihre Tochter in fremde Hände geben« dürfe. Selbst eine Göttin würde das nicht von ihr verlangen. Als Mimita Shakya dann aus dem Haus trat, verstummten sie sofort.

Seither wird sie die Stimmen der beiden Frauen nicht mehr los. Und je häufiger sie diese hört, umso stärker werden ihre Selbstzweifel. Heute Abend, das nimmt sie sich fest vor, will sie diese einsame Grübelei beenden und Amrit von ihrem Kummer erzählen.

Den ganzen Tag über hat er nur an seine Tochter gedacht. Auf den Tag genau vor einem Monat hatte er sie in den Kumari Bahal gebracht, und heute wird er sie besuchen. Mit niemandem hat Amrit Man Shakya darüber gesprochen. Den Entschluss hat er im Laufe des Vormittags ganz für sich alleine gefällt.

Zunächst hatte er noch erwogen, sich telefonisch im Kumari Bahal anzumelden. Dann aber war ihm eingefallen, wie unverbindlich und teilweise sogar respektlos ihn die Familie des Chitaidar in den letzten Wochen am Telefon behandelt hat. Dabei hatte er sich doch nur erkundigen wollen, ob Amita nicht vielleicht Heimweh hat oder gar weint. Durga stritt das zwar jedes Mal vehement ab, aber er hatte ihr nicht geglaubt. Und als er beim letzten Telefonat vor einigen Tagen Zweifel an deren Auskünften durchscheinen ließ, erklärte ihm der Chitaidar kühl, man werde sich melden, wenn es Probleme gäbe. Dann wurde grußlos aufgelegt. Schon deshalb hat er seinen heutigen Besuch nicht angemeldet, und er wird das auch künftig nicht tun. Als Vater der Kumari kann ihm schließlich niemand den Zutritt zur Wohnung seiner Tochter verwehren.

Langsam und konzentriert schlängelt sich Amrit Man Shakya mit seinem Motorrad durch den dichten Feierabendverkehr auf dem breiten Kantipath-Boulevard in Richtung Norden. Anschließend biegt er in die New Road ein. In wenigen Minuten wird er das Haus seiner kleinen Tochter betreten.

Wenn Durga am späten Nachmittag nach Hause fährt, steigt sie meist unweit des Bhimsen-Towers – eines aus Zement und Stahl konstruierten Fernmeldeturms – aus dem Bus. Hinter dem monumentalen Gebäude des Hauptpostamts biegt sie in die New Road ein. Die größte Geschäftsstraße Kathmandus stellt einen architektonischen Kompromiss zwischen dem missglückten Versuch moderner Stadtplanung im Osten und den traditionellen newarischen Bauwerken im Zentrum der Stadt dar.

In Kathmandus City herrscht Hochbetrieb, wie an jedem Tag um diese Zeit. Und wie an jedem Tag ist Durga genervt von den Menschenmassen, die sich auf den schmalen Bürgersteigen durch die New Road schieben. Früher hat sie gelegentlich einen Umweg gemacht, war weiter südlich durch die engen schmutzigen Gassen gelaufen und schließlich über die Freak Street auf den Basantapur-Platz gekommen. Doch sie weiß, dass die Kumari um diese Zeit hinter einem der vergitterten Fenster im Kumari Bahal sitzt und voller Sehnsucht in diese Richtung blickt.

Einerseits macht es Durga stolz und glücklich, dass das Mädchen nach nur einem Monat schon so stark auf sie fixiert ist. Andererseits fühlt sie sich dadurch aber auch verpflichtet, jede freie Minute mit ihr zu verbringen. Gesellige Abende mit Arbeitskollegen oder im Kreis der Familien ihrer Schwestern außerhalb des Kumari Bahal kommen für sie nicht in Frage. Und schon gar nicht will sie im Moment daran denken, wie sie es einmal verkraften soll, wenn dieses liebenswerte Mädchen in einigen Jahren die gemeinsame Wohnung verlässt, um zu ihrer Familie zurückzukehren.

Seit ein paar Tagen zieht sich der kleine Sourav an allem hoch, woran er sich festhalten kann, und nun ist es die Kumari, während sie durch ein Gitter newarischer Holzschnitzereien zum Basantapur-Platz hinaussieht. Ohne den Blick von der jenseitigen Welt zu nehmen, hält sie den kleinen Jungen fest, der noch etwas unsicher auf seinen Beinchen wackelt. Dessen nur einen Monat jüngerer Cousin Gaurav krabbelt inzwischen im ganzen Zimmer herum und brabbelt unverständliche Laute vor sich hin.

Endlich entdeckt sie Durga. Ganz hinten am anderen Ende des Platzes hat sie ihre Freundin schon an dem grünen Schal erkannt, bevor diese ihr nun mit großer Geste zuwinkt. Die Kumari springt auf, hüpft voller Vorfreude durch das Zimmer und kümmert sich nicht mehr um Sourav, der auf seinen Hintern zurückplumpst und erschrocken zu ihr aufblickt.

Sie weiß: Jetzt wird es wieder schön. Durga-didi wird ihr ein neues Abenteuer von Rama erzählen und von seiner Frau Sita und vom Affengott Hanuman … Vielleicht bringt sie auch wieder etwas Schönes mit. Aber sie fragt Durga-didi lieber nicht danach, weil sie sonst traurig wird, wenn sie nichts mitgebracht hat. Es ist ja schon schön, wenn Durga-didi endlich wieder da ist. Und wenn sie nichts mitgebracht hat, dann wird sie der Durga-didi aus dem großen Korb dort eine Schokolade schenken.

Die Tür, die vom Innenhof des Kumari-Palastes ins Treppenhaus führt, findet Amrit verschlossen vor. Aus einer Ecke ruft der Wächter, die Mädchengöttin würde zu dieser Stunde niemanden empfangen. Doch der Chitaidar hatte von seinem Fenster aus den Vater der Kumari bereits entdeckt und war schnell hinuntergelaufen. Als er schließlich vor Amrit die Treppe wieder nach oben steigt, belehrt er ihn, dass es besser wäre, einen solchen Besuch vorher anzumelden: »Die Dyo Maiju hat ein genau geregeltes Tagesprogramm, das auf gar keinen Fall gestört werden darf. Natürlich kannst du am Vormittag kommen, wenn sie Audienz hält. Aber da kannst du nicht mit ihr sprechen. Am Abend während der Puja auch nicht. Und am Nachmittag zieht sie sich zur Meditation zurück oder sie schläft ein wenig …«

»Aber jetzt kann ich sie sehen, ja?«, unterbricht ihn Amrit energisch.

Der Chitaidar bleibt stehen und dreht sich überrascht zu ihm um. Ohne den Blick abzuwenden, öffnet er schließlich die Tür zum Nebenraum des Thronsaales. Mit stummer Geste bittet er den Vater der Mädchengöttin einzutreten.

Noch immer hüpft die Kumari aufgeregt durch das Schlafzimmer, was den kleinen Sourav zu vergnügten Glucksern veranlasst. Der Chitaidar tritt ein und verneigt sich, eher einer Tradition als einem inneren Bedürfnis gehorchend.

»Dyo Maiju, du hast Besuch.«

Die Kumari wirft ihm einen irritierten Blick zu. Weil sie dabei die Stirn in kleine Falten legt, könnte man ihn leicht als bösen Blick missverstehen. Der Chitaidar beeilt sich zu erklären: »Dein Baa ist gekommen. Er wartet oben.«

Ihr Baa? Was will er denn? Durga-didi wird doch gleich hier sein.

Die Kumari läuft zu dem vergitterten Fenster und schaut hinaus.

Da ist sie! Sie beobachtet, wie Durga-didi über den großen Platz läuft und mit den Leuten spricht, die da unten sitzen. Durga-didi hat ihr erzählt, dass das Verkäufer sind, die den Menschen aus den fernen Ländern schöne Sachen verkaufen, also den gleichen Menschen, die manchmal vom Hof unten zu ihr hochsehen. Nun ist Durga-didi schon ganz nah beim Haus. Gleich wird sie endlich wieder hier sein.

»Kommst du bitte?! Wir wollen doch deinen Baa nicht so lange warten lassen.«

Der Mann, den sie Thuloba nennt, hält der Mädchengöttin die Hand hin. Lustlos geht ihm die Kumari entgegen und lässt sich von ihm hinausführen.

Der mittelgroße Empfangs- und Aufenthaltsraum neben dem eigentlichen Thronsaal macht auf Amrit Man Shakya einen merkwürdig antiquierten, eigentlich muffigen Eindruck. An der Längswand hängt ein riesiges Gemälde, auf dem Jaya Prakash Malla dargestellt ist, der letzte newarische König von Kathmandu. 1757 ließ er den Kumari Bahal bauen und elf Jahre später war er von dem Gorkha-König Prithvi Narayan Shah gestürzt worden. Ausgerechnet am Indra-Jatra-Fest war er siegreich in Kathmandu eingezogen. Umgehend ließ er verkünden, dass das Fest auch künftig gefeiert und er die Kumari auf dem Thron belassen werde. Dies war ein wichtiger Schritt zur nationalen Einheit Nepals, die der Shah-Dynastie das Überleben bis in die Gegenwart gesichert hat.

In diesen Räumen, so scheint es Amrit, haben seit den Tagen des Jaya Prakash Malla keine wesentlichen Veränderungen stattgefunden. Die moderne Welt, der er in den Büros der UN-Organisationen Tag für Tag begegnet, hat hier offenbar noch keinen Einzug gehalten. Sieht man von dem Telefon ab, das irgendwo im Haus existiert, und den nackten Neonröhren, die dem Raum eine kalte und nüchterne Atmosphäre verleihen.

Doch Amrit kann sich nicht vorstellen, dass im Wohntrakt des Chitaidar und in dem seiner Söhne Musikanlagen und sogar Fernsehapparate stehen. Schließlich haben die Fenster im gesamten Haus noch nicht einmal eine Verglasung, was nun in der winterlichen Jahreszeit – trotz kleiner Kerosin-Öfen – für eine spürbar kalte Raumtemperatur sorgt.

Einen Augenblick lang hat der Vater der Kumari das Gefühl, sich hier nicht in der realen Gegenwart zu befinden und seine Tochter einer längst vergangenen Zeit als Relikt zur Verfügung gestellt zu haben.

Der Chitaidar schiebt das verschüchtert wirkende Mädchen in den Raum, bevor er sich wortlos in einiger Entfernung auf einen Stuhl setzt. Amrit Man Shakya blickt auf das kleine Wesen, das bis vor kurzem seine Tochter Amita war. Sie ist ganz offensichtlich die lebende Göttin. Wie soll er sie ansprechen? Niemals würde ihm einfallen, sie bei ihrem Mädchennamen zu nennen. Warum aber kommt sie denn nicht her? Weshalb wirft sie die geschminkte Stirn mit dem göttlichen dritten Auge in kleine Falten? Und niemals zuvor hat er eine solch trotzige Schnute an seiner Tochter bemerkt. Was haben diese Zeichen zu bedeuten?

Amrit hatte vor diesem Besuch darüber nachgedacht, wie die Begegnung mit der Kumari wohl verlaufen würde. Er war natürlich davon ausgegangen, dass sie ihm erzählen wird, wie sie ihre Zeit verbringt und dann vielleicht auch die eine oder andere Frage nach der Familie stellt. Niemals hätte er für möglich gehalten, dass eine solche Fremdheit zwischen ihnen herrschen würde wie in diesem Augenblick. Und schon gar nicht hatte er mit einem derart beängstigenden Mienenspiel gerechnet.

Der kleine Sourav und Gaurav sind unten ganz allein. Hoffentlich weinen sie nicht … Wie lange muss sie wohl hier oben bleiben?

Niemals zuvor hatte Amrit die Möglichkeit gehabt, eine leibhaftige Kumari minutenlang aus einer solchen Nähe zu betrachten. Als er der Mädchengöttin nun noch etwas entgegengeht, erkennt er, dass sie sich augenscheinlich in einer vollkommen anderen Sphäre befindet. Nimmt sie ihn überhaupt wahr? Einen kurzen Moment blickt sie ihm direkt in die Augen. Sofort senkt er seinen Blick, führt die aneinander gelegten Handflächen zum Gruß vor das Gesicht und haucht voller Ehrfurcht: »Dyo Maiju!«

Vielleicht will er eine Tika? Aber sie hat ja das Pulver gar nicht da. Der Thuloba sitzt in der Ecke und schaut zu ihr herüber. Warum hilft er ihr nicht? … Bestimmt ist Durga-didi jetzt schon da und sucht sie überall!

Es kostet Amrit einiges an Überwindung, dem Mädchen eine private Frage zu stellen. Aber sie ist ja seine Tochter, und er will nicht gleich bei der ersten Begegnung diese unerklärliche Fremdheit als gegeben akzeptieren. Denn dafür ist ja vielleicht weniger deren göttlicher Status verantwortlich als vielmehr ein Fremdeln, wie es bei kleinen Kindern häufig zu beobachten ist.

Amrits Versuch, die ungewohnte Situation zu überwinden, wirkt etwas unbeholfen: »Gefällt es dir im Kumari Bahal?«

Durga-didi hat gesagt, dass sie nicht mit den Leuten sprechen soll, die nicht hier wohnen. Und dieser Mann wohnt hier nicht. Das weiß sie genau, denn das ist ja ihr Baa, und sie weiß, wo er wohnt.

Warum spricht seine Tochter nicht mit ihm? Hilflos blickt er zum Chitaidar hinüber, doch der sieht ihn nur stumm und emotionslos durch seine große Brille an. Amrit entschließt sich, einen erneuten Versuch zu unternehmen.

»Ich soll dich ganz lieb von deiner Ma grüßen und auch von Anita-didi, die viel an dich denkt!«

Hier oben kann man ja gar nicht hören, ob Durga-didi unten vielleicht nach ihr ruft. Wenn die Türe offen wäre, wäre es besser. Aber sie ist zu!

Plötzlich dreht sich die Kumari um, läuft aus dem Zimmer und rennt, wie deutlich zu hören ist, die Treppe hinunter. Fassungslos starrt der Vater der Mädchengöttin auf die Stelle, wo ihn eben noch seine Tochter wortlos angesehen hat.

Nach einer kleinen Weile nähert sich von der Seite der Chitaidar.

Hilflos blickt Amrit ihn an. Der alte Mann aber hebt bedauert die Arme.

»Die Launen einer Göttin!«

Und dann bittet er deren Vater mit stummer Geste wieder hinaus.

Eigentlich müsste Amrit längst zu Hause sein. Mimita hat ihm das Essen auf den Tisch gestellt, und seitdem wartet sie – seit fast zwei Stunden.

Den ganzen Tag hat sie darüber nachgedacht, wie sie das Gespräch mit ihrem Mann beginnen soll. Eigentlich wollte sie ihm gestehen, dass sie es mittlerweile als einen schweren Fehler ansieht, Amita in den Kumari Bahal gegeben zu haben. Aber war es ein Fehler? Durfte man an dem Entschluss der Göttin Taleju zweifeln oder an dem der furchtlosen Durga? Oder gar an der Aussage der Gestirne? Außerdem konnte niemand vorher wissen, dass diese Göttinnen die Familie der Kumari in ihrem Schmerz allein lassen würden.

Nein, es war kein Fehler, denn sie hatten keine andere Wahl. Aber der Schmerz und die Trauer sind eben trotzdem da. Sie kann nicht mal Anita beim Spielen zusehen, ohne dabei an Amita denken zu müssen. Gelegentlich hat sie versucht, Anitas Existenz aus einem anderen Blickwinkel zu sehen. Wenn sie nur eine Tochter gehabt hätte, so sagte sie in diesen Momenten zu sich selbst, dann wäre sie jetzt ganz allein. Aber sie merkte schnell, dass sie sich damit etwas vormachte. Denn selbst wenn es Amita im Kumari Bahal gut gehen sollte, selbst wenn man in Erwägung zog, dass sie am Indra-Jatra-Fest vom ganzen Volk, inklusive des Königs, verehrt werden wird, fehlt ihr die Tochter trotzdem sehr. Und Mimita ahnt, dass es Amrit ebenso geht. Warum also sprechen sie nicht darüber? Diese Frage will sie ihm stellen. Doch ausgerechnet heute kommt er nicht nach Hause.

Plötzlich fühlt sie sich nicht mehr nur allein, sondern auf eine bedrohliche Weise einsam. Sie weiß, dass Anita oben in ihrem Zimmer spielt. Sie weiß auch, dass ihre Mutter dort auf dem Bett sitzt und sich mit dem Mädchen unterhält. Trotzdem fühlt sie sich, als wäre sie der einsamste Mensch auf dieser Welt. Tränen laufen ihr über das Gesicht, aber kein Ton der Klage dringt nach außen. Sie spürt eine große Sehnsucht – nach Amita, ihrer kleinen Tochter, und nach Amrit, ihrem Mann.

Seit über einer Stunde sitzt er nun inmitten von einigen hundert Kinobesuchern und blickt mit diesen gemeinsam auf die riesige Leinwand. Die Story des Films ist nicht besonders originell. Ein junger Mann brahmanischer Herkunft hat sich in ein Mädchen aus einem Bergdorf verliebt, das seine Eltern aber nicht als Schwiegertochter akzeptieren wollen. Doch während die Besucher der finalen Frage entgegenfiebern, ob die Liebe wohl über die Traditionen zu siegen vermag, fällt es Amrit schwer, sich auf die Handlung zu konzentrieren. Dabei hatte er sich ja gerade deshalb spontan zu einem Kinobesuch entschlossen, um sich abzulenken. Es war der vorerst letzte, aus einer Reihe von gescheiterten Versuchen in den vergangenen Stunden.

Wie paralysiert hatte Amrit Man Shakya am frühen Abend den Kumari Bahal verlassen und war zunächst kreuz und quer über den Durbar-Platz gelaufen – immer den abwesenden Blick der Kumari vor Augen, die partout nicht mit ihm sprechen wollte.

Es war schon dunkel, als er ziellos durch die verwinkelten Gassen der Altstadt streifte. Schließlich saß er im Dachrestaurant eines billigen Touristenhotels am Basantapur-Platz und blickte auf den Seitenflügel des Kumari Bahal hinunter. Mehrfach huschten hinter den beleuchteten glaslosen Fenstern der Kumari-Wohnung Gestalten vorüber, die sich auf den dünnen Gardinen schattenhaft abzeichneten.

Nach einer Weile des Grübelns entschloss er sich, das zu tun, was er seit Jahren nicht mehr gemacht hatte – er ging ins Kino. Schon bei den ersten Szenen konnte er erkennen, dass sich an Machart und Handlung der Filme aus nepalesischer Produktion seit seinem letzten Kinobesuch kaum etwas geändert hat. Ein Umstand, der dem Wunsch nach Ablenkung nicht gerade förderlich war, weshalb bald wieder die stumme Mädchengöttin vor seinem geistigen Auge auftauchte.

Die beiden Taleju-Priester sprechen ihre Mantras und halten der Kumari die Platten mit den Opfergaben entgegen. Währenddessen gehen dem Mädchen wieder und wieder die Abenteuer Ramas durch den Kopf, von denen Durga ihr fast jeden Abend ein neues erzählt. Und jetzt ist es gleich wieder so weit. Deshalb nimmt sie von den Opfergaben gar nichts an, sondern tippt nur geistesabwesend mit dem Finger auf den Rand des Tellers. Für die Priester ist dies das Zeichen, dass die Göttin Taleju das angebotene »heilige Essen« Shagun wohlwollend zur Kenntnis genommen hat.

Den ganzen Tag hat sie an die arme Sita gedacht, die der böse Dämon Rawana entführt hat. Doch Rama ist ein Prinz oder ein König, und er will sie retten, zusammen mit seinem Bruder. Aber den Namen von seinem Bruder, den hat sie vergessen. Der Affengott Hanuman hat versprochen, Sita zu retten, denn er hat eine gewaltige Affenarmee. Und die hat eine große Brücke gebaut. Und dann haben sie die schöne Sita befreit. Und jetzt sind der Hanuman und der Rama und die Sita natürlich auch gute Freunde.

Die Mütter von Gaurav und Sourav stehen in der Tür zum Schlafraum der Mädchengöttin und warten darauf, ihre Söhne abholen zu können. Eigentlich ist es längst Zeit, die beiden kleinen Jungen ins Bett zu bringen. Doch die Dyo Maiju hat versprochen, dass sie die

Geschichte auch hören dürfen, die Durga berichtet, und deshalb sitzen sie jetzt bei ihr auf dem Bett. Fast sieht es so aus, als ob die beiden Jungen den Schilderungen ihrer Tante wirklich folgen könnten. Jedenfalls verhalten sie sich erstaunlich ruhig und blicken Durga an, die ihre Erzählung – zumindest nach Ansicht der beiden Mütter – viel zu sehr ausschmückt: »… und nach vielen, vielen Wochen, in denen Hanuman durch reißende Flüsse schwimmen musste, in der heißen Wüste von giftigen Schlangen verfolgt wurde und sich in den dunklen Wäldern immer wieder verirrte, war er endlich am Ziel. Vor ihm lag das riesige Gebirge des Himalaja. Hier, so hatte ihm sein Freund Rama gesagt, wächst das ganz, ganz seltene Kraut, mit dem man viele Krankheiten heilen kann. Doch Hanuman hatte nach all diesen Wochen, in denen er so viele Abenteuer bestehen musste, völlig vergessen, welches Kraut er mitbringen sollte.«

Mit großen Augen wartet die Kumari auf das Ende der Geschichte. Durga aber macht, um die Spannung zu erhöhen, eine kleine Pause. Zu gern würden die Mütter der beiden Jungen ihre Schwägerin Durga auffordern, doch endlich zum Ende zu kommen. Aus Furcht vor dem Zorn der Göttin gleichen Namens aber, enthalten sie sich eines Kommentars. Es ist die Mädchengöttin, die schließlich durch ungeduldiges Strampeln mit den Beinen das Finale einfordert.

»Wie also sollte Hanuman das Problem lösen? Wohin er auch blickte, überall waren Kräuter. Ein riesiger Berg voller unterschiedlicher Kräuter. Gelbe, blaue, rote … aber welches war das richtige Kraut? Und dann hatte Hanuman, der Affengott, eine Idee. Kurzerhand riss er den ganzen Berg mit all den Kräutern heraus, packte ihn auf den Rücken und machte sich damit auf den Heimweg.«

Die Kumari lässt sich nach hinten fallen, zappelt vergnügt mit den Beinen und lacht laut und heftig.

Da hat sich Durga-didi wieder einen Quatsch ausgedacht! Ein Affe kann doch gar keinen Berg herausreißen.

Doch sie mag es, wenn Durga-didi sich so etwas ausdenkt, und deshalb sagt sie lieber nichts, weil sie sonst vielleicht nicht mehr so lustige Geschichten erzählt.

Schnell verbeugen sich die Mütter von Gaurav und Sourav zum Zeichen der Demut vor der Mädchengöttin. Dann schnappen sie sich ihre laut protestierenden Söhne und verlassen den Schlafraum der Kumari.

Nun steht Durga eine etwas heikle Aufgabe bevor. Ihr Vater hatte sie vorhin darüber informiert, dass der Baa der Kumari seiner Tochter heute einen Besuch abgestattet hatte. Er hat ihr auch erzählt, wie das Mädchen auf ihn reagierte. Warum aber hatte die Kumari nicht mit ihm gesprochen? Dem Chitaidar und seiner Frau fehlt darauf eine schlüssige Antwort. Deshalb haben sie Durga gebeten, es in Erfahrung zu bringen.

»Dyo Maiju?«

Sofort richtet sich das Mädchen auf und sieht gespannt ihre schwesterliche Freundin an. Durga überlegt noch einen Augenblick, wie sie das Gespräch beginnen soll. Dann entschließt sie sich für den direkten Weg.

»Du hattest heute Besuch?«

»Nein!«

Durga ist von dieser gleichermaßen prompten wie offensichtlich falschen Antwort überrascht. Ist es dem Mädchen etwa peinlich, dass ihr Baa sie besucht hat? Denkt sie womöglich, sie könne eifersüchtig sein?

»Ich meine heute Nachmittag vor der Puja. Hat dich denn da niemand besucht?«

Die Kumari legt die Stirn in Falten und Durga interpretiert dies als Zeichen des Nachdenkens.

»Nein, da habe ich doch auf dich gewartet«, erwidert das Mädchen.

Und diesmal ist Durga überzeugt, dass die Antwort der Kumari zwar nicht der Wahrheit, wohl aber einer wahrhaftigen Empfindung entspricht.

Es ist schon spät, als Amrit in den von einem kleinen Öllicht spärlich beleuchteten Wohnraum tritt. Der erste Gedanke, der ihm angesichts seiner mit leerem Blick vor dem Buddha-Schrein sitzenden Frau durch den Kopf geht, ist: Sie hat das Lachen verloren!

Tatsächlich ist das Lachen von jeher eine auffällige Eigenschaft der Mimita Shakya. In der Vergangenheit hat es manch einen merkwürdig berührt, wenn sie selbst traurige Ereignisse mit einem Lachen kommentierte. Andere wiederum glaubten darin ein Zeichen für buddhistische Weisheit zu erkennen. Nun aber scheint sie dieses Lachen verloren zu haben.

Amrit setzt sich neben seine Frau. Wortlos blicken beide in die kleine Flamme des Öllichts. Nach einer scheinbar unendlichen Weile sagt Mimita unvermittelt: »Bist du wieder da?«

Amrit spürt, dass dies nicht als reale Frage gemeint ist. Schon gar nicht will Mimita auf diese Weise in Erfahrung bringen, wo er in den letzten Stunden war. Vielmehr hat der lange gemeinsame Blick in das Öllicht zwei Menschen wieder zusammengeführt, die sich in ihrem jeweiligen Gefühlsdschungel verloren hatten. Damit ist keines ihrer emotionalen Probleme gelöst, aber in diesen vier kurzen Worten hat Mimita die Hoffnung formuliert, sie künftig mit Amrit gemeinsam zu meistern.

Dieser Blick wird der Postkartenverkäuferin vor dem Kumari Bahal allmählich unheimlich. Die junge Frau im roten Sari war vorhin vom Sozius eines Motorrads gestiegen und direkt auf sie zugestürmt. Seitdem starrt sie auf die Karten mit dem Porträt der Kumari.

Mimita Shakya hat sich in den Blick der Mädchengöttin vertieft. Unter der riesigen edelsteinbesetzten Mukut schaut sie direkt in die Kamera. Ist dies ein irritierter und ängstlicher oder ein vollkommen abwesender, in ferne Sphären schweifender Blick? Auf gar keinen Fall aber ist es der Blick ihrer Tochter Amita.

Amrit, der das Motorrad vor dem breiten Sockel des Vishnu-Tempels abgestellt hat, kommt langsam heran. Auch er sieht das Foto der Kumari nun zum ersten Mal. Gestern war er wohl achtlos, in erwartungsvolle Gedanken vertieft, daran vorbeigegangen.

Bisher hatte die Postkartenverkäuferin in dem nepalesischen Paar keine potenzielle Kundschaft gesehen. Nun aber will der Mann gleich neun der Postkarten kaufen und fragt nach dem Preis. Von Touristen nimmt sie 10 Rupien für eine Karte. Das aber würde ein Einheimischer niemals bezahlen.

»Wenn Sie zehn Stück nehmen, gebe ich sie für 50 Rupien«, sagte die Verkäuferin vorsichtig. Zu ihrer Verwunderung fischt ihr Gegenüber tatsächlich eine himmelblaue 50-Rupie-Note aus dem Geldbeutel.

»Für jeden in der Familie eine«, sagt Amrit zu seiner Frau, die nicht weiß, ob sie das für eine gute Idee halten soll. Dennoch lächelt sie den Mann liebevoll an, mit dem sie am gestrigen Abend noch lange Gespräche geführt hat. Amrit hat ihr von Amitas Verhalten erzählt und von seiner Unruhe, die ihn durch die Gassen der Stadt und schließlich in ein Kino getrieben hatte. Mimita hat sich ihre wochenlang stumm gebliebene Trauer von der Seele geredet. Und dann haben sie sich in den Armen gelegen und geweint.

Heute Morgen hat Amrit einen Freund angerufen und gebeten, ihn als Busfahrer zu vertreten. Denn Mimita hatte sich nun ihrerseits vorgenommen, die Tochter zu besuchen, und Amrit will seiner Frau dabei eine emotionale Stütze sein. Unausgesprochen aber haben sie beide die Hoffnung, dass die gestrige Sprachlosigkeit der Kumari sich nur als eine erste Verunsicherung erweisen möge. Der entschlossene

Blick aber, den die Mädchengöttin via Kamera den Betrachtern der Postkarte entgegenschickt, gibt für derlei Hoffnungen allerdings kaum Anlass.

Für die kleine Mädchengöttin im Thronsaal des Kumari Bahal unterscheidet sich dieser Tag von keinem der vorangegangenen. Am Morgen hatte sie Durga vergeblich angefleht, doch bei ihr zu bleiben, lustlos hat sie die Puja des Taleju-Priesters über sich ergehen lassen und anschließend das Frühstück eingenommen. Abwesend hat sie der Postkartenverkäuferin die Tika auf die Stirn gedrückt, und nun blickt sie gelangweilt zum Zeitung lesenden Thuloba hinüber, während ihre Zehen gymnastische Übungen machen.

Vor dem Kumari Bahal hat die Mutter der Mädchengöttin ihren Mann um Verständnis gebeten, dass sie allein hineinzugehen wünscht. Doch sie hat ihn auch darum gebeten, unbedingt auf sie zu warten. Nun beobachtet der alles überblickende Chitaidar von seinem Fenster aus, wie die Mutter der Kumari zielstrebig auf den Eingang zugeht. Offenbar hat seine gestrige Bitte, künftig die Besuche vorher anzumelden, keine Wirkung gezeigt. Andererseits kann er sie kaum daran hindern, die Kumari während der üblichen Audienzstunden aufzusuchen.

Der Chitaidar nimmt sich vor, diese Person wie alle anderen zu behandeln. Er dreht sich folglich nicht zu ihr um, als sie den Thronsaal betritt, wenngleich er aus den Augenwinkeln das weitere Geschehen verfolgt.

Da ist ja ihre Ma! Sie ist bestimmt gekommen, weil sie die Tika haben will … Durga-didi hat gesagt, sie soll den Leuten nicht in die Augen sehen, weil sie sonst Angst bekommen.

Die Kumari blickt irgendwohin in die Ferne. Mimita geht vor der Mädchengöttin auf die Knie, küsst ihr die Füße und legt ihre Opfergabe auf das Kissen – eine Tüte mit Cashewnüssen. Sie hofft, dass der Kumari schmeckt, wonach ihre Tochter Amita einst ganz wild war.

Die Mädchengöttin taucht ihren kleinen Finger in das Sinhamu und drückt der Frau zu ihren Füßen die Tika auf die Stirn.

Die orangegelben Blütenblätter sehen auf dem glatten Haar sehr schön aus. Und die schwarzen Augen sehen sie ganz lieb an. Diese Frau bekommt bestimmt keine Angst. Denn das ist ja ihre Ma. Aber sprechen wird sie nicht mit ihr, denn Ma wohnt ja nicht hier …

Der kurze Augenkontakt zwischen ihnen hat der Mutter keinen Beweis dafür geliefert, dass ihre Tochter sie erkannt hat. Unverkennbar aber sprach aus diesem Blick eine kraftvolle, spirituelle Energie. Diesem göttlichen Wesen, das schon wieder in unerreichbare Fernen schaut, trägt sie nun ihre Fürbitte vor, in der stillen Hoffnung, damit auch ihre Tochter zu erreichen: »Dyo Maiju, ich bitte Sie um Ihre Hilfe für ein kleines Mädchen. Es ist meine Tochter, die nicht mehr bei uns im Hause leben kann. Wir vermissen sie alle sehr. Der Vater dieses kleinen Mädchens und ich, ihre Ma. Und auch ihre Anita-didi und natürlich die Großmutter. Aber weil wir wissen, dass dieses kleine Mädchen anderswo eine große und wichtige Aufgabe hat, ertragen wir den Schmerz. Ich bitte Sie nur, Dyo Maiju, helfen Sie, dass es diesem kleinen Mädchen gut geht, und sagen Sie ihm, dass wir alle ganz fest an es denken. Und sagen Sie ihm auch, dass wir es sehr, sehr lieb haben.«

Der Chitaidar konnte die Worte nicht verstehen, die die Mutter der Kumari gesprochen hat. Nachdenklich sieht er der kleinen Frau mit dem roten Sari nach, die energischen Schrittes den Thronsaal verlässt.

Die Beine sind wieder eingeschlafen. Es tut sogar richtig weh. Sie strampelt mit den Füßen, und das hilft, dass sie nicht weinen muss.

Als Mimita auf den Durbar-Platz hinaustritt, stellt Amrit erfreut fest, dass sie ihr Lachen wiedergefunden hat. Sie wirkt sogar fast fröhlich, als sie erklärt: »Ich habe die Kumari gesehen, und ich weiß, dass sie wunderbar für unsere Tochter sorgen wird.«

Vor allem aber weiß Mimita, dass sie sich in diesem Moment wieder etwas vormacht. Und Amrit weiß es auch, und beide wissen, dass es hilft – vorläufig.

Kumari – Superstar

Die Pancha-Buddha-Priester sind während des Indra-Jatra-Festes auf die Welt gekommen, um mit ihrem Wissen und ihrer göttlichen Kraft die Dämonen zu bannen. Deshalb führen wir die Jatra, den Prozessionszug, an. Die Dämonen wollen nämlich den Wagen der Kumari aufhalten. Ohne uns könnte jedenfalls niemand das Gefährt der Mädchengöttin bewegen. Doch wir haben von unseren Ahnen gelernt, die Dämonen sehen zu können ...

Raj Guru
Oberhaupt der Pancha-Buddha-Priester

Eigentlich beginnt das grosse Fest der Mädchengöttin bereits mit der Aufstellung des Lingam – eines symbolträchtigen, langen Baumstammes. Niemand aber hat der göttlichen Jungfrau erklärt, wofür der Lingam sinnbildlich steht. Vielleicht weil man annimmt, dass man einer göttlichen Jungfrau nicht erklären muss, was sie ohnehin schon weiß. Vielleicht aber auch, weil niemand mit einer Jungfrau über das Symbol eines Phallus sprechen möchte. Genau das aber ist der Lingam – das phallische Symbol Shivas. Zudem wird er im Laufe der Zeremonie in einer Yoni aufgerichtet werden, die wiederum für das weibliche Geschlechtsteil steht. Solcherart sinnbildhaft wird die göttliche Einheit dargestellt – bestehend aus der Potenz Shivas und der Energie seines weiblichen Aspekts, die im Sanskrit Shakti genannt wird. Das alles aber hat niemand jenem Mädchen erzählt, welches in zwei Tagen in einem goldenen Wagen daran vorbeifahren wird.

Am unteren Ende des am Boden liegenden Baumstammes, also neben der Yoni, warten bereits die Repräsentanten der hinduistischen Staatsreligion. Der Mul Purohit steht neben einem großen Schwert, das die Macht des Königs symbolisiert. Dreimal wird der königliche Oberpriester dieses Schwert im Uhrzeigersinn umrunden, sobald der Lingam aufgerichtet sein wird. Priester aus dem Taleju-Tempel sind anwesend – und natürlich der Badaguruju. In der dunkelgrauen Doura Suruwal, mit der leicht im Wind wehenden weißgrauen Mähne und der randlosen Brille sieht der königliche Chefpriester gar nicht wie ein solcher aus. Genau besehen ist er das auch nicht. Schließlich hält er während des ganzen Jahres keine einzige Puja ab. Er berät und unterrichtet den König in religiösen Angelegenheiten, und er achtet auf die Einhaltung der Rituale. In dieser Eigenschaft hatte er heute Morgen die maßgeblichen hinduistischen Würdenträger zur Berichterstattung über die Vorbereitungen des Festes in den Hanuman-Dhoka-Palast gebeten. Und natürlich wohnt er nun vor dem Taleju-Tempel auch jenem Lingam-Ritual bei, welches dem Kumari-Fest (wie die Indra-Jatra-Feierlichkeiten im Volksmund genannt werden) vorangeht.

Der Anruf aus dem Kumari Bahal war für Amrit und Mimita überraschend gekommen. Es war das erste Mal, dass der Chitaidar sie zu erreichen versuchte, seit ihre Tochter vor elf Monaten auf dem Kumari-Thron Platz genommen hat. Und nun hat er gar eine Einladung ausgesprochen: Es wäre sehr schön, wenn man das Indra-Jatra-Fest gemeinsam begehen würde.

Diese Einladung steht so gänzlich im Gegensatz zum sonstigen Verhalten des Chitaidar, der sich bei ihren Besuchen immer sehr beschäftigt gibt und oft nicht einmal Zeit findet, ihnen Sitzplätze anzubieten. Auch dessen Frau begegnet ihnen nicht mit dem Respekt, den sie als Eltern der Kumari doch eigentlich erwarten dürften. Ein-

Die eineinhalbjährige Amita mit ihrer älteren Schwester Anita.

Amitas Eltern zu Beginn von Amitas Kumari-Zeit.

Kumari Bahal, der Wohnsitz der lebenden Göttin.
Im Hintergrund der Basantapur-Platz.

Der Haupteingang zum Hof des Kumari Bahal,
darüber das Bildnis der vielarmigen Göttin Durga.

Amita am Tag ihrer Inthronisation als Kumari –
noch muss die schwere Krone festgehalten werden.

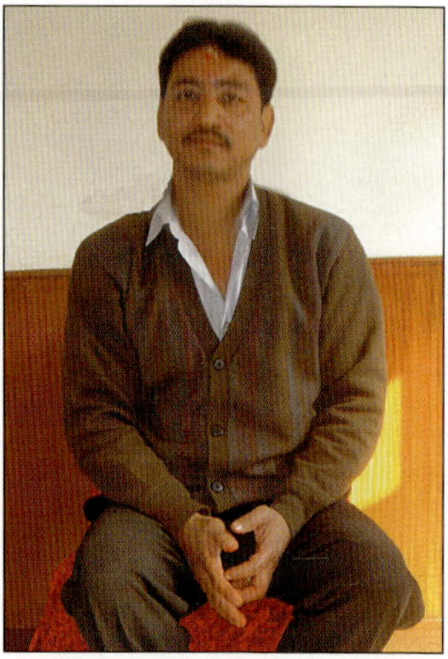

Ramesh Prasad Pandey *(Mul Purohit)*, hinduistischer Chefpriester des nepalesischen Königs.

Uddav Karmacharya *(Mul Pujari)*, Hauptpriester im Taleju-Tempel.

Mangal Raj Joshi, Chefastrologe des nepalesischen Königs.

Puspa Ratna Bajracharya *(Raj Guru)*, Oberhaupt der Pancha-Buddha-Priester.

Zu den hohen Feiertagen legen die Pancha-Buddha-Priester ihr festliches Ornat an. Sie symbolisieren die fünf Elemente: Erde, Himmel, Luft, Feuer und Wasser.

Eine mit Silber ausgeschlagene menschliche Hirnschale ist das Trinkgefäß, in dem der Kumari die alkoholischen »heiligen Wasser« als Opfergaben gereicht werden.

Am Indra-Jatra-Fest wird die Kumari zu ihrem Prozessionswagen getragen. Ihre Füße sollen den Boden nicht berühren (links unten: Bhairav, der Kindergott für einen Tag).

Amita als Kumari auf dem Prozessionswagen. Der Mann links mit der Brille ist der Chitaidar, am linken Bildrand steht Amitas Vater.

Dicht gedrängt verfolgen die Menschen am Indra-Jatra-Fest auf den Stufen der Maju-Deval-Pagode die Vorbeifahrt des goldenen Kumari-Wagens.

König Birendra begibt sich am vierten Tag des Indra-Jatra-Festes zu seiner Kumari, um von ihr die Tika und damit die Bestätigung für ein weiteres Jahr als Regent zu erhalten.

Der Tempel der Göttin Taleju.

mal hat Amrit sogar zufällig gehört, wie der Chitaidar zu ihr gesagt hat: »Der Vater der Dyo Maiju ist schon wieder da. Kann der uns nicht mal eine Weile in Ruhe lassen?«

Dies alles hat in der Folge dazu geführt, dass Mimita – im Gegensatz zu Amrit – den Kumari Bahal immer seltener besuchte. Außerdem kann sie sich nicht daran gewöhnen, dass das Mädchen kaum mit ihr spricht. Selbst wenn sie die Kumari in deren Privaträumen auf den Schoß nimmt, bekommt sie auf ihre Fragen bestenfalls einsilbige Antworten.

Vor allem ein Erlebnis hat sie vor einigen Monaten sehr verletzt. Wie immer hatte sie der Kumari eine Tüte Cashewnüsse mitgebracht und neben das Obst und diverse Süßigkeiten zu deren Füßen auf das Kissen gelegt. Nach dem Ende der Audienz hat sie dann beobachtet, wie die Kumari die Schokoladenriegel einsammelte, die Cashewnüsse aber achtlos zurückließ. Ein Stockwerk tiefer verspeiste das Mädchen dann einen Schokoladenriegel nach dem anderen. Als Mimita schließlich erwähnte, dass zu viel Schokolade schlecht für die Zähne sei, rannte die Kumari wortlos aus dem Zimmer. Die Chitaidar aber bemerkte empört: »Wir würden es vorziehen, wenn man der Dyo Maiju gegenüber von Verhaltensvorschriften absieht.«

Damit war erstmalig formuliert worden, was unausgesprochen ohnehin längst klar war: Man billigte ihnen keinerlei Einfluss auf Erziehung und Entwicklung ihrer Tochter zu. Tatsächlich widersprach es natürlich jeder religiösen Logik, wollte man einer lebenden Göttin irgendeine Form diesseitiger Erziehung angedeihen lassen.

Wie also sollen sie nun diese Einladung verstehen? Amrit hält es für möglich, dass Durga dahinter steckt. Die Tochter der Chitaidars hatte sie während der seltenen persönlichen Begegnungen stets freundlich begrüßt und durchaus respektvoll behandelt. Immerhin hat sie mit der Kumari eine weitaus engere Beziehung als das Chitaidar-Ehepaar. Vielleicht hatte ja sogar das Mädchen selbst den Wunsch geäußert, dass man ihre Eltern einladen möge – und niemand hat sich getraut, ihr zu widersprechen. Mit dieser Überlegung wurde schließlich die Frage, ob man der Einladung Folge leisten solle, durch jene ersetzt, welche Garderobe dem Ereignis angemessen sei.

Die Namen der beiden Herren, die sich im Salon des königlichen Palastes gegenübersitzen, klingen, als wären sie einem orientalischen Märchen entnommen – Birendra Bir Bikram Shah und Keshari Raj Pandey. Und der Mythos, den das Volk mit deren Existenz verbindet, wirkt keineswegs weniger märchenhaft. Letzterer wird als »weiser Lehrer und erhabener Meister« verehrt und sein Gegenüber gar als Inkarnation des Gottes Vishnu, dem »Erhalter des Universums«. Ihr Gespräch am Vorabend des großen Festes trägt hingegen kaum die Züge einer Fabel, sondern hat vielmehr ganz reale politische Fragestellungen zum Inhalt.

Bereits im vergangenen Jahr, nachdem Keshari Raj Pandey seinem älteren Bruder Heramba als Badaguruju nachgefolgt war, hatte man den Abend vor dem Indra-Jatra-Fest zusammen verbracht. Gemeinsam mit der königlichen Familie hatte Keshari Raj Pandey zu Abend gegessen und sich dann mit König Birendra in den Salon zurückgezogen. Der Versuch einer parlamentarischen Demokratie innerhalb einer konstitutionellen Monarchie war da gerade einige Monate alt. Es herrschte Aufbruchstimmung – im Volk, in den neu gebildeten politischen Parteien und letztlich auch im Palast.

Seit einigen Wochen aber sind nun verschiedentlich Stimmen zu vernehmen, die den erreichten Status mit sehr unterschiedlichen Alternativen wieder in Frage stellen. In der politischen Linken treten zunehmend mehr jene Kräfte in den Vordergrund, die den vor sechzehn Jahren verstorbenen chinesischen Revolutionär Mao Tse-tung zu ihrem Idol erhoben haben. Sie streben perspektivisch auch für Nepal die Staatsform einer Volksrepublik an.

Das wiederum hatte heftige Reaktionen in Palastkreisen nach sich gezogen. Selbst Gyanendra, der Bruder des Königs, spricht sich immer offener für die Rückkehr zur absoluten Monarchie aus. Das Festhalten an demokratischen Visionen hat er palastintern gelegentlich sogar als ein Zeichen von Schwäche bezeichnet.

Dies also ist die innenpolitische Situation, wie sie sich für den König darstellt – und wie er sie an diesem Abend seinem Chefpriester referiert. Dabei ist offensichtlich, dass sich der Monarch von seinem weit gereisten Freund einen realisierbaren Rat erhofft.

Keshari Raj Pandey hingegen, intellektueller Gelehrter und gewiefter Taktiker zugleich, verhält sich diplomatisch. Einerseits will er seinem König einen Ratschlag nicht verweigern. Andererseits aber hat er auch nicht vor, sich so weit festzulegen, dass er im Falle eines politischen Richtungswechsels in der Bedeutungslosigkeit verschwindet. Daher beschränkt er sich zunächst darauf, maoistischen Revolutionsfantasien eine Abfuhr zu erteilen. Hingegen zieht er sich bei der Frage, wie diesen zu begegnen sei, auf jenes Gebiet zurück, für das er schon institutionell zuständig ist: die Religion.

»Wir müssen wieder mehr auf die Symbolik vertrauen«, beginnt der Badaguruju listig. »Sehen Sie Mousuf, gerade das Indra-Jatra-Fest bietet sich hierfür in idealer Weise an.«

Der religiöse Berater des Königs erhebt sich, geht während der folgenden Ausführungen gemächlichen Schrittes im Salon hin und her und macht auf diese Weise zwei Dinge sinnfällig. Zum einen hat er eben die offizielle Anrede »Mousuf« gewählt, um die königliche Stellung seines Gegenübers anzuerkennen. Zum anderen aber betont er dadurch, dass er sich unaufgefordert erhebt, seinen Status als Lehrer. Und dieser stellt im religiösen Leben asiatischer Gesellschaften weit mehr dar, als man sich in der restlichen Welt gemeinhin vorstellt.

Der Herrscher Nepals akzeptiert diese Symbolik und konzentriert sich auf das, was ihm sein Badaguruju zu sagen hat: »Heute hat der Mul Purohit vor dem Tempel der Taleju das Schwert aufgestellt. Es ist das Zeichen der Königswürde. Jeder weiß das, und kaum einer im Volk stellt dies in Zweifel. Kein Parlament und auch kein selbst ernannter Revolutionär könnte dieses Wissen und diese Akzeptanz im Volk auslöschen. Jedenfalls nicht, solange die Krone unter einem göttlichen Schutz steht. Einem Schutz, den wir in den nächsten Tagen für jeden sichtbar werden lassen.«

Der König weiß natürlich, dass der Badaguruju mit diesen Ausführungen auf die Symbolik der Kumari-Feiern anspielt. Das Fest der lebenden Göttin beginnt damit, dass sich dessen Protagonistin auf Augenhöhe mit dem König begibt, und es endet mit dem Kniefall des Monarchen. Dies sind die Symbole, die der Badaguruju »sichtbare Zeichen« nennt. Nun aber verweist er darauf, dass auch »unsichtbare, jedoch keineswegs weniger wirksame Zeichen« existieren:

»Ich möchte Ihnen ein mythisches Geheimnis anvertrauen, Mousuf, und Sie bitten, der darin enthaltenen Symbolik zu vertrauen.«

Der König lehnt sich zurück und blickt hinüber zu seinem gelehrten Ratgeber. Der steht inzwischen vor der raumhohen Fensterfront und blickt hinaus auf den nächtlichen Durbar Marg, während er nachdenklich eine parabelhafte Theorie formuliert:

»In den nächsten beiden Tagen wird die Kumari in ihrem Wagen einen Weg hinter sich bringen, der auf dem Boden die Form eines Khadga, eines Säbels, beschreibt. Es war, wie Sie sicher wissen, der König Gunakamadeva, der auf strikte Anweisung der Göttin Mahalakshmi einst diese Stadt da draußen in Form eines Khadga anlegen ließ. Niemand erkennt im heutigen Kathmandu jene im Gründungsmythos festgelegte Form. Bestenfalls der, der sich die Mühe machen würde, diese beiden ersten Prozessionszüge der Kumari in einen Stadtplan einzuzeichnen. Sie gehen durch Yambu und Yamgala, durch jene Stadtkerne also, aus denen sich einst unser Kathmandu entwickelt hat.«

Der Badaguruju macht eine Pause, und sein König wartet gespannt darauf, welche politischen Schlussfolgerungen sein Gesprächspartner aus dieser Symbolik ziehen wird. Es dauert eine ganze Weile, ehe der brahmanische Gelehrte seine Ausführungen fortsetzt: »Die Kumari kehrt mit den Prozessionen also zu den urbanen Ursprüngen zurück, wobei sie jenes Bild der Stadt hervorruft, wie es einst von der Göttin diktiert wurde. Sie erweckt quasi … die göttliche Geographie wieder zum Leben. Jene geheime tantrische Zeremonie, durch die sich vor aller Augen die Vereinigung des Mousuf Sarkar mit der Taleju vollzieht. Dies ist die Brücke der vergangenen heiligen Epoche zur Gegenwart und garantiert auch die Zukunft.«

Mit erwartungsvollem Blick dreht sich der Badaguruju zu seinem königlichen Gesprächspartner um. Er konnte kaum annehmen, dass er mit jenem »mythischen Geheimnis« dem nepalesischen Herrscher tatsächlich etwas Neues verkündete. Doch ist diesem auch nicht anzusehen, ob ihm eine derartige religiöse Kausalkette bei der Suche nach Antworten auf aktuelle politische Fragestellungen weiterhilft.

»Aber wir erleben die Kumari während drei Jatras«, sagt der König schließlich. »Was ist mit der dritten, die am vierten Tag des Festes stattfindet?«

Mit einem viel sagenden Lächeln und einer wegwerfenden Geste erklärt der Badaguruju im Tonfall des Understatments: »Die hat keine Bedeutung. König Jaya Prakash Malla hat sie im 18. Jahrhundert nur zu einem einzigen, übrigens sehr diesseitigen Zweck eingeführt – seine Konkubine wollte den Umzug vom Balkon ihres Hauses aus betrachten. Allerdings wohnte sie in Kilagal …«

»… und damit mitten in der Klinge des Säbels«, ergänzt der König. Und fern aller protokollarischer Regeln verfallen die beiden ungleichen Gesprächspartner in ein gemeinsames herzhaftes Lachen.

Am Morgen hat Mimita noch einmal überlegt, ob man die Einladung in den Kumari Bahal tatsächlich annehmen sollte. Der Grund ihres Zögerns war Anita, die man auf jeden Fall bei der Großmutter zurücklassen würde. Nur ungern denkt sie an den Tag zurück, als sie das Mädchen zu deren Schwester ins Kumari-Haus mitgenommen hat. Anita hatte sich gefreut, war richtig aufgeregt gewesen – bis sie in den Besuchsraum kamen, in dem die Kumari bereits auf sie wartete. Beim Anblick der geschminkten, kühl-distanziert wirkenden Mädchengöttin reagierte Anita schlagartig gehemmt. Das wurde auch nicht besser, als Mimita die Kumari auf den Schoß nahm und Anita ihrer Schwester zögerlich eine Tafel Schokolade hinhielt. Die Kumari sah einfach an Anita vorbei und gab auf Fragen der Mutter nicht einmal mehr einsilbige Antworten.

Als besonders schrecklich aber hat Mimita den Heimweg in Erinnerung. Schon im Hof des Kumari Bahal begann Anita zu weinen, und kein tröstendes Zureden hat sie beruhigen können. Es war offensichtlich, dass sich in diesem Moment eine lange aufgestaute Trauer tränenreich auflöste. Mimita hat sich nicht getraut, ein Taxi anzuhalten, und die Rikschafahrer haben sich geweigert, bis nach Bagbazar zu strampeln, von wo aus sie sicher ohne Passagiere hätten zurückfahren müssen. Hier am Durbar-Platz machten sie mit Touristen das bessere und schnellere Geschäft. So war sie also zu Fuß gegangen und hat die gesamte Strecke das weinende Mädchen neben sich hergezogen.

Schließlich war es Amrit, der seine Frau dann doch noch überzeugte, der Einladung zu folgen. Von seiner Cousine, deren Sohn im vergangenen Jahr den Ganesh verkörperte, hatte er erfahren, dass die Väter der Kindergötter am Vormittag vom König empfangen würden. Diese Ehre solle auch ihrem Mann zuteil werden, sagte sich Mimita. Durch ihr Fernbleiben durfte sie ihn nicht in Erklärungsnot bringen. Außerdem hatte Amrit durchaus Recht mit dem Hinweis, dass die Kumari in einigen Jahren in die Familie zurückkehren würde. Daher durfte man die Gelegenheit, unter ihrer Anwesenheit das Bhoj einzunehmen, nicht verpassen – jenes Festmahl, das die Einladung mit einschloss.

Vor einem Schaufenster in der New Road bleibt Mimita plötzlich stehen. Amrit war schon einige Schritte vorausgeeilt und ermahnt seine Frau nun zum Weitergehen. Schließlich wolle man doch den Kumari Bahal erreichen, ehe die Menschenmassen den Basantapur-Platz verstopfen. Doch als Mimita weiter vor dem Schaufenster verharrt, läuft er zu ihr hin. Nun entdeckt auch er das Objekt ihres Interesses – eine riesige Fotografie der Kumari. Aber es ist nicht jenes offizielle Porträtfoto, welches die alte Frau am Durbar-Platz verkauft. Eher eines der zahlreichen Schnappschüsse, wie man sie gelegentlich im Lokalteil der Tageszeitungen entdeckt.

Amrit erkennt sofort, dass das Foto während des Pferderennens in Tundikhel aufgenommen worden war. Die traditionelle Veranstaltung findet alljährlich im Monat Chaitra (März/April) statt, dem letzten Monat des nepalesischen Kalenders, auf jener riesigen innerstädtischen Rasenfläche, die sie vor wenigen Minuten umrundet haben. Während dieses Pferderennens wird die Kumari besonders häufig von professionellen Fotografen ins Visier genommen. Sie beobachtet das Geschehen nämlich von einem für sie reservierten Platz aus. Dieser befindet sich hinter einer großen Scheibe im Royal Nepal Airlines Building, und augenscheinlich fühlt sich das Kind dort unbeobachtet. Jedenfalls rechnet es ganz offenbar überhaupt nicht mit den Teleobjektiven der nepalesischen Paparazzi, und so kommen eben unkonventionelle Aufnahmen wie diese hier im Schaufenster eines Schuhladens zustande. Nicht eine emotionslose, in mystischen Sphären schwebende Kumari blickt dem Betrachter dort entgegen, sondern ein Mädchen, welches mit großen Augen und leicht geöffnetem Mund das Geschehen auf der Pferderennbahn verfolgt. Amrit und Mimita entdecken in diesem Kind das Mädchen, welches sie kannten, als es noch Amita hieß.

Neben dem goldenen Fenster im obersten Stockwerk des Kumari Bahal sitzt Durga und blickt auf den Durbar-Platz hinunter, der sich langsam mit Besuchern füllt. Das goldene Fenster selbst ist natürlich ausschließlich für die Mädchengöttin bestimmt und wird auch von dieser nur aufgesucht, wenn der König unten vor dem Hanuman-Dhoka-Palast erscheint. Dann erwartet der weltliche und gottgleiche Herrscher Nepals von dort einen Blick seiner Kumari.

Schräg gegenüber vom goldenen Fenster wird der nicht weniger goldene Wagen der Mädchengöttin derzeit noch rituell gereinigt. Unter der strengen Observation des Mul Purohit spritzen Taleju-Priester geweihtes Wasser über das Gefährt und verteilen es schließlich mit dem heiligen Gras Kusa, das sie büschelweise in den Händen halten.

Die Kumari nimmt in diesem Moment im Erdgeschoss an einer Puja der Pancha-Buddha-Priester teil. Während des Indra-Jatra-Festes übernehmen also die Würdenträger beider Religionen diverse Aufgaben im Dienste der Kumari, deren Fest es ja eigentlich ist. Denn auch wenn offiziell dem hinduistischen Regengott Indra gehuldigt wird, so kommen die Menschen doch zur Jatra, um die Kumari zu sehen. Sei es, weil sie die Mädchengöttin um eine reiche Ernte bitten, oder nur aus Neugier. Und auch wenn man der Mädchengöttin nicht ansehen kann, ob die Verehrung des Volkes sie erreicht, so erzählen ehemalige Kumaris selbst noch Jahre nach ihrer Ablösung, dass sie die Indra Jatras als Glanzpunkte ihrer in vieler Hinsicht außergewöhnlichen Kindheit empfunden haben.

Schon als Rasmila noch die Kumari war, hatte Durga es bedauert, dass nicht sie, sondern ihre Brüder auf dem Wagen mitfahren durften. Sie weiß schon jetzt, dass es sie traurig machen wird, wenn nachher dort drüben am Hanuman-Dhoka-Palast die Jatra abermals ohne sie beginnen wird. Deshalb hat Durga das Mädchen schon seit Tagen immer wieder gebeten, vom Wagen aus auf gar keinen Fall zu ihr herüberzusehen.

Der kleine Tempelraum im Erdgeschoss des Kumari Bahal ist nahezu dunkel und die beiden Pancha-Buddha-Priester außerdem zu sehr in ihre tantrischen Riten vertieft, um das heftige Kopfschütteln der Mädchengöttin zu bemerken. Vermutlich würden sie andernfalls in eine gewaltige Konfusion geraten und sich fragen, was wohl dieses gleichermaßen auffallende wie ungewöhnliche Verhalten zu bedeuten habe. Dabei ist der Grund dafür ziemlich banal. Erstmalig hat Durga der Kumari an diesem Morgen, wie zu Indra Jatra üblich, die langen Haare zu Zöpfen geflochten, und nun hat das Mädchen einfach Spaß daran, die ungewohnte Haartracht durch die Luft zu schleudern.

Durga-didi hat ihr gesagt, dass an Indra Jatra alles anders ist als sonst – auch die Haare. Die Zöpfe sehen sehr schön aus, und es ist lustig, wenn sie durch die Luft fliegen. Aber nachher, wenn Durga-didi ihr die Mukut aufsetzt, müssen sie versteckt werden. Mit dieser Krone wird sie dann auf einem goldenen Wagen sitzen und durch die ganze Stadt fahren – und morgen auch. Ganz viele Leute werden da sein und jubeln. Aber sie soll nicht jubeln … sie darf sich freuen, aber nicht jubeln und auch nicht lachen. Denn vor ihrem Wagen tanzen die Dämonen. Sie muss aber keine Angst vor ihnen haben, weil die Pancha Buddhas sie ja beschützen … Wenn sie aber doch lachen muss, soll sie ganz schnell daran denken, dass zu Hause die Durga-didi auf sie wartet. Sie weiß, dass sie dann ganz bestimmt nicht lachen wird.

Als der Raj Guru zum Yantra greift, das die Kumari um den Hals trägt, hält sie erschrocken einen Moment inne. Doch sie weiß, dass sie jetzt bald den Agam verlassen darf. Im Gegensatz zu seinen hinduistischen Brüdern, die die göttliche Energie nur einmal im Jahr – während der Durga-Puja in der »Schwarzen Nacht« – erneuern, hält der oberste Pancha-Buddha-Priester dieses Ritual einmal im Monat für nötig. So wird die Kumari an jedem zehnten Tag eines Monats –

und am ersten Tag von Indra Jatra – hierher in den Agam gebracht. Deshalb ist sie mit dem Ablauf des Rituals längst vertraut.

Vor dem Agam warten die anderen Pancha-Buddha-Priester und deren Frauen. Sie haben Schalen mit Obst dabei, denn sie wollen die Ersten sein, die die Kumari zum Beginn des großen Festes begrüßen. Dankbar greift das Mädchen zu. Denn abgesehen von den Opfergaben, die ihr kurz zuvor gereicht worden waren, sind dies die ersten Speisen an diesem Morgen. Es werden nicht die letzten sein an diesem Tag – im Gegenteil! Viele Pujas mit allerlei zeremoniellen Opfergaben werden folgen. Vor allem wird die Kumari am Abend als Gastgeberin einem großen Festmahl vorstehen. Allerdings wird sie dann schon gegessen haben, denn niemand darf die Speisen mit der Mädchengöttin gemeinsam einnehmen. Das alles aber weiß sie zu diesem Zeitpunkt noch nicht, denn es ist ihr erstes Indra-Jatra-Fest als Kumari.

Von ihrem Fenster aus hat Durga die Eltern des Mädchens entdeckt. Zusammen mit vielen anderen Besuchern betreten sie den Kumari Bahal. Durga läuft nach hinten, um sie zu empfangen.

Amrit und Mimita gehen an der langen Schlange der Gläubigen vorbei, und sie sind froh, als sie am oberen Treppenabsatz auf Durga treffen. Die junge Frau begrüßt die beiden außerordentlich freundlich, bittet sie in den Besucherraum neben dem Thronsaal und lässt ihnen umgehend Tee servieren.

Einige andere Besucher, die offenbar auch einer Einladung des Kumari-Hauses gefolgt sind, stehen herum, unterhalten sich und nehmen Amrit und seine Frau kaum zur Kenntnis. Nur gelegentlich sieht eine der eleganten und schmuckbehangenen Damen neugierig zu ihnen herüber, mustert kurz Mimitas roten Sari, ehe sie sich wieder ihren Gesprächspartnern widmet. Erst als die Frau des königlichen Oberpriesters zu ihnen tritt und sie mit einem freundlichen »Namaste« begrüßt, werden auch die anderen Besucher auf sie aufmerksam.

Die Frau des Mul Purohit teilt den Eltern der Mädchengöttin mit, wie »wundervoll« sie es finde, dass der Gott »Indra sich mit dem Wetter gnädig« zeige, sie den Eindruck habe, als sei »die neue Kumari allgemein äußerst beliebt« und man übrigens »in diesem Jahr spirituell außerordentlich sensible Knaben« für die Gottheiten Ganesh und Bhairav gefunden habe …

Da sich die Frau des königlichen Oberpriesters auffallend lange mit dem ihnen unterhält, suchen schließlich auch andere die Nähe und das Gespräch mit diesem bis dahin unbekannten Paar. Die Mutter des diesjährigen Bhairav erklärt, sie sei ganz aufgeregt, ob alles gut gehe, und wie sehr sie sich für ihren Mann freue, dass ihm in diesen Minuten die Ehre eines Empfangs beim König zuteil werde. Amrit ist sofort hellhörig. Ob denn der König bereits im Hanuman-Dhoka-Palast sei, will er wissen und erfährt, dass »Mousuf Sarkar die Väter der Kindergötter gerade in seinem Palast am Durbar Marg empfange«.

»Die Väter der Kindergötter?«, fragt Amrit aufgeregt. »Aber ich bin hier?«

Sofort läuft die Mutter des Bhairav rot an und stammelt etwas davon, dass sie über das genaue Zeremoniell wohl nicht recht informiert sei.

Die Frau des Mul Purohit hebt beschwichtigend die Hände: »Soviel ich weiß, nimmt für die Kumari der Chitaidar diese Einladung wahr. Aber es wird das Beste sein …«

»… du wartest, bis der Chitaidar zurück ist. Dann kannst du ihn ja fragen«, ergänzt Mimita äußerlich völlig gelassen den Satz ihrer Vorrednerin.

In diesem Klima bemühter Distinguiertheit wird Amrits nervöse Reaktion als unangebracht empfunden. Deshalb ziehen sich alle, die eben noch ganz interessiert herangekommen waren, wenig dezent wieder zu kleinen Gesprächsgruppen zurück. Auch die Frau des Mul Purohit verneigt sich und begibt sich ans andere Ende des Raumes. Amrit aber fühlt sich in diesem Moment wie vor den Kopf geschlagen. Der redliche Mann aus Bagbazar kann es einfach nicht fassen, dass ein anderer jene Ehre in Anspruch nimmt, die eigentlich ihm gebührt.

Vor einer Woche waren die letzten Monsunregen über dem Kathmandu-Tal niedergegangen, und nun scheint es, als ob die Menschen wieder neu erwacht wären. Sie tragen leichte, helle Kleidung, bevölkern das Stadtbild der nepalesischen Metropole und besuchen ihre Kumari. Trotz der Heiligkeit des Ortes erscheinen die Gläubigen in Volksfeststimmung. Auch wenn viele den historischen Hintergrund des bedeutendsten religiösen Festes in Nepal gar nicht mehr kennen, so führen sie noch immer die Tradition der Anarchie fort. Demzufolge tanzen nämlich nach der Regenzeit die Dämonen auf den Straßen. Sie haben die Götter kurzfristig abgesetzt und bedrohen das Universum. Die Menschen dürfen in diesen Tagen offen die politischen und religiösen Autoritäten kritisieren. Eine Tradition, wie sie am Ende des Winters auch in anderen Kulturen unter Namen wie »Karneval« oder »Fasenacht« bekannt ist. Die Prozessionen der Mädchengöttin aber werden die Dämonen zum Verstummen bringen und die Ordnung wiederherstellen. Am letzten Tag des Festes wird der König vor ihrem Thron erscheinen und mit der Tika die Bestätigung seiner Macht für ein weiteres Jahr erhalten. An diesem Tag ist das Volk schließlich im Sieg über die Dämonen wieder vereint.

Noch aber erscheinen die Menschen ein wenig in jener anarchischen Stimmung, wie sie alljährlich zwischen den Wochen des Regens und den Tagen des Erscheinens der Mädchengöttin vorherrschend ist.

Die Leute sind fröhlich, sie lachen und ihre Kinder hüpfen im Raum herum. Wie gern würde auch sie mit ihnen herumtoben. Und lachen möchte sie auch.

Der Zug der Gläubigen scheint heute kein Ende zu nehmen, und die Kumari hat kaum eine Chance, einmal die Beine zu strecken. Als ein kleines Mädchen ihrem Thron ganz nahe kommt und sie freundlich anlacht, lacht die Kumari zurück und zwinkert fröhlich mit den Augen. Das kleine Mädchen aber bekommt einen riesigen Schreck, läuft zu seiner Mutter und versteckt sich hinter deren bodenlangem Sari.

Aber warum läuft denn das Mädchen weg? Warum versteckt es sich? Sie ist doch auch nur ein Mädchen, das gelacht hat. Was ist denn bei ihr anders als bei diesem Mädchen? Warum kann sie nicht mit anderen Kindern lachen? Warum haben sie Angst? Gaurav und Sourav haben doch auch keine Angst. Und die kleine Garima kann noch kein Wort sprechen, aber lachen tut auch sie mit ihr … Und warum sieht denn die Ma von diesem kleinen Mädchen sie so komisch an?

Die Kumari hebt den Blick über die Köpfe ihrer Besucher und starrt an die gegenüberliegende Wand. Ab sofort blickt sie niemanden mehr an. Sie will nichts falsch machen, will alle Wünsche erfüllen, die ihre Durga-didi an sie herangetragen hat. Doch das Mädchen ist traurig, dass es durch eine unsichtbare Wand von diesen freundlichen Menschen getrennt ist – auch wenn die Kumari es so nicht ausdrücken würde.

Die Festgesellschaft ist mittlerweile in den Nordflügel des Kumari Bahal umgezogen, und alle bemühen sich, dem goldenen Fenster fern zu bleiben. Selbst ein entfernter Blick durch das Fenster der Kumari hinunter auf den Durbar-Platz könnte als Anmaßung empfunden werden. Da der Raum zudem kleiner ist als der neben dem Thronsaal, kommen die Besucher einander automatisch näher.

»Das hier ist mein Lieblingsort im ganzen Kumari Bahal. Ist er nicht wunderschön?«, fragt Durga, die plötzlich neben Amrit und Mimita steht.

Jetzt erst sehen sie sich genauer in dem kleinen Salon um, bemerken die kostbaren dicken Teppiche und betrachten die Intarsienarbeiten an der komplett holzgetäfelten Wand. Vor allem das große Gemälde eines Königs findet Amrits Aufmerksamkeit.

»Das ist König Prithivi Narayan Shah«, sagt Durga und setzt ihre Ausführungen in Newari fort, einer Sprache, die kaum einer der anderen nicht-newarischen Anwesenden verstehen dürfte: »Nach seinem Sieg über den letzten Newar-König hat er mit den Jatras am Indra-Fest begonnen. Er machte aus der Kumari eine öffentliche Person. Vorher war die Mädchengöttin das Eigentum des Königs, heute gehört sie dem Volk.«

Das haben Amrit und Mimita bisher nicht gewusst. Zu ihrem Bedauern setzt Durga aber die kleine historische Exkursion nicht fort: »Ich habe die beiden Stühle dort neben dem goldenen Fenster für Sie reserviert, damit Sie den Beginn der Jatra gut sehen können.«

»Ich werde auf dem Wagen mitfahren!«, erklärt Amrit prompt.

»Ach so?!« Durga blickt ihn irritiert an.

Es ist Amrit nicht leicht gefallen, diesen Satz selbstbewusst zu formulieren. Ohne jene Verletzung, die man ihm an diesem Morgen zugefügt hat, wäre es ihm auch sicher nicht gelungen. Nun aber ist er entschlossen, seinen Anspruch durchzusetzen und sich nicht noch einmal ausbooten zu lassen.

»Ich nehme an, das ist mit dem Guthi Sanasthan abgesprochen«, bemerkt Durga.

Ohne eine Antwort von Amrit abzuwarten, wendet sie sich lachend an Mimita: »Dann machen wir beide es uns nachher da drüben gemütlich. Einverstanden? Und jetzt werde ich mich um die Dyo Maiju kümmern, damit alles im Zeitplan bleibt.«

Sie verlässt den Raum, und Mimita blickt ihren Mann nachdenklich von der Seite an.

Die anarchische Stimmung der Bevölkerung macht nicht einmal vor Uniformen halt. Obgleich Ganesh und Bhairav schon seit einiger Zeit im Haus der Kumari sind und die Wächter vorne am Eingang die Anweisung haben, niemanden mehr hereinzulassen, drängen sich die Besucher an ihnen vorbei in den Hof. Es hat also nichts genutzt, in diesem Jahr die Wächter von der örtlichen Polizei angefordert zu haben. Sie tragen zwar einen Schlagstock, aber natürlich geht niemand ernsthaft davon aus, dass die Polizisten am Indra-Jatra-Fest Menschen zusammenprügeln, die mit Opfergaben in den Händen zur Kumari wollen. Deshalb hat der Chitaidar einen seiner Schwiegersöhne aufgefordert, wenigstens vom Hof aus keinen mehr ins Haus zu lassen. Der junge Mann hat einige Mühe, die Leute an der Tür zum Treppenhaus davon zu überzeugen, ihre Opfergaben vor dem Kumari Bahal abzustellen.

»Wann soll denn sonst die Jatra beginnen? Etwa morgen früh?«, fragt er immer wieder hilflos.

Langsam ist das Ende der Kumari-Audienz abzusehen. Durga sieht auf die Uhr und stellt fest, dass man schon längst nicht mehr im Zeitplan ist. Aber an welchem Indra-Jatra-Fest war dies je anders!? Solange sie sich zurückerinnern kann, hat noch keine Jatra pünktlich begonnen.

Das hat gelegentlich zu nicht ungefährlichen Situationen geführt, weil die Burschen, die die Wagen der Kindergötter ziehen, dann versuchen, die verlorene Zeit wieder hereinzuholen. Nicht etwa, weil sie besonders um Pünktlichkeit bemüht wären, sondern vielmehr, um möglichst schnell zum Akash-Bhairav-Tempel zu kommen. Aus dem

Mund der Bhairav-Statue fließt nämlich an diesem Tag kostenloses Reisbier. Allerdings erst nach der Jatra – doch die bierspeiende Gottheit richtet sich nach dem offiziellen Zeitplan.

Es gab eine Zeit, da kredenzte Bhairav das Bier bereits am Vormittag – mit dem Ergebnis, dass die Burschen an den Wagenseilen entweder alkoholisiert oder gar nicht zu ihren Wagen kamen. Neuerdings wollen sie also möglichst schnell an die Quelle, was in den vergangenen Jahren gelegentlich dazu geführt hat, dass sie die Wagen der Kindergötter in rasender Geschwindigkeit zwischen den Schlaglöchern hindurchbugsierten. Damit nicht genug, hatte diese neue Regelung auch zur Folge, dass vor den Wagen die Darsteller der Dämonen und die sie bannenden Pancha-Buddha-Priester zu wahren Sprints veranlasst wurden. Jedes Jahr werden die jungen Männer jetzt aufs Neue ermahnt, »keine Wettrennen zu veranstalten«. Doch je später man loskommt, desto weniger diszipliniert läuft die Jatra ab. Und deshalb steckt hinter Durgas Blick auf die Uhr letztlich auch deren Sorge um ihren Schützling.

Wenn Mimita bisher geglaubt hatte, die Kumari sei der realen Welt entrückt, wenn sie – insbesondere nach dem Erlebnis mit Anita – angenommen hatte, die Mädchengöttin könne wenig mit Kindern anfangen, so wird sie in diesem Moment eines Besseren belehrt. Für ihr Alter selbst noch ziemlich klein, schleppt die knapp Vierjährige die kleine Garima herein. Von allen unbemerkt war das Kleinkind wohl nach draußen gekrabbelt, und als die Kumari vom Thronsaal herüberkam, ließ sie sich von niemandem davon abbringen, ihre kleine Freundin hochzuheben. Als sie nun mit Garima auf dem Arm in den Raum des goldenen Fensters tritt, ist sie überrascht, hier so viele Besucher anzutreffen.

Zum zweiten Mal an diesem Tag entdeckt Mimita in der Kumari jenes lebendige und liebenswerte Kind, das sie bis vor elf Monaten als Amita gekannt hatte. Und nun hört sie auch noch, wie die Kumari für die kleine Garima leise jenes newarische Kinderlied singt, das sie früher oft für ihre Töchter gesungen hatte. Mimita atmet mehrfach tief durch und sagt leise zu sich selbst: »Nur nicht weinen! Nur nicht weinen!«

Der Mul Pujari kann die Kumari schließlich bewegen, auf dem kleinen Thron Platz zu nehmen. Von Ganesh und Bhairav flankiert, starrt das Mädchen nun wieder in die Ferne und drückt den privilegierten Festtagsgästen monoton die Tika auf die Stirn und streut Blütenblätter auf deren Häupter.

Warum kann denn Durga-didi nicht auf dem Wagen mitfahren? Und Garima? Das wäre doch schön! Das sind doch ihre besten Freundinnen. Durga-didi hat gesagt, dass das nicht geht. Aber warum geht das nicht? Das hat Durga-didi nicht gesagt … Der Thuloba hat gelacht, als sie ihm gesagt hat, dass Durga-didi auch mitfahren soll.

Sie kann draußen vor dem Fenster schon ganz viele Menschen hören. Jetzt klatschen diese Menschen sogar in die Hände …

Hektisch drängt der Chitaidar die in einer Reihe wartenden Gäste zur Seite, sein älterer Sohn springt herbei, reißt die Kumari mit einem Schwung in die Höhe und eilt mit ihr hinüber zum goldenen Fenster. Dort wird sie von der Chitaidar und deren Tochter Sita ganz nach vorn an die Fensteröffnung geschoben und gleichzeitig an der Schulter festgehalten. Durga zischelt ihr ins Ohr, während unten eine Militärkapelle die Nationalhymne spielt: »Der Mann in dem großen Auto ist Mousuf Sarkar. Wenn er gleich aussteigt, schaue einfach zu ihm hin. Aber nicht winken – und auch nicht lachen.«

Aber sie kennt Mousuf Sarkar doch. Sie hat ihn ja beim Pferderennen gesehen. Und auf dem Foto im Zimmer vom Thuloba, da ist er auch … Leider hat er nie die schöne Krone auf, wie auf dem Bild. Auch jetzt nicht, da un-

ten, wo er gerade aus dem großen Auto aussteigt … Eben hat Mousuf Sarkar ihr zugenickt und alle Leute haben es gesehen!!!

Der König verschwindet mit seinem Gefolge durch das Tor des Hanuman-Dhoka-Palastes, währenddessen die Kumari von Durga in einen Nebenraum gezogen wird – unabhängig davon, dass noch keineswegs alle geladenen Gäste die Tika erhalten haben. Irgendwie muss man schließlich den Zeitplan wieder ein wenig einholen. Außerdem kann man ja Mousuf Sarkar nicht ewig warten lassen.

Durga dreht die Zöpfe der Kumari seitlich zu kleinen Schnecken hoch, was sich schon im nächsten Moment auf überraschende Weise als vorteilhaft erweist. Die gewaltige Mukut ist nämlich noch immer etwas zu groß für den kleinen Kopf der Mädchengöttin. Nun aber kann die göttliche Tiara aus Gold und Edelsteinen daran festgesteckt werden.

Außerdem soll die Kumari in den nächsten Stunden auch nicht ständig die Fußsohlen aneinander pressen müssen. Deshalb zieht ihr Durga für die bevorstehende Jatra rote Söckchen an – heute ist eben alles anders.

Vor dem Kumari Bahal spielen die newarischen Musiker auf ihren krächzenden Sanai-Flöten, während Amrit hinter dem Chitaidar herläuft. Der entdeckt ihn erst, als sie beide am Kumari-Wagen angekommen sind.

»Wo willst du denn hin?«, fragt der Chitaidar.

»Ich fahre auf dem Wagen mit!«

Irritiert lässt der Chitaidar den Blick zwischen dem Wagen und dem Vater der Kumari hin- und herschweifen.

»Auf dem Wagen ist kein Platz für dich. Das ist auch gar nicht vorgesehen …«

Amrit aber lässt sich nicht abwimmeln: »So wie heute Morgen bei Mousuf Sarkar kein Platz für mich war, wie?!«

Nun ist es Amrit gelungen, den Chitaidar restlos zu verunsichern. Dieser blickt ihn stumm an. Es dauert einen kleinen Moment, ehe er sich wieder unter Kontrolle hat.

»Willst du dich gegen die Tradition auflehnen? Hattest du denn überhaupt ein Geschenk für Mousuf Sarkar? Du wolltest doch wohl nicht mit leeren Händen dort hingehen?!«

»Du hast mir ja überhaupt nichts davon gesagt, dass die Väter …«

»Es war schon immer der Chitaidar, der für die Kumari in den Palast geht – das ist die Tradition. Und wenn du …«

»Und die Tradition verbietet es dem Vater der Kumari auf dem Wagen mitzufahren?«, unterbricht ihn nun Amrit.

Inzwischen ist ein Mann mit einem schwarzen Topi auf die beiden aufmerksam geworden.

»Was gibt es denn für ein Problem?«

Amrit erkennt den Mann vom Kumari-Komitee. Er war im letzten Jahr im Königspalast dabei, als er dort Amita vorstellte.

»Ich bin der Vater der Kumari …«, beginnt Amrit.

»Ich weiß! Aber worüber streitet ihr?«

»Er will auf dem Wagen mitfahren!«, erklärt der Chitaidar achselzuckend.

»Warum denn nicht!«, sagt der Funktionär des Guthi Sanasthan. »Auf einen Mann mehr oder weniger kommt es ja nun wirklich nicht an.«

Amrit übersieht den verächtlichen Blick des Chitaidar. Erleichtert steigt er auf den Wagen, wo bereits andere Männer auf den Beginn der Jatra warten. Und durch die Aussicht, dass er schon bald an der Seite seiner Tochter dem König ganz nah sein wird, ist Amrit Man Shakya wieder mit der Welt versöhnt.

Auf dem Durbar-Platz warten einige tausend Besucher darauf, dass der König auf dem Balkon des Hanuman-Dhoka-Palastes endlich an die Brüstung tritt. Im Moment aber parliert er noch mit Mitgliedern seines Hofstaates und Angehörigen des diplomatischen Corps – an seiner Seite die charmant lächelnde Königin und schräg dahinter der distanziert beobachtende Badaguruju.

Zur gleichen Zeit wartet hinter einer kleinen unscheinbaren Tür neben dem Kumari Bahal die Protagonistin des Festes in einem dunklen schmutzigen Hinterhof auf ihren Auftritt. Die Situation erinnert an eine Theatervorstellung, bei der die Zuschauer die Kulissen nur von vorn, die Akteure hingegen auch deren desillusionierende Rückseite sehen. Im vorliegenden Fall riecht es dort wenigstens angenehm nach frischem Kuchen. Denn die Kumari-Bäckerei in der hinteren Ecke des Hofes hat in diesen Tagen viel zu tun, um den zahlreichen Festtagsbestellungen nachzukommen.

Draußen vor dem Haupttor des Kumari Bahal führen bereits die Darsteller der Dämonen mit ihren riesigen Masken Furcht erregende Tänze auf. In einiger Entfernung haben deren Bezwinger, die Pancha-Buddha-Priester, in ihren farbigen Gewändern und den goldenen, blumenbestückten Kronen Aufstellung bezogen. Ganesh und Bhairav wurden bereits unter höflichem Applaus der Besucher zu ihren Wagen geleitet, und nun begibt sich auf dem Balkon des Hanuman-Dhoka-Palastes der König langsam in Richtung der Brüstung.

Mahendra, der ältere Sohn des Chitaidar, steht neben den Stufen des Trailokya-Mohan-Narayan-Tempels am Ende jener schmalen Gasse, die zum Durbar-Platz führt. Er hebt den Arm, was seinen Bruder Gautam, der wegen des gewaltigen Pagoden-Tempels keinen direkten Blick auf den königlichen Balkon hat, an jener kleinen Tür veranlasst, dreimal dagegen zu klopfen – für das Gefolge der Kumari ein verabredetes Zeichen.

Plötzlich geht alles ganz schnell. In dem Moment, in dem der König nach vorn geht und sich den Menschen auf dem Platz zuwendet, saust Mahendras Arm nach unten. Gautam reißt die Türe auf, schnappt sich die Kumari, und mit ihr auf dem Arm läuft er die wenigen Meter zum Durbar-Platz. Bewaffnete Sicherheitskräfte in blauen Uniformen via Walkie-Talkie mit ihren über den ganzen Platz verstreuten Kollegen verbunden, schirmen die Mädchengöttin von ihrem Volk ab. Auf halber Strecke zwischen Hanuman-Dhoka-Palast und Kumari Bahal wird sie schließlich von einem Pulk von Fotografen in ein grelles Blitzlichtgewitter getaucht. Im selben Augenblick beginnt ein ohrenbetäubender Applaus, mit dem die Massen ihre Kumari frenetisch begrüßen. Tausende von Menschen auf dem gesamten Platz verfallen mit einem Schlag in eine kollektive Hysterie, von der selbst die zahlreichen Touristen angesteckt werden.

An ihrem Platz neben dem goldenen Fenster bemerkt Durga die Irritation, die das Geschehen auf das kleine Mädchen dort, nur wenige Meter unter ihr, ausübt. Und Mimita, seine Mutter, bemerkt es auch.

Sind diese Menschen wirklich alle wegen ihr gekommen? Sie klatschen in die Hände, sie schreien und jubeln … und sie darf ihnen nicht einmal zuwinken.

Da oben sitzt ja Durga-didi. Aber warum versteckt sie sich denn plötzlich? … Auf der anderen Seite bei den Tempeln sitzen ganz, ganz viele Menschen. Aber fast alle Leute, die sie ansieht, schauen schnell weg. Haben sie denn alle Angst? Aber sie rufen doch laut: »Kumari! Kumari!« Sie will jetzt nicht mehr bei Gautam auf dem Arm sein! Warum darf sie denn nicht laufen? Sie will endlich da drüben auf den Wagen steigen!

Amrit ist überwältigt von der Zuneigung, die die Menschenmassen seiner Tochter zuteil werden lassen. Auch er applaudiert der Kumari. Man hat ihm auf dem Wagen einen Stehplatz schräg hinter dem Kumari-Thron zugewiesen. Eigentlich wollte er sich vorn zu den Männern vom Kumari-Komitee setzen, seiner Tochter zu Füßen. Der Chitaidar hat ihm aber unmissverständlich erklärt, dass es dort ein festes Reglement gäbe und die noch freien Plätze bereits reserviert seien.

Endlich bringt Gautam die Kumari an den Wagen, wo er sie an seinen Bruder nach oben reicht. Behutsam setzt Mahendra die Mädchengöttin auf das rote Samtkissen unter den goldenen Aufbau des Wagens.

Der Wagen ist noch viel schöner, als er von da drüben ausgesehen hat – und riesig und wunderschön ... Aber auf dem Wagen sind fast nur fremde Männer ... Viele fremde Männer, die ganz laut sind und hin und her springen. Und ein Fotograf ist da, der mit seinem Apparat ganz nah an ihr Gesicht kommt. Als sie den Arm hochhebt, erscheint ein anderer Mann und sagt dem Fotografen, dass er jetzt vom Wagen absteigen muss ... Sie kennt nur Gautam und Mahendra, und an der Seite steht der Thuloba ... und ein ganz fremder Mann beugt sich zu ihr herunter und wedelt dauernd mit etwas vor ihrem Gesicht herum. Aber das bläst ihr Luft ins Gesicht – und das ist schön!

Amrit hat den Eindruck gewonnen, als ob seine Tochter ihn eben bemerkt hätte. Sicher gibt es ihr ein beruhigendes Gefühl zu wissen, dass auch ihr Baa an diesem aufregenden Tag in ihrer Nähe ist.

Der Chitaidar hat seine Position rechts vom Kumari-Thron eingenommen und Amrit damit noch weiter nach hinten gedrängt. Nun nehmen im vorderen Teil des Wagens Gautam und Mahendra die beiden letzten Sitzplätze ein. Abermals fühlt sich Amrit respektlos behandelt. Warum haben die beiden jungen Männer das Recht, dort zu sitzen, während man ihm, dem Vater der Mädchengöttin, gerade mal gestattet, seiner Tochter auf den Hinterkopf zu blicken?

An den Fenstern des Kumari Bahal würde das Gedränge erträglicher sein, wenn es erlaubt wäre, auch durch das goldene Fenster zu blicken. Nun aber versuchen die geladenen Gäste das Geschehen durch zwei kleine Fensteröffnungen links und rechts davon zu verfolgen. Dabei erweist sich der Sitzplatz, den Durga für Mimita reserviert hatte, nur bedingt als vorteilhaft. Die Mutter des Ganesh nämlich stützt sich auf ihre Schultern – während sich andere Gäste wiederum auf sie stützen – und flötet ihr die ganze Zeit ins Ohr: »Ich bin ja so aufgeregt ... Sieht er nicht wunderschön aus?«

Auf wenige Quadratmeter zusammengerückt beobachten zwei Dutzend Personen vom Kumari Bahal aus, wie der König den Dämonen einige Münzen entgegenschleudert und damit das Zeichen zum Beginn der Jatra gibt. Deren Macht aber wird gleich durch die Wagen der Kindergötter bedroht werden, die sich in diesem Moment in Bewegung setzen.

Es macht den Männern Spaß, an den Seilen zu ziehen. Sie rufen sich dauernd etwas zu, was sie nicht verstehen kann, und sie lachen. Kleine Jungen kommen und wollen mithelfen, aber sie dürfen das nicht. Die Polizisten verjagen sie. Aber warum schreit denn der Mann mit dem lustigen roten Hut, der vorn auf dem Wagen steht, so laut zu den anderen hinunter?

Der Physiognomie des Steuermanns ist anzusehen, dass auch er möglichst schnell zur Bhairav-Statue will. Nicht zuletzt deshalb schreit der alte Mann mit dem gewaltigen Schnauzbart sich fast die Seele aus dem Leib: »He, he, weiter ausholen! Das wird zu knapp!«

Von seiner erhöhten Position aus hat er früher als die Männer an den Seilen erkannt, dass die Kurve nicht zu schaffen ist. Doch da hat der Wagen auch schon die Ecke des Hanuman-Dhoka-Palastes gerammt.

Der Mann neben der Kumari lässt den Fächer fallen und hält sie fest. Er möchte nicht an einer nationalen Katastrophe schuld sein, denn das wäre es, wenn der Mädchengöttin ausgerechnet während der Indra Jatra etwas zustoßen würde. Die anderen Männer, die rund um den Kumari-Thron stehen, umklammern sich gegenseitig, um nicht abzustürzen. Den Menschen auf dem Durbar- und dem Basantapur-Platz fährt – wie lautstark zu vernehmen ist – ein gewaltiger Schreck in die Glieder.

»Die Pancha Buddhas haben mal wieder ganze Arbeit geleistet!«, ruft der Chitaidar sarkastisch. Er erntet auf dem Wagen zustimmendes Lachen, als seien sie und nicht die jungen Leute da unten an dem Malheur schuld.

Amrit lacht nicht. Er kann ja unter diesen Umständen noch verstehen, dass die hinduistischen Mitglieder des Guthi Sanasthan den buddhistischen Priestern nicht zutrauen, die Dämonen vom Wagen fern zu halten. Weshalb aber ein Shakya, ein Buddhist wie er, dieses Vorurteil auch noch unterstützen sollte, bleibt ihm unverständlich. Er weiß nicht, dass der Chitaidar und der Raj Guru schon seit langem interne Kämpfe um Einfluss, Kompetenz und auch um Geld führen.

Der Mann mit dem roten Hut hat einiges zu tun, den jungen Männern an den Seilen die richtigen Kommandos zu geben. Währenddessen erzählen die älteren Mitglieder des Guthi Sanasthan mal wieder die Geschichte, wie der Wagen einst in einem Schlagloch direkt vor dem Balkon hängen geblieben war, der damals noch junge König heruntergekommen sei und tatkräftig mit angepackt habe.

Die übereinander gestapelten Zaungäste an den beiden kleinen Fenstern im Kumari Bahal beobachten mit Spannung, wie Nepals Herrscher, lässig gegen die Brüstung des Balkons gelehnt, das weitere Geschehen abwartet. Und während schräg darunter geschuftet und gestöhnt wird, gibt es oben bei den königlichen Gästen offenbar einiges zu lachen.

Endlich gelingt es, den Wagen der Kumari um die Ecke zu fahren und die Mädchengöttin auf Augenhöhe mit dem König zu bringen. Auf ihrem vermeintlich privilegierten Fensterplatz eingeklemmt, hat Mimita ihren Mann auf dem Wagen entdeckt. Sie freut sich, dass es

Amrit gelungen ist, wenigstens hier seinen Anspruch durchzusetzen; und als der König nun Münzen in Richtung der Kumari schleudert, wird Mimita von einem unbeschreiblichen Gefühl des Stolzes erfüllt.

Erst als die Wagen der drei Kindergötter drüben am Shiva-Parvati-Tempel abbiegen, löst sich der Pulk über Mimita langsam auf, und sie kann nun wieder richtig durchatmen.

Während der gesamten Jatra herrscht rund um die Wagen eher eine ausgelassene Volksfeststimmung als eine Atmosphäre andächtiger Frömmigkeit. Dazu tragen die verschiedenen Musikkorps bei, die fetzige Märsche spielen, und die Jugendlichen, die versuchen, die tanzenden Dämonen zu provozieren. Die Ausgelassenheit der Leute führt aber auch zu einer geradezu blasphemischen sportlichen Betätigung in Form eines Münzenwerfens, als dessen Zielscheibe die Kumari angepeilt wird. Kaum einer denkt darüber nach, wie schnell dabei die Existenz der aktuellen Mädchengöttin beendet werden könnte. Würde nämlich auch nur eine der scharfkantigen Münzen das Kind verletzten und Blut austreten, würde es auf der Stelle seinen göttlichen Status verlieren. Deshalb sind oben auf dem Wagen zeitweilig gleich zwei Männer damit beschäftigt, die Münzen mit jenen quadratischen Fächern abzuwehren, die eigentlich zur Luftzufuhr gedacht sind. Das wiederum führt dazu, dass viele der Münzen auf die Straße fallen und sich Kinder darauf stürzen. Jedenfalls sind die Geldstücke augenscheinlich mehr begehrt als die geweihten Blumenblüten, die den Menschen vom Wagen aus zugeworfen werden.

Die Kumari, die mit kaum merklichen Kopfbewegungen ihre Sichtachse verändert, ignoriert hingegen – für jeden erkennbar – derartig profane Vorgänge. Kaum einer ahnt, dass deren Interesse noch viel profaneren Gegenständen und Vorgängen am Rand der Prozession gilt.

Überall sind kleine Geschäfte mit Glastruhen. Darin liegen all die Schokoladenriegel, die die Leute immer neben ihre Füße legen. Sie kennt alle Namen, weil Durga-didi sie ihr gesagt hat: Milky Way, Butterfinger, Snickers … Und sie weiß von jedem Riegel ganz genau, wie er schmeckt. Dann gibt es Geschäfte, in denen viele goldene Ketten hängen, in einem anderen wiederum lange bunte Schals, und in einem kleinen Geschäft stehen ganz viele Fahrräder … Vielleicht kann sie sich ja von Durga-didi einmal einen Schal wünschen, in einer Farbe, die nicht rot ist!?

Als Durga sich entschuldigt, weil sie in der Küche helfen müsse, ist Mimita erleichtert. Obgleich Durga wirklich sehr freundlich ist, hatte sie doch Angst, die junge Frau könnte sie auf Amita ansprechen. Sie hatte befürchtet, dass ihre Nerven einer solchen Unterhaltung nicht standhalten würden, und sie kann sich nichts Schlimmeres vorstellen, als vor all diesen Menschen hier in Tränen auszubrechen.

Und auch Durga war froh, dass sie sich mit dem Hinweis, in der Küche gebraucht zu werden, enfernen konnte. Dabei hat sie gar nichts gegen diese Frau. Doch für Durga ist ihr Verhältnis zur Mädchengöttin eine geheime, private Angelegenheit, die sie mit niemandem teilen will – auch nicht mit deren leiblicher Mutter. Sie weiß, dass die Kumari das ebenso sieht, denn auch sie spricht mit ihren Eltern bei deren Besuchen nicht darüber. Sie spricht überhaupt nicht mit ihren Eltern.

In regelmäßigen Abständen kommt eine der im Kumari Bahal lebenden Schwiegertöchter der Chitaidars hereingestürzt und gibt marktschreierisch bekannt, wo sich der Prozessionszug gerade befindet. Ausrufe wie »Jetzt sind sie in Jaisideval!« oder »Sie sind gerade in Brahma Lol durch!« werden von den Anwesenden jubelnd beklatscht.

Mimita fragt sich, ob auf der Strecke womöglich der Chitaidar oder einer seiner Söhne zwischendurch vom Wagen springt und von einem Ladengeschäft aus im Kumari Bahal anruft. Es kommt ihr hingegen überhaupt nicht in den Sinn, dass es irgendwo in diesem alten Gemäuer ein Fernsehgerät geben könnte, in welchem die Jatra live übertragen wird.

Als die Wagen nach mehr als zwei Stunden zum Kumari Bahal zurückkehren, ist es bereits dunkel und der Durbar-Platz fast menschenleer. Die durchgeschwitzten jungen Männer, die die Wagen an diesem ersten Tag des Festes durch die südliche Altstadt gezogen haben, lassen die Seile fallen und laufen davon. Der Bhairav mag ja eine Furcht erregende Form Shivas darstellen – eine seiner vierundsechzig Manifestationen jedenfalls ist die des Bierspenders, und als solchen sucht man heute seine Nähe.

Sie wird vom Wagen gehoben, direkt unter dem goldenen Fenster. Jetzt darf sie bestimmt hinaufschauen, und Durga-didi muss sich auch nicht mehr verstecken. Aber Durga-didi ist gar nicht da, sondern viele andere Frauen. Ganz vorne ist die Frau, die manchmal zu Besuch kommt und von der immer gesagt wird, dass sie ihre Ma ist.

Die Pancha-Buddha-Priester haben im Kumari Chowk Aufstellung genommen. Die buddhistischen Gurus wirken gleichermaßen erschöpft und glücklich. Nun warten sie darauf, dass die Mädchengöttin hereingetragen wird. Nur ein einziges Mal im Jahr zelebrieren sie alle fünf eine Puja mit der Kumari – hier im Hof nach dem Prozessionszug am ersten Tag des Indra-Jatra-Festes. Und nur ein einziges Mal nehmen sie mit ihren hinduistischen Brüdern an einem gemeinsamen Festmahl teil – im Anschluss an diese Puja.

Niemandem ist es erlaubt, mit der Mädchengöttin zu speisen, was im Umkehrschluss bedeutet: Eine Kumari isst grundsätzlich allein! Deshalb ist der Tisch der Kumari von der Tafel ihrer Gäste separiert, und keiner der Anwesenden bekommt etwas serviert, ehe sie ihre Mahlzeit nicht beendet hat.

Die Sitzordnung an der langen Festtafel der Mädchengöttin ist alles andere als zufällig oder gar beliebig. Glaubt man dem Chitaidar, so ist seit vielen Generationen festgelegt, dass die Betreuer der Kumari natürlich an der Stirnseite sitzen. Durga weiß, dass sie nur als Dienerin der Kumari das Privileg hat, in ihrer unmittelbaren Nähe zu sein. Ansonsten haben am oberen Ende der Tafel die führende Priesterschaft der beiden Religionen und deren Ehefrauen Platz genommen, gefolgt von der großen Familie des Chitaidar-Paares. Es ist nicht ganz klar, nach welchem Reglement die weiteren Gäste platziert wurden, aber überhaupt nicht einsichtig ist es für Amrit, weshalb er und seine Frau ganz am unteren Ende der Tafel sitzen müssen. Für Mimita aber passt das zu den anderen Ereignissen des Tages, zur nicht erfolgten Einladung Amrits in den königlichen Palast, zu seinem Kampf um einen Platz auf dem Wagen und zu der fast schon verletzenden Distanziertheit der Festgesellschaft ihnen beiden gegenüber. Die Kumari steht im Mittelpunkt des Interesses, deren Eltern aber werden gerade mal geduldet. Nur die Eltern von Ganesh und Bhairav sitzen noch weiter von ihren Kindern entfernt, aber es scheint sie nicht zu stören. Immerhin können sie ihre Jungen ja anschließend wieder mit nach Hause nehmen.

Der Inhalt der großen Tasche, die Mimita schon den ganzen Tag bei sich trägt, kommt ihr unter diesen Umständen geradezu grotesk vor. Wie konnten sie nur annehmen, sie würden die gesamten Festtage im Kumari Bahal verbringen? Auch wenn ihr Mann diese Hoffnung noch immer nicht aufgegeben hat, so ist Mimita sicher, dass sie nach dem Festmahl diese Tasche mit den Unterhosen, Zahnbürsten und Amrits Rasierapparat wieder nach Bagbazar zurückbringen wird.

Sie findet es schön, dass die Menschen in diesem Raum so fröhlich sind. Vielleicht weil alle auf den schönen roten Kissen auf dem Boden sitzen dürfen. Oder weil Thuloma, die Ma von Durga-didi, so gut gekocht hat und sich bestimmt alle schon darauf freuen. Doch ihre Gäste müssen warten, bis sie zu Ende gegessen hat … Aber es macht ihnen nichts aus zu warten … Sogar die Männer, die sonst bei der Puja immer ganz ernst schauen, sind fröhlich … manche lachen sogar. Und sie lacht auch und niemand sagt, dass sie nicht lachen soll …

Sie kann es gar nicht erwarten, nachher, wenn sie mit Durga-didi allein ist, alles zu erzählen, was sie heute gesehen hat. Und Gaurav und Sourav will sie es auch berichten, und Garima, obwohl sie das alle noch gar nicht richtig verstehen.

Geschichten rund um die Indra-Jatra-Prozessionen sind das vorherrschende Thema während des opulenten Festmahls. Fast jeder am oberen Ende der Tafel hat irgendein Erlebnis aus den letzten Jahren und Jahrzehnten zu berichten. Selbst die gesellschaftliche Elite des Landes, so wird dabei deutlich, ist trotz des politischen wie religiösen Hintergrunds der Feierlichkeiten für deren Volksfestcharakter nicht unempfänglich.

Einer der Pancha-Buddha-Priester erzählt zur allgemeinen Belustigung, wie Lakhi bei seinem Tanz einmal mit dem Fuß umgeknickt sei und er ihn, statt den Dämon zu besiegen, für den Rest des Umzugs abgestützt habe. Und auch in diesem Kreis wird wieder zum Besten gegeben, wie der junge König einst auf dem Durbar-Platz die Ärmel hochgekrempelt habe, um mitzuhelfen, den Wagen der Kumari aus einem Schlagloch zu ziehen.

»Danach hat er den Platz endlich bepflastern lassen«, ruft einer in die Runde und erntet zustimmendes Gelächter. Sogar die Kumari lacht, obgleich sie doch unmöglich verstanden haben kann, was ihre Gäste so belustigt.

Die Eltern des Mädchens beobachten die Szene mit gemischten

Gefühlen. Einerseits genießen sie es, ihre Tochter so natürlich lachen zu sehen. Andererseits schmerzt es, feststellen zu müssen, dass sie zu einem Teil jener Leute geworden ist, zu denen sie nun einmal nicht gehören. Auch wenn Amrit und Mimita es so nicht sagen würden – ihre Tochter ist längst Teil des gesellschaftlichen Establishments geworden. Und sie wird es bleiben, solange sie die Kumari des Königs ist.

Die Tasche mit den Hemden und der Unterwäsche wird noch in dieser Nacht nach Bagbazar zurückgetragen. Doch wäre es nach Mimitas Ansicht klüger gewesen, wenn Amrit es stillschweigend akzeptiert hätte. Tatsächlich war es vom Chitaidar klug ausgedacht gewesen, Durga zu ihnen zu schicken, die »angesichts der späten Stunde« überaus freundlich nachfragte, ob man ihnen ein Taxi rufen solle. Warum musste Amrit da zur Sprache bringen, dass man die Einladung für die gesamte Dauer der Feierlichkeiten verstanden habe? Weshalb musste er dem Chitaidar schließlich noch den Vorwurf machen, dass es im Kumari Bahal nur deshalb keine Gästezimmer mehr gäbe, weil seine Söhne sich dort auf Dauer mit Frauen und Kindern einquartiert hätten?

Aber Amrit war eben schon immer einer, der selbst dann nicht klein beigeben will, wenn sich längst nichts mehr ändern lässt. Sie hingegen ist eher eine zurückhaltende, schicksalsgläubige Person, deren buddhistisches Lebensmotto lautet: »Es ist, wie es ist!« Ein Lebensmotto, welches Mimita letztlich auch ermöglicht, die Unterschiedlichkeit der Charaktere in dieser Partnerschaft zu akzeptieren.

Eigentlich ist Durga sehr müde, doch die Kumari erzählt und erzählt. Es ist wirklich erstaunlich, was das Mädchen während der zweistündigen Jatra alles beobachtet hat und sich nun auch noch bis ins letzte Detail daran erinnert. Sie berichtet von einem kleinen Hund, der aus einem Fenster in einer oberen Etage herausgeschaut und – als die

Militärkapelle wieder mit der Musik einsetzte – ganz laut gejault habe. Von einem Mädchen, welches ihr vom Straßenrand aus Handküsse »durch die Luft« geschickt habe und deshalb von seiner Ma ausgeschimpft worden sei. Sie erinnert sich an junge Burschen, die sich von hinten an den Lakhi herangepirscht und ihn dann erschreckt hätten, an einen alten Mann, der neben der Kapelle hergelaufen und mit den Armen in der Luft herumgefuchtelt habe, und an eine alte Frau, die mehrfach aufgetaucht sei und immer »Talejuuuu!!!« geschrien habe. Manchmal sei diese Frau ganz nah an den Wagen gekommen, habe sie »ganz furchtbar angeschaut«, sei dann aber von dem Mann mit dem lustigen roten Hut davongejagt worden. Danach aber habe sie die Frau noch immer gehört, von weit hinten hätte es durch die Gassen gehallt: »Talejuuuu!!!«

Die Bettgenossin der Mädchengöttin war schon fast eingeschlafen, als die Kumari damit beginnt, eine eigenartige Geschichte wiederzugeben: »Da war ein Mann, der hatte einen komischen Hut auf dem Kopf. Er hatte einen kleinen Wagen mit vielen Glöckchen dran – und manchmal hat er damit geklingelt. Viele Kinder sind daraufhin zu ihm gekommen, und dann hat der Mann den Kindern Tüten gegeben.«

»Was denn für Tüten?«

»So kleine braune Tüten. Oben hat er bunte Kugeln draufgemacht, und die Kinder haben mit der Zunge daran geleckt.«

Durga fängt laut zu lachen an. Schließlich laufen ihr Tränen über das Gesicht, und wieder einmal lacht die Kumari mit, ohne zu wissen, warum. Es dauert eine kleine Weile, ehe Durga erklären kann: »Weißt du, was das war? Eiscreme!«

»Was ist denn Eiscreme?«

Durga überlegt, ob irgendwelche religiösen Regeln dagegen sprechen, der Kumari gelegentlich ein Speiseeis mitzubringen. Dann beschließt sie: »Wenn das Fest vorbei ist, besorge ich dir Eiscreme. Die Kugeln schmecken ganz lecker, zum Beispiel nach Erdbeeren oder

Bananen ... So, jetzt aber müssen wir schlafen, denn auch morgen wird es ein langer Tag. Und abends erzählst du mir wieder, was du alles gesehen hast.«

Damit dreht Durga sich zur Seite und schläft umgehend ein.

Es ist schön hier im Kumari Bahal – vor allem, wenn die Durga-didi da ist ... Aber da, wo sie heute mit dem Wagen gefahren ist, da war es auch schön. Da waren ganz viele Kinder, mit denen sie spielen könnte, wenn sie nicht auf dem Wagen sitzen müsste ... Und sie müsste dann auch nie die Füße aneinander machen, bis sie einschlafen, damit sie Schokoladenriegel bekommt ... Sie hat ja gesehen, wo ganz viele Snickers liegen und Milky Way ... und ein Fahrrad möchte sie haben, damit sie durch die ganze Stadt fahren kann. Auch dahin, wo sie mit dem Wagen nicht hingekommen ist, wo sie aber hinschauen konnte.

Plötzlich ist diese Frau wieder da, die Frau, die »Talejuuuu!!!« schreit und sie mit großen, irren Augen anschaut. Dann aber taucht Hanuman auf, der Affengott, und rettet sie, und einer der Pancha-Buddha-Priester ist auch da und murmelt diese komischen Worte, die er immer murmelt, wenn sie zu ihm gebracht wird. Und danach isst sie ganz viel Linsenkuchen, und all diese Leute, die mit ihr am Tisch sitzen, lachen ...

Rund um die Bhairav-Statue, die in dieser Nacht einige hundert Liter Reisbier kredenzt hat, liegen Gestalten, die nicht mehr den Weg nach Hause gefunden haben. Der eine oder andere von ihnen wird schon in wenigen Stunden an langen Seilen vor einem goldenen Wagen stehen und die lebende Göttin diesmal durch die engen Straßen der nördlichen Altstadt ziehen. Es ist die Nacht vor dem letzten Sommervollmond. Drei Tage noch wird Kathmandu ausgelassen seinen Superstar feiern – die Kumari.

Die kranke Mädchengöttin

Eine Kumari hat keine Kinderkrankheiten. Würde sie schwer erkranken, müssten wir den königlichen Palast informieren. Aber es gibt solche schlimmen Erkrankungen nicht bei den Kumaris.

Durga

Wenn das Mädchen Blut verliert, muss man sie umgehend austauschen. Auch wenn es eine Wunde hat oder von einer Katze gekratzt wurde. Selbst wenn das Mädchen einen Zahn verlieren sollte, muss es sofort ausgewechselt werden.

Raj Guru
Oberhaupt der Pancha-Buddha-Priester

Es gibt Götter, die existieren nur in Nepal. Einer davon ist Machhendranath, der dem Gott Indra insofern ein wenig ins Gehege kommt, dass man auch ihm die Macht über den Monsun zubilligt. Wie die Kumari wird Machhendranath sowohl von den Hindus als von den newarischen Vajrayana-Buddhisten verehrt – wenngleich abermals als eine jeweils andere Inkarnation.

Die Hindus glauben in diesem nationalen Regengott eine der hundertfachen Inkarnationen Shivas zu erkennen. Für die Vajrayana-Buddhisten wiederum verbirgt sich dahinter ein gottgleiches Wesen, das vor unendlich langer Zeit auf der Erde lebte. Es trug den Namen Avalokitesvara, was »der Herr, der herabblickt« bedeutet. Da dieses Herabblicken bei jenem Herrn mit einem großen Mitgefühl für die irdischen Wesen und dem Bedürfnis einhergeht, ihnen zu helfen, wird Avalokitesvara auch als ein Bodhisattva bezeichnet. Unter einem Bodhisattva wiederum versteht man ein Wesen, welches so selbstlos ist, dass es sogar die eigene Verwirklichung aufschiebt, um stattdessen allen anderen Wesen behilflich zu sein, zur Erleuchtung zu gelangen und ins Nirwana einzugehen. Da dies jedoch selbst nach einer fünftausend Jahre währenden Meditation des Avalokitesvara nur bei einem Bruchteil der Menschheit gelungen war, hat sich die Geschichte dieses Bodhisattva zu einer never-ending story entwickelt.

Bevor die Mädchengöttin vor drei Jahren zum ersten Mal zu der immer mitten im Winter stattfindenden Machhendranath-Puja in den engen Tempelbezirk des Regengottes gebracht wurde, hatte ihr Durga vom Bodhisattva Avalokitesvara erzählt. Inzwischen hat die Kumari zwar die verwirrende Götter-Geschichte schon wieder vergessen – an die alljährlich stattfindende Puja aber, die auf die wenigen westlichen Besucher den Eindruck eines spirituellen Happenings macht, erinnert sie sich immer wieder gern: an die Puppe des Machhendranath, die durch den Hof getragen wird, an die großen glatzköpfigen Kerle, die diese Puppe mit Milch und die Gläubigen mit Wasser bespritzen, und an den Priester mit dem goldenen Helm, der Räucherstäbchen schwenkt. Dazwischen steht alljährlich ein dünner Mann, der in einem eingängigen Rhythmus zwei kleine Becken aneinander schlägt.

Obgleich es am Machhendranath-Fest – wie fast immer im Monat Pus (Dezember/Januar) – sehr kalt ist und die Puja in jenem Tempelbezirk zudem unter freiem Himmel stattfindet, warten die Gläubigen, in dicke Schals und Pullover gehüllt, auf die Mädchengöttin. Deren Erscheinen stellt den Höhepunkt der abendlichen Puja dar. Niemand sieht, aber jeder ahnt, dass auch die Kumari unter ihrem dünnen, seidenen Kleid lange, warme Unterwäsche trägt. Die Mädchengöttin, die mehr als eine Stunde nahezu regungslos in der Kälte sitzen muss, soll schließlich nicht krank werden. Bedauerlicherweise ist das aber mit der sechsjährigen Göttin in diesem Jahr bereits passiert, noch ehe sie im Tempelbezirk des Machhendranath Platz genommen hatte.

Sie nimmt die Puja wie unter einem Schleier wahr. Schon in der Sänfte hatte sie das Gefühl gehabt zu träumen. Dann hat sie das ausprobiert, was sie immer wieder in den letzten zwei Tagen ausprobiert hat. Sie hat mit den Augen ganz weit nach links oder rechts geschaut, bis es im Kopf einen kleinen Stich gibt. Durga-didi sagt, das käme vom Fieber, was aber nicht gefährlich sei …

Es war schön, als Durga-didi ihr Umschläge um die Beine gemacht hat, aber leider auch sehr kalt. Gern wäre sie mit den Umschlägen einfach liegen geblieben, aber der Thuloba ist gekommen und hat gesagt, dass die Leute auf sie warten. Zum ersten Mal hat sie sich nicht darauf gefreut, hierher zu kommen – in den Tempel des Machhendranath. Diesmal wollte sie einfach zu Hause liegen bleiben.

Völlig verständnislos hatte der Chitaidar seine Tochter angesehen, ehe er Durga irritiert fragte: »Wie stellst du dir das vor?«

Allein die Erwägung, es könne eine Machhendranath-Puja ohne die Kumari stattfinden, empfand er als vollkommen abwegig.

»Was sollen wir den Leuten sagen? Die Göttin ist krank?«

Abfällig lachend schüttelte er den Kopf, als habe man ihm vorgeschlagen, er möge sich doch anstelle der Kumari in der Sänfte tragen lassen. Weit mehr als jene Erwägung, der Mädchengöttin eine mehrtägige Bettruhe zu gönnen, hat es ihn geärgert, dass der Kumari Bahal auch in diesem Winter wieder keine privilegierte Zuteilung an Kerosin für die Heizöfen bekommt. Im königlichen Palast nimmt man es offenbar billigend in Kauf, dass die Schutzgöttin der Nation friert. Das empfindet der Chitaidar zwar als bedauerlich, ändert aber nichts daran, dass die Kumari selbstverständlich an der Machhendranath-Puja teilnehmen muss.

Sie wird plötzlich sehr müde und kann sich kaum noch auf dem kleinen Thron halten, der eigentlich ein wackliger Hocker ist. Obgleich sie ganz warm angezogen ist, friert sie. Aber sie friert nicht von außen, sondern von innen her, obwohl es da ganz heiß ist.

Sie blickt zu ihren Füßen, zu denen sich die ganze Zeit fremde Männer niederbeugen und sie küssen. Aber alles, was sie erlebt, ist ganz weit weg … wie in einem Film. Wenn sie in Gautams Wohnung im Fernsehen einen Film sieht, dann ist der auch weit weg.

Sie hat Angst einzuschlafen und dann von dem Hocker zu rutschen. Als sie sich umdreht, sieht Durga-didi sie erschrocken an … aber auch Gautam und Mahendra und seine Frau. Was ist denn los, warum schauen sie denn alle so?

Ohne zu überlegen, hebt Mahendra die Kumari hoch und läuft mit ihr in Richtung Ausgang des Tempelbezirks, gefolgt von den anderen Familienmitgliedern. Es kümmert ihn nicht, dass die Puja noch in vollem Gange ist. Er weiß nur, dass das Mädchen auf seinem Arm schleunigst ins Bett muss, und niemand aus der Familie versucht ihn daran zu hindern. Auf dem kurzen Weg zum Kumari Bahal entschließt sich Durga, morgen früh bei ihrer Arbeitsstelle anzurufen und einige Tage frei zu nehmen. Ihr Chef hatte ihr schon mehrmals angeboten, sie könne zu Hause bleiben, falls »mal was mit der Dyo Maiju sein sollte«.

Drei Wochen nach dem Machhendranath-Fest wird Garima in das erste Geheimnis ihres Lebens eingeweiht. Im Schlafraum der Mädchengöttin muss die Kleine zuvor das Versprechen abgeben, mit niemandem darüber zu sprechen. Währenddessen hat die Kumari immer die Hand vor den Mund gehalten und nun ist es so weit. Sie nimmt die Hand weg und präsentiert das Geheimnis in Form einer Zahnlücke. Wenige Minuten nachdem Garima den Raum verlassen hat, wollen auch Gaurav und Sourav das »Geheimnis« sehen, geloben aber, Sougat nicht einzuweihen. Allerdings ist Souravs kleiner Bruder erst sechs Monate alt und hat vor wenigen Tagen gerade die gegenteilige Erfahrung gemacht – er hat seinen ersten Zahn bekommen. Dies wurde im Kumari-Haus jedoch keineswegs als Geheimnis behandelt, sondern vielmehr als Ereignis gefeiert und von der Kumari geradezu als Wunder bestaunt.

Schon seit Tagen hatte sie mit der Zunge heimlich den wackelnden Zahn hin und her bewegt. Selbst während der Pujas und beim Verteilen der Tika. In der letzten Nacht war der Zahn dann herausgefallen und fast hätte sie ihn verschluckt. Von dem heftigen Hustenreiz ist Durga aufgewacht und die Kumari hat ihr schließlich die Katastrophe gebeichtet.

Im Badezimmer hat sie erst eine Weile Blut gespuckt, bis Durga irgendein Pulver in ein Wasserglas rührte und ihr zur Mundspülung gab. Zunächst war das Wasser, das sie ausspuckte, noch ganz rot, danach nur noch rosa, und irgendwann blutete es nicht mehr. Durga strich der Kumari lächelnd über das Haar und meinte, nun hätten sie beide wieder ein neues Geheimnis. Sie solle auf jeden Fall den Mund geschlossen halten, wenn fremde Leute in der Nähe wären. Und dann erklärte ihr Durga, dass sie auch die anderen Zähne verlieren werde. Das sei aber gar nicht schlimm, denn es würden neue und noch viel schönere Zähne nachwachsen. Bei Gaurav und Sourav würde das irgendwann ebenso passieren und selbst bei Garima – allerdings etwas später, da sie ja noch kleiner seien.

Als die Kumari ihren Spielkameraden mitteilt, dass auch sie alle Zähne verlieren werden, bricht Garima in Tränen aus. Sie lässt sich erst beruhigen, als ihre Kumari-didi mehrfach versichert, dass ihnen allen ganz, ganz sicher neue und schönere Zähne nachwachsen würden.

Wenn die Kumari glaubt, Durga würde das Geheimnis des verlorenen Zahnes auch ihrerseits als solches behandeln, so ist das falsch. Selbstverständlich hat die Bettgenossin der Mädchengöttin am nächsten Morgen ihre Eltern darüber informiert. Doch das wird nicht zur Absetzung der Kumari führen. Der Chitaidar hat seit seiner frühen Jugend einige Kumaris erlebt. Würde man sie alle beim Verlust der Milchzähne ausgewechselt haben, hätte keine von ihnen je die Pubertät auf dem Thron der Mädchengöttin erreicht – und damit die Altersstufe, die für eine Kumari vorgesehen ist, bevor sie abzutreten hat.

Aber genauso selbstverständlich ist es auch, dass man die Priesterschaft nicht informiert, wenngleich keineswegs sicher ist, ob dies tatsächlich Folgen hätte. Schließlich kann man doch wohl nicht davon ausgehen, dass der Mul Purohit, die Pancha-Buddha-Priester oder die Pujari des Taleju-Tempels ernsthaft glauben, eine Kumari würde ihre Milchzähne behalten. Außerdem unterscheidet sich eine lebende Göttin ja gerade dadurch von einer virtuellen, dass sie aus Fleisch und Blut (!) ist. Trotzdem hält man es im Kumari Bahal für ratsam, die Priesterschaft nicht wegen eines ausgefallenen Milchzahns in Gewissensnöte zu bringen. Solange die Kumari ihre Zahnlücke nicht öffentlich präsentiert, stellt sie auch für niemanden ein Problem dar. Und Durga weiß, dass sie sich diesbezüglich auf die Kumari verlassen kann.

Kala Ratri – die »Schwarze Nacht«

Wenn die Kumari den Boden berührt, stellt sie eine Verbindung zur Erde her, was gut für das Land ist. Auch wenn die Kumari meist getragen wird, muss die Göttin gelegentlich auch den Boden berühren. Und wenn sie in der »Schwarzen Nacht« hier ankommt, kann sie sofort sehen, wie viele Dämonen wir getötet haben. Denn die Kumari kommt zum Taleju-Tempel, um zu sehen, ob der Göttin Durga wirklich ausreichend viele Tieropfer dargebracht wurden. Sie schreitet also über einen roten Teppich zwischen vierundfünfzig toten Büffeln und vierundfünfzig toten Ziegenböcken ...

Mul Pujari
Hauptpriester des Taleju-Tempels

Das Dashain-Fest fällt in die schönste Zeit des Jahres – wenn der Himmel über dem Himalaja am klarsten, die Luft im Kathmandu-Tal am reinsten und der Reis auf den Feldern reif ist. Am ersten Vollmondtag des Herbstes erinnert man sich an den historischen Sieg der Göttin Durga über die Kräfte des Bösen in Gestalt des Büffeldämons Mahisasura. Und weil Durga nicht erst seit jener heldenhaften Tat eine blutdürstige Göttin ist, werden bereits seit Tagen Büffel und ganze Ziegenherden in die Hauptstadt getrieben. Es gibt kaum eine Hindu-Familie, die am Morgen vor Kala Ratri, der »Schwarzen Nacht«, der Göttin nicht in einem blutigen Ritual ein Tieropfer präsentiert. Mit dem Blut der geschlachteten Ziegen, Büffel oder einem Hahn werden die Pfosten der Haustüren bestrichen – zum Schutz vor Dämonen. Selbst die königliche Luftwaffe streicht auf die wenigen Flugzeuge ihrer Streitmacht das Blut geopferter

Tiere. Nur die buddhistischen Familien des Kathmandu-Tales beteiligen sich an diesen Tieropfern in aller Regel nicht, wenngleich viele von ihnen dennoch das Dashain-Fest im Kreis der Familie begehen.

Seit Wochen schon hat sie Angst vor diesem Morgen. Nicht lange nach dem Indra-Jatra-Fest, das hat sie nun in den letzten vier Jahren schon dreimal erlebt, kommt die Stunde, wo der Chitaidar sie schon sehr früh an das vergitterte Fenster bittet. So wie heute. Unten warten bereits ein paar Büffel. Sie mag diese Tiere. Und sie glaubt einfach nicht, dass es Dämonen sind. Aber das sagt sie keinem … Ihr wird schwer ums Herz. Sie weiß, dass diese Tiere dort unten gleich sterben müssen. Und sie fühlt, dass sie es selbst auch spüren. Sie haben Angst und treten mit den Vorderpfoten immer hin und her. Ab und zu stößt einer der Büffel einen kurzen Schrei aus und daneben wartet schon der Schlächter mit dem großen Schwert …

Mit nur einem einzigen Hieb, so schreibt es das Ritual vor, muss den Büffeln der Kopf abgeschlagen werden. Zuvor aber muss die Göttin Durga den Beginn des Opferritus zu erkennen geben.

Bevor man ein Stockwerk höher den kleinen rot bezogenen Schemel hinter die Kumari schiebt, tritt sie ganz nahe an das vergitterte Fenster heran.

Sie will nicht, dass der Chitaidar ihr Gesicht sehen kann, wenn sie auf dem kleinen Thron sitzt. Denn sobald sie darauf Platz genommen hat, macht sie die Augen sofort zu. Und sie beißt die Zähne fest zusammen, weil gleich darauf das Schwert zischt und ein Büffelkopf nach dem anderen herunterfällt. Aber sie weiß, dass sie nicht weinen darf. Man will nicht, dass sie weint. Eine Kumari, so sagen alle, weint nicht. Nicht einmal, wenn ihr nach Weinen zumute ist, wie jetzt, weil gleich diese lieben Tiere getötet werden …

Der Geselle des Schlächters packt den Kopf des jeweils getöteten Büffels an den Hörnern und streckt ihn triumphierend der Göttin

Durga entgegen. Er kann nicht sehen, dass das Mädchen jenseits des vergitterten Fensters die Augen geschlossen hat. Und wenn am Ende der grausamen Zeremonie vor dem Hanuman-Dhoka-Palast der Salutschuss abgefeuert wird, springt die Kumari auf und geht sofort weg. Aber auch das kann da unten auf dem Basantapur-Platz niemand sehen.

Der Tag, der mit dem blutigen Ritual unterhalb des vergitterten Fensters begonnen hat, ist für das Mädchen im Kumari Bahal ein Tag, den es gleichermaßen fürchtet wie ersehnt. Denn am Abend wird sie den Kumari Bahal verlassen. Nicht auf dem Arm eines Mannes, sondern zu Fuß. Sie wird quer über den Durbar-Platz hinüber zum Taleju-Tempel laufen, und wenn sie zwei Stunden später in einer Sänfte zurückgebracht werden wird, hat schon ihr Geburtstag begonnen.

Natürlich würde in ihrer Umgebung keiner das Büffel-Ritual am Morgen einen Mord und die Prozession am Abend einen Spaziergang nennen. Und auch die Kumari tut das nicht – jedenfalls nicht laut.

Es ist schön, dass der Spaziergang immer an diesem Tag stattfindet. Dann gibt es nach dem schrecklichen Morgen etwas, worauf sie sich den ganzen Tag freuen kann.

Und sie ist froh, dass das Frühstück an diesem Tag nur aus Früchten besteht. Sie würde jetzt kein Stück Fleisch essen können. Im letzten Jahr war ihr den ganzen Tag schlecht. Bei der Durga-Puja am Abend hatte sie den Teller mit dem Büffelfleisch nur berührt. Das hat genügt, sofort wurde er weggenommen. So hat sie auch nicht dieses scheußlich schmeckende Gewürz essen müssen, das Ingwer heißt. Heute wird sie es genauso machen – das nimmt sie sich jedenfalls fest vor.

Die ganze Familie hilft mit, um die achtjährige Anita in eine Gan-Kumari zu verwandeln – in jene Göttin für einen Tag, für die in jedem Jahr vor Navami immer acht Shakya-Mädchen ausgewählt werden. Ihre Tante, die ältere Schwester ihrer Mutter, hat das rot-goldene Gewand geschneidert, und die Cousine ihres Vaters ist nach Bagbazar gekommen, um sie zu schminken. Sie hat darin ja schon Übung, auch wenn es einige Jahre her ist, seit ihr Sohn an Indra Jatra der Ganesh war. Die Schminktechnik ist jedenfalls dieselbe – das rote, gold umrandete Dreieck auf der Stirn, der bis zu den Schläfen gezogene Kajalstrich und schließlich das göttliche dritte Auge.

Mit einem eigenartigen Gefühl erlebt Anita, wie sich schließlich alle Familienmitglieder nacheinander vor ihr verneigen. Ihr Baa geht sogar vor ihr auf die Knie. Derselbe Baa, der sonst manchmal mit ihr schimpft und ihr auch schon einmal eine Ohrfeige gegeben hat, küsst ihr nun die rot bemalten Füße. Dann wird sie von ihrem Onkel hochgehoben und nach draußen getragen.

Anitas Vater hat heute den kleinen Bus seines Arbeitgebers mit nach Hause nehmen dürfen. Doch es finden gar nicht alle Mitglieder der vielköpfigen Familie darin Platz. Auf gar keinen Fall soll die kleine Gan-Kumari an ihrem Ehrentag in dem Kleinbus eingequetscht chauffiert werden.

Im zweiten Stock des Kumari Bahal sitzt die Mädchengöttin auf dem Thron, vor dem die Gläubigen Schlange stehen. Neben ihren Füßen türmen sich die Opfergaben. Aber es sind heute nicht nur Früchte, Kekse und Schokoladenriegel. Die Menschen bringen an diesem hohen Feiertag auch goldene Armreife und sogar Kleider in der roten Farbe der Kumari.

Die äußerlich völlig emotionslos agierende Mädchengöttin weiß, dass in dem Raum genau unter ihr die acht Gan-Kumaris an einer gemeinsamen Puja teilnehmen werden. Doch sie weiß nicht, dass dort unten auch ein Mädchen sitzt, mit dem es die ersten drei Jahre seines Lebens verbracht hatte.

Wie sehen wohl die Mädchen aus, die die Durga-didi und die Thuloma Gan-Kumaris nennen? Garima hat vorhin schon welche gesehen und gesagt, dass sie genauso wie sie geschminkt sind. Es wäre doch lustig, wenn sie sich alle einmal treffen würden. Durga-didi aber sagt, dass das auf gar keinen Fall geschehen darf.

Nacheinander werden die Gan-Kumaris im ersten Stock des Kumari Bahal von jener Frau in Empfang genommen, die offiziell den Titel der Chitaidar trägt. Als sie die kleine Anita auf Amrits Armen entdeckt, sagt sie freundlich: »Ist das nicht die Schwester unserer Kumari?!«

Anita sieht die fremde Frau mit ihren großen schwarzen Augen an und erklärt völlig überzeugend: »Ich habe gar keine Schwester.«

Die Chitaidar sieht zu Amitas Mutter und liest in deren erschrockenem Blick die Frage, ob Anita wirklich vergessen haben kann, dass sie eine Schwester hat.

Mimita fällt, wie so oft in den letzten Jahren, wieder jenes Indra-Jatra-Fest ein, als ihre beiden Töchter draußen auf den Stufen des Trailokya-Mohan-Narayan-Tempels begeistert den Beginn der Jatra gefeiert haben. Damals, als noch Rasmila die Kumari war. Und sie durchlebt noch einmal jene furchtbaren Sekunden, als Anita der Kumari hilflos eine Tafel Schokolade hinhält und von ihr völlig ignoriert wird.

Stolz nimmt in diesem Moment Mimitas ältere Tochter auf einem der vorbereiteten provisorischen Throne neben den anderen Gan-Kumaris Platz. Es tut ihrer Mutter gut zu wissen, dass sie Amita am späten Abend wieder mit nach Hause nehmen darf. Es ist auf den Tag genau vier Jahre her, seit sie die jüngere Tochter hier in diesem Haus abgeliefert hat. Doch noch immer hat sie die Sehnsucht nach

Amita nicht überwunden. Die distanzierte Haltung, die die Kumari bei den Besuchen ihr gegenüber einnimmt, hat diese Sehnsucht nicht etwa vermindert, sondern eher noch verstärkt – die Sehnsucht nach jener aufgeweckten, liebenswerten Amita, die einst in ihrer Familie lebte. Und immer wieder hat sie sich die Frage gestellt, weshalb die Mädchengöttin eigentlich nicht zu Hause wohnen kann? Im ganzen Kathmandu-Tal gibt es zehn Kumaris, die jeweils lokale Schutzgöttinnen verkörpern – aber keine lebt so von der eigenen Familie isoliert wie die königliche Kumari in Kathmandu. Im benachbarten Patan wohnt die Kumari im Haus ihres Großvaters und die Kumari in dem malerischen Newar-Dorf Bungamati drückt vormittags sogar gemeinsam mit Gleichaltrigen die Schulbank. Sie alle aber sind Provinz-Kumaris, denn keine von ihnen ist als Inkarnation der königlichen Schutzgöttin Taleju für das Wohl der ganzen Nation zuständig. Der Kumari von Kathmandu aber haben die Malla-Könige einst diesen Palast gebaut, in welchem sie die Kindheit in klösterlicher Abgeschiedenheit verbringen soll.

Es ist kurz vor zwanzig Uhr, als Amrit Man Shakya mit seiner Tochter Anita auf dem Arm gemeinsam mit anderen Shakya-Vätern und deren Töchtern durch das Tor des Tempelbezirks tritt. Auf den Stufen, die zu dem gewaltigen Taleju-Tempel hinaufführen, fällt sein Blick rechts in den Mul Chowk. Hier hat er vor vier Jahren seine zitternde Frau in den Arm genommen und aus dem Tempelbezirk geführt. Die Szenerie, die sich in diesem Moment seinem Blick bietet, erlebt Amrit daher wie ein grausames Déjà-vu. Wieder ist der ganze Hof voller Blut, überall liegen tote Büffel und Ziegenböcke und deren abgeschlagene Köpfe herum. Mehrere Pujaris tragen Büffelköpfe in den Tempelraum. Amrit schaudert es bei dem Gedanken, dass seine jüngere Tochter heute Nacht im Mittelpunkt eines grausamen Rituals einer tantrischen Puja stehen wird.

Es ist wie in jedem Jahr. Im kleinen dunklen Nachbarhof wird die Kumari hinter den drei Musikern, die mit ihren Instrumenten fürchterlichen Krach machen, zu dem kleinen Tor hinübergetragen. Dort wird dann die Mukut zum Problem. Als die Kumari noch ein wenig kleiner war, passte sie trotz dieses Ungetüms durch den niedrigen Durchgang. Nun aber muss sie sich bücken und die Frau hinter ihr hält die Mukut aus rotem Seidenbrokat fest.

Sie weiß genau, was gleich passieren wird. Wenn sie hinter den Musikern hinaus ins Freie tritt, wo die Freunde vom Chitaidar schon die Bahnen der langen weißen Tücher ausgebreitet haben, gehen wieder die Blitzlichter los …

Fremde Menschen aus fernen Ländern versuchen ganz nah an die Kumari heranzukommen. Blitzlichter tauchen die geheimnisvolle Szene für Bruchteile von Sekunden in grelles Licht. Immer wieder werden die Touristen von den beiden Polizisten zurückgedrängt. Bedrohlich heben sie dabei die Holzstangen, die sie in den Händen halten.

Das sieht ja gefährlich aus. Sie hat große Mühe, nicht laut loszuprusten. Schnell denkt sie an die bevorstehende Zeremonie im dunklen Raum des Aadhyro Kotha drüben beim Taleju-Tempel und daran, dass sie ja eine heilige Aufgabe hat – und schon muss sie nicht mehr lachen.

Nach Anitas Rückkehr ins Haus ihrer Familie hatte man sich noch zu einer kleinen Puja im Wohnzimmer versammelt. Die Gan-Kumari hat jedem Familienmitglied die Tika auf die Stirn gedrückt, und gemeinsam lässt man nun diesen schönen und bedeutungsvollen Tag ausklingen.

Die kleine Glocke neben dem Buddha-Schrein schlägt zwölfmal. Für die Familienmitglieder ist dies Anlass, sich auf die Nachtruhe vorzubereiten. Amrits Cousine bittet die kleine Gan-Kumari, ihr ins elterliche Schlafzimmer zu folgen. Dort wird sie die »Göttin für einen Tag« in ein ganz normales nepalesisches Mädchen zurückverwandeln.

Anitas Eltern aber bleiben noch eine Weile auf den Sitzkissen vor dem Buddha-Schrein zurück, schweigend in dem Gedanken vereint, dass Mimita heute vor sieben Jahren von einem kleinen Mädchen entbunden worden war, in dessen Sternen gestanden hat, dass sie einmal großes Glück haben würde.

—

Andere Welten

Die Kinder, die mit mir im Kumari Bahal lebten, haben sich manchmal gestritten. Aber mit mir durften sie nicht streiten. Wenn sie sich nicht einigen konnten, habe ich auch mal entschieden, und so musste es dann gemacht werden. Ich habe zum Beispiel bestimmt, was wir im Fernsehen sahen. Aber wenn im indischen Fernsehen die Cartoon-Serie Spiderman *lief, gab es keinen Streit. Das wollten wir alle sehen.*

Amita

Wenn die Kumari durch eines der vergitterten Fenster blickt, offenbart sich ihr dort draußen eine Welt, die schon eine Ecke weiter so nicht existiert. Jedenfalls sieht die nepalesische Hauptstadt nirgendwo so aus wie am Basantapur-Platz.

Mit dem Einsetzen des Touristen-Booms Ende der sechziger Jahre hatten sich Kathmandus Stadtväter entschlossen, die Souvenirmeile neben Kumari-Haus und altem Königspalast in ein städtebauliches Juwel umzuwandeln. Man hatte sogar eine Delegation von Kommunalpolitikern auf Staatskosten nach Neu-Delhi und Colombo geschickt, damit sie sich dafür Anregungen holen. Auch wenn dem Basantapur-Platz anzusehen ist, dass man sich diese Anregungen nicht in Paris oder Rom geholt hat, wirkt er dennoch für hiesige Verhältnisse außergewöhnlich gepflegt. Auf dem breiten, etwas höher gelegten Plateau wurden rote Ziegel in geometrischen Linien verlegt. Es stehen hier in regelmäßigen Abständen Sitzbänke (von denen reger Gebrauch gemacht wird), Papierkörbe (von denen kaum Gebrauch gemacht wird) und die vermutlich einzige öffentliche Telefonkabine in ganz Nepal.

Der Blick durch das vergitterte Fenster täuscht aber auch eine friedfertige Normalität vor, die nicht erst in diesem Frühjahr 1996 brüchig geworden ist. Bei vorgezogenen Neuwahlen war die Kommunistische Partei vor zwei Jahren zur stärksten politischen Kraft geworden und hatte fast ein Jahr regiert. Dann wurden die Wahlen annulliert und das alte Parlament wieder eingesetzt. Es kam zu Unruhen, zu immer wieder aufflammenden Straßenkämpfen und am Durbar Marg und an anderen Hauptverkehrsstraßen zeitweilig zur Abriegelung des Verkehrs durch Studenten. Davon aber war hier am Basantapur-Platz kaum etwas zu spüren. Und auch die inzwischen abgelaufenen Ultimaten der maoistisch orientierten Kommunisten und deren jüngst veröffentlichter Aufruf zum »Volkskrieg« waren im Kumari Bahal kein Thema.

Vor einigen Wochen hat die Welt der Zahlen und der Schriftzeichen Einzug gehalten ins Leben der Kumari. Damit setzte Durga eine Tradition fort, die sie einst begonnen hatte, als Rasmila noch die Kumari war. Damals ging Durga selbst noch zur Schule, und es war für sie nicht einsehbar gewesen, weshalb nicht auch die Dyo Maiju schreiben, lesen und rechnen lernen sollte. Schließlich würde sie ja nicht immer im Kumari Bahal leben, vielleicht einmal heiraten und einen Haushalt führen. Da kann es doch nicht falsch sein, wenn sie einen Einkaufszettel schreiben und bei der Gemüsefrau das Wechselgeld nachzählen kann. Eine Unterrichtung der Kumari war aber in deren Tagesablauf gar nicht vorgesehen (wenngleich auch frühere Kumaris von der Chitaidar gelegentlich unterwiesen wurden). Und im religiösen Selbstverständnis der Priesterschaft angesichts von deren Göttlichkeit ohnehin nicht. Trotzdem hatte es von keiner Seite nennenswerten Widerstand gegeben, als Durga seinerzeit mit dem Unterricht begonnen hatte. Und als sie nach dem letzten Indra-Jatra-Fest auch bei der jetzigen Kumari damit anfing, war es ihr durch die damalige Erfahrung bereits möglich, diesen Unterricht etwas systematischer zu gestalten.

Die Buchhandlung macht auf Durga einen unübersichtlichen Eindruck. Vom Boden bis zur Decke sind Tausende von Büchern in Regalen gestapelt, und der einzige Hinweis darauf, dass sie sich vor dem richtigen Regal befindet, ist das Schild mit der Aufschrift »Unterrichtsmaterialien«.

Eine Lehrerin von der Nava-Adarsha-Highschool, die direkt an den Kumari Bahal grenzt, hatte ihr ein neu erschienenes Buch ans Herz gelegt. In diesem würde unter den Bildern von Tieren, Gebäuden und Gegenständen jeweils das entsprechende Wort stehen – und zwar sowohl in Newari als auch in Nepali. Auf diese Weise würde den newarischen Schülern nicht nur das Lesen und Schreiben, sondern ganz nebenbei auch Kenntnisse in der nepalischen Hochsprache vermittelt werden. Nun also steht Durga vor dem raumhohen, mit Büchern voll gestopften Regal und sucht nach dem empfohlenen Werk.

Zur gleichen Zeit blicken die Kumari und Garima aufmerksam vom Kumari Bahal hinüber zu der Ecke, wo die New Road auf den Basantapur-Platz führt. Garima ist gespannt, was das für eine Überraschung sein würde, die Durga der Kumari-didi versprochen hatte.

Eigentlich soll die Überraschung ja eine Belohnung dafür sein, dass die Kumari ganz allein eine Aufgabe gelöst hatte – wenngleich eher durch Zufall. Durga hatte in den letzten Wochen mit ihr die Grundrechenarten für die Zahlen von eins bis neunundneunzig durchgenommen. Natürlich immer nur dann, wenn die Kumari auch Lust dazu verspürte.

»Schließlich ist der Kumari Bahal ein heiliger Ort und keine Schule«, hatte der Chitaidar seiner Tochter schon bei der letzten Kumari eingeschärft.

So bestimmt niemand anderes als die Mädchengöttin selbst, ob Unterricht stattfindet oder nicht. Das Spielen mit den Zahlen macht der Kumari allerdings schon wegen der komischen Geschichten Spaß, die Durga immer damit in Verbindung bringt.

Was sich Durga-didi doch alles einfallen lässt: »Ein Obstbauer trägt auf dem Rücken einen Korb, in dem zweiunddreißig Äpfel sind. Auf dem Basantapur-Platz trifft er einen alten Freund, und sie reden und reden und merken gar nicht, dass von hinten eine Ziege herangekommen ist und Äpfel aus dem Korb frisst. Erst als sie schon den siebzehnten Apfel gefressen hat, merkt es der Obstbauer und jagt die Ziege davon. Wie viele Äpfel hat der Obstbauer denn nun noch in seinem Korb?« Sie muss noch immer lachen über die Geschichte …

Vorgestern Morgen hat Durga zur Kumari gesagt, dass sie am Abend gemeinsam eine ganz neue Aufgabe lösen werden. Die Aufgabe nämlich, wie viele tote Tiere in der »Schwarzen Nacht« im Mul Chowk liegen, wenn vorher vierundfünfzig Büffel und vierundfünfzig Ziegen geopfert worden sind.

Schon während die Gläubigen am Vormittag vor ihr niederknieten und sie wortlos die Tika und die Blütenblätter verteilte, ging ihr die Aufgabe immer wieder durch den Kopf. Sie wollte unbedingt die Lösung haben, bevor Durga von der Arbeit nach Hause kam. Aber bald war ihr klar geworden, dass es auf jeden Fall mehr als neunundneunzig Tiere sein mussten.

Nach dem Mittagessen hatte sie einen großen Block genommen und die beiden Zahlen »54« übereinander geschrieben. Zuerst zählte sie die beiden Fünfen zusammen und hielt die Zahl zehn auf dem Blatt fest. Ebenso verfuhr sie schließlich mit den Vieren und schrieb eine acht hin. Dann blickte sie auf das, was nun unter den beiden ersten Zahlen stand, nämlich »108«.

Sie wusste nicht, ob das die richtige Lösung war, und schon gar nicht wusste sie, wie diese Zahl hieß. Als sie der Durga aber am Abend den Block hinhielt, blickte die Kumari in ein wirklich erstauntes, wenn nicht gar fassungsloses Gesicht. Und weil sie diese Zahl, von der sie seither weiß, dass sie einhundertacht heißt, ganz allein herausgefunden hatte, hat Durga ihr schließlich jene Überraschung versprochen, auf die sie nun wartet – und die eigentlich eine Belohnung ist.

Eine Woche nachdem die Mädchengöttin die Belohnung – jenes große Buch mit den vielen Bildern – ausgepackt und sofort damit begonnen hatte, die Vokabeln abzuschreiben, bringt Gautam ein kleines, weißes, zuckendes und quietschendes Wollknäuel mit nach oben. Garimas Vater hat unten im Kumari Bahal – zum Basantapur-Platz hin – ein kleines Geschäft, in dem er neben Getränken und allerlei Waren auch Süßigkeiten verkauft (was viele Besucher der Kumari äußerst praktisch finden).

An diesem Morgen ist einer der Souvenirhändler vom Platz zu ihm gekommen und hat ihm einen Welpen aus dem Wurf seiner Hündin zum Geschenk gemacht. Nur einen kurzen Moment war Gautam unentschlossen, dann aber dachte er an die Kinder oben, die sich über den kleinen Kerl sicher freuen würden.

Kaum hat Gautam der Mädchengöttin »das neue Familienmitglied« in den Schoß gelegt, rollt sich der Welpe dort zusammen und gähnt. Mehr als für die anderen Kinder, die alle schon einmal einen Hund gestreichelt haben, ist dieses anschmiegsame Tier für die Kumari ein kleines Wunder. Bisher hatte sie Hunde nur aus der Entfernung von mindestens einem Stockwerk erlebt. Und sie kannte sie natürlich aus dem Buch, in welchem sie erfahren hat, dass ein »Khicha« auf Nepali »Kukur« heißt.

Ganz vorsichtig legt sie ihre Hand auf den kleinen flauschigen Rücken und spürt, wie er sich hebt und senkt. Er ist ganz warm, und als sie ihn krault, dreht sich der kleine Kerl plötzlich auf den Rücken … Manchmal wenn die Schülerinnen von nebenan nach dem Unterricht mit einem der zahlreichen Hunde da draußen spielen, hat sie sich gefragt, wie so ein kleiner Kerl sich wohl anfühlt. Nie hätte sie gedacht, dass er so warm ist. Und sein weißes

Fell ist ganz weich. Sie beugt sich zu dem Kleinen hinunter, weil sie an dem Fell riechen will. Im nächsten Moment schleckt ihr der kleine Hund quer über das Gesicht und alle lachen. Und obwohl sie sich erschreckt hat, lacht sie auch.

Gautam sagt, dass der Hund Tinku heißt, und die Kinder sind ein wenig enttäuscht, dass sie ihm nicht selber einen Namen geben konnten. Aber Tinku, das finden schließlich alle, ist ein schöner Name.

Gaurav hatte die Idee, dass die Kumari dem Hund die Tika geben solle. Die Idee ist gar nicht so abwegig, nur eigentlich einige Monate zu früh. Im Herbst – kurz nach Dashain – gibt es ein fünftägiges hinduistisches Fest, das Tihar heißt und seinen Ursprung in Indien hat. Der dritte Tag des Festes wird Deepavali genannt und findet in einer Neumondnacht statt. Es ist das Lichterfest, weshalb alle Häuser mit Kerzen und Lampen geschmückt sind. Der Legende nach besucht Lakshmi – die Göttin des Wohlstands – jedes Haus, das der Bedeutung ihrer Anwesenheit entsprechend beleuchtet ist. Außerdem werden an bestimmten Tagen des Tihar-Festes verschiedene Tiere verehrt, und der zweite Tag gilt dem »Kukur«. Dann wird allen Hunden – auch den herrenlosen Straßentieren – mit einer Tika und einer Blumengirlande gehuldigt. Und diese Ehre soll nun Tinku mitten im Frühjahr zuteil werden.

Die Kumari hat auf ihrem Thron Platz genommen und Tinku wird ihr in den Schoß gelegt. Durga reicht ihr das Pulver, doch als die Kumari ihm die Tika auf die Stirn drücken will, leckt ihr Tinku den Finger ab. Riesiges Gelächter.

Schließlich aber wird Tinku doch noch mit der Tika versehen, und als ihm Garima die Blumengirlande um den Hals hängt, springt der Kleine zum Erschrecken der Kumari aus deren Schoß. Offenbar mag Tinku die Blumen nicht. Er wälzt sich auf dem Fußboden und versucht mit seinen Vorderpfoten die Blumen wieder loszuwerden.

Als ihm das endlich gelungen ist, toben die Kinder mit Tinku durch die gesamte zweite Etage – und ab sofort gehört der kleine Kerl zu ihnen.

Irgendwie, so glaubt die Kumari zu spüren, mag es der Chitaidar nicht, wenn die Kinder in seinem Wohnzimmer fernsehen. Vielleicht weil seine Frau oft müde ist und dort auf dem Sofa schlafen will. Natürlich würde er es der Kumari nie verbieten, aber trotzdem geht sie lieber in das Wohnzimmer von Gautam, dem Vater von Garima und Gaurav. Hier können sie anschauen, was sie wollen, ohne dass sie jemand stört.

Allerdings ist diese Wohnung viel weiter vom Kumari-Fenster entfernt. Wenn also im Hof Touristen nach der Kumari rufen, muss sie eine kleine Strecke zurücklegen, bis sie endlich dort ist – und anschließend wieder zurück. Bei einem Film hat sie dann meist eine ganze Menge verpasst. Und wenn es auch noch drei- oder viermal hintereinander passiert, versteht sie die Handlung fast gar nicht mehr. Außer bei den indischen Liebesfilmen, die die Jungen nie sehen wollen. Diese Filme haben nämlich nahezu immer dieselbe Handlung, weshalb es den Kindern auch von Mal zu Mal leichter fällt, die Dialoge in der Hindi-Sprache zu verstehen.

Vor ein paar Wochen ist nun eine eigenartige Figur im indischen Fox-Channel aufgetaucht, die auch Hindi spricht, obwohl sie ihre Fäden im Dienste des Guten zwischen den Wolkenkratzern Manhattans spannt. Die Figur ist nämlich ein Spinnenmann mit dem ganz und gar nicht Hindi klingenden Namen *Spiderman*. Die Geschichten der importierten Cartoon-Serie regen die Fantasie der Kumari ungeheuer an. Schließlich steckt hinter dem geheimnisvollen Spiderman ein ganz normaler Schüler namens Peter Parker, der bei seiner Tante lebt und nebenbei als freier Fotograf für den *Daily Bugle* arbeitet.

Jeden Morgen hört sie die Kinder von der Nachbarschule, während ihr Durga-didi die Haare bürstet. Und am Nachmittag kann sie sie auch sehen, in ihren schönen Schuluniformen in Rotbraun und Orange. Sie kann die Schüler durch das vergitterte Fenster genau beobachten, aber die Schüler können sie nicht sehen. Oft stehen sie direkt unter ihrem Fenster und sie kann jedes Wort verstehen. Die Jungen verabreden sich zum Hockeyspielen oder sprechen über die Mädchen in ihrer Klasse. Dabei sehen sie ganz normal aus – wie Peter Parker. Vielleicht hat einer von ihnen ja auch solche geheimnisvollen Kräfte! Was aber, wenn einer von ihnen der Sohn des grünen Kobolds ist, der eine Freundin von Peter Parker angreift – wie Harry Osborn? Und wenn der grüne Kobold hier ins Haus kommt? Nein, sie muss keine Angst haben, denn der alte Pancha-Buddha-Priester hat ihr für solche Fälle ja auch überirdische Kräfte verliehen.

Von Durga erfährt die Kumari schließlich, dass die Stadt, in der der Spiderman sich durch die Häuserschluchten gleiten lässt und in der sich Peter Parker in Mary Jane Watson verliebt – ohne seine Doppelidentität aufzugeben –, New York heißt. Eines Tages bringt Durga sogar einen großen Bildband über diese Stadt mit. Als sie ihn gemeinsam betrachten, erkennt die Kumari manches der Häuser wieder, die sie aus der Cartoon-Serie kennt. Und nun erfährt sie, dass diese Gebäude zum Beispiel Chrysler Building oder World Trade Center heißen. Und so hat schließlich auch die große Stadt New York Einzug gehalten in die kleine Welt der Mädchengöttin von Kathmandu.

Das Schwert des Manju Shree

Vielleicht hat sie mir nicht immer ihre Gedanken und Gefühle mitgeteilt, aber ich habe versucht, ihre Wünsche zu erfüllen. Als die Söhne meiner Brüder zum Beispiel ein Fahrrad bekamen, haben wir ihr auch eines gekauft. Damit konnte sie oben im großen Raum herumfahren. Wir haben immer nach Gelegenheiten gesucht, die Kumari zu zerstreuen.

Durga

»Es war im ›Satyayug‹, dem längst vergangenen Zeitalter der Wahrheit, da hat der Vipassawi-Buddha einen Lotussamen in den großen See im Kathmandu-Tal geworfen. Daraus entstand eine riesige Blüte mit einem überirdischen Licht, das fortan auf diesem See schwamm …«

Durga erzählt und die Kumari kuschelt sich ganz dicht an sie, um jedem ihrer Worte zu lauschen. Das Mädchen liebt die Geschichten der schwesterlichen Freundin. Vor allem nachts, wenn sie nicht schlafen kann. Und heute ist wieder so eine Nacht. Es ist stockdunkel im Schlafraum der lebenden Göttin. Draußen tobt ein Gewitter. Gelegentlich wird der Raum für den Bruchteil einer Sekunde taghell erleuchtet – wenn ein Blitz sein gleißendes Licht durch das vergitterte Fenster schickt.

»Eines Tages entdeckte Manju Shree, der ein Bodhisattva, also ein weiser und erleuchteter Mann war, von der Ortschaft Chobar aus, die am Fuße der großen Berge liegt, die gewaltige Lotusblüte und dieses überirdische Licht«, erzählt Durga weiter. »Doch die Blüte schwamm mitten auf dem See, denn das Tal war mit Wasser gefüllt. Hier, wo wir jetzt sind, war einst dieser riesige See. Wie aber sollte Manju Shree zur Lotusblüte gelangen, um sie zu verehren?«

Durga macht eine Pause, um die Spannung zu erhöhen.

»Weiter!«, quengelt die Kumari.

»Manju Shree hob nun ein riesiges magisches Schwert. Für einen kurzen Moment blitzte das Licht des Mondes in der Klinge auf, und dann …«

Durga ahmt das Geräusch nach, das ein durch die Luft schwingendes Schwert macht, und dann das eines gewaltigen Donners.

»… schlug er damit eine Bresche in die Berge. Eine riesige Schlucht war entstanden und das Wasser konnte abfließen. Du siehst, der Blitz ist gar nichts Fürchterliches, sondern er macht nur den Weg frei zu ganz wunderbaren Dingen.«

Einen Moment denkt die Kumari noch über Durgas Geschichte nach, ehe sie fragt: »Und was ist mit der Lotusblüte geschehen?«

»Sie ist auf dem höchsten Berg gelandet, den das abfließende Wasser freigegeben hat. Das ist dort, wo heute die Swayambhunath-Stupa steht. In dieser Stupa ist die Lotusblüte verborgen. Wenn man die Stupa besuchen will, muss man dreihundertfünfundsechzig Stufen hochsteigen, für jeden Tag des Jahres eine. Und wenn man oben angekommen ist, kann man zwar die Stupa sehen und man hat auch einen schönen Blick über das ganze Tal – nur die Lotusblüte kriegt niemand zu Gesicht.«

Durga lacht. Sie mag an so manchen Pilger gedacht haben, der sich die Mühe gemacht hat, all die Stufen hochzusteigen, nur um die Lotusblüte zu sehen. Oben angekommen teilt ihm dann ein buddhistischer Mönch freundlich lächelnd mit, dass sie sich im Innern der Stupa befinde, der Zugang dazu aber streng verboten sei. Und vielleicht lacht Durga auch, weil sie daran denkt, wie es jenem Pilger ergehen mag, wenn er anschließend auf der anderen Seite einen Weg entdeckt, der bequem und nur wenige Meter nach unten zu einem Busparkplatz führt. Keinem der zahlreichen Touristen will man offenbar den schwierigen Aufstieg zumuten.

»Können wir denn auch einmal zur Swayambhunath-Stupa hochgehen?«, will die Kumari wissen.

»Irgendwann machen wir das. Versprochen! Aber im Moment geht das nicht. Denn eine Kumari darf ja kein Wasser überqueren, weil dessen Kräfte der göttlichen Aura Schaden zufügen würden. Die Stupa aber liegt auf der anderen Seite des Flusses Vishnumati«, erklärt Durga. »So, Dyo Maiju, und jetzt musst du schlafen.«

Die Mädchengöttin aber ist gar nicht müde. Zu viele Gedanken schwirren ihr durch den Kopf.

Wie sollte sie jemals zu der sagenumwobenen Swayambhunath-Stupa gelangen, wenn man einen Fluss überqueren muss, was ihr als Kumari verboten ist? Vielleicht hat ja Durga-didi schon einen Plan, wie man das anstellen kann!

Seit Tagen gehen gewaltige Regengüsse über dem Kathmandu-Tal nieder. Bis zu fünfmal täglich. Fast alle Keller in der Altstadt sind überschwemmt, und in der Straße am Hanuman-Dhoka-Palast steht das Wasser mittlerweile so hoch, dass es auf den Basantapur-Platz schwappt. Kaum jemand ist noch mit dem Motorrad unterwegs, das doch sonst das Stadtbild prägt. Kathmandus Taxifahrer machen das Geschäft ihres Lebens. Sie weigern sich, die Taxometer anzustellen, und rufen inzwischen Fantasiepreise auf. In den überdachten Fahrrad-Rikschas sitzen die Fahrgäste mit angezogenen Beinen, während die bedauernswerten Fahrer in ihren kurzen Hosen und meist barfuß durch kniehohes Wasser strampeln. Einige schützen sich vor dem Regen durch einen Schirm, den sie an ihren Lenkern befestigt haben.

Man spricht von einem »Jahrhundert-Monsun« und davon, dass es der Regengott Indra in diesem Jahr etwas übertreibe. Manche befürchten, dass es selbst am Indra-Jatra-Fest noch regnen werde, was allgemein als wenig verheißungsvoll gilt. Womöglich müsse der Wagen der Kumari durch Regengüsse gezogen werden. Kaum einer ahnt, dass sich jene Mädchengöttin im Kumari Bahal genau dies heimlich wünscht.

Wie ist es wohl, wenn man einfach so und ohne Schirm durch den Regen geht? Wie fühlt sich das an? Vielleicht wie unter der Dusche? Aber man stellt sich ja nicht mit seiner Kleidung unter die Dusche. Und ein Schritt zur Seite – und der »Regen« ist weg.

Das Mädchen achtet auf den tiefen Atem der schlafenden Durga neben sich. Dann lauscht die Kumari wieder den heftigen Regenfällen in jener Welt da draußen, die sie schon bald wieder, während der Indra-Jatra-Feierlichkeiten, von ihrem goldenen Wagen aus nächster Nähe erleben wird.

Zum wiederholten Mal zerreißt ein riesiger Blitz den Himmel über dem Kathmandu-Tal, dem ein gewaltiger Donner folgt. Vor der Tür zum Nachbarraum ist ein leises Winseln zu hören. Offenbar hat Tinku Angst vor dem Gewitter. Leise schleicht die Kumari zur Tür. Wie gern hätte sie den Kleinen zu sich ins Bett geholt. Dort aber hätten Hunde nichts verloren, hat Durga gesagt. Und die Göttin des Königs hat nicht gewagt, gegen ihre Dienerin aufzubegehren.

Vorsichtig öffnet das Mädchen die Tür und sofort springt Tinku an ihr hoch. Dann folgt er ihr zu dem vergitterten Fenster im Nebenraum. Kaum hat sich die Kumari hingesetzt, blitzt es wieder, und mit einem Satz ist Tinku in ihrem Schoß. Sie legt ihre Arme um ihn und erklärt, dass er keine Angst zu haben brauche. Denn das sei nur der Manju Shree, der mit seinem magischen Schwert Breschen in die Berge schlage, um dem Wasser das Ablaufen aus dem Tal zu ermöglichen.

Das magische Schwert des Manju Shree bewirkt offenbar, dass auch Tinku seine Angst verliert. Jedenfalls ist er plötzlich sehr viel ruhiger. Die Kumari sieht auf die Welt da draußen, und während sie dem Regen lauscht, schweifen ihre Gedanken ab.

Gemeinsam mit Tinku läuft sie durch die engen Gassen der Altstadt, und sie schaut in jeden der kleinen Läden, die sie während der Indra Jatras von ihrem Wagen aus sehen kann. Danach geht sie über eine Brücke, unter der ein reißender Fluss hindurchfließt. Sie steigen die Stufen zur Swayambhunath-Stupa hinauf und blicken auf die Stadt hinunter. Plötzlich fängt es an zu regnen, doch der Regen ist warm wie die Dusche. Sie hebt die Hände zum Himmel und auch das Gesicht, und sie tanzt durch den Regen, und der kleine Tinku bellt vor lauter Vergnügen.

Bevor sie schließlich in den Kumari Bahal zurückkehrt, springt sie auf dem großen Platz, den sie sonst vom goldenen Fenster aus sieht, mit Tinku noch schnell die Stufen einer der Pagoden bis ganz nach oben hinauf – dort, wo an Indra Jatra immer die vielen Menschen sitzen.

Auch die Kumari hatte einmal dort gesessen, damals, als sie noch Amita hieß und ein anderes Mädchen als Kumari verehrt wurde. Aber daran erinnert sie sich nicht mehr, während sie durch dieses vergitterte Fenster auf die verregnete Welt hinausblickt und in ihrem Schoß ein weißes Wollknäuel streichelt. Sie, die Beschützerin des Kathmandu-Tales, die göttliche Bewahrerin des Hindu-Königreiches Nepal, hat es in dieser Nacht fertiggebracht, einem kleinen Hund die Angst vor dem magischen Schwert des Manju Shree zu nehmen.

Noch rechtzeitig vor dem Indra-Jatra-Fest hat es aufgehört zu regnen. Die Kinder auf dem Basantapur-Platz haben wie überall in Kathmandu ihre Drachen hervorgeholt und wetteifern, welcher am höchsten steigt. Die Kumari ist mit dem Chitaidar und seiner Frau allein. Bei diesem warmen Herbstwetter hat es weder Garima noch die Jungen zu Hause gehalten. Und nun hat sie zudem die Nachricht zu verkraften, dass die neue Staffel der Cartoon-Serie *Spiderman* ausgerechnet dann im indischen Fernsehen anläuft, wenn man in Kathmandu der Kumari huldigen wird – am zweiten Tag von Indra Jatra. Vorhin hat sie die Ankündigung in Form eines Trailers gesehen. Danach hat sie trotzig den Fernsehapparat im Zimmer von Gautam ausgeschaltet und sich hinter das vergitterte Fenster gesetzt, von wo sie nun auf die spielenden Kinder hinuntersieht.

Ein kleiner Junge fällt ihr auf, dessen Drachen sich einfach nicht in die Lüfte erheben will. In der einen Hand hält er die riesige Spule mit einer Leine, die den Drachen womöglich bis hinüber zu den Gipfeln des Himalaja fliegen lassen könnte. Doch so oft er ihn auch gen Himmel schicken will, immer wieder stürzt die papierene Raute schnurstracks auf die roten Steine des Platzes. Niemand hilft dem Kleinen. Die wenigen Souvenirhändler, die schon ihre Stände aufgebaut haben, recken die Hälse nach den ersten Touristen der Saison. Die anderen Jungen toben schreiend über den Platz, ihre Drachen in immer lichtere Höhen treibend.

Ausgerechnet während der morgendlichen Audienz, als sich eine lange Schlange von Gläubigen im Schritttempo zum Thron der Kumari bewegt, wird dem Mädchen schlagartig klar, was der Kleine gestern falsch gemacht hatte. Während sie mit geistesabwesendem Blick den Besuchern die Tika auf die Stirn drückt und Blütenblätter auf die Häupter streut, taucht noch einmal das Bild mit dem Jungen und seinem Drachen vor ihr auf.

Sie sieht die Enttäuschung im Gesicht des Jungen. Er scheint den Tränen nahe. Von den anderen Jungen kann sie aber nur die Hinterköpfe erkennen, während sie zu ihren Drachen hochblicken. Ganz klar, der Kleine steht falsch herum. So kann der Wind seinen Drachen nicht ergreifen. Er hätte sich einfach nur umzudrehen brauchen.

Ein kleines Lächeln huscht über das Gesicht des Mädchens und führt zu einem kurzen Freudenschrei jener Frau, die eben den Kopf zu ihr erhebt. Sie hatte die Mädchengöttin gebeten, ihren Sohn bei seiner

Bewerbung für eine Stelle als Informatiker im indischen Bangalore zu unterstützen. Das Lächeln der Göttin deutet sie nun als positives Zeichen. Auch die nächsten in der Schlange stehenden Besucher hoffen, dass jenes kaum wahrnehmbare Lächeln noch so lange anhalten möge, bis sie ihr eigenes Anliegen vorgebracht haben.

Die Kumari lässt den Blick kurz über die Wartenden schweifen. Die Zahl der Besucher auf den täglichen Audienzen hat seit dem Ende des Regens wieder deutlich zugenommen. In diesem Moment fällt der Kumari das bevorstehende Indra-Jatra-Fest ein und der Start der neuen TV-Staffel von *Spiderman,* den sie verpassen wird. Sofort verfinstert sich die Miene des Mädchens. Erschrocken wertet dies ein älterer Mann als schlechtes Omen für die Genesung seiner Frau, worum er die Göttin gebeten hatte. Mit einem Schluchzen geht er davon, gefolgt vom fragenden Blick der Kumari.

Die Überraschung sollte von Garima und den Jungen überbracht werden, auch wenn sie natürlich von Durga vorbereitet wurde. Längst nämlich kann sie aus den Äußerungen der Kumari deren Wünsche herauslesen, auch wenn diese sie nie direkt äußert.

Als im Sommer des letzten Jahres Gaurav und Sourav Fahrräder bekommen hatten, war die Kumari hinter einem der vergitterten Fenster dabei, als ihnen von deren Vätern unten auf dem Basantapur-Platz das Fahren beigebracht wurde. »Das macht bestimmt Spaß«, hatte sie damals gesagt. Für die Kumari war dieser kurze Satz der Ausdruck einer tiefen Sehnsucht gewesen – für Durga nahezu ein Befehl. Auch wenn Durga von ihrer Familie für komplett verrückt erklärt worden war, stand am letzten Navami – dem siebten Geburtstag der Mädchengöttin – schließlich ein knallrotes Fahrrad im zweiten Stock des Kumari Bahal.

»Wo soll sie denn damit fahren?«, hatte Durgas Vater aufgebracht gefragt und bekam die Antwort darauf schon bald praktisch vorgeführt.

Solange die Kumari noch Stützräder brauchte, reichte ihr der Thronsaal für ihre Fahrkünste. Dann aber mussten für sie in der zweiten Etage des Kumari Bahal alle Türen offen stehen, wenn die Mädchengöttin zum Beispiel nach der morgendlichen Audienz ihre Freundin Garima im Nordflügel besuchen wollte. Der letzte Gläubige hatte kaum den Kumari Bahal verlassen – mit frischer Tika und noch gänzlich beeindruckt von der spiritiuellen Begegnung mit der Mädchengöttin –, als diese sich schon auf den Sattel schwang. Und keiner der zahlreichen Touristen im Hof, denen sich die »lebende Göttin« für wenige Sekunden mit stoischer Miene am Fenster präsentierte, konnte ahnen, dass sie zu diesem Anlass auf einem Fahrrad herangerast war.

Der Chitaidar aber ließ kaum eine Gelegenheit aus, um gegen das »Reittier« der Kumari zu polemisieren. Insbesondere gab er sich wegen möglicher Verletzungsgefahren besorgt. In der Tat wollte sich niemand im Kumari Bahal eine Göttin vorstellen, die die Gläubigen mit einem Gipsarm empfängt. Inzwischen aber hat die Fahrradleidenschaft der Mädchengöttin ohnehin weitgehend nachgelassen, und nur noch selten holt sie das Gefährt aus jener Kammer hervor, wo es derzeit abgestellt ist.

Vor wenigen Tagen nun hatte die Kumari lachend das Malheur erzählt, welches dem kleinen Jungen mit seinem Drachen passiert ist – und Durga hatte verstanden.

Der Balkon auf der Rückseite des Kumari Bahal, den dessen Bewohner etwas übertrieben als »Terrasse« bezeichnen, ist von außen kaum einsehbar. Deshalb wurde er für Generationen von Kumaris an warmen und trockenen Tagen zu einem beliebten Aufenthaltsort. Nun warten Garima, Gaurav, Sourav und Sougat mit einem riesigen Drachen hier auf ihre Kumari-didi. Durga hatte ihren Bruder Mahendra nicht lange bitten müssen, der Dyo Maiju diesen papierenen Dämon zu bauen.

An diesem Morgen hatten die Besucher des Kumari Bahal eine augenscheinlich gut gelaunte Mädchengöttin angetroffen. Sie konnten nicht wissen, dass deren Dienerin ihr für den Nachmittag eine »riesige Überraschung« angekündigt hat. Als es endlich so weit ist und die Kumari mit Durga auf den Balkon tritt, reißt sie sprachlos den Mund auf. Niemals zuvor hatte sie einen Drachen aus der Nähe gesehen, und dieser hier ist größer als sie selbst. Doch als es nun darum geht, ihn fliegen zu lassen, erweist sich die Kumari als wahre Expertin. Zunächst nämlich schickt sich Gaurav an, den Fehler jenes kleinen Jungen vom Basantapur-Platz zu wiederholen. Kaum hat ihm die Kumari aber gesagt, dass er sich mit dem Drachen zur anderen Seite drehen muss, reißt ihm eine heftige Böe das Flugobjekt aus der Hand und schickt es hinauf in die Lüfte. Die Spule dreht sich in rasantem Tempo und im Nu wickelt sich das Seil fast restlos ab.

Erst nach zweimaliger Aufforderung durch Durga gibt Gaurav die Spule an die Kumari weiter. Nebeneinander aufgereiht blicken nun alle zum Himmel hinauf und beobachten, wie der rote Drachen im Wind neben all den anderen vom Basantapur-Platz herumsegelt. Selbst aus der Entfernung ist er der mit Abstand größte. Auf dem zur Terrasse hochstilisierten Balkon sind die Möglichkeiten der Bewegung äußerst reduziert, aber die Kinder nutzen sie, um einige Male hin- und herzulaufen. Auf die Position des Drachens da oben hat das freilich kaum Auswirkungen. Trotzdem ist das Drachenfliegen auf der Terrasse des Kumari Bahal für Garima, Gaurav, Sourav und Sougat ein großer Spaß – für die Kumari bedeutet es ein Gefühl von unbeschreiblichem Glück.

Brief an den König

Als ich im Königspalast ein Schreiben abgab, bekam ich eine Registrierungsnummer. Als sich danach nichts tat, habe ich nachgefragt und wurde immer wieder vertröstet. Zwei Jahre lang habe ich darum gekämpft, dass meine Tochter eine Schulausbildung bekommt.

Amitas Vater

Es waren viele Leute anwesend, darunter auch der Premierminister und Mitglieder seines Kabinetts. Nachdem der König von der Kumari gesegnet worden war, wollte er den Raum verlassen. Da habe ich ihm den Brief gegeben. Der Chitaidar war plötzlich ganz neugierig, was ich wohl dem König gegeben hatte.

Amitas Mutter

In seinem ganzen Leben hat Amrit Man Shakya noch nie den Namen Franz Kafka gehört. Sollte er aber irgendwann einmal den grotesken Geschichten des Prager Literaten begegnen, so würde er sicher unweigerlich an das erinnert werden, was er in den beiden letzten Jahren erlebt hat. Heute aber will er eine Entscheidung erzwingen und hält es doch für möglich, dass danach alles wieder von vorn beginnt.

Vor drei Jahren hatte es für Amrit Man Shakyas Familie einige Veränderungen gegeben. Man war mit Amrits Mutter und einem seiner jüngeren Brüder ins eigene kleine Haus gezogen. Das einfache, zweckmäßige Gebäude unterhalb der Swayambhunath-Stupa bietet einige Standortvorteile. Zunächst einmal ist man fort vom hektischen Großstadtgetriebe der unaufhörlich wachsenden nepalesischen Hauptstadt. Hier am westlichen Stadtrand Kathmandus liegen noch Äcker der umliegenden Bauern. An deren Rändern hat eine teils wilde Bebauung stattgefunden, oft ohne Kanalisation und mit mehrfach abgezweigter Elektrik, weshalb sich die Stromausfälle häufen. Kein Katasteramt hat jemals die neu entstandenen Stadtbezirke ordnungsgemäß registriert und keine Postzustellbehörde entsendet ihre Briefträger in diese für sie unüberschaubaren Gebiete. Weil aber die Bewohner hier draußen am Stadtrand natürlich auch Waren des täglichen Bedarfs benötigen, hat Amrit schon kurz nach dem Umzug seinen Job als Busfahrer aufgegeben und einen kleinen Lebensmittelladen eröffnet.

Es ist nur eine Frage der Zeit, bis auch jene Felder, die man vom Dach des Hauses aus überblicken kann, bebaut sein werden. Ein ruhigeres Wohnen als in Bagbazar aber würde in Swayambhu, wie der Wohnbezirk inzwischen auch offiziell genannt wird, selbst dann noch garantiert sein. Vor allem weisen die unzähligen kleinen und größeren Tempel, Klöster und Stupas auf eine enorme Religiosität der zugezogenen Bewohner hin. Ein Umstand, der hier das verhindert, was anderswo die zwangsläufige Folge solchen baulichen Wildwuchses wäre – Ghettobildung und kriminelles Bandentum.

Ein weiterer Vorteil lag für Amrits Familie darin, dass sein älterer Bruder Bhuwan, ein Pädagoge, hier draußen die private Ganesh-Boarding-Highschool gegründet hatte. In einem dreistöckigen Schulgebäude, an dessen Fassade durch Figuren von Ganesh bis Mickey Mouse die globale Jugendkultur dargestellt wird, können Schüler vom Kindergarten bis zum Schulabschluss betreut und ausgebildet werden. Vor allem ist das Institut nur zehn Fußminuten von Amrits neuem Haus entfernt. Ein günstiger Umstand für die kleine Anita, die kurz nach dem Umzug dort eingeschult worden war. Exakt mit diesem Datum begann damals bei Amrit Man Shakya und seiner Frau ein Prozess des Nachdenkens und Agierens, der sie schließlich veranlasste, heute in den Kumari Bahal zu kommen und dem König höchstpersönlich einen Brief zu übergeben.

Natürlich findet es die Kumari schön, noch einmal mit dem goldenen Wagen durch die Stadt gefahren zu werden. Auch wenn sie während dieses Indra-Jatra-Festes schon zwei Prozessionen hinter sich gebracht hat, so weiß sie andererseits auch, dass sie nun ein ganzes Jahr warten muss, bis es wieder geschehen wird. Natürlich freut sich die Mädchengöttin auf die persönliche Begegnung mit dem König am Nachmittag und dass sie ihn durch die Tika in seinem Amt bestätigen darf. Für sie ist das die schönste Puja des ganzen Jahres. Vorerst aber spielt sie, während Durga ihr das Haar bürstet, mit der schwesterlichen Freundin jenes Spiel, welches die beiden inzwischen gemeinsam entwickelt haben.

Vor einiger Zeit hatte Durga mit so etwas Ähnlichem wie Englischunterricht begonnen. Eigentlich spricht zwar auch Durga kein Englisch, aber sie hatte sich ein Buch empfehlen lassen, mit dem sie sich diese Sprache gemeinsam mit der Kumari im Selbststudium beibringen will. Seitdem üben sie die Vokabeln mit jenem selbstentwickelten Spiel. Eine von ihnen sagt ein Wort in Newari oder Nepali und die andere antwortet dann mit der englischen Vokabel. Wenn die Antwort richtig ist, wechselt die Rolle der Fragestellerin.

»Ghoda«, ruft Durga der Kumari das nepalische Wort für »Pferd« zu. Die Kumari überlegt, indem sie sich den Begriff zunächst in ihre newarische Muttersprache rückübersetzt:

»Sala, mhm … Sala ist … horse!«

»Richtig! Jetzt bis du dran!«

»Shyau?«, ruft die Kumari jene Vokabel, die in beiden heimischen Sprachen »Apfel« bedeutet. Und als Durga eine Weile überlegt, gibt sie ihr den scherzhaften Rat: »Du kannst es ja erst mal ins Newarische übersetzen.«

Beide müssen lachen, aber Durga fällt der englische Begriff partout nicht ein. Die Kumari versucht es mit einem neuen Wort, dem newarischen Begriff für »Affe«: »Maka?«

Es wird nun offenkundig, dass Durga durch ihre berufliche Tätigkeit nicht genügend Zeit findet, sich kontinuierlich den englischen Studien zu widmen. Die Kumari hingegen kann die Stunden auf dem Thron dazu nutzen, die Vokabeln immer wieder stumm zu wiederholen. Mancher der Gläubigen hat sogar versucht, ohne natürlich die Hintergründe zu kennen, die Lippenbewegung der Mädchengöttin zu enträtseln.

Als Durga auch der englische Begriff für Affe nicht einfällt, versucht ihr die Kumari mit der Übersetzung ins Nepali eine Hilfestellung zu geben: »Denke mal an ›Badar‹ …!«

»Hanuman!«, rettet sich Durga in einen verzweifelten Scherz, indem sie den Namen des Affengottes ruft. Dabei brechen sie gemeinsam in schallendes Gelächter aus.

Der Chitaidar hatte für das Anliegen des Vaters der Kumari durchaus ein gewisses Verständnis. Ganz anders als Amrit befürchtet hatte, zeigt er sich keineswegs empört angesichts des Ansinnens, die Inkarnation der Taleju mit Schulstoff zu behelligen. Wenngleich eine Examinierung natürlich nicht stattfinden dürfe, so hatte er seinerzeit argumentiert, mache es durchaus Sinn, sie mit Lesen, Schreiben, Rechnen und vor allem auch mit der nepalischen Sprache vertraut zu machen. All dies geschehe aber bereits. Vor wenigen Wochen habe seine Tochter mit der Unterrichtung der Kumari begonnen.

Die Durga behandelte Amrit gegenüber das Thema kaum konkreter. Gleichermaßen freundlich wie allgemein erklärte sie, dass die Dyo Maiju Fortschritte mache und man gemeinsam viel Spaß während des Unterrichts habe. Im Übrigen verfüge sie bereits durch die Unterrichtung der vorigen Kumari über entsprechende Erfahrungen. Erst als der Vater der Mädchengöttin den Kumari Bahal wieder verlassen hatte, war ihm klar geworden, dass ihn dieser Besuch seinem Ziel keinen Schritt näher gebracht hat.

Es war Amrit nicht leicht gefallen, in den Stadtbezirk Kohitybahal zu fahren, wo ganz in der Nähe des Jaisi-Deval-Tempels Rasmila, die ehemalige Kumari, mit ihrer Familie lebt. Immerhin ist diese Familie mit der des Chitaidars verwandt, und rasch würde Durga erfahren, dass er Erkundigungen einholt. Andererseits weist sein Bruder Bhuwan immer wieder darauf hin, dass Amita über ausreichende Kenntnisse des Lehrstoffs verfügen müsse, wenn sie in vier oder fünf Jahren an seine Schule kommen soll. War eine solche Wissensvermittlung von Durga zu erwarten?

Schon nach wenigen Minuten im Haus von Rasmilas Familie hatte Amrit erkannt, dass es absolut richtig gewesen war, hierher zu kommen. Der Mutter der ehemaligen Kumari waren sofort Tränen in die Augen getreten, als er sein Anliegen vorgetragen hatte. Pramila aber, die ältere Schwester von Rasmila, hatte unaufhörlich geredet – engagiert und anklagend: Durga habe mit ihrem angeblichen Unterricht kaum das Niveau der zweiten Klasse erfüllt, Rasmilas Kenntnisse seien in nahezu allen Fächern äußerst ungenügend gewesen.

Dann hatte die Studentin der Mathematik und Physik erzählt, dass sie einige Wochen gebraucht habe, die damals zwölfjährige Rasmila wenigstens auf die zweite Klasse vorzubereiten. Seitdem drücke sie die Schulbank mit Mitschülern, die fünf Jahre jünger seien als sie selbst. Und dann hatte Pramila dem Vater der derzeitigen Kumari dringend geraten, die Forderung nach einem kontinuierlichen und qualitativen Unterricht seiner Tochter mit allen Mitteln durchzusetzen.

Rasmila hatte die ganze Zeit daneben gesessen, stumm und verlegen lächelnd. Oberhalb ihrer Schläfen waren Amrit zwei Stellen von kreisrundem Haarausfall aufgefallen, aber er hatte nicht gewagt nachzufragen. Außerdem hatte sie die ganze Zeit ein kleines Frotteetuch in ihren Händen geknetet. Der erbärmlich wirkende Anblick der ehemaligen Mädchengöttin hat Amrit an diesem Tag fast noch mehr erschüttert als der ernüchternde Bericht ihrer Schwester.

Vom goldenen Wagen aus betrachtet die Kumari all diese unterschiedlichen Menschen, die auch heute wieder zum Durbar-Platz gekommen sind, um den Beginn der letzten Prozession zu erleben. Einfache Menschen, die wahrscheinlich ganz in der Nähe wohnen, vornehm gekleidete, die sich speziell für die Indra Jatra auf den Weg hierher gemacht haben, und all die fremden Menschen, die aus fernen Ländern angereist sind.

Wie unterhalten sich wohl diese Menschen miteinander? Schließlich sprechen manche Newari und andere Nepali, und die fremden Menschen sprechen Englisch, aber nicht alle. Durga sagt, es gibt viele hundert verschiedene Sprachen auf der Welt …

Die Kumari beobachtet die mobilen Souvenirhändler vor dem Shiva-Parvati-Tempel, die den Touristen aufgeregt etwas anbieten. Viele haben überhaupt nur einen einzigen Gegenstand zu verkaufen – ein kleines Schachspiel mit Intarsien, eine Buddha-Figur oder eine Flöte. Dazwischen bieten die Sadhus, die in Rot und Orange gewandeten Bettelmönche, ihr dekoratives Äußeres als Fotomotiv an. Gegen Bares, versteht sich. Sie alle sprechen miteinander, wie die Mädchengöttin von ihrer erhöhten Position unschwer erkennen kann.

Aber in welchen Sprachen? Und warum lernt sie überhaupt diese fremden Sprachen, wenn sie doch nie mit diesen Menschen dort sprechen wird? Manche der Leute, die zu ihr in den Kumari Bahal kommen, sagen etwas in Nepali zu ihr, und Spiderman spricht Hindi … Aber Englisch spricht niemand von den Menschen, denen sie begegnet. Trotzdem macht es ihr Spaß, mit der

Durga zusammen diese komische Sprache zu lernen. Und das Schreiben ist viel einfacher als in Nepali oder in Newari.

Der Mann vom Kumari-Komitee hatte sich Amrits Anliegen angehört, das eine oder andere nachgefragt und dann gemeint, dass eine Unterrichtung der Kumari »im Prinzip nicht vorgesehen« sei. Schließlich hat er aber doch darum gebeten, das Anliegen noch einmal schriftlich zu formulieren, er wolle dieses dann gelegentlich seinen Kollegen vortragen.

Gemeinsam mit seinem Bruder Bhuwan schrieb Amrit ein langes Gesuch an die »verehrten Herren des Guthi Sanasthan«. Er erklärte zunächst, welch große Ehre es für seine Familie sei, eine Kumari in den eigenen Reihen zu haben, er bedankte sich für die Arbeit des Komitees und verwies schließlich darauf, dass bekanntlich die Zeit einer Kumari begrenzt sei. Dann aber habe sich das Mädchen im »ganz normalen Alltag zu bewähren«.

Im Büro des Guthi Sanasthan hatte ein Mann mit einem schwarzen Topi das Gesuch aufmerksam durchgelesen. Er versprach, dass man sich bei der nächsten Sitzung mit dieser Frage beschäftigen werde. Wochen vergingen, ehe Amrit telefonisch aufgefordert wurde, den Guthi Sanasthan aufzusuchen. Diesmal war er von drei Herren empfangen worden, von denen ihm einer erklärte, man sei zu der Auffassung gekommen, dass »nur Mousuf Sarkar hier eine definitive Entscheidung treffen« könne.

Im Königspalast war Amrit auf einen Beamten getroffen, der seine Arbeit offensichtlich nicht mochte. Lustlos hatte er Akten von einem Stapel genommen, sie kurz mit einem missgelaunten Murmeln überflogen, um sie schließlich auf einen anderen Stapel zu werfen. Fast eine halbe Stunde hatte er Amrit Gelegenheit gegeben, ihn dabei zu beobachten. Dann erst war der Mann bereit gewesen, ihn zur Kenntnis zu nehmen. Während Amrit nun den Versuch unternahm, dem Beamten sein Anliegen vorzutragen, stempelte dieser eine Nummer auf das Gesuch und trug es in eine Liste ein. Dann drückte er Amrit einen kleinen Zettel mit der Registrierungsnummer in die Hand und sprach die ersten Worte, seit Amrit das miefige, schmucklose Büro betreten hatte: »Wenn entschieden wurde, melden wir uns.«

Doch es wurde nicht entschieden. Nicht im ersten Monat und auch nicht in den nächsten sechs Monaten. Jedenfalls bekam Amrit bei jedem seiner Anrufe eine entsprechende Auskunft. Dann stürmte er das Büro des Beamten, und noch ehe der ihn ignorieren konnte, rief Amrit in den Raum: »Mein Name ist Amrit Man Shakya und ich bin der Vater der Kumari. Ich erwarte, dass Sie mir auf der Stelle eine Auskunft darüber geben, was mit meinem Gesuch geschehen ist.« Dabei wedelte er mit dem Zettel, auf dem der Mann vor Monaten die Registriernummer notiert hatte.

Immerhin hat Amrits forsches Auftreten bewirkt, dass der königliche Beamte sich umgehend auf die Suche machte. Schließlich konnte er immerhin vermelden, dass das Schreiben inzwischen schon den Weg vom linken zum rechten Stapel gefunden hatte. Damit aber war die Geduld des Amrit Man Shakya endgültig am Ende. Er beschloss, das Privileg zu nutzen, als Vater der Mädchengöttin während des Indra-Jatra-Festes dem Besuch des Königs im Kumari Bahal beiwohnen zu dürfen. Wenige Tage vor den Feierlichkeiten hatte er sich dann mit seiner Frau hingesetzt, und gemeinsam verfassten sie einen ganz persönlichen Brief. Darin baten sie Mousuf Sarkar, ihnen zu helfen, damit ihre Tochter, die derzeitige Kumari, »eine qualifizierte Schulausbildung bekommt und so Aussichten auf eine bessere Zukunft«.

Man wartet – im königlichen Salon des Hanuman-Dhoka-Palastes und im Thronsaal des Kumari Bahal. Es scheint, als sei die Zeit stehen geblieben. Exakt um 20.47 Uhr so hat es Mangal Raj Joshi, der Hofastrologe, errechnet, sei der astrologisch günstigste Moment, um die Tika zu empfangen. Jetzt ist es 19.52 Uhr. Also wartet der König von Nepal auf die formelle Erklärung seines Badaguruju, dass die Kumari bereit sei, ihn zu empfangen. Und vor dem königlichen Salon warten der Premierminister und die wichtigsten Mitglieder seines Kabinetts darauf, das Staatsoberhaupt zum Kumari Bahal hinüberzubegleiten.

Bereits zweimal ist die Kumari darüber unterrichtet worden, dass oben im Thronsaal die höchsten Priester des Landes auf ihr Erscheinen warten. Sie aber blickt durch das vergitterte Fenster zum Hanuman-Dhoka-Palast und beobachtet davor das ziellose Treiben der Passanten an diesem letzten Tag des Indra-Jatra-Festes.

Die Mädchengöttin wartet lieber hier, als im zugigen Thronsaal bei den Priestern, wie in den vergangenen Jahren. Vorhin hatte sie deshalb den Chitaidar gefragt: »Wann kommt er denn?«, und damit eine hektische Botentätigkeit ausgelöst.

Mehrfach war Gautam zum Hanuman-Dhoka-Palast gelaufen, ehe er mit der exakten Ankunftszeit des Königs zurückkehrte. Offenbar hatte die Kumari ein gutes Gespür für Timing. Denn selbst wenn man berücksichtigt, dass die Priester vor dem Erscheinen des Königs noch eine zwanzigminütige Puja durchführen wollen, bleibt im Moment noch genügend Zeit. Also wartet die Kumari – und alle anderen warten auch.

Im Raum neben dem Thronsaal sind bereits Amrit Man und Mimita Shakya eingetroffen. Sie dürfen nachher die Zeremonie aus einiger Entfernung beobachten. Aber da sie den Thronsaal natürlich nicht vor dem König betreten dürfen, warten auch sie.

20.23 Uhr. In der zweiten Etage des Kumari Bahal macht sich spürbare Unruhe breit. Wenn die Dyo Maiju nicht in den nächsten Minuten den Thron besteigt, würde man bis zum Erscheinen des Königs nicht mit der Puja fertig sein.

Der Chitaidar hatte nach der Rückkehr der Kumari von der Jatra ganz bewusst seine Enkel und auch Tinku von ihr fern gehalten. Doch auch die Einsamkeit des Khopi hat sie bisher nicht bewegen können, ihren Platz hinter dem vergitterten Fenster aufzugeben.

Sie möchte einmal mit dem König ganz allein sein … einfach mit ihm da sitzen, Tee trinken und sich unterhalten. Ohne Puja, ohne die ganzen Leute, ja, sogar ohne Durga-didi. Aber was würde sie den König fragen? Vielleicht, ob er Tiere mag und ob er in seinem Palast welche hat. Sie würde ihm Tinku zum Streicheln in den Schoß setzen. Dann würde sie ihn fragen, ob er sich in seinem Palast auch manchmal einsam fühlt.

Wenn sie ganz mutig ist, würde sie ihn fragen, ob die Königin eine Frau ist, die er aus Liebe geheiratet hat … so wie das manchmal in den indischen Filmen zu sehen ist? Oder ob man für ihn die Frau ausgesucht hat? Und dann würde sie ihn fragen, ob er auch mal gern unerkannt durch die Gassen schlendern würde? Vielleicht könnten sie sich ja beide verkleiden und einfach zwischen all den Leuten da draußen herumlaufen – wie ein Vater mit seiner Tochter …

Auf Zehenspitzen nähert sich Durga, beugt sich leicht zur Kumari hinunter und flüstert: »Dyo Maiju, du wirst zur Puja erwartet. In wenigen Minuten wird Mousuf Sarkar …«

Die Kumari erhebt sich und von der Tür aus ruft Gautam in den Flur: »Dyo Maiju kommt!«

Der Ruf wird draußen mehrfach wiederholt, setzt sich über das Treppenhaus bis in den Thronsaal fort: »Dyo Maiju kommt!«

Der Mul Purohit nimmt Aufstellung, der Mul Pujari und die ihm assistierenden Priester greifen zu den Opfergaben. Mit gesenkten Häuptern erwarten sie die Ankunft der Mädchengöttin.

Leichtfüßig springt die Kumari die Treppen hinauf, geht, ohne sie zu beachten, an den Priestern vorbei. Mit der Selbstverständlichkeit des Gewohnten nimmt sie auf dem Löwenthron Platz, stellt die nackten Fußsohlen gegeneinander und demonstriert durch die Stellung ihrer Hände, dass sie zum Empfang der Opfergaben bereit ist.

Doch so kurz vor dem großen Ereignis will sie nichts zu sich nehmen, und so tippt sie nur jeweils mit zwei Fingern der rechten Hand gegen die Teller, die daraufhin sofort zurückgezogen werden.

Die Eltern der Kumari kommen sich in dem großen und länglichen Empfangsraum ziemlich verloren vor. Es ist der Raum, in welchem am ersten Tag von Indra Jatra immer das Festmahl stattfindet. Allerdings waren sie in den letzten Jahren nicht mehr hergekommen. Mimita wollte sich diese Außenseiterrolle nicht mehr zumuten, in der sie Stunden unter fremden Leuten verbringen musste, um schließlich von der Kumari am anderen Ende der Tafel ignoriert zu werden. Und auch Amrit, der sich seinen Platz auf dem Wagen in all den Jahren nicht hatte nehmen lassen, kehrt inzwischen nach der Prozession immer sofort nach Hause zurück. Das war im Kumari Bahal offenbar nicht unbemerkt geblieben. Jedenfalls hat der Chitaidar in diesem Jahr gar keine Einladung mehr ausgesprochen. Entsprechend kühl verlief dann auch heute die Begrüßung, als die Eltern der Kumari überraschend zum Empfang des Königs erschienen waren.

Noch sind Amrit und Mimita ganz ruhig. Immer wieder haben sie alle Möglichkeiten durchgesprochen, wie sie auf jeden Fall in die Nähe des Königs gelangen könnten. Jedes Wort, das Amrit an ihn richten will, haben sie auf seine Wirksamkeit hin überprüft. Es sollte nicht zu fordernd wirken, andererseits aber soll der König spüren, dass es den Eltern seiner Kumari mit dem Wunsch nach schulischer Bildung ihrer Tochter durchaus ernst ist.

Als Amrit und Mimita eben den Ruf »Dyo Maiju kommt!« durch das Treppenhaus haben schallen hören, war ihnen unausgesprochen klar, dass es jetzt kein Zurück mehr gab. Schlagartig stellte sich Nervosität ein.

Nach dem Blick auf die Uhr erhebt sich der Badaguruju und eröffnet damit ein festgelegtes, alljährlich wiederkehrendes Ritual.

»Mousuf Sarkar«, beginnt er mit einer feierlichen Stimme, die zwar dem Ritual, kaum aber ihrem persönlichen Verhältnis zueinander entspricht: »Taleju, die Göttin zum Schutze Ihres Hauses und Ihres Amtes, ist in der Inkarnation der Dyo Maiju bereit, Sie zu empfangen. Es liegt in der Kraft und in der Macht der Göttin, Sie als König unserer Nation zu bestätigen oder zu entlassen. Möge Taleju entscheiden!«

Natürlich rechnet weder der Badaguruju noch der König mit der Möglichkeit, dass ihn die Göttin in wenigen Minuten aus dem Amt jagen werde. Allerdings wird immer wieder kolportiert, dass im Jahre 2011 des nepalesischen Kalenders (1954 nach dem gregorianischen) die Kumari anders entschieden hätte. Angeblich soll sie statt dem Großvater des jetzigen Monarchen – König Tribhuvan – dem ebenfalls anwesenden Kronprinzen Mahendra die Tika auf die Stirn gedrückt haben. Dabei werden die unterschiedlichsten Versionen verbreitet, die von einer übermüdeten Kumari bis zu einer bewusst gesteuerten Palastrevolte reichen.

Tatsächlich aber war König Tribhuvan im Jahr 1954 nicht an Indra Jatra abgelöst worden, sondern vielmehr im Frühjahr darauf im Amt verstorben. Mit der Krönung des neuen Königs war auch die kleine Kayo Mayju Shakya als Kumari abgelöst worden. Für eine Rekonstruktion der damaligen Vorgänge steht sie nicht mehr zur Verfügung, denn auch sie ist mittlerweile gestorben. Doch die nepalesischen Könige kommen seither ohne den jeweiligen Thronfolger zu ihrer Kumari.

Der König verneigt sich vor seinem Badaguruju. Wohl gemerkt, der König vor dem »erhabenen Meister«. Nach dem religiösen Verständnis der Hindus sind Götter (und der nepalesische König gilt als Inkarnation Vishnus ja als ein solcher) nämlich keineswegs vollkommen. Schließlich würden sie all die Unzulänglichkeiten der Welt zulassen. Ein Guru aber (und der Badaguruju ist ein Guru in staatlichen Diensten) führt seine Schüler zur Erleuchtung, macht sie also für alles Leid unempfänglich, und ist daher höher einzuschätzen. Und mit der rituellen Verbeugung vor seinem Badaguruju erkennt der nepalesische König diese Rangfolge an.

Eigentlich kommt der Herrscher als Gleicher unter Gleichen zur Kumari – ohne Uniform, ohne protokollarisches Zeremoniell und ohne aufwändigen militärischen Pomp. Trotzdem ist fast nichts im Kumari Bahal wie sonst. Flur und Treppenhaus sind mit Blumen geschmückt, der Chitaidar und seine Söhne tragen elegante Doura Suruwals in dunkler Farbe, um sich von der Tracht des Königs abzuheben. Und wenn ein König in der schneeweißen Doura Suruwal mit einer Entourage von Beratern und Ministern die wenigen Meter vom Hanuman-Dhoka-Palast zum Kumari Bahal hinübergeht, dann bleibt dies nicht unbemerkt. Kein Beobachter würde jedenfalls auf die Idee kommen, den Auftritt des royalen Besuchers als den eines Gleichen unter Gleichen zu beschreiben.

Durch die geschlossene Tür hören Amrit und Mimita die Schritte zahlreicher Besucher die Treppe hochsteigen. Leises Stimmengewirr kommt langsam näher, und mit dem Ausruf »Mousuf Sarkar« wird der Gleiche unter Gleichen nebenan im Thronsaal angekündigt.

Die Eltern der Kumari lassen einige Minuten vergehen, ehe sie wagen, die Tür einen Spalt breit zu öffnen, um schließlich auf eine Front breiter Männerrücken zu blicken. Die beiden kleinen Personen haben keine Chance, über die Begleiter des Königs in den Thronsaal der Kumari hinüberzublicken. Wie sollte es ihnen da gelingen, dem König den Brief zu übergeben, den Amrit in seinen zitternden Händen hält?

Der König tritt vor den Thron der Mädchengöttin – und für einen kurzen Moment sehen sie einander an. Im Saal herrscht absolute Ruhe. Der Mul Purohit glaubt, in den Blicken der beiden nicht nur gegenseitigen Respekt, sondern auch Sympathie zu erkennen.

Er hat ein freundliches Gesicht, aber sie hatte ihn größer in Erinnerung. Vielleicht kommt er ihr heute kleiner vor, weil sie selbst im letzten Jahr kräftig gewachsen ist. Jedenfalls sagt Durga-didi das oft, und die Thuloma sagt es auch. Vielleicht denkt Mousuf Sarkar das in diesem Moment ja auch: Wie groß die Kumari geworden ist! Schon im letzten Jahr hätte sie Mousuf Sarkar gern gesagt, dass sie sich freut, ihn zu sehen. Aber sie darf ja nichts sagen.

Der König von Nepal verneigt sich tief vor der Mädchengöttin. Er geht nicht auf die Knie und er küsst nicht ihre Füße, wie dies frühere Herrscher bei ihrer Kumari gemacht haben – er begnügt sich mit dieser demutsvollen Haltung. Die Kumari greift unüblicherweise mit der linken Hand in die Schale. Insofern ist er auch in diesem Moment kein Gleicher unter Gleichen – wenn auch niemand weiß, woher die Tradition stammt, dass der König die Tika von der linken Hand der Kumari bekommt. In der Schale aber befindet sich dasselbe Pulver aus rotem Sandelholz und gestoßenem Reis, wie es bei jedem anderen Gläubigen auch verwendet wird. Hochkonzentriert drückt die Kumari dem König die Tika kurz über der Nasenwurzel auf jene Stelle, wo das mystische dritte Auge seinen Sitz hat.

Mit dem Symbol des Göttlichen auf der Stirn richtet sich der König auf, greift in die Hosentasche seiner Doura Suruwal, entnimmt ihr ein Goldstück und reicht es der Mädchengöttin. Es ist Opfergabe und Geldspende zugleich – wobei die Opfergabe der Göttin, das Geld aber dem geweihten Erdenkind gebührt.

Die Zeremonie hat nur wenige Minuten gedauert. Nun kommt Bewegung in die Front der breiten Männerrücken. Amrit versucht jetzt, zwischen ihnen hindurchzublicken. Für einen kurzen Augenblick wischt das weiße Gewand des Königs vorbei, nur noch wenige Schritte, und er wird die Treppe erreicht haben, gefolgt von all diesen Männern, die hinter ihm einen breiten Schutzwall bilden.

Mimita hat eine Lücke entdeckt, reißt Amrit den Brief aus der

Hand und schlüpft hindurch. »Mousuf Sarkar!«, ruft sie so laut es ihr möglich ist. Der König bleibt stehen und sofort verharren auch seine Begleiter.

»Mousuf Sarkar!«, ruft Mimita nun noch einmal und blickt in das gleichermaßen freundliche wie irritierte Gesicht ihres Königs.

»Ich bin die Mutter der Kumari …«, beginnt sie und hat einige Mühe, ihre Nervosität zu verbergen. Sie hält dem König den Brief entgegen, der ihr aber sofort von einem Herrn in einer dunklen Doura Suruwal abgenommen wird.

»Mein Mann und ich haben Ihnen geschrieben, weil wir keinen anderen Weg mehr wussten«, sagt sie und sieht sich nach Amrit um. Umgehend öffnet sich die Front der Männer und Amrit kann nach vorn treten.

»Es geht um die Zukunft unserer Tochter. Sie wird ja nicht immer hier im Kumari Bahal leben …«, versucht nun Amrit das gemeinsame Anliegen vorzutragen.

»Um die Zukunft Ihrer Tochter?«

Es ist das erste Mal, dass der König direkt mit jemandem aus der Familie der Kumari spricht, denen es ihrerseits eigentlich gar nicht erlaubt ist, ihn anzusprechen. Die meisten in der Runde blicken angesichts der protokollwidrigen Situation angestrengt zu Boden.

»Aber sie wird doch ein Stück Land erhalten. Das wird ihre Zukunft sichern.«

Es ist nicht klar, ob der König in diesem Moment selbst spürt, dass er gerade unfreiwillig einen Fauxpas begangen hat. Tatsächlich haben wohl die Kumaris während der Zeit der Malla-Könige nach ihrer Ablösung ein Stück fruchtbaren Landes zugesprochen bekommen, das sie entweder selbst bewirtschaften oder gegen Naturalien verpachten konnten. Obgleich diese Regelung zumindest in den letzten hundert Jahren nicht mehr praktiziert wurde, hält sich in Teilen der Bevölkerung noch immer hartnäckig das Gerücht, die Kumari würde auf diese Weise für ihren Dienst entlohnt werden. Der Umstand, dass offenbar selbst der König dieser Mär aufgesessen ist, hinterlässt bei seinem Gefolge eine nachvollziehbare Ratlosigkeit.

»Sie erhält doch ein Landstück, oder?«, fragt der Herrscher in die Runde, und niemand kann verstehen, was ihm der Badaguruju leise von der Seite zuflüstert.

»Wir bitten Sie in diesem Brief darum, dass unsere Tochter eine Schulausbildung bekommt«, findet Amrit jene Worte wieder, die er sich vorgenommen hatte, und löst damit die peinliche Situation auf.

In diesem Moment entdeckt Amrit schräg hinter dem König ein bekanntes Gesicht. Von der außerplanmäßigen Unterbrechung angelockt, blickt der Chitaidar durch seine riesigen Brillengläser neugierig in die Runde. Irgendetwas hatte er verpasst, was er eigentlich wissen sollte. So viel steht für ihn fest. Was hatte sich der Vater der Kumari nur wieder ausgedacht? Und das auch noch hinter seinem Rücken. Er hört nur noch, wie der König zum Vater der Kumari sagt: »Ich verspreche, das Gesuch wohlwollend zu prüfen.«

Während Amrit und Mimita mit geneigtem Haupt zurückbleiben, steigt der König mit seinem Gefolge die Treppe hinunter.

Wir haben tatsächlich mit Mousuf Sarkar gesprochen, geht es Amrit durch den Kopf.

Sie haben es für ihre Tochter getan, auch wenn die Kumari im Moment überhaupt noch nicht die Dimension dessen verstehen würde, was dieser nun fast zweijährige Kampf der Eltern für ihre Zukunft bedeutet. Aber der Tag wird kommen, an dem sie ihnen dankbar sein wird. Wenn, ja, wenn der König wirklich in ihrem Sinne entscheiden wird.

Mit einer Mischung aus Erleichterung und Stolz hakt Amrit seine Frau unter und geht mit ihr in Richtung Treppe, verfolgt vom feindseligen Blick des Chitaidar.

Die Lehrerin

Es war schon ein Vorteil, dass sie schließlich überhaupt mit dem Schulstoff in Berührung kam, wenngleich die Lernerfolge sehr zu wünschen übrig ließen. Was ihr aber fehlte, war die Atmosphäre einer Schule und die dazugehörigen sozialen Kontakte.

Bhuwan Man Shakya
Amitas Onkel und Leiter der Ganesh-Boarding-Highschool

Wie so oft in den letzten Jahren sitzt die Kumari hinter dem vergitterten Fenster und blickt auf den Basantapur-Platz hinaus. Und wie so oft beobachtet sie die Schülerinnen der angrenzenden Nava-Adarsha-Highschool. Es gibt auch Jungen dort, aber die Kumari interessiert sich nur für die Mädchen. Vor allem, seit ihr Durga gesagt hat, dass auch sie schon bald eine Schülerin der Nava-Adarsha-Highschool sein wird, beobachtet sie ihre künftigen Mitschülerinnen mit den orangegelben Röcken, weinroten Pullovern mit V-Ausschnitt und der blauen Krawatte auf der weißen Bluse mit besonderem Interesse.

Die Nava-Adarsha-Highschool hat den Ruf einer besonderen Schule, da man die Bewerber vor der Aufnahme streng selektiert. Dabei spielt, auch wenn dies offiziell nicht in den Kriterienkatalog aufgenommen wurde, neben überprüfbaren Begabungen durchaus auch die soziale Herkunft eine Rolle. Die Schule ist stolz darauf, dass einige namhafte Intellektuelle und Künstler wie Nepals berühmter Maler Sudarshan Suwal einst dieses Institut erfolgreich abgeschlossen haben. Nicht einmal Gaurav und Sourav, die beiden Enkelkinder des Chitaidar, besuchen die benachbarte Eliteschule (die in Nepal niemand so nennen würde). Seit ihrer Einschulung vor einigen Monaten müssen sie den Weg zu der weiter entfernten Swarnim-Highschool auf sich nehmen, und es ist schwer vorstellbar, dass ein Mädchen namens Amita Shakya aus Swayambhu je die Chance bekommen hätte, Schülerin der Nava-Adarsha-Highschool zu werden. Nun aber hatte sie den namhaftesten Fürsprecher, den man in diesem Land überhaupt nur haben kann – jenen Mann, der auch hier nur ehrfurchtsvoll Mousuf Sarkar genannt wird.

Das alles aber weiß die Kumari nicht – sie weiß nur, dass auch sie demnächst offiziell Schülerin der Nava-Adarsha-Highschool sein wird. Und seit sie das weiß, sieht sie jeden Morgen nach der Puja zu den Schülerinnen hinüber, die auf den Gängen der lang gestreckten Balkons vor ihren Klassenräumen die Pausen verbringen. Seitdem versucht die Kumari mehr von den Gesprächen dieser Schülerinnen aufzuschnappen, wenn diese am Nachmittag das Gebäude verlassen. Die Mädchengöttin hofft in ihrem Versteck etwas darüber zu erfahren, wie der Unterricht in den Räumen dort vor sich geht, ob jene Lehrer nett sind, die nach Schulschluss immer sofort auf ihre Motorräder steigen.

Das Mädchen dort, das etwas größer und leider auch viel dicker ist als die anderen, von der sie weiß, dass sie Mishu heißt, weil andere manchmal ihren Namen gerufen haben, hat endlich eine Freundin. Das Mädchen, das jetzt jeden Tag mit ihr zusammen ist, wird Tashi genannt. Sie ist viel kleiner und hat ganz schmale Augen. Tashi und Mishu bleiben häufig noch nach der Schule ein wenig beieinander. Wenn sie sich nicht – wie meistens – auf den Rand des Brunnens da drüben setzen, sondern unterhalb des Fensters bei den Fahrrädern stehen bleiben, kann sie sogar verstehen, was die beiden miteinder sprechen.

Mishu ist oft verzweifelt, weil sie Schwierigkeiten in Mathematik hat. Tashi verspricht ihrer Freundin dann, dass sie zu ihr nach Hause kommen wird, um ihr zu helfen. Aber warum muss Tashi denn Mishu zu Hause besuchen, um ihr das mit der Mathematik zu zeigen? Ist dafür nicht der Leh-

rer da? Doch wie kann ein Lehrer die Fragen aller Schüler beantworten, wenn in manchen Klassen fünfzehn oder sogar zwanzig Schüler sitzen, wie Durga-didi gesagt hat, und jeder stellt eine andere Frage. Wie soll das denn funktionieren?

Weil die Kumari sich den Ablauf einer Unterrichtsstunde mit vielen Schülern partout nicht vorstellen kann, hat sie einmal Gaurav und Sourav danach gefragt. Sourav hat gesagt: »Wir reden alle gleichzeitig – bis der Lehrer mit einer kleinen Glocke klingelt. Und dann redet keiner mehr.«

Anschließend haben die beiden gelacht, und die Kumari weiß seither nicht, ob Sourav einen Spaß gemacht hat. Und sie wird es wohl auch nicht so bald erfahren. Zwar wird sie schon bald offiziell Schülerin der Nava-Adarsha-Highschool sein, das Schulgebäude selbst aber wird sie nie betreten. Sie wird auch nie das rote Ornat der Kumari ablegen, um einen orangegelben Rock, einen weinroten Pullover mit V-Ausschnitt und eine blaue Krawatte auf einer weißen Bluse zu tragen.

Nur kurz war der Kumari diese Illusion geblieben, nachdem Durga ihr mitgeteilt hatte, dass sie in die Schülerliste für das kommende Schuljahr eingetragen worden ist. Danach hatte Durga nämlich klargestellt, dass ihr der Unterricht auch künftig im Kumari Bahal erteilt werden wird – nach Lehrplänen der benachbarten Highschool und durch eine Lehrkraft von dort. Die Kumari aber betrachtet die Mädchen in den Schuluniformen seither als ihre künftigen Mitschülerinnen, auch wenn keine von ihnen jemals am Nachmittag vorbeikommen wird, um ihr in Mathematik zu helfen.

Ob Tashi und Mishu wissen, dass die Kumari bald Schülerin an ihrer Schule sein wird? Sie hatte immer gehofft, dass die beiden mal darüber sprechen … Doch obwohl sie inzwischen fast jeden Tag da unten bei den Fahrrädern stehen und ganz viel miteinander reden, haben sie darüber bisher nie gespro-

chen. Auch die anderen nicht, die manchmal da unten stehen. Vielleicht wissen sie es gar nicht, weil es ihnen niemand gesagt hat. Vielleicht darf sie ja deshalb nicht am Unterricht nebenan teilnehmen, weil es ein Geheimnis bleiben soll und die Kumari ja sonst eine ganz normale Schülerin wäre – das aber würde ihr gut gefallen.

Es hatte drei lange und zermürbende Monate gedauert, in denen man zur Untätigkeit verurteilt war. Denn weil man dem König einen Brief übergeben hatte, konnte man kaum noch andere Schritte unternehmen. Immer wieder stellten sich Amrit und Mimita die Frage, ob sie sich in eine Sackgasse begeben hatten? Als dann aber der Anruf aus dem Narayanhiti Durbar – dem königlichen Palast – gekommen war, löste das im Hause des Amrit Man Shakya umgehend einen Stimmungswandel aus. Es hatte sich also doch gelohnt, dem König das Anliegen direkt vorzutragen. Endlich reagierte seine Behörde, und niemand in Amrits Familie hätte zu diesem Zeitpunkt vermutet, dass sich noch einmal bürokratische Hürden auftun würden.

Auf dem Schreibtisch vor dem königlichen Beamten, das hatte Amrit sofort erkannt, lag sein Schreiben an den König und daneben ein leeres Blatt Papier, auf dem sich sein Gegenüber im Verlauf des Gesprächs Notizen machte. Immerhin hatte dieser gar nicht erst eine andere Beschäftigung vorgetäuscht, sondern seinem Besucher die Aufmerksamkeit vom ersten Moment an zuteil werden lassen.

»Sie beantragen eine Schulausbildung für die Dyo Maiju«, hat er den Inhalt des Gesuchs eher als Feststellung, denn als Frage formuliert.

»Für meine Tochter … ja!«, hat Amrit bestätigt.

Vor einem riesigen Bildnis der königlichen Familie nahm der Beamte sein Gegenüber ins Visier.

»Warum glauben Sie, dass der Unterricht, welcher der Dyo Maiju im Kumari Bahal erteilt wird, nicht den Erfordernissen genügt?«

Amrit fühlte sich plötzlich unwohl. Sollte er dem Beamten sagen, dass er bei Rasmilas Familie gewesen war und von der Schwester der ehemaligen Kumari ein vernichtendes Urteil über Durgas Unterricht erhalten hatte? Würde man Rasmilas Familie womöglich Schwierigkeiten machen, weil sie Interna aus dem Kumari Bahal erzählt hatte?

»Ich habe Erkundigungen eingezogen«, sagte er vorsichtig.

»Welche Erkundigungen?«

»Nun, ich weiß, dass die letzte Kumari nach ihrer Ablösung in die zweite Klasse eingeschult worden ist. Da war sie zwölf. Sie ist jetzt in der achten Klasse – und das mit achtzehn Jahren. Das spricht doch nicht gerade für erstklassige Lernerfolge während der Primarstufe!«

Amrit redete sich ein wenig in Rage und verwendete dabei Vokabeln wie »erstklassige Lernerfolge« und »Primarstufe«, die er bei seinem Bruder Bhuwan gehört hatte. Der Beamte notierte etwas und dann endete das Gespräch ebenso unverbindlich wie alle anderen vorherigen in diesem Palast. Man werde sich melden, sobald eine Entscheidung gefallen sei, sagte auch dieser Beamte wieder und verabschiedete einen enttäuschten Amrit Man Shakya.

Das Erste, was der Kumari an Bina auffällt, sind die offenen Haare. Alle Frauen in ihrer Umgebung haben die Haare hinten zusammengebunden – wie Durga – oder hochgesteckt wie die Lehrerin der Nava-Adarsha-Highschool, die sie einige Tage lang unterrichtet hatte. Bina aber lässt ihr langes dunkles Haar, das in der Mitte gescheitelt ist, einfach auf die Schultern herunterfallen. Das gefällt der Kumari, und sie findet, dass das auch sehr gut zu deren großen hellbraunen Augen passt. Und dann entdeckt sie eine breite Lücke zwischen den beiden Vorderzähnen, was beim Lachen besonders lustig aussieht. Doch noch immer hat die Kumari kein Wort mit der fremden Frau gewechselt. Schließlich aber erreicht Bina die Aufmerksamkeit der Mädchengöttin mit einer Kugel, von der sie sagt, dass sie ein Globus und eine Miniaturnachbildung der Welt sei. Dieser Globus hängt in einer Verankerung und lässt sich daher drehen. In den unterschiedlichsten Farben sind darauf alle Länder der Erde abgebildet.

Bina zeigt mit einem rot lackierten Fingernagel auf ein schmales, lang gestrecktes, violettes Land.

»Da ist unser Nepal, und dieser Punkt hier ist die Stadt Kathmandu, wo wir uns jetzt gerade befinden«, sagt sie und zeigt wieder die Zahnlücke.

Das ist ja ein ganz kleines Land … Nepal. Sie hatte noch nie darüber nachgedacht, wie groß das Land wohl sein mochte, in dem sie die Kumari ist. Aber sicher hätte sie auch nicht vermutet, dass es so klein ist. Viele von den anderen Ländern sind größer als Nepal. Da gibt es sogar gleich nebenan viel, viel größere Länder. Ein gelbes Land, das China heißt, direkt über Nepal – und das grüne darunter ist Indien. Dieses Land kennt sie natürlich schon, weil ja dort der Sender ist, in dem Spiderman *ausgestrahlt wird – und das sagt sie Bina auch.*

Bina zeigt auf ein anderes großes Land und sagt, dass Spiderman eigentlich von dort kommt. Dieses Land heißt Vereinigte Staaten von Amerika, und dann zeigt Bina mit einem ihrer rot lackierten Fingernägel auf die Stadt, wo Spiderman eigentlich wohnt, in New York.

Sie betrachtet den Globus lange, lässt sich die hohen Berge des Himalaja zeigen und erklären, was ein Ozean ist und was eine Wüste. Bina hat auch ein Buch mitgebracht, in welchem sie ihr Bilder zeigt von den Wüsten und von den Stränden, die ja auch aussehen wie Wüsten, allerdings mit dem großen Meer auf der einen Seite, das bis zum Himmel reicht …

»Weißt du, woran man sehen kann, dass die Erde sich dreht?«, fragt Bina.

Die Kumari zieht die Schultern hoch und spricht den ersten Satz während dieser Begegnung: »Die Erde dreht sich doch nicht. Das ist doch nur der Globus.«

Nun weiß Bina, dass die Mädchengöttin ihren Ausführungen gefolgt ist, auch wenn sie äußerlich abwesend wirkte.

»Die Erde dreht sich auch«, sagt sie. »Deshalb ist es nämlich in der Nacht dunkel und am Tag hell.«

Bina überlegt, wie man den Raum so abdunkeln kann, dass sie es mit Hilfe der mitgebrachten Taschenlampe demonstrieren kann.

Sie findet es lustig, mit Bina und dem Globus unter die große Decke zu kriechen. Bina schaltet die Lampe an – und jetzt kann sie es auch sehen. Die Lampe bleibt immer an derselben Stelle, aber der Globus dreht sich. Und immer sind die Länder, die gerade an der Lampe vorbeikommen, hell und die anderen dunkel. So ist auch Nepal mal hell und dann wieder dunkel … Bina sagt, dass die Taschenlampe die Sonne ist, aber das hat sie sich schon gedacht. Sie fragt Bina, warum man denn überhaupt nicht spürt, dass die Erde sich dreht. Da hält Bina den Globus an und beginnt, ihn ganz, ganz langsam zu drehen …

»Die Erde braucht vierundzwanzig Stunden, um sich einmal zu drehen. Das ist so langsam, dass wir es gar nicht merken.«

Nun gibt Bina dem Globus einen Schubs.

»Wenn die Welt sich so schnell drehen würde, würden wir alle herunterplumpsen«, sagt sie und beide müssen über diese Vorstellung lachen – das Eis zwischen der Kumari und ihrer neuen Lehrerin ist endgültig gebrochen.

Auf den dritten Anruf aus dem Narayanhiti Durbar hat Amrit Man Shakya längst nicht mehr so enthusiastisch reagiert wie beim ersten

Mal – und auch nicht mehr so erwartungsvoll wie nach dem zweiten Anruf. Er zeigt sich mittlerweile sogar ausgesprochen skeptisch. Nachdem ihm nämlich der zweite Besuch im Palast zwar die Bekanntschaft eines weiteren königlichen Beamten beschert hatte, jedoch mit dem gleichen Ergebnis wie bei allen anderen Begegnungen zuvor, glaubte er, dahinter eine Taktik zu erkennen. Schlagartig war er davon überzeugt, dass ihn die Bürokratie mit seinem Anliegen so lange hinhalten will, bis seine Tochter auf dem Kumari-Thron abgelöst sein wird. Diese Erkenntnis versetzte ihn zeitweilig in geradezu depressive Zustände. Er mochte ja sonst eine Kämpfernatur sein, die sich oftmals selbst dann nicht mit Situationen abfindet, wenn andere längst aufgegeben haben – gegen Mousuf Sarkar aber hatte er keine Chance. Trotzdem hatte er beschlossen, noch einen letzten Versuch zu unternehmen …

Das Haus, das der Mul Purohit für sich und seine Familie hat bauen lassen, lag versteckt an einem kleinen Weg hinter einer Tankstelle. In der ersten Etage befand sich das geräumige Zimmer, in dem der königliche Oberpriester gelegentlich Besucher empfing. Amrit war angenehm überrascht gewesen, als ihn der fast siebzigjährige Ramesh Prasad Pandey nicht in der offiziellen Doura Suruwal, sondern in einer legeren hellen Leinenhose, einer braunen Strickjacke und einem bunten Topi begrüßte.

Vor gerahmten Schwarzweiß-Fotografien der Könige Tribuhvan und Mahendra, dem Großvater und dem Vater des jetzigen Königs, nahm der Mul Purohit Platz und forderte den Besucher auf, sein Anliegen vorzutragen. Natürlich wusste er von dessen Brief an den König, doch er hatte die Sache nicht weiterverfolgt. Es war ihm zunächst auch nicht klar gewesen, was der Vater der Kumari eigentlich von ihm erwartete.

Im Grunde widersprach dessen Wunsch nach einer Schulausbildung natürlich dem göttlichen Status der Kumari. Andererseits ist der alte Brahmane auch nicht gänzlich weltfremd. Er hat selbst Kinder und Enkelkinder und weiß daher wohl, wie wichtig eine gute schulische Ausbildung für deren Zukunft ist. Kann diese einem Mädchen verweigert werden, nur weil die Göttin Taleju sie zeitweilig zu ihrem Medium erwählte? Diese Frage hatte er aber gar nicht zu entscheiden, und das sagte er dem Vater der Mädchengöttin auch. Er halte es sogar für unwahrscheinlich, dass Mousuf Sarkar ihn diesbezüglich jemals um seine Meinung bitten werde. Wenn dies aber wider Erwarten doch geschehen sollte, so hat er Amrit schließlich versichert, werde er in ihm einen Fürsprecher haben.

Einige Wochen nach dem Besuch beim Mul Purohit war Amrit dann der erneuten Aufforderung nachgekommen, im Königspalast zu erscheinen. Sollte der Mul Purohit tatsächlich seinen Einfluss geltend gemacht haben? Die Hoffnung, dass dies der Grund für den Anruf war, hat sich jedoch in Grenzen gehalten. Zu oft hatte er im Palast des Königs unnahbar wirkenden Beamten gegenüber gesessen, zu tief wirkten die Enttäuschungen über die nicht getroffenen Entscheidungen nach. Sollte man ihn abermals ohne greifbares Ergebnis entlassen wollen, so würde er diesmal den Narayanhiti Durbar nicht verlassen, ohne dem Beamten zuvor zu erklären, dass er deren Verzögerungstaktik durchschaut habe. Das hatte er sich fest vorgenommen.

Wieder musste sich der Vater der Kumari bei dem Militärposten hinter dem großen Gittertor am Durbar Marg melden. Abermals hatte man ihm zunächst den Ausweis abgenommen und schließlich eine Leibesvisitation durchgeführt. Doch dann wurde er in einen großen Konferenzraum geführt, in dem an einem langen Tisch eine fünfköpfige Kommission saß. Unter ihnen erkannte Amrit auch die Beamten, die ihn die beiden letzten Male empfangen hatten. Nun wurden sie ihm erstmals als »königliche Sekretäre« vorgestellt.

Amrit musste sein Anliegen diesmal nicht selbst vortragen. Es wurde von dem Vorsitzenden der Kommission aus den Akten verlesen, und Amrit blieb nur, nach newarischer Art, mehrfach zustimmend den Kopf zu schütteln. Anschließend hatte der Vorsitzende hochgesehen und nachdenklich die Lesebrille abgenommen.

»Wir können im Kumari-Haus natürlich keine Privatschule errichten«, sagte er, und Amrit spürte, dass dieser Aussage noch ein »Aber« folgen würde. Nicht zuletzt, weil er ja auch gar keinen Antrag auf Errichtung einer Privatschule gestellt hatte.

Bevor der Vorsitzende seine Ausführungen fortsetzte, blickte er nach beiden Seiten zu den anderen stoisch nach vorn starrenden Kommissionsmitgliedern. Danach wandte er sich wieder Amrit zu, die Hände ineinander gelegt, und fuhr im Tonfall einer privaten Unterhaltung fort: »Mousuf Sarkar hat beschlossen, aus seiner Privatschatulle eine Lehrkraft für die Dyo Maiju zu bezahlen. Ihre Tochter wird daher offiziell Schülerin der Nava-Adarsha-Highschool am Basantapur-Platz. Jemand aus dem dortigen Lehrkörper wird regelmäßig in das Kumari-Haus kommen und die Dyo Maiju nach den staatlichen Lehrplänen unterrichten. Damit hat Mousuf Sarkar also Ihrem an ihn gerichteten Anliegen zugestimmt.«

»Zugestimmt …!«, kam es kaum hörbar über die Lippen des überraschten Amrit. Dann blickte er der Reihe nach in die völlig emotionslosen Mienen der Kommissionsmitglieder. Warum freut sich denn keiner?, schoss es ihm durch den Kopf. Hatte Mousuf Sarkar womöglich eine Entscheidung getroffen, die sie nicht teilten? War es am Ende doch der Mul Purohit, der den König zu dieser großzügigen Geste veranlasst hat? Amrit Man Shakya wusste, dass er auf diese Fragen nie eine Antwort bekommen würde. Das aber war ihm plötzlich völlig egal.

Bina schneidet einen Apfel in vier gleiche Teile und einen anderen in zwei gleiche Teile. Dann nimmt sie eines von den vier Teilen und sagt: »Diesen Apfel habe ich in vier gleiche Teile geschnitten und deshalb habe ich hier vier Viertel von einem Apfel. Jedes Teil heißt also ›ein Viertel‹ und das schreibt man so ...«

Sie malt »$^1/_4$« auf einen Block und erläutert die Schreibweise: »Oben steht die Eins, weil es ja *ein* Viertel ist. Wenn ich also noch ein zweites Viertel dazu tue ...«

»... dann sind das zwei Viertel«, ergänzt die Kumari.

»Richtig«, freut sich Bina und fragt erwartungsvoll: »Und wie schreibt man das?«

Die Kumari überlegt einen Moment, dann greift sie zum Stift und notiert »$^2/_4$« auf den Block.

Nun schiebt Bina die beiden Viertel zusammen und legt sie neben einen der beiden Hälften des anderen Apfels.

»Sieh mal, die beiden Viertel von diesem Apfel sind genauso groß wie ein Teil von diesem Apfel, den ich nur in zwei Teile geschnitten habe.«

Bina hält auf den Block fest: »$^2/_4 = {}^1/_2$«.

Die Kumari sieht sich die Gleichung an. Nachdenklich formuliert sie: »Zwei Viertel sind genauso groß wie *ein* Zweitel ...«

Verwundert nimmt die Mädchengöttin zur Kenntnis, dass Bina schallend lacht. Da in diesem Moment aber nebenan die Schüler der Nava-Adarsha-Highschool lautstark das Gebäude verlassen, läuft die Kumari zum vergitterten Fenster hinüber.

Schon heute Morgen war ihr aufgefallen, dass Tashi nicht zur Schule gekommen ist. Und sie ist auch zwischenzeitlich nicht erschienen. Deshalb geht Mishu ganz allein zu dem Brunnen dort drüben. Warum aber spricht niemand mit dem dicken Mädchen?

Wie gern würde sie jetzt die Treppe hinuntersteigen, durch die Seitentür, durch die auch Durga-didi oft das Kumari-Haus verlässt, hinausgehen und zu Mishu hinüberlaufen. Sie würde ihr sagen, dass sie auch Schülerin an dieser Schule ist, und nur weil sie die Kumari ist, wird sie nicht mit ihnen ge-

meinsam, sondern dort oben ganz allein unterrichtet. Aber nicht von der Lehrerin, die anfangs immer kam und die sie noch manchmal beim Verlassen der Schule sieht, sondern von Bina, die sehr nett ist und eine lustige Zahnlücke hat. Das alles würde sie Mishu gern erzählen …

Immer wieder in den letzten Wochen hatte der Chitaidar zu Bina gesagt, dass keinerlei Zwang auf die Dyo Maiju ausgeübt werden darf. Sie dürfe die Mädchengöttin nur unterrichten, wenn diese das auch will. Auf jeden Fall habe man umgehend abzubrechen, wenn die Dyo Maiju sich erhebt.

Eine solche Situation bringt Bina daher regelmäßig in einen Konflikt. Einerseits ist dieses Mädchen auch nach Binas religiöser Überzeugung die »lebende Göttin«, deren Dienerin sie ist und deren Willen sie folglich zu beachten hat. Andererseits aber ist sie ebenso eine Schülerin, die eine nicht unbeträchtliche Fülle an Lehrstoff zu bewältigen hat. Schon bald wird von der Schule nebenan ein Lehrer herüberkommen und die ersten Prüfungen abnehmen. Ohne ein gewisses Maß an Disziplin ist das nicht zu schaffen.

Hilflos steht Bina hinter der Kumari und versucht mit einem Blick durch das Fenster herauszufinden, was eigentlich so sehr die Aufmerksamkeit der Mädchengöttin auf sich zieht.

»Diese Schüler haben heute schon sechs Stunden fleißig gelernt«, beginnt Bina behutsam den Versuch, die Kumari an den Tisch zurückzulocken.

Als die Mädchengöttin überhaupt nicht reagiert, ahnt Bina, dass heute wieder einer jener Tage ist, an denen die Kumari nicht mehr sprechen wird. Sie wird stumm aus dem Fenster blicken, bis Durga nach Hause kommt und sie auf die abendliche Puja vorbereitet. Spätestens dann fühlt sich Bina in diesen Räumen endgültig überflüssig. Niemand hat das ihr gegenüber je so formuliert, aber der ritualisierte Ablauf der frühen Abendstunden macht ihr klar, dass jemand wie sie im Kumari Bahal einfach nicht vorgesehen ist. Bina beschließt, sich dem heute gar nicht erst auszusetzen, und beginnt ihre Unterlagen zusammenzupacken.

Bina hat gesagt, dass sie bald ein Lehrer von nebenan prüfen will. In Mathematik. Und ein paar Tage später in Nepali und auch in Englisch. Immer an dem Tag, wenn die Schülerinnen nebenan auch geprüft werden. Wenn die Regenzeit vorbei ist, wird sie ein Zeugnis bekommen, in dem man dann nachlesen kann, ob sie alles gewusst hat oder nicht – das hat Bina gesagt. Und Durga-didi hat gemeint, dass das nicht so wichtig sei. Trotzdem will sie mit Bina alles lernen, damit sie nicht ein schlechteres Zeugnis hat als Tashi, Mishu und die anderen Schülerinnen.

Plötzlich springt die Kumari auf, kommt zu Bina gelaufen und ruft: »Wollen wir jetzt wieder in deinem Buch mit den englischen Geschichten lesen?«

Angesichts dieser plötzlichen Wendung blickt Bina überrascht hoch – dann zeigt sie ihre Zahnlücke und sagt: »Gern!«

Als Amrit Man Shakya das Büro des Schulleiters der Nava-Adarsha-Highschool verließ, glaubte er sich am Ziel seiner Bemühungen. Der Prinzipal hatte für sein Anliegen volles Verständnis geäußert, und sicher würde es der Angelegenheit förderlich sein, dass er Amrits Bruder Bhuwan kennt und als Kollegen schätzt. Schließlich hatte der Schulleiter seine Tochter in das Büro gerufen, die zwar zunächst einen etwas zurückhaltenden Eindruck gemacht hatte, dann aber den einer engagierten Pädagogin. Sie berichtete, dass sie sich bereits mit Durga getroffen und mit der Kumari einen ersten – übrigens sehr zu ihrer Zufriedenheit ausgefallenen – Test durchgeführt habe. Niemals hätte es Amrit nach diesem Treffen in der Chefetage der berühmten Nava-Adarsha-Highschool für möglich gehalten, noch einmal im Narayanhiti Durbar vorstellig werden zu müssen.

Der Chitaidar hatte Amrit bei einem Besuch im Kumari Bahal mitgeteilt, dass die Lehrerin von nebenan immer erst um fünf Uhr nachmittags Zeit fände, die Kumari zu unterrichten. Dies aber sei eine sehr ungünstige Zeit – eine Stunde vor der abendlichen Puja. Obleich die Dyo Maiju willens sei, die Lehrerin zu empfangen, so bliebe bestenfalls eine Stunde Zeit für den Unterricht. Und dann hat der Chitaidar den Vater der Kumari provokativ gefragt, ob es etwa das sei, was er mit seinem Brief an den König beabsichtigt habe.

Ging die Verschwörung der Bürokratie etwa weiter? Wollte man sein väterliches Anliegen auch künftig hintertreiben? Ganz sicher war Mousuf Sarkar in derartige Verschwörungen nicht eingeweiht, da war sich Amrit sicher. Und mit dieser Gewissheit in der Hinterhand lehnte er jede Auseinandersetzung mit dem Chitaidar ab, suchte aber auch nicht erneut das Büro des Schulleiters auf, sondern wandte sich direkt und mit Nachdruck an den Vorsitzenden der königlichen Kommission. Diesmal erfolgte die Einladung in den Palast innerhalb von zwei Tagen.

Amrit war der Kommission nicht allein gegenübergetreten, sondern brachte Bina mit, was bei der Eingangskontrolle zunächst für etwas Verwirrung gesorgt hatte. Die neunzehnjährige Bina, die Nichte seiner Frau, sei zwar keine studierte Lehrerin, sondern Studentin der Wirtschaftswissenschaften, aber sie traue sich durchaus zu, erklärte Amrit der Kommission, der Kumari den Stoff der Primarstufe zu vermitteln. Vor allem könne sie einigermaßen frei über ihre Zeit verfügen.

Natürlich hatte die Studentin Bina zudem nichts gegen eine regelmäßige Nebeneinkunft einzuwenden, und Amrit fand es nach all dem Hin und Her inzwischen als vorteilhaft, wenn die Unterrichtung der Kumari in den Händen der Familie liegen würde. Diese Überlegungen wurden aber der Kommission gegenüber nicht ausgeführt. Der Vorsitzende war erleichtert, so schien es, dass diesmal nicht nur ein Problem formuliert, sondern zugleich auch eine Lösung präsentiert wurde. Ohne weitere Beratung stimmte die Kommission daher dem von Amrit vorgeschlagenen Weg zu – und die Studentin Bina Bajracharya war fortan um einige hundert Rupien monatlich reicher.

Der Lehrer, der die Nepali-Prüfung abzunehmen hat, gibt sich streng. Auch wenn er der Dyo Maiju gegenüber zunächst durch eine formelle Verbeugung seinen Respekt bekundet hat. Mit ernster Miene stellt er schließlich das Prüfungsreglement vor. Es seien keine Gespräche erlaubt, erklärt er vor Beginn der Prüfung, und auch keine unerlaubten Hilfsmittel.

Vor zwei Tagen, als die Lehrerin kam, die die Prüfung in Mathematik abgenommen hatte, wusste sie noch nicht, was mit »unerlaubten Hilfsmitteln« gemeint war. Und außerdem hat es noch nie etwas gegeben, was für sie »unerlaubt« war. Aber sie hatte die Lehrerin nicht danach gefragt und auch nicht Bina. Erst Durga-didi, abends, als sie nebeneinander im Bett lagen. Und Durga-didi hat ihr erklärt, dass manche Schüler sich mögliche Lösungswege für eine Aufgabe zum Beispiel in die Handfläche schreiben und dann heimlich bei der Prüfung darauf schauen. Oder sie haben unter der Bank Wörterbücher, in denen sie nachschauen, wenn sie glauben, dass es niemand sieht. Und dann hat Durga-didi gesagt, dass sie das als Schülerin manchmal auch gemacht hat. Aber sie habe natürlich Angst gehabt, denn wenn man sie erwischt hätte, wäre sie ja bei dieser Prüfung durchgefallen.

Später hat sie noch lange über diese Lehrerin nachgedacht. Es gefiel ihr, dass sie darauf hingewiesen hat, dass »unerlaubte Hilfsmittel« verboten seien und die Prüfung bei Anwendung dieser ansonsten als »nicht bestanden zu werten« sei. Und bei diesem Lehrer hatte sie gehofft, dass auch er den Satz sagen würde. Und als er ihn dann sagte, gefiel er ihr wieder.

Der Chitaidar hätte, wäre er bei der Prüfung anwesend gewesen, vermutlich sofort untersagt, dass der Dyo Maiju irgendwelche Vorschriften gemacht werden. War dem Chitaidar doch schon die Examinierung der Mädchengöttin als solche zuwider. Da diese aber von einer königlichen Kommission beschlossen worden war, konnte er nichts dagegen unternehmen. Und so erfährt die jahrhundertealte Kumari-Tradition in diesen Tagen eine revolutionäre Neuerung: die Unterrichtung und Examinierung der Mädchengöttin – veranlasst vom nepalesischen König auf Bitten eines ehemaligen Busfahrers aus Swayambhu und dessen Frau.

Die fremde Frau

Wir sagen der Kumari nie direkt, dass sie uns irgendwann verlassen muss, aber wenn sie mal zehn oder elf Jahre alt ist, beginnen wir vorsichtig, das zu umschreiben. Man muss da psychologisch vorgehen, weil das ja auch wehtut, wenn sie es erfährt. Womöglich denkt sie sonst, sie müsse auf der Stelle das Kumari-Haus verlassen.

Durga

Nach dem Unterricht habe ich manchmal von unserer gemeinsamen Familie erzählt. So wollte ich Amita langsam darauf vorbereiten, dass sie irgendwann einmal eine richtige Familie vorfinden würde.

Bina Bajracharya
Amitas Cousine, die ihr im Kumari-Haus Unterricht erteilte

Das morgendliche Bürsten der Haare ist im Laufe der Jahre zur Alltäglichkeit geworden. In diesem Ritual liegt aber auch Vertrautheit, der stumme Austausch der Blicke signalisiert gefühlsmäßige Übereinstimmung. Die Dienerin würde der Kumari keinen Wunsch abschlagen, die Mädchengöttin keinen Anspruch stellen, den diese nicht erfüllen könnte. In all den Jahren sind sie Freundinnen geworden, auch Schwestern, manchmal gar verständnisvolle Mutter und artige Tochter. Aber in dieser Zeit musste Durga auch akzeptieren, diese Funktionen mit anderen zu teilen – mit Bina, mit Garima, und ein wenig sogar mit den drei Jungen.

Schon seit einiger Zeit fällt Durga auf, dass die Kumari mehr als früher darauf achtet, »ihre Familie« (und damit ist nicht die ihrer Eltern gemeint) um sich zu haben. Als ob sie spüren würde, dass schon bald die Zeit des Abschieds kommen wird. Obgleich alle in ihrer Umgebung sie bisher noch mit der grausamen Wahrheit verschonen – von gelegentlichen Andeutungen Durgas abgesehen.

Vor einigen Monaten, am Fest des Machhendranath, bestand die Kumari plötzlich darauf, dass Garima während der gesamten Puja in ihrer Nähe bleibt. Im Tempelbezirk stand die Kleine dann sogar unmittelbar neben der Kumari, als diese die Verehrung der Gläubigen entgegennahm. Bina hatte sich zwar einige Meter entfernt aufgehalten, aber in Sichtweite der Kumari blieb auch sie. Neben ihr standen die Eltern der Mädchengöttin, doch die Kumari sah nur zu Bina – und durch gelegentliche Seitenblicke schien sie zu kontrollieren, ob auch Durga noch in der Nähe war. Nur mühsam konnte sie davon abgebracht werden, ebenfalls auf die Anwesenheit von Tinku zu bestehen. Erst als man ihr glaubhaft versichert hatte, die zu erwartenden Menschenmassen würden eine Gefahr für Leib und Leben des kleinen Hundes darstellen, war sie überzeugt.

Die Bindung zu Garima wurde noch intensiver, als die Freundin am Ende der Primarstufe ihr erstes Schulzeugnis nach Hause brachte. Die mittlerweile elfjährige Kumari hörte gar nicht mehr auf zu fragen: Wie der Unterricht in diesem und jenem Fach erteilt werde, welches Garimas Lieblingslehrer seien und wie es sei, wenn in einer Klasse viele Schüler in einem Raum zusammensitzen. Lange hatte sie sich selbst bei Garima nicht getraut, danach zu fragen, hatte gehofft, sie würde von sich aus erzählen. Tagelang gab es kein anderes Thema zwischen den beiden. Und als die Mädchengöttin für den Besuch des königlichen Reitturniers in Tundikhel angekleidet werden sollte, erklärte sie wieder, dass sie dort nicht ohne Garima hinwolle. Wäre diese aus einer kindlichen Laune entsprungene Bemerkung in Durgas Gegenwart gefallen, hätte sie der Mädchengöttin sicher behutsam klar machen können, warum es Mousuf Sarkar sehr verwundern würde, wenn sein Blick nicht nur auf seine Kumari, sondern auch noch auf ein fremdes Mädchen fallen würde. Schließlich sitze die Mädchengöttin in dem nur für sie reservierten großen Fenster im Royal Nepal Airlines Building an der Westseite der Rennstrecke wie auf einem Präsentierteller.

Doch Durga wartete bereits im Ankleideraum – und der Chitaidar hatte es als eine Art göttlichen Befehl aufgefasst. Jedenfalls wurde die salopp dahingesprochene Bemerkung sofort dem königlichen Palast übermittelt und führte unmittelbar zu einer Art Krisensitzung des Protokollamtes. Letztlich gab ein kleines Mädchen mit karierter Weste und weißem Rolli an der Seite der Kumari, vielen Besuchern in Tundikhel ein Rätsel auf. Nicht aber dem König, der auf Anraten seines Badaguruju die Anwesenheit von Garima genehmigt hatte.

Im Kumari Bahal hingegen fühlt sich die Mädchengöttin inzwischen immer öfter einsam. Seit kurz nach dem Machhendranath-Fest auch Sougat eingeschult wurde, besuchen nun tagsüber alle ihre Spielkameraden die Schule. Stundenlang ist sie dann mit Durgas Eltern in dem riesigen Gebäude allein. Aber das sind alte Leute, mit denen zwar ein netter Plausch, kaum aber ein Austausch jener Gedanken möglich ist, die Elfjährige beschäftigen, auch wenn sie keine lebende Göttinnen sind. Und mit den Gläubigen, denen sie die Tika auf die Stirn drückt, spricht sie ja ohnehin nicht. Nach dem Mittagessen freut sie sich zwar auf Bina und all die Neuigkeiten, die ihre Lehrerin zu berichten weiß. Doch wenn Bina gegangen ist, dauert es noch immer eine Weile, bis Durga und auch ihre Spielkameraden nach Hause kommen.

Früher wurde sie nachmittags noch manchmal ans Fenster gerufen, um sich den Touristen zu zeigen. Das hatte sie oft gestört, vor allem wenn sie mit den anderen spielen oder fernsehen wollte. Seit einiger Zeit aber wird sie überhaupt nicht mehr ans Fenster gebeten, und sie weiß nicht einmal, warum. Denn niemand wollte sie mit den Details jener Auseinandersetzung belasten, die der Mul Purohit, das Kumari-Komitee und der Chitaidar mit der Stadtverwaltung führen.

Ein Streit, der seinen Anfang nahm, als die Kommunalbehörde von Kathmandu beschlossen hatte, von den Touristen beim Betreten des Durbar-Platzes einen Betrag von 200 Rupien zu verlangen. Von diesem Geld, so die offizielle Begründung, sollen die Sehenswürdigkeiten rund um den Platz erhalten werden. Der Kumari Bahal aber wurde bei der Verteilung der Einnahmen nicht berücksichtigt. Die Erhaltung des Gebäudes, so argumentierte die Kommunalbürokratie, werde schließlich direkt aus der königlichen Schatulle bezahlt, und die Kumari selbst sei ja wohl keine Sehenswürdigkeit. Daraufhin hatte der Mul Purohit beschlossen, fortan dieser Logik entsprechend zu verfahren, und er wies den Chitaidar an, die Dyo Maiju nicht mehr öffentlich am Fenster zu zeigen. Die Kumari hingegen wäre inzwischen selbst für eine solch profane Zerstreuung dankbar. Stattdessen sitzt sie oft stundenlang in Gautams Wohnzimmer vor dem Fernseher, im Schoß ein nicht mehr ganz so kleines Wollknäuel namens Tinku, das ihre Langeweile zu teilen scheint.

In den kommenden Tagen wird diese Mädchengöttin nun schon zum neunten Mal das große Kumari-Fest am Ende der Regenzeit feiern – so oft wie nur wenige andere Kumaris zuvor. Die Bevölkerung geht davon aus, dass man diese außerordentlich beliebte Mädchengöttin an diesem Indra-Jatra-Fest zum letzten Mal erleben werde. Denn schließlich wird sie einen Monat später ihren zwölften Geburtstag feiern. Und kaum eine Kumari saß nach Vollendung des zwölften Lebensjahres noch auf dem Löwenthron. Nur in den sechziger Jahren gab es einmal eine Mädchengöttin, die bis kurz vor dem dreizehnten Geburtstag die Kumari von Kathmandu war. Doch Nani Mayiu, so hieß dieses Mädchen, war erst im Alter von viereinhalb Jahren in den Kumari Bahal gekommen, und weil sie auch mit zwölf Jahren noch sehr kindlich wirkte, durfte sie ausnahmsweise ein Jahr länger bleiben.

In den letzten Monaten ließ Durga kein gesellschaftliches Ereignis aus, um einflussreichen Herren, wie dem Badaguruju, dem Mul Purohit und dem königlichen Hofastrologen die derzeitige Kumari als eine neue Nani Mayiu zu schildern. Bei deren Ehefrauen verwies sie auf die große Beliebtheit, die die Kumari unbestritten in der Bevölkerung genieße. Sie versicherte, dass die Dyo Maiju auch im nächsten Jahr »die jungfräuliche Reinheit« gewiss nicht verlieren werde – eine Umschreibung dafür, dass sie in dieser Zeit nicht mit deren erster Menstruation rechnet.

Der Gedanke aber, dass der Abschied irgendwann unvermeidlich kommen wird, macht Durga traurig. Sie mag nicht daran denken, dass das Mädchen, mit dem sie seit fast neun Jahren Bett und Freizeit teilt, eines Tages nicht mehr dort liegen wird. Vor allem will sie den Gedanken (noch) nicht zulassen, dass jenes Kind, das sie wie ein eigenes lieb gewonnen hat, irgendwann diesen geschützten Raum verlassen muss, um sich in einer Welt wiederzufinden, auf die sie es nicht vorbereiten konnte.

Wie in jedem Jahr an diesem Tag stehen die Mitglieder der gesellschaftlichen und religiösen Upperclass im Raum mit dem goldenen Fenster beieinander und warten auf die Mädchengöttin. Hier und da wird darüber spekuliert, ob dies wohl ihr letztes Indra-Jatra-Fest sein würde, und immer wird hinzugefügt, wie schade man das fände. Diese Kumari sei von einem außerordentlichen Liebreiz, meinen die einen, die andern bewerten vor allem ihre Ära als »ausgesprochen positiv für das Land«. Trotz mancher Regierungskrise gehe es seither »mit Nepal politisch und wirtschaftlich aufwärts« – eine Aussage, die mehr Optimismus als Realitätssinn beweist. Wieder andere erkennen an, dass die schützende Hand der Kumari das Kathmandu-Tal bislang vor jenem selbst ernannten »Volkskrieg« der maoistischen Guerilla verschont habe. Die Frauen der hohen Priesterschaft und auch die der königlichen Hofastrologen werden nach internen Informationen befragt. Zwar gibt es auch von ihnen keine konkreten Hinweise auf den Zeitpunkt einer Ablösung, aber mehrfach lassen einige mit viel sagendem Blick in die Runde den Namen Nani Mayiu fallen.

Kaum einem der Auserwählten, der in diesem speziellen Raum die Tika aus der Hand der Kumari empfängt, fällt auf, dass die Mädchengöttin immer wieder zu ihren Freunden hinüberblickt. Allerdings war vor ihrem Eintreffen von einigen mit Irritation zur Kenntnis genommen worden, dass die besten Plätze neben dem goldenen Fenster bereits von den Enkeln der Chitaidars besetzt worden sind. Dann aber wurde darüber informiert, dass dies auf ausdrücklichen Wunsch der Dyo Maiju geschehen sei. Natürlich hatte niemand die Stillosigkeit, der Anweisung einer Kumari zu widersprechen. Lediglich die Eltern der diesjährigen Kindergötter Ganesh und Bhairav reagierten zunächst etwas verärgert. Schließlich seien ihre Söhne ebenfalls »lebende Götter« – wenngleich nur für einige Tage – und wünschten sich, von ihrem Wagen aus die Eltern am Fenster zu sehen. Kategorisch setzte der Chitaidar schließlich deren Unmut mit der Feststellung ein Ende, dass die Anweisung der Dyo Maiju nicht kritisiert werden dürfe.

Gaurav hat zu ihr gesagt, es werde die Zeit kommen, da dürften sie auf dem goldenen Wagen mitfahren. Vielleicht sogar schon im nächsten Jahr. Das hätten ihre Väter ihnen gesagt. Für Garima gelte das natürlich nicht, denn Garima sei ja ein Mädchen … Aber ist sie das nicht auch? Das sei in ihrem Fall etwas anderes, hat Gaurav dann gesagt, denn sie sei ja schließlich die Mädchengöttin! … Doch sie findet es seltsam, dass sie als Mädchen von allen verehrt wird, aber alle anderen Mädchen dürfen nicht mal auf dem Wagen mitfahren – Garima nicht und Durga-didi nicht und Bina auch nicht.

Draußen ertönt der Applaus der vielen tausend Besucher und die von einer Militärkapelle gespielte Nationalhymne. Die Kumari springt auf und läuft zum goldenen Fenster hinüber. Sofort teilt sich die Gruppe der Gäste und bildet ein Spalier. Sie senken die Köpfe, und so nimmt kaum einer wahr, wie die Kumari lächelnd auf Garima, Durga und die Jungen zugeht. Doch schon im nächsten Moment blickt sie wieder mit emotionslosem Pokerface hinunter zum König und seinem Gefolge. In diesem Moment beginnt das Indra-Jatra-Fest des Jahres 2000, das nach dem nepalesischen Kalender 2057 und nach newarischer Zeitrechnung das Jahr 1120 ist.

Wie an jedem Indra-Jatra-Fest hat sich Amrit Man Shakya schon sehr früh auf den Weg gemacht, um nicht in der bald hoffnungslos verstopften New Road in der Menschenmasse stecken zu bleiben. Kurz vor dem Basantapur-Platz ist es ihm dann doch passiert. Meter für Meter kämpft sich der kleine Mann zwischen den Leuten hindurch. Er will unbedingt noch vor dem Beginn der Jatra mit dem Chitaidar sprechen, um in Erfahrung zu bringen, ob am nächsten Dashain-Fest mit der Rückkehr seiner Tochter zu rechnen sei. Immer wieder hat ihm seine Frau in den letzten Tagen eingeschärft, sich nicht mit einer vagen Auskunft zufrieden zu geben. Denn schließlich finde Dashain schon im kommenden Monat statt und die Rückkehr ihrer Tochter würde einige Vorbereitungen erfordern.

Der Weg vom Kumari Bahal hinüber zum goldenen Wagen ist sicher kein idealer Ort, eine solche Frage zu stellen. Da Amrit aber sehr spät eingetroffen ist, hat er den Chitaidar erst hier erwischt, und unter diesen Umständen scheint es ihm noch der beste Ort an diesem ereignisreichen Tag zu sein.

Der Chitaidar hingegen fühlt sich allein schon von Amrits Frage überfordert. Vor allem glaubt er nicht, der kompetenteste Mann für eine solche Auskunft zu sein. Wenngleich er nach dem elften Geburtstag der Kumari vorschriftsmäßig die Shakya-Familien Kathmandus um die Horoskope ihrer Töchter gebeten hatte – mit magerem Ergebnis. Jedenfalls war die Zahl der Eltern, die sich weigerten, das Horoskop auszuhändigen, diesmal höher als jemals zuvor. Im Guthi Sanasthan, dem er darüber Meldung machte, wurde die »mangelnde Verantwortung« der betreffenden Familien beklagt, und auch der Chitaidar spricht seither häufig von einem »Werteverfall« in der Gesellschaft. Schließlich konnte er Mangal Raj Joshi, dem königlichen Chefastrologen, doch noch drei Horoskope übergeben. Was würde aber geschehen, wenn keines der drei Mädchen für eine Kumari geeignet ist und die amtierende Dyo Maiju »unrein« wird? Doch eine solche Überlegung will und kann er dem Vater der jetzigen Kumari ja schlecht mitteilen, und so begnügt er sich mit der Aussage: »Ich bin für eine solche Auskunft zwar nicht der richtige Mann, aber meine Frau und ich gehen nicht davon aus, dass wir an Kala Ratri eine neue Kumari haben werden.«

Der erhabene Blick der Mädchengöttin hinüber zum König erscheint bildschirmfüllend auf dem kleinen Fernsehgerät in Anitas Zimmer. Normalerweise hält sich das Interesse des Teenagers an der Fernsehübertragung religiöser Feierlichkeiten sehr in Grenzen. Diesmal aber ist ihre Mutter in den ersten Stock gekommen, und so bleibt Anita keine andere Wahl. Sie weiß nicht, dass ihre Ma die TV-Übertragung des Prozessionszuges eigentlich dazu nutzen will, sie auf ein bevorstehendes Ereignis einzustimmen.

Natürlich ist es Mimitas großer Tochter bekannt, dass die Kumari ihre leibliche Schwester ist, auch wenn sie kaum noch Erinnerungen an sie hat. Weder an jenen schrecklichen Besuch im Kumari Bahal und schon gar nicht an die drei gemeinsamen Jahre. In absehbarer Zeit aber wird sie in diesem kleinen Zimmer Bett und Fernsehgerät mit jenem Mädchen teilen müssen, das gerade auf dem Bildschirm als Kumari zu sehen ist.

»Da ist Baa!«, ruft Anita: »Da hinten. Siehst du ihn?«

»Und da vorn sitzt deine Schwester!«

Sofort läuft Anita rot an, als habe ihre Mutter etwas gesagt, was ihr peinlich sein müsste. Tatsächlich war ihr gegenüber Amitas Existenz als Mädchengöttin in den letzten Jahren kaum noch erwähnt worden. Sie wurde zwar auch nicht bewusst verschwiegen, aber immerhin wurde in Anitas Gegenwart so selten darüber gesprochen, dass es Mimita jetzt schwer fällt, deren bevorstehende Rückkehr zu thematisieren. Steht dem Mädchen doch damit eine Veränderung bevor, die ja nicht nur eine räumliche sein würde, sondern auch einen tiefen Einschnitt in Anitas Leben bedeuten wird. So werden die Schwestern zwar in diesem Zimmer zusammenleben, aber die jüngere der beiden wird einen gänzlich anderen Status haben. Schließlich wird sie die jahrelange göttliche Existenz ja nicht abstreifen können wie einen Mantel. Davon jedenfalls ist Mimita überzeugt und auch alle anderen in der Familie, die auf die heimgekehrte Tochter Rücksicht nehmen, all ihre Wünschen erfüllen und sie beim Übergang ins profane Leben unterstützen wollen. Das zu akzeptieren wird für Anita nicht leicht werden.

Vielleicht ist es kein glücklicher Zeitpunkt, überlegt Mimita, ihre große Tochter ausgerechnet jetzt damit zu konfrontieren, während ihre Schwester im Fernsehen auf einem goldenen Wagen und als allseits verehrte Mädchengöttin zu sehen ist? Vielleicht sollte man erst Amrits Rückkehr abwarten, um zu erfahren, ob Amita tatsächlich schon im nächsten Monat in den Schoß der Familie zurückkehren wird? Vielleicht sollte man auf Binas Angebot zurückkommen, die beiden Schwestern zunächst im Kumari Bahal miteinander bekannt zu machen? Immerhin hat Bina mittlerweile einen äußerst positiven Einfluss auf die Kumari, weshalb sie ein solches geschwisterliches Zusammentreffen sicher besser gestalten kann, als ihr das als Mutter vor mehr als acht Jahren möglich war. Schließlich fällt Mimita die Entscheidung, ihre große Tochter heute nicht mit einem Thema zu belasten, das diese – wenngleich grundlos – momentan noch als peinlich empfindet.

Als die Mädchengöttin den Raum betritt, verstummen die Frauen an der langen Tafel. Sie respektieren die derzeitige Dyo Maiju als das, was auch sie einst waren – als lebende Inkarnation der Göttin Taleju (oder nach buddhistischer Lesart die der Göttin Vajra Devi). Alljährlich am zweiten Tag des Indra-Jatra-Festes werden die ehemaligen Mädchengöttinnen Kathmandus in den Kumari Bahal eingeladen, um in Anwesenheit der Mädchengöttin das Abendessen einzunehmen. Sie wissen, dass die Kumari bereits gespeist hat, denn bekanntlich ist es niemandem gestattet, die Mahlzeit mit ihr gemeinsam einzunehmen. Schließlich hat eine jede von ihnen einst dort auf dem roten Kissen an einem seperaten Tisch den jeweiligen Vorgängerinnen stumme Gesellschaft geleistet. Zehn ehemalige Kumaris zwischen zwanzig und zweiundachtzig Jahren sind auch in diesem Jahr der Einladung in das Wohnhaus ihrer Kindheit gefolgt.

In der Vergangenheit hatte man die Mädchengöttin im Unklaren darüber gelassen, um wen es sich bei diesen Frauen handelt. Sie hatte aber auch nicht nachgefragt – weder wer diese Besucherinnen sind noch weshalb sie sich nicht vor ihr verneigen. Vor wenigen Tagen aber wurde sie von Durga darüber aufgeklärt, dass alle diese Frauen, die, wie schon in den Jahren zuvor, hier speisen werden, einst als Kumari im Bahal gelebt haben. Dann hatte Durga sie auf jene Bildergalerie im langen Gang des oberen Stockwerks aufmerksam gemacht, an der die Mädchengöttin in all den Jahren achtlos vorübergegangen war.

»Dies sind die Bilder von sämtlichen Kumaris, die jemals in diesem Palast gelebt haben, seit er im Auftrag von König Jaya Prakash Malla vor über zweihundert Jahren erbaut worden war«, hat Durga zu ihr gesagt. Danach hat die Kumari sie der Reihe nach betrachtet. Die meisten Porträts sind nur als Zeichnungen vorhanden, doch die letzten zwölf Kumaris existieren bereits als Fotografie. Seither konnte die Mädchengöttin nicht mehr an der Kumari-Galerie vorbeigehen, ohne die auf gleiche Weise geschminkten Mienen ihrer zahlreichen Vorgängerinnen zu mustern.

Die Kumaris auf den Bildern dort oben sind alles Mädchen. Diese Frauen hier aber sind gar keine Mädchen. Die junge Frau, die gleich rechts von ihr sitzt, erkennt sie sogar wieder. Sie ist die, die auf dem letzten Foto abgebildet ist. Da war sie noch ein kleines Mädchen …

Sie blickt in die Gesichter der anderen. Aber sie kann diese nicht gut erkennen, weil keine dieser Frauen zu ihr hersieht … Warum aber sind diese Frauen denn keine Kumaris mehr? … Sie sind ja auch keine Mädchen mehr!? … Kann man denn nur eine Kumari sein, wenn man ein Mädchen ist? Natürlich, denn es heißt ja Dyo Maiju – Mädchengöttin! Und wenn sie selbst kein Mädchen mehr sein wird …? Irgendwann hört sie ja auch mal auf, ein Mädchen zu sein! Wird sie dann keine Kumari mehr sein? Was aber wird sie stattdessen sein? Solange sie zurückdenken kann, ist sie die Kumari und wohnt mit Durga-didi hier im Bahal. Wo aber soll sie dann wohnen? Wo wohnen denn alle diese Frauen? Auf diese Fragen findet sie keine Antwort. Aber Durga-didi wird niemals zulassen, dass sie woanders wohnt. Vielleicht aber wird sie ja nie etwas anderes sein, als ein Mädchen – und deshalb kann sie vielleicht auch immer die Kumari bleiben. Sie hält es für möglich, dass bei ihr alles anders sein wird als bei diesen Frauen – auch wenn sie nicht weiß, warum.

Eine ältere Ex-Kumari hat schon vor einer Weile den Blick gehoben und begonnen, die Dyo Maiju zu beobachten. Ihr ist bewusst, dass das Mädchen nun in einem Alter ist, in dem es über das nachdenkt, worüber niemand mit ihm spricht – darüber, wie es mit ihrem Leben weitergehen wird. Die ältere Frau erinnert sich auch nach Jahrzehnten noch sehr gut an jene Zeit kurz vor ihrer eigenen Ablösung, als in die Atmosphäre der Zeitlosigkeit, die bis dahin hier im Bahal geherrscht hatte, die Dimension der Zukunft hereingebrochen war. Damals, als sie sich aus versteckten Hinweisen der Chitaidar und Ereignissen wie diesem, die Endlichkeit ihrer göttlichen Existenz zusammenreimte. Sie kann bis zum heutigen Tag jenen Gefühlszustand nachspüren, den sie in dieser Zeit zum ersten Mal in ihrem bis dahin kurzen Leben an sich wahrgenommen hatte und von dem sie jetzt weiß, dass es Angst war. Nackte Angst angesichts der Ungewissheit, was mit ihr geschehen würde. Seither hat sie sich viele hundert Male gefragt, weshalb ihr damals niemand die Wahrheit gesagt und sie rechtzeitig auf den unvermeidlichen Abschied vorbereitet hatte.

In den vielen Jahren, die seitdem vergangen sind, hat die alte Dame anlässlich dieses traditionellen Abendessens einige Kumaris erlebt – sie alle sitzen inzwischen als normale Newar-Frauen mit ihr an dieser Tafel. Sie konnte immer wieder beobachten, wie sich das Verhalten ihrer diversen Nachfolgerinnen an der Schwelle zur Pubertät fast ausnahmslos wiederholt. Solange sie noch die Dyo Maiju sind, sprechen sie nicht mit ihren Vorgängerinnen, weil sie mit niemandem sprechen, der nicht im Kumari Bahal wohnt. Außerdem sagt ihnen ja keiner, wessen Gastgeberin sie eigentlich sind. Im Jahr nach der Ablösung sitzen sie dann hier und sind noch immer stumm. Die zuletzt abgelösten Kumaris beteiligen sich in den ersten Jahren in aller Regel noch nicht an der Unterhaltung, wofür es an diesem Tag immerhin reichlich Gelegenheit gäbe. Denn während die aktuelle Mädchengöttin am zweiten Tag des Indra-Jatra-Festes noch auf ihrem Wagen durch die Stadt fährt, haben sich die Ex-Kumaris bereits zu einem vertrauten Beisammensein im Stockwerk unter dem Thronsaal versammelt.

Warum nur schaut diese alte Frau zu ihr her und nicht, wie alle anderen, auf den Teller vor sich? Aber sie isst ja auch gar nicht. Sie sitzt nur da und blickt sie an. Es ist kein unfreundlicher Blick … Je länger sie sich ansehen, umso mehr spürt sie, dass diese Frau sie mag. Nachdem sie sich eine kleine Ewigkeit in die Augen gesehen haben, muss sie lächeln. Sofort lächelt die Frau auch und hebt dabei überrascht die Augenbrauen. Aber sie spürt, dass diese Frau dort nicht wirklich überrascht ist, sondern es nur spielt, wie in einem Film. Dann schaut diese alte Frau der Reihe nach die anderen Frauen an. Aber die anderen Frauen schauen weiterhin auf ihre Teller.

Die Frau blickt wieder zu ihr, und nun spürt sie ganz deutlich, dass diese alte Frau eine Freundin ist, und das, obwohl sie noch nie mit ihr gesprochen hat.

Eigentlich hatte Durga diesen Fragen zuvorkommen wollen, denn es war absehbar, dass die Kumari sie irgendwann stellen würde. Doch bisher hatte sie es nicht übers Herz gebracht, der Dyo Maiju auf unzweideutige Weise zu sagen, dass deren Aufenthalt hier im Bahal zeitlich begrenzt sein wird. Bestenfalls in Andeutungen hat Durga von einer fernen Zeit gesprochen, wenn ihre göttliche Mitbewohnerin »mal in einem anderen Haus« wohnen oder »eine ganz normale Schule« besuchen würde. Und auch jetzt hatte Durga die Kumari nicht darüber aufgeklärt, dass man sie auf diesem Indra Jatra vielleicht zum letzten Mal als lebende Göttin auf den Straßen Kathmandus verehren würde.

Durga wollte mit solcher Zurückhaltung aber nicht nur die Kumari schützen, sondern auch sich selbst. In den letzten Jahren hatte sie doch mitbekommen, wie sich das Verhältnis ihrer Eltern zu denen der Mädchengöttin zunehmend verschlechterte. Dass es dabei nicht längst in einem offenen Konflikt eskaliert war, ist nur der Existenz der Kumari zu verdanken. Nach deren Ablösung wird es sicher keinen Umgang mehr zwischen ihren Familien geben. Und auch wenn Durga sich bisher aus allem Streit herausgehalten hatte, so steht zu befürchten, dass man sie im Hause des Amrit Man Shakya immer mit der Chitaidar-Familie identifizieren und deshalb wohl kaum willkommen heißen wird. Andererseits würde sie auch nicht gegen die eigenen Eltern Partei ergreifen wollen. Unter diesen Umständen ist es folglich nur schwer vorstellbar, dass sie mit dem Mädchen, welches hier im dunklen Khopi neben ihr liegt, über deren Kumari-Zeit hinaus einen regelmäßigen Kontakt wird halten können. Ein Gedanke, der sie fast an den Rand der Verzweiflung bringt.

Noch immer wartet die Mädchengöttin auf Durgas Antwort. Denn sie hatte ihre Freundin gefragt, weshalb jene Frauen, die alle mal eine Kumari waren, nun keine Kumari mehr sind?

»Wenn man nicht mehr die Dyo Maiju ist, kann man anziehen, was man will, es muss gar nicht rot sein. Und man kann hingehen, wohin man will. Zum Beispiel hinauf zur Swayambhunath-Stupa, wo einst der Lotussamen des Vipassawi-Buddha gelandet ist. Man kann eine ganz normale Schule besuchen und später heiraten und Kinder kriegen. Und deshalb sind diese Frauen keine Kumaris mehr.«

Durga weiß, dass sie damit die Frage der Mädchengöttin nur unzureichend beantwortet hat, aber sie hält den Augenblick für denkbar ungeeignet, um ihr die ganze Wahrheit zu sagen. Morgen ist der letzte Tag des Indra-Jatra-Festes, die Kumari wird nicht nur eine lange Jatra und mehrere Pujas zu absolvieren haben, sondern sie wird auch den König empfangen und segnen. Dafür braucht die Dyo Maiju jetzt dringend Schlaf und morgen spirituelle Konzentration.

Wie oft hat sie die bunten Kleider von Besucherinnen bewundert und sich vorgestellt, auch mal so etwas zu tragen. Oder eine Bluejeans, wie Gaurav und Sourav sie oft anhaben und auch viele Mädchen draußen auf dem Basantapur-Platz. Sie hat zwar noch nie darüber nachgedacht, ob sie einmal heiraten will – vor allem weiß sie ja auch gar nicht, ob jemand die Kumari heiraten darf –, aber zu der Stupa mit der Lotusblume würde sie schon gerne einmal hinaufsteigen. Alle hier aus dem Kumari Bahal sind ja schon mehrfach dort oben gewesen.

Garima fand es toll, dass es dort ganz viele Äffchen gibt, und sie sagt, dass die Stupa deshalb auch »Affentempel« genannt wird. Und Gaurav war begeistert, dass man von dort oben über die ganze Stadt blicken kann und die Häuser würden ganz klein aussehen und in der Ferne erkenne man die Berge. Warum nur darf sie als Kumari das alles nicht sehen? Und wenn sie es aber unbedingt sehen will? Muss sie dann wirklich fortgehen von hier, so wie diese Frauen, die vor zwei Tagen nebenan gegessen haben? Fortgehen von Durga-didi und von Garima und all den anderen? Und von Tinku?

Die Kumari nimmt ein leises Wimmern wahr. Aber es kommt nicht von jenseits der Tür, wo Tinku manchmal sitzt. Es dauert einen kleinen Moment, ehe sie realisiert, dass es Durga ist, die neben ihr leise ins Kissen weint.

Denkt Durga-didi vielleicht, dass sie weggehen will von hier, und weint deswegen? Aber sie will ja Durga-didi gar nicht verlassen, nicht wegen einer Bluejeans und auch nicht wegen der schönen Aussicht von der Swayambhunath-Stupa aus …

Die Mädchengöttin schmiegt sich eng an ihre Freundin. Dann legt sie ihre kleine Hand auf deren Schulter und flüstert: »Hab keine Angst, ich werde nicht fortgehen von hier. Ich will immer bei dir bleiben!«

Durga dreht sich zur Kumari um, nimmt sie in den Arm und schluchzt plötzlich hemmungslos. Die Mädchengöttin aber weiß, dass sie selbst nicht weinen darf. Eine Kumari weint niemals – das hat sie gelernt. Aber so schwer wie in diesem Moment ist es ihr noch nie gefallen.

Die dreijährige Preeti Shakya rennt die Treppe im Kumari Bahal hinauf, und der Chitaidar kann die Kleine gerade noch davon abhalten, in den obersten Stock weiterzulaufen. In dem großen Raum unter dem Thronsaal wird ihr an der Seite des Vaters ein Platz angeboten, aber das Kind hält es nicht lange auf dem Sitzkissen aus. Immer wieder springt es auf und hüpft, trotz der Ermahnungen des Vaters, durch den ganzen Raum. Von Durga, die das Mädchen aufmerksam beobachtet, nimmt sie überhaupt keine Notiz.

Wie würde sich dieses Mädchen wohl als Kumari verhalten, geht es Durga durch den Kopf, wenn sie sich schon vom Vater nichts sagen lässt? Die Einflussmöglichkeiten auf eine amtierende Mädchengöttin sind schließlich weitaus geringer. Und sie erinnert sich an die erste Begegnung mit Amita, an die unmittelbar einsetzende gegenseitige Sympathie, an ihren Liebreiz, mit dem sie von Anfang an alle bestochen hat, und an jene enorme spirituelle Ausstrahlung, mit der sie schon die Inthronisations-Puja drüben im Hof des Taleju-Tempels verlassen hatte. Sollte wirklich schon in wenigen Tagen dieses zappelige Kind dort an deren Stelle treten? Ist es tatsächlich vorstellbar, dass der Wechsel auf dem Löwenthron diesmal in einem solchen Eiltempo vollzogen wird? Immerhin beginnt bereits in drei Tagen das Dashain-Fest, und der Familie dieses Mädchens blieben nur noch wenige Tage, um sie an Astami – dem Tag vor der »Schwarzen Nacht« – hierher zu bringen.

Vor allem aber würde Durga kaum Zeit für den Abschied von *ihrer* Dyo Maiju haben, die seit neun Jahren wie eine eigene Tochter mit ihr zusammenlebt. Durga weiß nicht, wie sie die Trennung von dem Mädchen überstehen soll, mit dem sie in dieser langen Zeit so viel Freude hatte, dem sie Geschichten erzählte, wenn es nicht schlafen konnte, das sie pflegte, wenn es krank war, und bei dem sie manchmal zu vertuschen half, wenn es sich beim Herumtollen kleinere Verletzungen zugezogen hatte. Vielleicht würde sie die vielen Bilder hervorkramen, die sie für dieses Mädchen im Laufe der Jahre aus Magazinen ausgeschnitten und fotokopiert hatte, das rote Fahrrad aus der Kammer holen und den riesigen Drachen vom Dachboden. Sie kann sich sogar vorstellen, *Spiderman* im Fernsehen anzusehen – doch die

Dyo Maiju würde nicht mehr da sein. Stattdessen würde womöglich dieses offenbar hyperaktive Kind an deren Stelle treten.

Durga spürt einen heftigen Druck auf der Brust. Sie versucht die einsetzende Kurzatmigkeit unter Kontrolle zu bekommen – und ist wieder den Tränen nahe. Doch wenn es der Göttin Taleju gefallen sollte, sich in der Gestalt dieses Kindes da zu verkörpern, so wird sie auch dessen Dienerin sein.

Erst mal aber muss sich dieses Mädchen den prüfenden Augen der Gattin des Mul Purohit aussetzen, die noch am Indra-Jatra-Fest verkündet hat, sie sehe in der aktuellen Kumari »eine zweite Nani Mayiu«. Es muss den Männern des Guthi Sanasthan gefallen, von denen viele die jetzige Mädchengöttin als eine »ganz besondere Kumari« bezeichnet haben. Durga hofft sehr, dass diese konservativen Herren die kleinen Eigenmächtigkeiten der Kumari in den letzten Monaten nicht schon als den Beginn pubertärer Auflehnung missverstehen. Schließlich aber hat ja auch Mousuf Sarkar noch ein entscheidendes Wort mitzureden, und dessen Sympathie für seine derzeitige Kumari ist allgemein bekannt.

Die alte Frau bleibt hinten in der Tür stehen. Sie reiht sich nicht in die Schlange der Gläubigen ein, die einzeln vortreten, um von der Kumari die Tika auf die Stirn gedrückt und die Blütenblätter auf den Kopf gestreut zu bekommen. Manche sprechen währenddessen eine Fürbitte. Dabei blicken sie demutsvoll kurz zur Mädchengöttin hoch, um aus ihrer Miene abzulesen, ob sie Aussicht auf Erfolg haben. Die Kumari aber blickt ohne eine Regung im Gesicht über deren Köpfe hinweg in eine vermeintliche Ferne.

Sie kennt diese Frau. Sie weiß, dass sie auch einmal eine Kumari war. Das aber muss lange her sein, denn diese Frau ist schon sehr, sehr alt. Warum kommt sie nicht zu ihr nach vorn, wie die anderen auch?

Obwohl die Frau weit entfernt steht, kann sie das Lächeln genau sehen. Sie versucht zu antworten – mit einem Lächeln der Augen, wie sie es mit Durga-didi macht, wenn sie manchmal drüben am Fenster auf dem Stuhl vom Thuloba sitzt, während die Gläubigen sich verneigen.

Immer wieder schaut die Frau auch zur Thuloma hinüber, die heute dort auf dem Hocker neben dem Fenster sitzt. Aber die Thuloma schaut hinaus und sieht die alte Frau gar nicht … Sie hat das Gefühl, dass die alte Frau von der Thuloma nicht gesehen werden will. Aber die Thuloma kennt diese Frau doch …!?

Vielleicht ist es einer früheren Kumari ja verboten, hier in den Thronsaal zu kommen!? … Jetzt hat sich die alte Frau doch in die Schlange der anderen eingereiht und langsam kommt die ehemalige Kumari näher. Wieder blickt die Frau zur Thuloma hinüber und zieht sich den Schal etwas vor das Gesicht. Nun weiß sie, dass diese Frau ihr etwas sagen oder geben will, das die Thuloma nicht wissen soll … ein Geheimnis!

Nur noch drei Gläubige trennen die ehemalige Kumari von deren junger Nachfolgerin auf dem Löwenthron. Die beiden lassen einander nicht aus den Augen, während die Mädchengöttin das Segnungsritual mechanisch abspult wie ein Roboter.

Endlich kniet die alte Frau vor der Kumari nieder, verbeugt sich tief zu deren Füßen und spricht dann so leise, dass sich die Mädchengöttin ihr ein wenig entgegenbeugen muss, um sie zu verstehen.

»Ich war eine Kumari wie du. Das ist lange her. Auch du wirst nicht mehr lange die Kumari sein. Deine Nachfolgerin ist bereits ausgewählt, und schon bald wirst du den Bahal verlassen müssen. Aber habe keine Angst, das Leben draußen ist schön, es gibt viel zu entdecken.«

Dann erhebt sich die alte Dame und erst jetzt, als sie in Richtung Ausgang läuft, wird sie von der Chitaidar erkannt. Sie sieht der alten Ex-Kumari hinterher und schaut schließlich mit irritiertem Blick zur Dyo Maiju.

Die wenigen Worte der fremden alten Frau haben sie vollkommen verwirrt. Woher will diese Frau denn wissen, dass es schon eine Nachfolgerin gibt? Sie glaubt es nicht, denn das hätte Durga-didi ihr doch gesagt. Außerdem will sie ja gar nicht weg von hier. Will lieber nichts anders anziehen als die rote Kleidung der Kumari, will lieber nichts sehen von dieser Welt da draußen, wenn sie danach nicht wieder hierher zurückdarf.

Vielleicht ist diese alte Frau ja verrückt, wie die Frau, die damals an Indra Jatra immer neben dem Wagen herlief und »Talejuuuu!!!« brüllte. Damals hat der Thuloba gesagt, dass diese Frau verrückt sei, und Durga-didi hat ihr dann erklärt, was das bedeuten würde. Eine Krankheit im Kopf, wenn man alles anders sieht, als es wirklich ist. Und wenn man Dinge erfindet, die es gar nicht gibt. Wahrscheinlich hat diese Frau eine Nachfolgerin nur erfunden …

Aber diese Frau hatte als Kumari ja irgendwann auch mal eine Nachfolgerin, und diese Nachfolgerin auch wieder eine. Deshalb sitzen ja an Indra Jatra so viele Frauen am Tisch, die alle mal eine Kumari waren.

Warum schaut die Thuloma sie so merkwürdig an? Hat sie vielleicht gehört, was die alte Frau zu ihr gesagt hat? Und weiß die Thuloma etwas, was sie nicht weiß?

Zum ersten Mal in ihrem Leben spricht sie selbst eine Fürbitte … ganz leise, und sie bewegt dabei kaum die Lippen. Und weil sie damit ja nicht zu einer Kumari gehen kann, wendet sie sich direkt an Taleju. Sie bittet die Göttin, dass sie nie von hier fortmuss und immer bei Durga-didi bleiben kann und bei Garima und den Jungen. Und auch bei der Thuloma und dem Thuloba und dem kleinen Tinku.

Plötzlich fühlt sie sich ganz stark. Sie spürt, wie die Taleju sie erhört und ihr verkündet, schon in wenigen Tagen in der »Schwarzen Nacht« wieder als die Göttin Durga bei ihr zu erscheinen – drüben in dem dunklen Tempelraum Aadhyro Kotha. Und am Tag darauf werde unten – genau ein Stockwerk unter diesem Thronsaal – wie in jedem Jahr ihr Geburtstag gefeiert werden, und sie werde auch dann noch immer die Kumari sein.

Die Bewohner des Kumari Bahal können die Rückkehr des Chitaidar aus dem königlichen Palast kaum erwarten. Sollte er wirklich mit der Nachricht nach Hause kommen, dass es schon in wenigen Tagen eine neue Kumari geben wird? Niemand hier wünscht, dass er mit dieser Nachricht zurückkehrt. Allen würde es schwer fallen, sich von der außerordentlich liebenswerten Dyo Maiju trennen zu müssen. Selbst für Durgas Mutter, die ja als Chitaidar schon einige Kumaris ins profane Leben entlassen hat, wäre es diesmal kein Abschied wie sonst auch. Andererseits aber rechnet in diesem Kreis realistischerweise kaum einer damit, dass Preeti nicht den Gefallen des Palastes finden würde.

In wenigen Tagen feiert man in Nepal Fulpati, den ersten wichtigen Festtag von Dashain, der auch der »Siebte Tag« genannt wird. Wenngleich er nicht unbedingt am siebten Tag des Festes stattfinden muss, so ist Fulpati immer der Tag vor dem Schlachtritual und der darauf folgenden »Schwarzen Nacht« – und zwei Tage vor dem Geburtstag der Mädchengöttin. In diesem Jahr wird es ihr zwölfter sein.

Bina hat Samen, Erde und einen Krug geweihten Wassers zum Unterricht mitgebracht. Sie will die Kumari mit einer newarischen Tradition vertraut machen, die in den privaten Gemächern der Bewohner des Kumari Bahal zwar gepflegt wird, aber bisher hat dem Mädchen niemand deren Hintergrund erklärt.

Es macht der Mädchengöttin sichtlich Spaß, mit beiden Händen in der Erde zu manschen und diese schließlich in einem großen Blumentopf zu verteilen. Dann drückt sie gemeinsam mit Bina die Samenkörner hinein und sie begießen das Ganze mit dem geweihten Wasser.

»Nun muss man nur noch abwarten«, sagt Bina. »Wenn die Samen während des Dashain-Festes ein wenig keimen, werden wir eine gute Ernte haben.«

»Was ist denn das – keimen?«, will die Kumari wissen.

Für Durga eine nachvollziehbare, wenngleich nicht einfach zu beantwortende Frage. Schließlich malt sie zwei Samenkörner nebeneinander auf ein Blatt Papier. An eines der beiden Samenkörner malt sie drei kleine Keime und an das andere eine lange Wurzel.

»Jede Pflanze hat eine Wurzel, die unter der Erde genauso groß ist wie die Pflanze darüber«, erläutert sie. »Wenn man also ein Samenkorn pflanzt, dann beginnt es erst zu keimen. Siehst du, das sieht so aus ... und daraus wird dann unten die Wurzel und oben die Pflanze.«

Die Mädchengöttin sieht sich die Zeichnung mit den kurzen dünnen Keimen genau an und beschließt: »Ich werde jetzt jeden Tag nachschauen, bis Dashain vorbei ist ...«

»... und du Geburtstag hast!«

»Jaaa!!!«, schreit die Kumari. »Was bringst du mir denn dann mit?«

Bina tut so, als müsse sie sich sehr konzentrieren und mühsam nach Worten suchen: »Vielleicht eine richtige ... echte ... hübsche ... sehr nette ... Schwester!?«

Überrascht blickt die Mädchengöttin Bina an, mit neugierigen und fragenden Augen. Gleichzeitig aber hat sie die Stirn in Falten gelegt. Diese Mimik empfindet Bina in ihrer ganzen Widersprüchlichkeit als symptomatisch für die nach wie vor ungeklärte Situation ihrer Schülerin, die jenseits von deren göttlicher Existenz ihre Cousine ist. Und sie beschließt, ihr schon bald von der gemeinsamen Familie zu erzählen.

Endlich kommt der Chitaidar zurück und bittet seine Frau, die beiden Söhne und auch Durga zu sich. Preeti habe dem strengen Blick der Frau des Mul Purohit genügt, erklärt er, vom Guthi Sanasthan seien keine Einwände gekommen und auch Mousuf Sarkar habe von ihr die Münze entgegengenommen. Und dann sagt er einen Satz, der Durga schlagartig den ersten Schreck vergessen lässt: »Preeti wird also die nächste Kumari sein, wenn wir auch noch nicht wissen, wann.«

Plötzlich reden alle durcheinander, wollen wissen, was das zu bedeuten habe, ob womöglich an Kala Ratri noch nicht mit dem Wechsel zu rechnen sei, wie viel Vorbereitungszeit man denn gegebenenfalls habe …

»Was ich weiß, will ich euch gern sagen. Aber ihr müsst mir zuhören!«, verschafft sich der Chitaidar die nötige Ruhe, ehe er seine Ausführungen fortsetzt: »Vorerst bleibt die Dyo Maiju noch bei uns. Wenn sie nicht unrein wird, bis zu Dashain im nächsten Jahr.«

»Und Preeti ist solange eine Kumari in Wartestellung? So etwas habe ich ja noch nie gehört«, bemerkt Durga ungläubig.

Doch das Chitaidar-Paar erinnert sich nur zu gut daran, dass eine solche Lösung auch vor dreißig Jahren bei Nani Mayiu praktiziert worden war.

»Willst du etwa garantieren, dass die Dyo Maiju in diesem Jahr *nicht* unrein wird?«, fragt der Chitaidar seine Tochter.

Durga kann es natürlich nicht garantieren, dennoch ist sie überzeugt, dass die für ihr Alter noch sehr kleine Dyo Maiju in diesem Jahr noch eine »Jungfrau« bleiben wird, womit in Nepal Mädchen bezeichnet werden, die noch keine Menstruation hatten.

Was also spricht dagegen, wenn Preeti die nächsten Monate quasi auf der Reservebank verbringt? Sie ist gerade mal drei Jahre alt und folglich auch in einem Jahr noch jung genug, um Kumari zu werden.

Durga geht also davon aus, dass sie und die Dyo Maiju noch ein weiteres gemeinsames Jahr vor sich haben, und sie empfindet bei dieser Vorstellung ein Gefühl des unbeschreiblichen Glücks. Ein Jahr würde ihr bleiben, um das Mädchen auf die Rückkehr in seine Familie vorzubereiten. Ein Jahr, um ihr von diesem anderen Leben außerhalb der Palastmauern zu erzählen und sie nicht gänzlich unvorbereitet hinauszuschicken. Ein Jahr, um vielleicht auch mit Amrit Man Shakya und seiner Frau zu einer vernünftigen Übereinkunft zu kommen, die es ihr möglich machen wird, auch danach noch die

Dyo Maiju zu besuchen. Sie weiß, dass sie dieses Jahr und vor allem seine zahlreichen religiösen Feste sehr, sehr intensiv wahrnehmen wird. Denn jedes Fest wird für *ihre* Dyo Maiju das jeweils letzte als Kumari sein.

»In wenigen Tagen ist Fulpati …«, sagt Bina und wird umgehend von der Kumari unterbrochen: »Ja, ich weiß, denn dann kommt Mousuf Sarkar mit den Blumen von Tundikhel herüber. Hast du das gewusst?«

Bina schüttelt zustimmend den Kopf, doch sie möchte die Aufmerksamkeit eigentlich auf die Fotografien lenken, die sie mitgebracht hat. Darauf sind Volksfeste abgebildet, wie sie an Fulpati in den newarischen Dörfern des Kathmandu-Tales gefeiert werden. Die Mädchengöttin aber plaudert wie ein altkluger Naseweiß einfach drauflos:

»Die Göttin Taleju hat nämlich ganz verschiedene symbolische Entsprechungen. Also, ich als Kumari bin *eine* Entsprechung, aber die Taffo-swan – das sind die orangegelben Blumen, die dem König an Fulpati drüben in Tundikhel präsentiert werden –, die symbolisieren diese Göttin auch. Und deshalb werden die Taffo-swan in meiner roten Sänfte von Tundikhel hierher zum Hanuman-Dhoka-Palast gebracht. Und wenn Mousuf Sarkar dann kommt, stehe ich am goldenen Fenster …«

»Ja, hier wird es das ›Fest der Blumen‹ genannt, aber draußen in den Dörfern, da heißt es das ›Fest der Schaukeln‹. Und weißt du warum?«

»Nein!«, sagt die Kumari und blickt ihre Lehrerin erwartungsvoll an.

Bina zieht verschiedene Fotos aus der Tasche, auf denen riesige Schaukeln zu sehen sind. Auf anderen sind handbetriebene Karussells abgebildet, mit lachenden Kindern und jungen Männern, die in halsbrecherischer Weise auf- und abspringen.

»Das sind die Volksfeste, wie sie in den Dörfern gefeiert werden. Dieses hier ist in Dhulikhel«, sagt Durga und reicht der Kumari eine Farbfotografie, die sie aus einem Magazin für Nepal-Touristen ausgeschnitten hat. »Und dieses Karussell wird in jedem Jahr in Panauti aufgebaut, wo ein paar Monate später immer die Götterbilder auf Tempelwagen durch die Straßen gefahren werden. Willst du das vielleicht alles einmal sehen?«

Natürlich will sie das gerne sehen! Aber weiß Bina denn nicht, dass sie dann keine Kumari mehr sein kann? Denn wenn sie erst mit fremden Kindern auf einem solchen Karussell gefahren ist, kann sie nicht mehr hier im Bahal wohnen. Sie darf dann nur noch am Indra-Jatra-Fest herkommen und mit den Frauen zusammen essen, die alle einmal von hier weggegangen sind …

Diese Kinder auf dem Foto lachen ganz fröhlich. Wahrscheinlich macht es Spaß, wenn man auf dem Karussell sitzt und es sich ganz schnell dreht …

Es fällt ihr wieder die fremde alte Frau ein, die auch einmal eine Kumari gewesen war und gesagt hat, dass das Leben da draußen schön ist und es viel zu entdecken gibt. Hat Bina deshalb diese Fotos mitgebracht? Wenn sie schon nicht selbst dort hingehen kann, will Bina ihr das alles wenigstens auf den bunten Bildern zeigen? Aber warum fragt Bina dann, ob sie es auch mal sehen will?

»Wenn du willst, besuchen wir beide mal gemeinsam ein solches Volksfest«, sagt Bina und blickt plötzlich in ein sehr ernstes und auch trauriges Gesicht. Und als sie hinzufügt, dass man ja auch »Anita, deine große Schwester« mitnehmen könne, wirft die Kumari wieder ihre Stirn in Falten.

Plötzlich wird sie von einer vertrauten Stimme überrascht: »Nehmt ihr mich auch mit?«

Als die Mädchengöttin herumfährt, entdeckt sie Durga, die in der Tür steht. Die Kumari blickt zwischen den beiden Frauen hin und her. Es ist ein irritierter und gleichermaßen hilfloser Blick. Deshalb setzt Durga hinzu: »Da müssen wir aber noch eine ganze Weile warten. Denn als Dyo Maiju geht das natürlich nicht.«

An diesem Morgen hatte die Kumari die Gläubigen mit ganz anderen Augen betrachtet. Noch immer waren ihr nämlich die Volksfeste nicht aus dem Kopf gegangen und bei allen, die sich vor ihr verbeugt haben, hatte die Kumari überlegt, ob dieser oder jene vielleicht auf die Dörfer hinausfährt, wenn dort morgen am Fulpati-Tag die Karussells in Betrieb genommen werden. Vor allem bei den jungen Männern malte sie sich aus, wie sie tollkühn aufspringen und wieder abspringen.

Nun sitzt sie, wie zu dieser Stunde üblich, hinter dem vergitterten Fenster. Ganz hinten auf dem Basantapur-Platz sieht sie Bina um die Ecke biegen. Doch sie ist nicht allein. Neben ihr läuft ein Mädchen, das noch etwas kleiner als Bina ist. Als sie näher kommen, kann sie erkennen, dass dieses Mädchen sehr hübsch ist. Es trägt die schwarzen Haare offen wie Bina, hat sie aber an den Seiten mit großen bunten Haarklammern zurückgesteckt. Als Nächstes fällt ihr auf, dass das Mädchen ein sehr leuchtendes orangefarbenes Kleid trägt, darunter aber eine Bluejeans. Die beiden sind schon ganz nah am Haus, als Bina lacht und der Kumari hinter dem Fenstergitter zuwinkt. Obgleich sie gar nicht sicher sein kann, dass ihre Schülerin auch tatsächlich dort oben sitzt, reißt sie erwartungsvoll die Augen auf und zeigt mit der rechten Hand auf das Mädchen neben sich. In diesem Moment weiß die Kumari, wen Bina da mitbringt. Nur selten in ihrem Leben hatte sie Gelegenheit, ein solches Gefühl von nervöser Aufgeregtheit zu erfahren wie in diesem Augenblick. Schließlich war sie bisher immer auf alle Ereignisse gründlich vorbereitet worden – auf die erste Indra Jatra, auf den Besuch des Königs. Und selbst die tantrischen Pujas machten sie trotz ihres geheimnisvollen Nimbus nicht nervös, sondern im Gegenteil eher ganz ruhig. Nun aber wird sie von Bina völlig unvorbereitet mit dem Besuch ihrer Schwester überrumpelt.

Seit Tagen war Bina sehr gespannt, ob ihr die überraschende Zusammenführung der beiden Schwestern gelingen würde, und nun muss sie miterleben, dass die beiden Schwestern kein Wort miteinander sprechen. Zur Begrüßung hatte Anita noch brav die Hände vor dem Gesicht aneinander gelegt, sich vor der Kumari verneigt und sie mit einem freundlichen »Namaste!« begrüßt. Irritiert aber musste sie zur Kenntnis nehmen, dass ihre Schwester nur stumm über sie hinwegblickte. Sie hätte Anita darauf vorbereiten sollen, geht es Bina durch den Kopf, dass die Kumari die Begrüßung nicht erwidern wird. Und vielleicht hatte der Chitaidar Recht, der ihr eben auf der Treppe sagte, er halte es für keine gute Idee, der Dyo Maiju ohne jede Vorbereitung eine Schwester vorzusetzen. Da aber hatte die Kumari sie sicher bereits vom Fenster aus gesehen. Nun also sitzen sich die beiden Schwestern gegenüber und schweigen.

Warum hatte ihr Bina denn nicht gesagt, dass sie die Schwester heute mitbringen würde? Dann hätte sie sich darauf freuen können, und sie hätte auch mit Durga-didi besprechen können, wie sie ihre Schwester begrüßen soll. Nun aber fühlt sie sich ganz unwohl und weiß gar nicht, wo sie hinschauen soll.

Das Mädchen dort sieht jener Frau ähnlich, die manchmal hierher kommt und von der sie weiß, dass es die Ma von ihr und diesem Mädchen ist. Diese Frau ist eine schöne Frau, vor allem wenn sie lacht. Gern würde sie sehen, wie dieses Mädchen aussieht, wenn es lacht. Denn schön ist es auch. Doch das Mädchen lacht nicht, sondern blickt die ganze Zeit auf den Boden.

Sie würde ihre Schwester gern nach der Familie fragen, von der Bina in den letzten Tagen manchmal erzählt hat. Aber sie traut sich nicht, das Mädchen dort anzusprechen. Trotzdem will sie nicht, dass ihre Schwester und Bina wieder gehen. Es gefällt ihr, eine wirkliche Schwester zu haben … nicht nur wie Garima, die ja gar nicht ihre Schwester ist, sondern die von Gaurav, und auch nicht ihre Cousine, sondern die von Sourav und Sougat. Vor ein paar Tagen hat Bina zu ihr gesagt, dass sie auch eine Cousine hat und dass sie diese Cousine sogar schon kennt, und dann hat Bina ihr erklärt, dass sie beide Cousinen sind, weil nämlich ihre Ma und die Ma von Bina Schwestern sind. Und weil sie sich das nicht vorstellen konnte, hat Bina einen Baum gemalt mit vielen Ästen, und ein Ast war ihre Ma und ein anderer ihr Baa, und die anderen Äste waren Onkels und Tanten und Cousins und Cousinen … Und irgendwann, das hat Bina angekündigt, wird sie alle diese Verwandten kennen lernen. Und heute, das hat Bina aber erst vorhin gesagt, will sie mit ihrer Schwester dort beginnen …

Die beiden Schwestern mustern einander heimlich. Dabei stellt Bina an ihnen einen geradezu treffsicheren Instinkt dafür fest, zur jeweils anderen Schwester immer dann zu blicken, wenn diese entweder auf den Boden oder an die Decke des hohen Raumes starrt.

»Freust du dich denn, deine Schwester zu sehen?«, fragt Bina hilflos.

Da sich aber keine der beiden Mädchen angesprochen fühlt, starrt Anita auf ihre violett lackierten Fingernägel, die der Kumari natürlich nicht entgangen sind. Die Mädchengöttin blickt durch das vergitterte Fenster hinaus, als ob sie noch jemanden erwarte. Die Schwestern wirken gelangweilt. Doch Bina kennt beide Mädchen gut genug, um zu wissen, dass hinter dieser zur Schau getragenen Langeweile heftige Emotionen toben. Sie ahnt aber auch, dass es ihr heute wohl kaum noch gelingen wird, die beiden zu einer Unterhaltung zu bewegen. Trotzdem unternimmt sie einen letzten Versuch: »Anita, erzähle der Kumari-bahini, deiner jüngeren Schwester, doch einmal, wie das Haus aussieht, wo du jetzt mit Ma und Baa wohnst.«

Sofort läuft Anita puterrot an, als ob man sie gefragt hätte, in welchen Jungen ihrer Klasse sie verliebt sei. Nach einer Weile des zu Bodenstarrens blickt sie hilflos zu Bina. Und weil diese noch immer keine Anstalten macht, von der Frage abzusehen, erklärt Anita ihr und nicht der Schwester: »Es ist ein Haus und … im Keller ist die Küche … Es hat drei Stockwerke … also, es gibt vier Zimmer und ein Dach, das ist … wie eine Terrasse!«

Warum quält Bina meine Schwester nur so? Sie will doch gar nichts erzählen. Wahrscheinlich will Anita einfach nur mit ihrer Schwester zusammen sein … so wie sie eben auch. Man muss doch nicht immer reden. Man kann doch einfach nur froh sein, dass man zusammensitzt … am besten bis zur Abend-Puja. Und eigentlich würde sie es schön finden, wenn ihre Schwester dann auch noch da wäre und anschließend beim Spielen mit Garima und den anderen …

Es macht keinen Sinn, weiter hier zu bleiben, denkt Bina. Es ist nur eine Qual für die beiden. Wenn die Kumari erst einmal nach Hause zurückgekehrt sein wird, werden die Schwestern viel Zeit haben, sich aneinander zu gewöhnen. Doch es entspricht Binas optimistischer Grundhaltung, dass sie es versteht, diese fatale Zusammenkunft auch als positives Ereignis zu sehen. Schließlich eröffnet es doch die Möglichkeit einer »Nachbereitung« – ein Begriff, den sie aus den Lehrmaterialien kennt, die ihr von der Schule nebenan zur Verfügung gestellt werden. Sie wird die Mädchen fragen, warum sie nicht miteinander gesprochen haben. Sie weiß jetzt schon, dass beide dann unabhängig voneinander erzählen werden, wie sehr sie diese Begegnung innerlich aufgewühlt habe. Dies wird sicher ein guter Einstieg sein, um mit ihnen über die nicht allzu ferne Zukunft zu sprechen. Über eine Zukunft, in der beide das entdecken werden, was sie bisher nicht kannten – das Gefühl, eine Schwester zu haben.

Schon vor fast einer halben Stunde war eine große Schale der orangegelben Taffo-swan in der roten Sänfte aus Tundikhel vor dem Hanuman-Dhoka-Palast eingetroffen. Nun erscheint dort, wo die

New Road auf den Basantapur-Platz führt, die alte Mercedes-Pullman-Limousine mit dem königlichen Stander. Die Menschen auf dem Platz applaudieren – ein Applaus, der sich schließlich fortsetzt, als die Limousine des Königs auf den Durbar-Platz abbiegt.

Im zweiten Stock des Kumari Bahal beobachtet der Chitaidar die Szene. In wenigen Sekunden wird er der Mädchengöttin das Zeichen geben, ans goldene Fenster zu treten. Die Mercedes-Limousine stoppt vor dem Eingang des Hanuman-Dhoka-Palastes. Sofort springen aus einem zweiten Wagen Mitarbeiter des Protokollamtes herbei, um den Wagenschlag zu öffnen. Der König entsteigt der Limousine, am goldenen Fenster erscheint die Kumari, und im nächsten Moment werden die Zuschauer Zeugen eines ungewöhnlichen Vorfalls.

Der König blickt zur Mädchengöttin hinauf und statt sich vor ihr zu verbeugen, hebt er die rechte Hand und winkt ihr zu. Eine Geste, die in keinem protokollarischen Regelwerk vorgesehen und von keiner Tradition gedeckt ist. Alle Augen richten sich nun zum Kumari Bahal, und das Ungeheuerliche wiederholt sich – auch die Dyo Maiju hebt kurz die Hand und winkt ihrem König zu.

Sie findet es sehr schön, dass sie einander zuwinken. Das haben sie bisher noch nie gemacht. Weiß er vielleicht auch, dass sie in naher Zukunft keine Kumari sein wird?

Niemand hat ihr bisher gesagt, dass sie bald von hier weggehen muss. Aber sie kann es aus allem heraushören, was Bina sagt und auch was Durga-didi sagt, sie kann es in Garimas Blick erkennen und in dem des kleinen Sougat. Deshalb nämlich hat Bina ihre Schwester hierher gebracht. Deshalb erzählt Durga-didi jeden Tag, wie das Leben da draußen ist, und als sie zu Garima gesagt hat, dass sie wahrscheinlich nicht immer hier leben wird, ist ihre Freundin einfach weggelaufen. Alle hier im Bahal wissen viel mehr, als man ihr sagt. Aber warum? Und nun hat ihr auch noch der König zugewinkt. Ob das vielleicht ein Abschiedswinken war?

Alle Bewohner des Kumari Bahal sitzen im Raum des goldenen Fensters, um im Kreis der Familie den Tag Fulpati und damit den eigentlichen Beginn des Dashain-Festes zu begehen. Doch nur der Chitaidar, Durga und die Kinder haben beobachtet, wie der König der Kumari zugewinkt hat. Und das protokollwidrige Winken der Mädchengöttin hat bei den meisten hier oben im Kumari Bahal zu einer ebenso sprachlosen Verwunderung geführt wie zuvor das des Königs bei seinem Gefolge drüben am Hanuman-Dhoka-Palast.

Mit einem nachdenklichen Blick dreht die Kumari sich um und sieht jeden Einzelnen der hier versammelten Familie an – die beiden Alten, die sie Thuloma und Thuloba nennt, deren Söhne Mahendra und Gautam und die Töchter Sita und Ambika und auch die Schwiegertöchter und Schwiegersöhne, die Enkel Garima, Sourav, Gaurav, Sougat und schließlich Durga.

»Wie lange darf ich noch bei euch bleiben?«, fragt die Mädchengöttin mit klarer, fester Stimme.

Durga lächelt, während ihr Tränen in die Augen schießen. Doch ehe sie antworten kann, ruft Garima: »Noch ein ganzes Jahr!«

Und nach einem Blick in die sichtlich betroffene Runde, fragt Garima verunsichert: »Stimmt's?«

Durga atmet tief durch, ehe sie kaum hörbar sagen kann: »Ja.«

Streit ums Geld

Ich weiß nicht, was mit dem Geld geschieht, das die Gläubigen der Kumari geben. Lange dachte ich nur, dass ich die Geldfrage im Kumari Bahal gar nicht ansprechen darf, da ja meine Tochter dort lebt und nicht bei uns. Jedenfalls haben wir von den Opfergaben in Form von Geld nichts bekommen und unsere Tochter auch nicht.

Amitas Vater

Es gibt eine Bestimmung, wonach 51 Prozent der Opfergaben an die Kumari gehen müssen und 49 Prozent an den Chitaidar. Das ist eine Regel aus dem Jahre 1979, erlassen vom Königspalast. Wer aber führt darüber Buch? Und wer kontrolliert, ob das Gesetz eingehalten wird? Niemand!

Mul Purohit
Königlicher Oberpriester

Kurz nach dem Dashain-Fest wurde die Kumari wieder an das Fenster gerufen. Zehn Monate hatte der vom Mul Purohit und dem Kumari-Komitee verfügte und vom Chitaidar bereitwillig durchgeführte Streik gedauert – für eine Beteiligung an jenen Einnahmen, die an den Zufahrtswegen von Durbar- und Basantapur-Platz von den Touristen erhoben werden. Dann hatte sich die Stadtverwaltung vom Touristenbüro zu einem Kompromissvorschlag drängen lassen. Die Klagen der in Nepal tätigen ausländischen Reiseunternehmen und von deren einheimischen Führern waren zu stark geworden. Nach monatelanger Abstinenz der Mädchengöttin am Fenster des Kumari Bahal lag schließlich ein akzeptabler Vorschlag auf dem

Tisch. Und nun soll sie ausgerechnet zum Fenster kommen, während in einem indischen Liebesfilm ein junger Brahmane seinen Eltern gesteht, dass er sich in ein Mädchen aus der falschen Kaste verliebt hat. Mehrfach schon war der Chitaidar zu ihr herübergekommen und hatte sie vergeblich darum gebeten. Endlich entschied die Kumari, sich den obligatorischen Wutausbruch des Vaters jenes verliebten jungen Mannes zu ersparen und stattdessen einen kurzen Blick auf die fremden Menschen unten im Hof zu werfen.

Sie nimmt sich vor, wenn sie nicht mehr die Kumari ist und eine Bluejeans tragen darf und eine bunte Bluse, dann wird sie einmal mit einer solchen Gruppe dort unten in den Hof gehen und sich die neue Kumari oben am Fenster ansehen. Das ist ein lustiger Gedanke, und bevor sie darüber lachen muss, dreht sie sich schnell vom Fenster weg und läuft nach hinten in Gautams Wohnzimmer, um nicht die abenteuerliche Flucht der beiden Liebenden zu verpassen.

Während der morgendlichen Zeitungslektüre in seinem kleinen Lebensmittelladen hatte Amrit Man Shakya im Lokalteil der *Kantipur Daily* die Überschrift entdeckt: »Erfolg für den Guthi Sanasthan.« In dem Beitrag wird geschildert, worüber ihn – den Vater der Kumari – niemand in Kenntnis gesetzt hatte. Und so hat er erst aus der Zeitung von dem langen Kampf des Guthi Sanasthan und dem Kumari-Streik erfahren. Kathmandus Kommunalbehörde, so konnte er hier lesen, hat sich nun bereit erklärt, dem Kumari Bahal von den Einnahmen aus den Zufahrtswegen monatlich 40 000 Rupien abzugeben. Dies ist nicht nur aus Sicht eines Lebensmittelhändlers ein gewaltiger Betrag. Würde seine Tochter daran beteiligt werden? Immerhin werden in absehbarer Zeit die Kosten einer Ausbildung anfallen. Die vom König garantierte Leibrente von monatlich 3000 Rupien dürfte dafür kaum ausreichen. Schließlich muss ja auch eine komplett neue Garderobe angeschafft werden. Denn es ist der Dyo Maiju natürlich nicht zuzumuten, die abgelegten Sachen ihrer älteren Schwester aufzutragen. Außerdem will Amrits Frau ja gerade das gemeinsame Einkaufen von Kleidern und Schuhen nutzen, um wieder ein Vertrauensverhältnis zwischen der so lange abwesenden Tochter und sich aufzubauen.

Nicht zuletzt vor diesem Hintergrund hatten er und Mimita sich schon lange die Frage gestellt, was mit den im Laufe der Jahre angefallenen Summen geschehen ist, welche die Gläubigen ihrer Kumari zu Füßen legten. Zaghaftes Nachfragen beim Chitaidar hatte in der Vergangenheit nur zu äußerst vagen Aussagen geführt. Andererseits aber wollte er mit Rücksicht auf seine Tochter auch nicht zu direkt Auskünfte einfordern. Er wollte nicht den Chitaidar gegen seine Familie aufbringen, worunter dann womöglich auch die Dyo Maiju zu leiden hätte. Nun aber handelt es sich um eine Summe, für die sich die Nachfrage lohnt.

Dreimal war Amrit zwischen dem Shiva-Parvati-Tempel und dem Kumari Bahal auf dem Durbar-Platz hin- und hergelaufen. Immer mit der Frage beschäftigt, wie er das Gespräch am besten beginnen solle. Dann hat er entschlossenen Schrittes den Kumari Bahal betreten.

Der Chitaidar ist über Amrits plötzliches Erscheinen nicht überrascht. Schließlich war ihm bisher nicht beizubringen gewesen, seine Besuche vorher anzukündigen, weshalb sollte er nun in den letzten Monaten damit beginnen? Weit mehr überrascht ist der selbst ernannte Hausherr des Kumari Bahal allerdings, dass sich der Vater der Mädchengöttin nach mehr als neun Jahren plötzlich für die Finanzen interessiert. In welchen Größenordnungen stellt er sich denn die Geldopfer der Gläubigen vor? Und welche Vorstellungen hat er von den realen Kosten, den Ausgaben für die Pujas, für die Opferspeisen und die Blumen, für die Lebenshaltungskosten der Mädchengöttin, die Instandhaltung des goldenen Jatra-Wagens und so weiter?

Das alles hält der Chitaidar dem Vater der Kumari vor und stellt schließlich die provokative Frage: »Glaubst du, das kann ich alles von den wenigen Rupien bezahlen, die ich vom Guthi Sanasthan bekomme?«

Dies ist eine Frage, die Amrit Man Shakya schon deshalb nicht beantworten kann, weil er gar keine konkreten Zahlen kennt. Daher beschränkt er sich lieber auf die Fakten, die er der heutigen Tagespresse entnehmen konnte.

»Ihr bekommt neuerdings von der Stadtverwaltung jeden Monat 40 000 Rupien. Das steht heute sogar in der Zeitung. Von diesem Geld wird ja wohl auch etwas für die Kumari übrig bleiben, wie!?«

Der Chitaidar hebt lässig die Schultern: »Bis jetzt habe ich davon noch keine Rupie gesehen.«

Hinter den Mauern des Kumari Bahal existieren längst religiöse Tradition und westlicher Way of Life wie selbstverständlich nebeneinander. Zu Füßen der Mädchengöttin werden neben Cashewnüssen und Orangen auch Schokoriegel mit solch fremdländischen Namen wie »Bounty« und »Nuts« abgelegt. Im Agam zelebriert der buddhistische Raj Guru jeden Tag die geheimnisvolle Nitya-Puja, um »die Heiligkeit des Raums zu erhalten«, während zwei Stockwerke höher ein als lebende Göttin verehrter Teenager zur Musik nepalesischer Pop-Künstler und der indischen Ausgabe von MTV tanzt. Und nach dem täglichen Unterricht treffen die von Bina mitgebrachten Modezeitschriften mindestens auf ebenso viel Interesse wie zuvor die Legenden der hinduistischen Götterwelt.

Es ist für die zwölfjährige Kumari aber auch eine Zeit der inneren Widersprüche, seit sie weiß, dass sie nur noch wenige Monate die königliche Schutzgöttin von Kathmandu sein wird. Einerseits wurde ihr ganzes bisheriges Leben durch traditionelle Rituale und unveränderbare Zeitpläne bestimmt, andererseits versuchen ihr Durga und

Bina seit einigen Wochen eine Vorstellung von einem Leben zu vermitteln, wo all das in den Hintergrund treten und die individuelle Selbstbestimmung wesentlich sein wird. Sie sagen es mit anderen Worten, sie geben dafür Beispiele, und vor allem Bina erzählt viel von der gemeinsamen Familie, die sie auf diesem Weg begleiten wird. Das alles aber ist bislang noch Theorie, und die Kumari versucht in den Stunden der Einsamkeit davon Vorstellungen zu entwickeln. Wenn sie sich hinter das vergitterte Fenster setzt, blickt sie nun nicht mehr in eine Welt, die ihr scheinbar für immer verschlossen bleiben, sondern in eine Welt, die sie bald erleben wird.

»Das Leben draußen ist schön und es gibt viel zu entdecken.« Das hat diese fremde alte Frau gesagt. Sie glaubt, dass diese Frau Recht hat, auch wenn sie noch nicht so richtig begreifen kann, was es alles zu entdecken gibt. Deshalb hat sie ganz viele Fragen. Wie wird es sich anfühlen, wenn man Schuhe trägt? Als Kumari trägt sie niemals Schuhe. Bina hat sie mal gefragt, was wohl ihre Lieblingsfarbe sein würde, wenn sie kein Rot mehr tragen wird? Viele Tage lang hatte sie alle Farben betrachtet, die an den Kleidern der Leute da unten zu sehen waren. Jetzt weiß sie, dass Pink ihre Lieblingsfarbe ist. Und wie wird es sein, wenn man eine Straße überqueren muss, auf der ganz viele Autos fahren und Motorräder? Bina sagt, dass sie ihr helfen will, das zu lernen, und dass ihre Ma sie auch bei allem unterstützen wird und alle anderen, deren Namen Bina auf den Familienbaum geschrieben hat. Sie aber will, dass Durga-didi zu ihrer Familie gehört und Garima auch. Die andere Familie kennt sie ja gar nicht. Vielleicht wird sie diese Familie mögen, vielleicht aber auch nicht …

Sie wird eine richtige Schule besuchen, sagt Bina, und dass der Direktor ihr Onkel ist. Und in einem Klassenraum mit zwanzig Schülern sitzen die Jungen links und die Mädchen rechts. Natürlich findet sie es aufregend, sich vorzustellen, in einer eigenen Schuluniform unter all diesen Mädchen zu sitzen. Aber sie hat auch Angst davor. Außer mit Bina hat sie noch nie mit irgendeinem Menschen gesprochen, der nicht hier im Bahal wohnt. Vor allem will sie dort ein Mädchen wie die anderen sein und nicht erzählen müssen, wie es ist, wenn man die Tika erteilt oder wie man sich auf dem goldenen Wagen oder bei der Durga-Puja beim Taleju-Tempel fühlt … Durga-didi hat gesagt, sie muss darüber nicht sprechen, wenn sie das nicht will. Aber werden diese Mädchen sie mögen, wenn man ihr Fragen stellt und sie darauf nicht antwortet? Und wird ihre neue Familie auch dann noch nett zu ihr sein, wenn sie ihr nichts von ihrem Leben mit Durga-didi und dieser anderen Familie erzählen will?

Auch wenn Bina und Durga-didi ihre Fragen beantworten, es sind sofort wieder neue da. Sie spürt, dass es Fragen gibt, die man nicht beantworten kann, sondern die erst dann geklärt werden, wenn man es selbst erlebt. Hat die fremde alte Frau das gemeint, als sie gesagt hat, es gäbe »viel zu entdecken«?

Amrit Man Shakya war im selben spärlich möblierten Raum ohne Gardinen empfangen worden, in dem er schon vor einigen Jahren für seine Tochter die Erteilung von Schulunterricht hatte erwirken wollen. Es war derselbe hagere Funktionär des Guthi Sanasthan mit dem schwarzen Topi, der das Komitee damals für nicht zuständig erklärt hatte und der auch jetzt wieder seine Nicht-Zuständigkeit versicherte. Da war wieder dieses Gefühl der Ohnmacht, das Amrit überfiel, wie damals, als er am Ende nur noch in einem persönlichen Brief an den König einen Ausweg gesehen hatte.

Diesmal aber wollte er diese Ohnmacht nicht akzeptieren. Zu viele Enttäuschungen musste er in all den Jahren ertragen. Er hatte hingenommen, dass am Indra-Jatra-Fest der Chitaidar statt seiner zur königlichen Audienz ging. Er ließ sich auf dem goldenen Wagen in jedem Jahr weiter nach hinten drängen und an der Tafel im Kumari Bahal weit weg von seiner Tochter am äußersten Rand platzieren. Mit den offensichtlichen finanziellen Unkorrektheiten seitens des Chitaidar – die auch noch vom Guthi Sanasthan gedeckt werden – war für ihn nun jenes Maß erreicht, das er nicht mehr akzeptieren konnte.

Der Reporter der *Kantipur Daily,* dessen Name einige Tage zuvor über dem Bericht stand, hatte Amrit nach dessen Anruf umgehend zu Hause aufgesucht. Der Vater einer Kumari, der exklusiv Auskünfte über finanzielle Unregelmäßigkeiten im Kumari Bahal und dem Guthi Sanasthan zu geben bereit war – das wäre für jeden nepalesischen Journalisten eine wunderbare Story.

Im Wohnzimmer der Shakyas sitzen sich die beiden gegenüber und Amrit redet und redet. Der Reporter macht sich Notizen, fragt gelegentlich nach Details und kann gar nicht glauben, dass die Mädchengöttin und ihre Familie in all den Jahren von den pekunären Opfergaben der Gläubigen keine einzige Rupie gesehen haben soll. Immer wieder referiert der Reporter zwischendurch seine Aufzeichnungen und fragt nach, ob er Amrit Man Shakya in diesem oder jenem Punkt auch wirklich richtig verstanden habe. Und als ihm das bestätigt wird, steigt bei dem erfahrenen Lokalreporter die Spannung, wie sich wohl die Gegenrecherche gestalten werde. Denn als professioneller Journalist will er das, was ihm da eben Ungeheuerliches erzählt wurde, natürlich nicht veröffentlichen, ohne auch die Beschuldigten dazu gehört zu haben.

Der Beitrag wird als Aufmacher im Lokalteil der *Kantipur Daily* veröffentlicht, und Amrit Man Shakya liest ihn mit gemischten Gefühlen. Einerseits freut er sich, dass sich der Reporter sehr genau an die von ihm geschilderten Fakten gehalten hat. Umso mehr, da sowohl der Chitaidar als auch das Kumari-Komitee die ihnen eingeräumte Möglichkeit einer Stellungnahme nicht genutzt haben. Andererseits bekommt er nun doch etwas Angst vor der eigenen Zivilcourage. Hatte er wirklich alle internen Möglichkeiten einer Klärung versucht? Würde man im Kumari Bahal in ihm womöglich einen Nestbeschmutzer sehen und künftig den Umgang mit ihm meiden. Immerhin soll seiner Tochter ja in absehbarer Zeit durch eine würdige Abschlussfeier ein sanfter Übergang von der einen zur anderen Familie ermöglicht werden. Ist damit zu rechnen, dass auch Mousuf Sarkar diesen Artikel liest und vielleicht enttäuscht von Amrit ist? Schließlich hatte der König ja höchstselbst den Schulunterricht für die Kumari genehmigt, bezahlt und sich damit über jede Tradition hinweggesetzt.

Die Grübeleien des Amrit Man Shakya werden durch das Läuten des Telefons unterbrochen. Eine junge Männerstimme bittet ihn, den Mul Purohit aufzusuchen, nicht aber in dessen Amtssitz im Narayanhiti Durbar, sondern zu Hause. Amrit Man Shakya macht sich auf eine heftige Auseinandersetzung gefasst, nimmt sich aber vor, seine Position selbstbewusst zu vertreten.

Der königliche Oberpriester scheint ernsthaft an einer Klärung der Situation interessiert zu sein. Ohne auf die Zeitungsveröffentlichung einzugehen, verweist er auf eine seit mehr als zwanzig Jahren geltende königliche Verordnung. Derzufolge müssen die Geldopfer der Gläubigen zwischen dem Kumari Bahal und der Familie der Dyo Maiju in einem Verhältnis von 49 : 51 geteilt werden. Es ist das erste Mal, dass Amrit von einer derartigen Regelung hört – und dann auch noch als eine vom König verbindlich verordnete.

»Nun müssen wir in Bezug auf die Höhe der zu verteilenden Geldopfer dem Chitaidar schon auch vertrauen«, meint der Mul Purohit.

»Das will ich gerne tun!«, erklärt Amrit. »Wir haben nur in all den Jahren keine einzige Rupie gesehen. Angeblich würde das ganze Geld für die Pujas und Lebenshaltungskosten meiner Tochter verwendet werden.«

»Dennoch stehen der Kumari 51 Prozent dieser Einnahmen zu. Außerdem bekommt er ja auch monatlich eine Summe vom Guthi Sanasthan«, erklärt der Mul Purohit und blickt in das Gesicht eines Mannes, der angesichts solch deutlicher Worte wieder Hoffnung schöpft.

Doch der brahmanische Priester ist auch Realist. Er weiß durchaus zu schätzen, was die personenreiche Familie des Chitaidar für den Fortbestand der Kumari-Tradition leistet. Man kann ihnen vielleicht gelegentlich auf die Finger schauen, reglementieren aber kann man sie nicht. Es kommt jetzt nur darauf an, so überlegt der Mul Purohit, den Medien möglichst schnell eine einvernehmliche Lösung zu verkünden, mit der alle leben können.

Nach kurzem Überlegen macht der königliche Oberpriester einen Vorschlag, den man in anderen Kulturen einen salomonischen nennen würde: »In diese Sache mit den Geldopfern will ich mich nicht einmischen. Aber ich will gern auf eine Verfügung hinwirken, die die Aufteilung der 40 000 Rupien regelt.«

Mit schneller Hand kritzelt er ein paar Zahlen auf einen kleinen Block. Es sieht so aus, als ob er etwas addiert oder subtrahiert, dann streicht er das Ganze wieder durch und sagt: »Ich schlage vor, wir geben dem Chitaidar für die laufenden Verpflichtungen 25 000 Rupien und überweisen für die Kumari jeden Monat 15 000 auf ein Sperrkonto, über das sie später verfügen kann.«

Der Mul Purohit beugt sich dem Vater der Kumari etwas entgegen und mustert ihn mit seinen auffallend grünen Augen. »Einverstanden?«

Amrit ist überwältigt. Ein Betrag von 15 000 Rupien pro Monat ist mehr, als sein kleiner Laden in einem Vierteljahr abwirft.

»Ja, damit bin ich einverstanden«, sagt Amrit.

Dann erhebt er sich und verbeugt sich zum Abschied vor dem Mul Purohit. Dies ist die höflichste Geste, die man hierzulande jemandem entgegenbringen kann – in einer Kultur, deren Tradition den Vorgang des Bedankens schon deshalb nicht kennt, weil in ihr die gegenseitige Hilfe ein selbstverständliches Gut ist.

Massaker im Königspalast

Als ich an diesem Freitagabend mit dem Chefreporter meiner Zeitung auf dem Motorrad am Königspalast vorbeigefahren bin, sah ich im Westflügel des Parks eine Ansammlung von Polizeiwagen. Aber ich habe nicht über deren Bedeutung nachgedacht. Zu diesem Zeitpunkt konnte ich nicht ahnen, dass die nächsten vierundzwanzig Stunden zu den bewegendsten Stunden meines bisherigen Lebens werden sollten.

Yuvraj Acharya
Reporter

Die Redaktionskonferenz der *Space Time Today* war außergewöhnlich früh beendet, der Aufmacher der Titelseite und die weiteren Themen ohne Diskussion festgelegt worden. Die internationalen Agenturen hatten am Mittag ein »gemeinsames Konferenzzentrum von Juden, Christen und Moslems in Jerusalem« gemeldet. Niemand in der Redaktionsrunde war der Meinung, dass diese Meldung einen nennenswerten Nachrichtenwert besitzt, in einem Land, das seit Jahrhunderten die Toleranz unter den Religionen praktiziert. Und auch die Nachricht, dass Japans Ministerpräsident Junichiro Koizumi laut einer Meinungsumfrage seinen persönlichen Sympathiewert von 85 auf 87 Prozent steigern konnte, kam nur deshalb ins Blatt, um den umstrittenen Regierungschef im eigenen Land ein wenig zu ärgern. Wirklich Sensationelles ist nicht passiert, und so schaffte es schließlich der indonesische Präsident Abdurrahman Wahid auf die Titelseite, der am Vormittag seinen Sicherheitsminister entlassen und mit der Auflösung des Parlaments gedroht hatte.

Es war also ein nachrichtenarmer Tag, dieser 19. Jeshta 2058, der im internationalen Kalender der 1. Juni 2001 ist. Bei Redaktionsschluss konnte noch niemand ahnen, dass dieses Datum für Nepal zu einem nationalen Trauma werden würde. Als die Redakteure gegen 21.30 Uhr das Verlagsgebäude in Lazimpat verließen, konnten sie nicht wissen, dass kurz zuvor etwas geschehen war, das ihr Land schon in wenigen Stunden ins Licht der internationalen Aufmerksamkeit zerren und sie heute Nacht um den Schlaf bringen würde.

Etwa fünfzehn Minuten nach Redaktionsschluss fährt der Chefreporter der *Space Time Today* mit seinem Motorrad an der Westseite des Königspalastes vorbei. Hinter ihm sitzt sein junger Kollege Yuvraj Acharya und beobachtet eine außergewöhnliche Ansammlung von Polizeifahrzeugen im Park des Palastes sowie einige Leute, die aufgeregt hin und her laufen. Sein sonst untrügerischer Reporterinstinkt aber lässt ihn diesmal nicht aufmerksam werden. Nach einer anstrengenden Arbeitswoche ist er in Feierabendlaune, und er genießt es, von seinem Kollegen nach Hause gefahren zu werden. Der Junggeselle freut sich darauf, in seinem kleinen Mansardenzimmer in Dillibazar ein wenig Musik zu hören oder zu lesen, auf jeden Fall aber zu entspannen.

Es ist schon lange nach Mitternacht, als Yuvraj durch das Schrillen der Türklingel geweckt wird. Er war über einem Buch eingeschlafen, und nun blickt er mit kleinen Augen seinem Nachbarn, einem Richter am Obersten Gerichtshof, ins aufgeregte Gesicht.

»Wissen Sie schon Genaueres über die Vorfälle im Narayanhiti Durbar?«, will der Jurist wissen.

»Was meinen Sie?«

»Ich habe nach Sendeschluss unseres Fernsehens auf die indischen *Star News* umgeschaltet, und da war eben von einer Schießerei die Rede …«

Schlagartig ist Yuvraj hellwach. Sofort sind die Bilder wieder da, die er vorhin vom Motorrad aus wahrgenommen hat.

»Nein, nein, nein …«, ruft Yuvraj und versucht seine Gedanken zu ordnen. »Ich habe keine Ahnung, aber … ich finde es heraus!«

Nach und nach treffen die Redaktionsmitglieder im Großraumbüro der *Space Time Today* ein. Als Yuvraj Acharya seine Jacke über den Stuhl an seinem Schreibtisch wirft, schnappt er von seinen Kollegen die ersten Informationen auf. Offenbar hatte jemand während des Abendessens der königlichen Familie mit einer Maschinenpistole herumgeschossen. Aber wer? Der Blick des Reporters fällt auf den Entwurf der Titelseite einer Sonderausgabe, die an der Wandschiene klemmt. Unter riesigen Lettern – »Schießerei im Königspalast« – sind die Bilder der königlichen Familie zu sehen – und sonst nichts.

»Na, das ist doch wenigstens schon mal ein Anfang«, hört Yuvraj Acharya die Bemerkung des stellvertretenden Chefredakteurs.

Keinem der Kollegen, die vor jener Schlagzeile das weitere Vorgehen beraten, ist der ironische Unterton in dessen Stimme entgangen.

»Ich habe Ram Chandra Poudyal am Telefon«, ruft ein Redakteur, der mit einer Hand die Gesprächsmuschel abdeckt.

»Was kann uns der Innenminister schon zu den Vorfällen im königlichen Esszimmer sagen? War er dabei?«, fragt jemand in den Raum und löst mit dieser Bemerkung eine aufgeregte Kontroverse aus: »Er ist der Chef der Sicherheitskräfte!« – »Nicht im Narayanhiti Durbar, die unterstehen direkt dem Staatsrat.« – »Seit wann denn das?« – »Das Statement eines Kabinettmitglieds ist immerhin besser als nichts …«

Dann folgt die Ernüchterung. Der Redakteur, der eben noch mit einem Mitglied der nepalesischen Regierung telefonierte, legt sichtlich frustriert den Hörer auf.

»Er kennt auch keine Einzelheiten.«

Der stellvertretende Chefredakteur klatscht in die Hände, um sich Aufmerksamkeit zu verschaffen.

»Also los, Kollegen, vor die Fernseher und die Radios! Es bleibt uns nichts anderes übrig, als die Meldungen der ausländischen Korrespondenten zu zitieren und mit vorsichtigen und abwägenden Kommentaren zu versehen. Wir haben noch maximal fünfzig Minuten!«

Die Kumari erwacht, und das Bett neben ihr ist leer. Durch das vergitterte Fenster dringt aufgeregtes, unverständliches Stimmengewirr herauf. Das Mädchen richtet sich im Bett auf und sieht sich im ganzen Raum um, doch sie ist definitiv allein.

Solange sie sich zurückerinnern kann, ist sie morgens noch nie von selber aufgewacht. Höchstens mal mitten in der Nacht oder ganz früh, wenn es draußen noch dunkel war. Normalerweise wird sie morgens von Durga-didi geweckt, und Durga-didi bleibt auch mit ihr zusammen, bis die Puja beginnt. Dann erst fährt die Freundin zur Arbeit … Wo aber ist Durga-didi jetzt?

Sie beschließt, einfach im Bett zu bleiben und zu warten, dass etwas passiert … Aber es passiert nichts. Von draußen sind aufgeregte Stimmen zu hören. Doch worüber unterhalten sich die Menschen? Sie kann kaum etwas verstehen … nur manchmal hört sie, dass sie über Mousuf Sarkar sprechen …

Die Mädchengöttin steigt aus dem Bett und läuft die wenigen Schritte zum Fenster hinüber. Überall auf dem Platz stehen Menschen in Gruppen zusammen und reden miteinander. Gelegentlich geht jemand von der einen Gruppe zur anderen. Plötzlich tauchen Zeitungsverkäufer auf – die mageren Sonderausgaben werden ihnen regelrecht aus den Händen gerissen.

Sie spürt, dass irgendwas geschehen sein muss. Manche von den Menschen da unten weinen – und das bestimmt nicht ohne Grund. Warum aber sagt ihr denn niemand, was los ist? Warum lässt Durga-didi sie hier allein?

Die Kumari geht nach nebenan und von dort ins Badezimmer, doch nirgendwo trifft sie Durga-didi an. Sie läuft im roten Nachthemd der

Mädchengöttin hinüber in den Nordflügel des Palastes, dorthin, wo Durgas Brüder mit ihren Familien leben. Aber auch hier ist niemand. Das Gefühl, das sich in diesem Moment der Mädchengöttin bemächtigt, ist eine eigenartige Mischung aus Furcht, Einsamkeit und Neugier.

Suchend schleicht sie nun über die leeren Flure der ersten Etage des quadratisch um den Innenhof gebauten kastenartigen Palastes. Schließlich steigt sie ein Stockwerk höher, durchquert den Saal, direkt vorbei am Löwenthron. Schließlich vernimmt sie aus dem Wohnbereich der Chitaidars eine fremde männliche Stimme.

Offenbar hat sich die ganze Familie im Wohnzimmer des Thuloba versammelt. Soll sie nicht dabei sein? Zählt man sie schon nicht mehr zur Familie, nur weil sie in wenigen Monaten von hier weggehen muss? Als sie durch den breiten Spalt in das Zimmer blickt, sieht sie, dass alle einem Mann im Fernsehen zuhören, der in Hindi davon spricht, dass es für irgendetwas »noch keine offizielle Bestätigung« gibt.

Unentschlossen steht die Kumari einen Moment vor der halb geöffneten Tür, ehe Gautam sie entdeckt. Mit einer stummen Kopfbewegung macht er seiner jüngsten Schwester ein Zeichen. Als Durga sie wahrnimmt, stürzt sie erschrocken aus dem Raum. Sie schließt die Zimmertür von außen, nimmt die Kumari an die Hand und geht mit ihr davon.

Warum darf sie nicht wissen, was der Mann im Fernsehen gesagt hat? Wo sind denn Garima und die Jungen? Hat Durga-didi ein Geheimnis vor ihr? Warum sagt sie denn nichts?

Durga führt die Mädchengöttin hinunter in das geräumige Badezimmer mit dem Schminktisch, an dem sie seit mehr als neun Jahren jeden Morgen dieses kleine Mädchen in die Kumari verwandelt. Mit großem Spaß haben sie in all den Jahren einen jeden Tag mit dem »Gruß an die Sonne« begonnen. Dazu aber sieht sich Durga heute außerstande. Die Nachrichten über die unerklärlichen Vorgänge am gestrigen Abend im Königspalast haben nicht nur sie, sondern ihre gesamte Familie paralysiert.

Ein Mordanschlag auf den gottgleichen König – was soll nur dieses schreckliche Zeichen bedeuten? Diese Frage bewegt Durga, seit sie am frühen Morgen von ihrer Mutter geweckt, ins Wohnzimmer gebeten und dort mit dieser grauenvollen Nachricht konfrontiert worden ist. Von diesem Moment an wird sie von der düsteren Ahnung geplagt, dass mit diesem Tag womöglich eine Ära zu Ende gehen und nichts Gutes nachkommen wird – wie einst das Satyayug, jenes legendäre »Zeitalter der Wahrheit«.

Sie ist es nicht gewohnt, dass Durga-didi nicht mit ihr spricht. Sie empfindet die Stille zwischen ihnen sogar als unheimlich. Außerdem hatte man niemals zuvor eine Tür vor ihr verschlossen, wie vorhin oben beim Thuloba …

Plötzlich hat sie eine furchtbare Ahnung. Sollte heute etwa der Tag ihrer Ablösung sein? Sind deshalb all diese Menschen da draußen auf dem Platz? Ist deshalb die ganze Familie vor dem Fernseher versammelt, wo alle nur darauf warten, dass es dafür »eine offizielle Bestätigung« gibt?

Inzwischen hat Durga damit begonnen, das Haar der Mädchengöttin einzuölen. Einige Minuten geht Durga wortlos der gewohnten Tätigkeit nach, ehe sie von der Kumari völlig unvermittelt gefragt wird: »Werde ich heute von hier weggebracht?«

Erschrocken unterbricht Durga ihre Tätigkeit. An diese Möglichkeit hatte sie ja noch gar nicht gedacht. Was würde wohl passieren, wenn der König sterben würde? Immerhin wurde sein Zustand vorhin im Fernsehen als »äußerst kritisch« bezeichnet. Würde man dann für den neuen König womöglich auch eine neue Kumari suchen? Das würde ja schon deshalb Sinn machen, weil man ja kaum davon ausgehen kann, dass das Horoskop der Mädchengöttin auch zu dem des neuen Königs kompatibel ist. Müsste dies aber nicht zur Folge haben, dass man die Dyo Maiju nach Hause schickt und Preeti gar nicht erst inthronisiert? Und würden die Hofastrologen unter den verbleibenden zwei Horoskopen wirklich die passende Kumari für Dipendra finden, der ja wohl seinem Vater auf dem Thron nachfolgen würde – sollte der ebenfalls schwer verletzte Kronprinz überleben. Noch aber ist der König nicht tot. Weshalb sollte man in einer solchen krisenhaften Situation die Kumari ablösen?

»Nein, davon weiß ich nichts …«, beginnt Durga unsicher. »Ich denke auch nicht, dass das geplant ist – nicht heute. Also, ich gehe nicht davon aus.«

Spürbar erleichtert greift die Kumari nach Durgas Händen. Hoffnungsfroh wird deren Druck erwidert.

»Wollen wir den Tag mit dem ›Gruß an die Sonne‹ beginnen?«, fragt die Mädchengöttin.

Über das Gesicht der Dienerin huscht ein Lächeln. Sie beugt sich zur Dyo Maiju hinunter und haucht ihr ins Ohr:

»Wir können es ja versuchen!«

Noch in der Nacht hatte ein indischer Kommentator von »vereinzelten Gerüchten« gesprochen. In anderen ausländischen Sendern wurde bald von »hartnäckigen Gerüchten« berichtet, die »in der Stadt verbreitet« würden. Und kurz darauf meldete ein US-Sender es als eine »an Sicherheit grenzende Wahrscheinlichkeit«: Die Hintergründe für den Anschlag lägen in einem seit langem schwelenden Streit zwischen Kronprinz Dipendra und seinen Eltern. Demzufolge habe der Thronfolger die zweiundzwanzigjährige Devyani Rana heiraten wollen, seine Eltern aber hätten der Ehe mit einer »Rana« nicht zugestimmt. Daraufhin habe Dipendra am gestrigen Abend die Waffe zunächst gegen seine Familie und anschließend gegen sich selbst gerichtet.

In dem Beitrag bleibt unerwähnt, dass auch Königin Aishwarya dem Rana-Clan entstammt – entweder weil es der amerikanische Korrespondent nicht weiß oder weil ein Hinweis darauf seine Indizien für das Tatmotiv erschüttern würden.

Vielmehr liefert der US-Korrepondent seinen Zuschauern einen kurzen historischen Abriss: Mehr als hundert Jahre habe die einflussreiche Rana-Familie das Amt des Premierministers wie eine Erbdynastie inne gehabt und sei zu einer Art zweiten königlichen Familie aufgestiegen. Zeitweilig hätten sie die Shah-Könige wie Marionetten behandelt, und König Birendra dürfte nicht vergessen haben, wie er als kleiner Junge dem Großvater ins indische Exil habe folgen müssen. Nur mit Hilfe von Jawalal Nehru, dem Premier des Nachbarlandes, im Bündnis mit der mittlerweile gegründeten nepalesischen Kongress-Partei, hätten der damalige König Tribhuvan und seine Familie nach Kathmandu zurückkehren können.

Diese Hintergründe berichtete der US-Journalist seinen Zuschauern in aller Welt – den Nepalesen aber sagte er damit nichts Neues. Schon gar nicht den einheimischen Journalisten, die wie ihr Reporterkollege Yuvraj Acharya von *Space Time Today* seit den frühen Morgenstunden im Park des königlichen Palastes auf eine offizielle Verlautbarung warten. Sie kennen die Verhältnisse innerhalb des Hofes weitaus besser als die ausländischen Kollegen, die bis jetzt fast ausnahmslos in ihren Korrespondentenbüros in Neu-Delhi sitzen und von dort aus berichten. Hier in Kathmandu weiß beispielsweise jeder, dass Kronprinz Dipendra dem Konsum von Alkohol wie auch dem von Haschisch nicht abgeneigt ist. Fraglos eine gefährliche Mischung. Aber ist dies schon Grund genug, ihn auch einer so grausamen Tat für fähig zu halten? Immerhin wurden bei dem Anschlag mehr als ein Dutzend Personen meist lebensgefährlich verletzt. Denn an den Freitagsabendessen im Palast nehmen traditionell nicht nur das Königspaar und ihre Kinder, sondern auch die Geschwister des Königs und deren Kinder teil.

Yuvraj wartet seit fast zwei Stunden im königlichen Park auf interne Informationen. Doch mittlerweile geht er nicht mehr davon aus, dass sich hier noch etwas in Erfahrung bringen lässt, womit sich in der nächsten Sonderausgabe die Zeilen eines Vor-Ort-Reports füllen lassen. Er beschließt daher, sich zu dem Militärhospital unterhalb der Swayambhunath-Stupa zu begeben, in das die schwer verletzte königliche Familie gebracht worden war.

Das Erste, was Amrit Man Shakya an diesem Morgen bemerkt hatte, waren die Hubschrauber, die über dem Haus kreisten. Wie an jedem Samstagmorgen wollte er einen längeren Spaziergang machen – die Straße hinunter ins Zentrum des benachbarten Stadtbezirks Zhhani und von dort hinauf zur Swayambhunath-Stupa.

Auf der Straße nach Zhhani stellt er zudem eine ungewöhnliche Militärpräsenz fest, und an der Kreuzung, von der es rechts zum Birendra-Sainik-Hospital geht, stehen hunderte von Menschen dicht gedrängt zusammen. Sie scheinen gar kein Ziel zu haben und stehen schweigend herum. Wenn welche miteinander sprechen, dann tun sie es flüsternd. Auf Amrit wirkt all das fast ein wenig bedrohlich, wozu natürlich die schwer bewaffneten Soldaten an den Straßenecken und die Hubschrauber in den Lüften beitragen.

Amrit biegt nach links in Richtung Swayambunath-Stupa ab. Er geht einige Meter die steile Straße hoch, und als er sich noch einmal umdreht, sieht er, dass auch die gesamte Zufahrtsstraße zum Birendra-Sainik-Hospital voller Leute ist. Und von der Straße, die hinunter zum Vishnumati-Fluss und hinüber in die Altstadt Kathmandus führt, drängen weitere Menschenmassen nach.

Er wendet sich an einen der Wartenden: »Was ist denn hier los?«

Der fremde Mann blickt Amrit fassungslos an. Offenbar ist es ihm völlig unverständlich, dass jemand noch nicht weiß, was seit Stunden über die Medien bekannt gegeben wird. Er zieht aus seiner Tasche die

Sonderausgabe der *Space Time Today* und präsentiert dem erschrockenen Amrit Man Shakya die Schlagzeile: »Schießerei im Königspalast!«

»Mousuf Sarkar und die ganze königliche Familie liegen schwer verletzt da drüben im Birendra-Sainik-Hospital«, sagt der Mann und bricht im nächsten Moment in Tränen aus.

Unten am Fluss hat mittlerweile der Reporter Yuvraj Acharya sein Fahrrad abgestellt. Er läuft die steile und kurvenreiche Straße nach Zhhani zu Fuß hoch, präsentiert mehrfach seinen Presseausweis und die Menschen machen ihm bereitwillig Platz. Das Wohlwollen dem Journalisten gegenüber endet unmittelbar vor der Pforte zu dem Militärhospital, welches den Namen seines derzeit prominentesten Patienten trägt: Birendra. Ein Offizier und mehrere Sicherheitsbeamte verweigern Yuvraj den Zutritt – wie zuvor bereits seinen Kollegen von der *Kathmandu Post* und der *Kantipur Television,* mit denen er nun gemeinsam hier wartet.

Die Menschen sinken vor der Kumari nieder und weinen. Sie küssen der Mädchengöttin die Füße und bitten Taleju um das Leben des Königs. Sie bitten auch um das Leben von Königin Aishwarya, und ein Gläubiger hört gar nicht mehr auf, auch um das Leben der restlichen Königsfamilie zu bitten: »Für die Prinzen Dipendra und Nirajan und die Prinzessinnen Shruti und Jayanti, für den Bruder von Mousuf Sarkar, Prinz Dihendra, für seine beiden Schwestern …«

Die ganze königliche Familie scheint sich in höchster Gefahr zu befinden. Viele Menschen, die heute Morgen hierher kommen, weinen. Auch die Familie des Thuloba ist in großer Aufregung. Sie bemerkt schon seit einer ganzen Weile, wie sich einzelne Familienmitglieder da drüben am Fenster abwechseln. Mal sitzt der Thuloba dort, dann kommt Gautam und flüstert ihm etwas zu … der Thuloba läuft hinaus und Gautam geht auf und ab … dann kommt der Thuloba zurück … schließlich läuft er wieder hinaus und Durga-didi kommt herein und nimmt auf dem Stuhl neben dem Fenster Platz. Durga-didi sieht zu ihr herüber, blinzelt ihr zu, nickt sogar leicht mit dem Kopf. Sie will sie beruhigen, aber weil sie ihre Freundin gut kennt, spürt sie, dass Durga-didi gar nicht ruhig ist, sondern offensichtlich sehr angespannt.

Mit einem Mal kommt Unruhe in die Schlange der Gläubigen. Ein Mann war eben hereingekommen und hatte den hinten Stehenden aufgeregt etwas zugeraunt. Eine Frau hat einen kurzen Schrei ausgestoßen und sucht nun tastend nach der Hand ihres Mannes. Einige stürzen hinaus, andere geben die Nachricht nach vorn weiter und lösen dort bestürzte Reaktionen aus.

Irritiert sieht Durga zu den Gläubigen hinüber, und für einen Moment begegnet ihr der verstörte Blick der Mädchengöttin. Vom Hof herauf tönt der hysterische Ruf einer Frau: »Mousuf Sarkar ist tot!«

Erschrocken blickt die Kumari zu Durga – in ein versteinert wirkendes, fremdes Gesicht. Vor dem Thron der Mädchengöttin spielen sich turbulente Szenen ab. Einige der Gläubigen wollen umgehend den Kumari Bahal verlassen und treffen in der schmalen Tür auf jene, die diesen Moment unbedingt bei ihrer Kumari verbringen wollen. Ein Gedränge entsteht. Manche der Anwesenden sind schlagartig in fassungslose Lethargie verfallen, andere schreien ihren Schmerz hemmungslos heraus.

Von der anderen Seite sind Gautam und Mahendra hereingestürzt und haben links und rechts des Löwenthrons Aufstellung bezogen, bereit, die Sicherheit der Mädchengöttin notfalls mit körperlichem Einsatz zu gewährleisten.

Kurz nach elf Uhr hatte sich lähmendes Entsetzen über das Land gelegt. Der Verkehr und das öffentliche Leben waren nahezu zum Erliegen gekommen, als der Sprecher des nepalesischen Staatsfernsehens mit gebrochener Stimme und ohne ein einziges Mal von seinem Blatt aufzusehen den Tod des Königs und seiner Gattin, Königin Aishwarya, bekannt gab.

Nur etwa zwei Kilometer von jener Stätte entfernt, wo an diesem Morgen der im Volk außerordentlich beliebte Monarch seinen Verletzungen erlegen war, haben die Eltern der Kumari und deren Familie die erschütternde Nachricht zur Kenntnis genommen. Seither schweigen sie und versuchen zu akzeptieren, dass nun das Gegenteil von dem eingetreten ist, wofür sie in den beiden letzten Stunden gebetet hatten. Alle hier im Raum sind in ihre ganz eigenen Gedanken versunken, jeder erinnert sich noch einmal an seine Begegnungen mit dem verstorbenen König – am Indra-Jatra-Fest, an Fulpati, beim Reitturnier in Tundikhel. Amrit und Mimita trauern vor allem um einen Menschen, der ihrer Tochter zuliebe mit einer Tradition gebrochen und der Kumari eine Schulausbildung ermöglicht und finanziert hat. Und natürlich denkt auch jeder andere hier im Raum an die Mädchengöttin. Wird man ihr an diesem grausamen Ereignis eine Mitschuld geben? Immerhin repräsentiert sie doch Taleju, die Schutzgöttin des Königshauses. Wird sie unter diesen Umständen überhaupt noch die vorgesehene Zeit bis zum herbstlichen Dashain-Fest auf dem Thron der Mädchengöttin verbleiben können?

»Mag die Göttin Taleju ihrer kleinen Dyo Maiju in dieser schweren Stunde beistehen!«, sagt Mimita plötzlich in die Stille hinein.

Es ist der Wunsch, der aus dem Herzen einer Mutter kommt, auch wenn sie die eigene Tochter Dyo Maiju und nicht etwa bei ihrem Namen nennt.

Die Nachricht vom Tod des Königs hat selbst unter hartgesottenen Journalisten in der Redaktion der *Space Time Today* Bestürzung hervorgerufen. Yuvraj Acharya fährt seinen Computer herunter. Niemanden würde morgen interessieren, wie die Stimmung am Birendra-Sainik-Hospital war, *bevor* der Tod des Königs bekannt gegeben worden ist. Er musste also schleunigst dorthin zurück.

Einige Redakteure haben sich um ein Fernsehgerät in der Ecke des großen Raumes gruppiert, und auch Yuvraj Acharya hört noch einen Moment der Verlautbarung zu, die Keshar Jung Rayamajhi, der Vorsitzende des Staatsrates, soeben verliest. »Gemäß Gesetz, Brauch und Usus hinsichtlich der Thronfolge« habe der Staatsrat vor wenigen Minuten Dipendra, den ältesten Sohn des verstorbenen Königs, zu dessen Nachfolger erklärt. In Anbetracht dessen aber, dass sowohl König Dipendra als auch sein jüngerer Bruder Prinz Nirajan derzeit noch im Koma lägen, habe man Gyanendra, den Bruder des verstorbenen Königs – zum Regenten ernannt …

»Bewahre uns vor Gyanendra als König!«, ruft einer der Redakteure.

»Warum?«, fragt ein anderer.

»Weil Paras dann Kronprinz wird!«, bringt es ein Dritter auf den Punkt.

Paras, der Sohn von Gyanendra, war in der Vergangenheit mehrfach durch öffentliche Eskapaden aufgrund von Trunkenheit unangenehm aufgefallen. Endgültig hatte Prinz Paras sämtliche Sympathien der Bevölkerung verspielt, als er im August 2000 den Tod des außerordentlich populären Sängers Praveen Gurung zu verantworten hatte. Nach einem Kneipenstreit war er dem Motorrad des Sängers in seinem Geländewagen gefolgt und hatte einen tödlichen Verkehrsunfall provoziert. Der Zorn der Bevölkerung wurde zudem angeheizt, als trotz entsprechender Forderungen von Regierung und Opposition kein Strafverfahren gegen das Mitglied der königlichen Familie eingeleitet worden war. Nicht zuletzt deshalb hofft in diesem Moment nahezu jeder innerhalb und außerhalb der Redaktionsräume der *Space Time Today,* dass Dipendra – der offizielle neue König – genesen möge. Und kaum jemand glaubt ernsthaft an die Theorie ausländischer Kommentatoren, wonach er der Mörder seiner Familie ist. Eine offizielle Version der Ereignisse aber bleibt der Pressesprecher des Palastes auch jetzt schuldig.

Nachdem die grausame Wahrheit bis in den Thronsaal der Kumari gedrungen war, hat sich Durga schließlich mit der Mädchengöttin zurückgezogen und mit ihr über das Ereignis gesprochen. Obgleich sie ja selbst keine Hintergründe, geschweige denn Details, kennt. Vor allem hat sie ihr verschwiegen, dass in den ausländischen Nachrichtensendungen ein schrecklicher Verdacht gegenüber Dipendra ausgesprochen wird. Denn die Kumari soll dem neuen König nicht voreingenommen begegnen, falls er genesen und sie um die Tika bitten sollte.

»Lang lebe Dipendra!«, tönt es zum Wohnzimmer der Kumari herauf. Grölende Gruppen meist junger Männer ziehen durch die Stadt und skandieren immer wieder ihre Verbundenheit mit dem neuen König. Durga, die hinter der Mädchengöttin steht und mit ihr gemeinsam auf den Basantapur-Platz hinausblickt, erkennt hinter dieser Sympathiebekundung für Dipendra die Ablehnung Gyanendras.

Durga spürt eine wachsende Unruhe in sich aufsteigen. Weiß sie doch aus eigener Erfahrung, wie schnell eine scheinbar friedliche Demonstration in nackte Gewalt umschlagen kann. Dafür hat es in den letzten Jahren mehr als ein Beispiel gegeben – drüben in der New Road, auf dem Kantipath-Boulevard und vor einigen Jahren selbst hier auf dem Basantapur-Platz. Sie ist den Sicherheitsorganen dankbar, dass sie seither beim Ausbrechen von Unruhen immer sofort den Platz neben dem Kumari Bahal abriegeln. Die Umgebung des Wohnsitzes der Mädchengöttin war ebenso zur »Bannmeile« erklärt worden wie die des Königspalastes und des Parlaments.

Durga zwingt sich zur Ruhe, um sich der Dyo Maiju gegenüber nicht anmerken zu lassen, dass sie Angst hat. Nur zu gut kann sie nachempfinden, welche enormen inneren Konflikte die Mädchengöttin in diesem Moment auszuhalten hat.

Noch einmal sieht sie Mousuf Sarkar ganz deutlich vor sich, wie er unterhalb des goldenen Fensters steht und ihr zuwinkt. Damals hatte sie Sorge, es könnte ein Abschiedswinken sein. Nun weiß sie, dass es ein Abschiedswinken war! Sie sieht ihn neben der Königin auf dem Balkon dort drüben stehen, am Indra-Jatra-Fest, und sie blickt noch einmal in das Gesicht mit der großen Brille und dem sanften Lächeln – er kommt ganz nah zu ihr herunter, damit sie ihm die Tika geben kann.

Es ist nicht schön, dass sie Mousuf Sarkar nie mehr sehen wird. Aber es freut sie, dass er jetzt als kleiner Tropfen zurückkehrt ins großen Meer, das Nirwana heißt. Dort ist er für alle Zeiten unangreifbar. Seine Mörder haben ihr Ziel nur hier auf dieser Erde erreicht … im Nirwana aber haben sie keine Macht.

»Du musst nicht traurig sein. Sie haben ihr Ziel nicht erreicht!«, sagt die Kumari und reißt Durga aus angstvollen Vorahnungen.

»Von wem sprichst du?«

»Von den Dämonen, die Mousuf Sarkar getötet haben. Im Nirwana endet ihre Macht, und er wird nun wieder Teil des großen Meeres!«

Einen Augenblick lang denkt Durga darüber nach, ob dieses buddhistische Bild der positiven Leere auf einen hinduistischen König angewendet werden kann, der immerhin als Inkarnation des Gottes Vishnu galt. Dann aber huscht ein Lächeln über ihr Gesicht, denn sie ahnt, dass die Mädchengöttin Recht hat.

Es wird kaum noch gesprochen vor dem Birendra-Sainik-Hospital, seit bekannt gegeben wurde, dass auch Königin Aishwarya sowie Prinz Nirajan und Prinzessin Shruti ihren Verletzungen erlegen sind.

Außerdem sei neben dem Gesundheitszustand des neuen Königs Dipendra auch der von weiteren fünf Mitgliedern der königlichen Familie »sehr ernst«. Immer mehr Menschen kommen aus der Altstadt Kathmandus herüber, um hier ihre Verbundenheit mit dem Königshaus zu bekunden. Andere verlassen die Stadt in östlicher Richtung, wo nach hinduistischer Tradition die Verstorbenen innerhalb eines Tages am Ufer des heiligen Bagmati-Flusses verbrannt werden.

Inzwischen wird erzählt, dass es auf dem Kantipath-Boulevard – Kathmandus Hauptverkehrsstraße – zu ersten Ausschreitungen gekommen ist. Dabei sei der Dienstwagen von Premierminister Girija Prasad Koirala mit Steinen beworfen worden.

In einer Atmosphäre der allgemeinen Ohnmacht bietet gerade der Regierungschef, dessen Rücktritt schon seit Monaten gefordert wird, eine ideale Zielscheibe für die Empörung der Bevölkerung. Die Opposition und selbst hochrangige Mitglieder der eigenen Kongress-Partei machen Koirala nicht nur für das Scheitern demokratischer Reformen verantwortlich, sondern erheben auch schwere Korruptionsvorwürfe. Wegen seiner Weigerung, den Rücktrittsforderungen Folge zu leisten, hat das Parlament bereits vor fünf Monaten die Arbeit eingestellt.

Für einen Moment hat der Reporter Yuvraj Acharya erwogen, zum Kantipath-Boulevard hinüberzufahren. Dann aber ist er, seinem Gefühl gehorchend, einfach hier geblieben. Er will Teil dieser riesigen Menschenmenge sein, an jenem Ort, wo ihr aller König gestorben ist. Morgen wird er einen Stimmungsbericht veröffentlichen – und diese Stimmung wird er diesmal nicht erfragt, sondern selbst erlitten haben.

Die Sonne steht westlich der Ring Road und bringt den goldenen, ringförmigen Aufbau der Swayambhunath-Stupa zum Leuchten – ein Zeichen, dass sich der Nachmittag dieses schicksalsschweren Tages bereits seinem Zenit nähert. Schon vor einer ganzen Weile wurde den wartenden Medienvertretern von einem Offizier der Sicherheitskräfte bestätigt, dass die Leichname der königlichen Familie das Hospital durch das Haupttor verlassen werden. Doch ob dies üblicherweise auf offenen Pritschen oder in geschlossenen Leichenwagen geschehen würde, darüber konnte er keine Auskunft geben.

Als das Tor sich schließlich öffnet, weicht die fatalistisch motivierte Geduld der wartenden Menschen für einen Moment spürbarer Aufgeregtheit. Sie befolgen die Anweisungen der Sicherheitskräfte, eine Gasse zu bilden, doch ist dabei jeder bestrebt, einen Platz möglichst weit vorn zu ergattern. Die Unruhe aber verebbt im gleichen Moment wieder, als der erste Pritschenwagen hinter dem Haupttor sichtbar wird. Angeführt vom Badaguruju und dem Mul Purohit, die später vor dem Pashupatinath-Tempel am Ufer des heiligen Bagmati-Flusses das Verbrennungsritual leiten werden, verlässt der erste Wagen das Areal. Eine ungeheuere Stille liegt über der gespenstisch wirkenden Szene. Als die Menschen auf der offenen Pritsche ihren toten König erkennen, legen viele die Hände aneinander und sprechen murmelnd Gebete, andere weinen leise. Erschüttert nehmen sie zur Kenntnis, dass dem Leichnam ihres Königs weitere Pritschenwagen folgen – mit Königin Aishwarya, dem Prinzen Nirajan und der Prinzessinnen Shruti, mit den Prinzessinnen Shanti Singh und Sharada Shah, den beiden Schwestern von Mousuf Sarkar, sowie einem Schwager und einer Cousine. Längst ist selbst bei den anwesenden Journalisten das professionelle Interesse dem Entsetzen gewichen. Sie haben ihre Notizblöcke und Diktiergeräte eingesteckt, und keiner der Pressefotografen fühlt sich berufen, in diesem Augenblick die Kamera zu heben. Trotz der Anwesenheit tausender von Augenzeugen wird es kein einziges Foto vom Leichenzug der nepalesischen Königsfamilie in den nationalen oder internationalen Printmedien geben.

Aufrecht und mit nach oben geöffneten Händen – der *Mudra* genannten Haltung einer Göttin – sitzt die Kumari auf dem Thron. Sie hat die Augen geschlossen und nimmt die vom Mul Pujari monoton vor sich hin gesprochenen tantrischen Verse in sich auf.

Sie spürt die kraftvolle Energie, die sie umgibt, die den ganzen Raum ausfüllt und die sie hinüberschickt – dorthin, wo Mousuf Sarkar darauf wartet, von ihr verabschiedet zu werden, um einzutauchen in den großen Ozean, der Nirwana heißt. Dort muss Mousuf Sarkar keine Angst mehr haben, sich keine Sorgen mehr machen und er kann endlich wieder eins werden mit dem Universum, von wo alle Menschen kommen und wohin alle Menschen gehen …

Nachdem die Kumari aus der Patro – jener silbern ausgeschlagenen Gehirnschale – die »heiligen Wasser« getrunken hat, öffnet ein Taleju-Priester die Tür und der Mul Pujari lädt die Bewohner des Hauses ein, dem vedischen Teil der Puja beizuwohnen. Beim Eintreten in den heiligen Raum werden das Chitaidar-Ehepaar und dessen Familie Zeugen eines ganz besonderen spirituellen Vorgangs. Die lebende Göttin, die dort drüben auf dem Löwenthron sitzt, macht einen verklärten, jenseitigen Eindruck. Die Energie, die dabei von ihr ausgeht, ist für jeden sofort körperlich spürbar. Selbst die Kinder des Kumari Bahal erkennen in ihrer Kumari-didi nicht mehr ihre vertraute Spielkameradin, sondern die große Göttin Taleju.

Nacheinander knien alle, mit der die Mädchengöttin seit fast zehn Jahren hier im Bahal zusammenwohnt, vor ihr nieder. Sie küssen die Füße dieser beeindruckenden Kumari und empfangen von ihrer Hand die Tika. Und jeder spürt, dass dies die letzte große Puja einer königlichen Ära ist, die an diesem Tag mit dem Rauch am Ufer des heiligen Bagmati-Flusses zu Ende gehen wird.

Gemeinsam mit vielen tausend Menschen war Yuvraj Acharya dem Trauerzug gefolgt – die kurvenreiche Straße zum Vishnumati-Fluss hinunter, durch die engen Gassen des Touristenviertels Thamel bis zum Narayanhiti Durbar, wo der Zug für einige Minuten anhielt, ehe er seinen Weg durch das Geschäftsviertel im östlichen Kathmandu fortsetzte. Die Fenster der alten newarischen Wohnhäuser und deren meist flache Dächer waren voll von Menschen, die dem König das letzte Geleit geben wollten. Vereinzelt hatten Männer zum Zeichen der Trauer weiße Kleidung angelegt und sich das Kopfhaar abrasiert.

In den mehr als drei Stunden, die der Trauerzug vom Birendra-Sainik-Hospital durch die Innenstadt von Kathmandu bis zu dem am östlichen Stadtrand liegenden Pashupatinath-Tempel im Schritttempo zurücklegte, war nirgendwo ein lautes Wort zu hören. Selbst die Gegner der Monarchie, die es insbesondere unter den Anhängern der maoistischen Kommunisten gibt, und auch die zahlreichen Touristen, denen nepalesische Traditionen meist fremd sind, hatten durch ihre Zurückhaltung den Verstorbenen Respekt erwiesen.

Auf der stadtauswärts führenden Gausala-Straße, kurz vor dem östlichen Teil der Ring Road, hatten Militärkräfte schließlich den Weg für die Trauernden versperrt. Die letzten Meter zum Pashupatinath-Tempel, dem von Hindus und Vajrajana-Buddhisten gleichermaßen verehrten höchsten Heiligtum des Landes, sollten den Verstorbenen, den Repräsentanten des Staates und den religiösen Würdenträgern vorbehalten bleiben.

Das unübersichtliche Gelände hier draußen in der Nähe des internationalen Flughafens von Kathmandu ist Yuvraj Acharya nicht unbekannt. Über einige Schleichwege war es ihm gelungen, auf die andere Seite des Bagmati-Flusses zu kommen. Von einer kleinen Anhöhe gegenüber des Heiligtums hat er einen ungehinderten Blick auf jene Ufertreppen unterhalb des Tempelgeländes, die Aryaghat

(Ufer der Adligen) genannt werden. Es ist die Verbrennungsstätte für die Mitglieder des Königshauses. Die Leichname der übrigen Bevölkerung werden üblicherweise wenige Meter weiter südlich am Suryaghat (Ufer der Sonne) verbrannt.

Immer mehr Menschen kommen mittlerweile auf den offenbar bekannten Schleichwegen zu jener Anhöhe und beobachten in diesem Moment auf der anderen Uferseite, wie ein militärisches Ehrenbataillon Aufstellung nimmt. Die untergehende Sonne taucht den gesamten Tempelkomplex in leuchtendes Rot, als die in Tüchern gehüllten Leichname zu den hoch aufgeschichteten Holzstapeln getragen werden. Das Ehrenbataillon schießt Salut, und auf Anweisung des Mul Purohit wird Feuer an die Holzstapel gelegt. Ohne aufwändiges Ritual nimmt die Verbrennungszeremonie ihren Lauf.

Nachdenklich blickt Yuvraj Acharya in die hoch schlagenden Flammen. Dies ist das Ende der Ära eines großen Königs, geht es dem jungen Reporter durch den Kopf. Und weil das Element Feuer in seiner Kultur auch immer einen Neubeginn bedeutet, beschließt er, dieses symbolhafte Bild von der in Flammen untergehenden Ära am Ufer des heiligen Flusses an den Anfang seines Stimmungsberichts vom heutigen Tage zu stellen.

Dies ist eine ganz besondere Nacht, eine Nacht, in der sich das Neue vom Alten scheidet. In der beeindruckenden Puja am Nachmittag war es der Mädchengöttin gelungen, Durga die Kraft zu geben, von dem Vertrauten loszulassen. Mehr als drei Stunden hatten danach die Gläubigen angestanden, um für einen kurzen Moment bei ihrer Kumari zu sein. Aus wenigen Metern Entfernung hatte Durga beobachtet, wie Gläubige unterschiedlicher Generationen mit kummervollen Mienen vor der Kumari niederknieten und sich mit entspannten, glücklichen Zügen wieder erhoben. Von diesem Mädchen ging an diesem Tag der Trauer ein ganz besonderer Zauber aus.

Nun sitzt die Dienerin der Mädchengöttin im dunklen Khobi neben dem Fenster und achtet auf die ruhigen, gleichmäßigen Atemzüge der seit Stunden schlafenden Dyo Maiju. Sie selbst hat in dieser Nacht noch kein Auge geschlossen. Denn der Abschied vom Alten verschafft Durga nicht zugleich einen hoffnungsfrohen Blick auf die Zukunft. Und das, was ihr der vergitterte Blick auf den Basantapur-Platz offenbart, trägt dazu auch nicht gerade bei. Die starke Präsenz von Sicherheitskräften lässt jedenfalls darauf schließen, dass der Staat Gefahren für die innere Sicherheit fürchtet. Und jenes trotz der nächtlichen Stunde laute Skandieren von Parolen, das von der nahen New Road zu ihr herüberschallt, lässt auch kein Gefühl von Friedfertigkeit aufkommen.

In was für eine Welt wird sie schon bald dieses Mädchen dort entlassen, das heute so vielen Menschen Zuversicht und Selbstvertrauen gegeben hat? Ist das da draußen überhaupt eine Welt, die es verdient, mit Zuversicht und Selbstvertrauen betrachtet zu werden?

Sie selbst wird wohl auch bei der nächsten Kumari hier sitzen und bei der übernächsten, und irgendwann wird sie kaum noch nach draußen gehen. Dann wird sie als Chitaidar hier sitzen – bis an das Ende ihrer Tage.

Der ungeliebte Thronfolger

Natürlich hat die Kumari-Institution eine spirituelle Schutzfunktion für den König und steht insofern für das Königtum als Ganzes. Aber sollte man die Mädchengöttin deshalb als ein politisches Faktum bezeichnen?

Madhav Bhattarai
Religiöser Berater des Königs

Im Laufe des Sonntags waren die Demonstrationen in offene Gewalt umgeschlagen. Autoreifen wurden zu brennenden Barrikaden umfunktioniert und in den Geschäftsvierteln sogar ganze Autos in Brand gesetzt. Die inzwischen eingeflogenen Korrespondenten aus vielen Teilen der Welt richteten ihre Objektive fast ausschließlich auf jene spektakulären Straßenszenen. An Bildern der stillen Trauer, wie sie sich in den zahlreichen Tempeln und vor den kleinen Schreinen überall in Kathmandus Altstadt vollzog, schienen sie hingegen weniger interessiert zu sein. Daher trafen insbesondere die Berichte indischer und amerikanischer Sender bei der übergroßen Mehrheit der Bevölkerung des Kathmandu-Tales auf Skepsis.

Völlig anders wurde hingegen ein Zweihundertzeilenbericht aufgenommen, den die *Space Time Today* auf Seite zwei veröffentlicht hatte. Ein Reporter brahmanischer Herkunft – wie sein Familienname Acharya verrät – hatte die Stunden vor dem Birendra-Sainik-Hospital, den Trauerzug durch die Stadt und die Verbrennung der Leichen am Ufer des Bagmati-Flusses aus einer ganz persönlichen Sicht geschildert. Mit der Beschreibung seiner ureigenen Gedanken und ganz individuellen Empfindungen hatte er seinen Lesern aus dem Herzen geschrieben. Dieser Beitrag – und nicht die spektakulären Bilder der angereisten Korrespondenten – war an diesem traurigen Sonntag das authentische journalistische Dokument über die Stimmungslage einer traumatisierten Nation.

In den frühen Morgenstunden des Montags hatte man den Badaguruju telefonisch darüber informiert, dass in der Nacht um 3.45 Uhr auch Dipendra seinen Verletzungen erlegen sei. Damit war der zweite König innerhalb von zwei Tagen gestorben. Nun also würde im Laufe des Vormittags das eintreten, was so viele in Kathmandu fürchten – Gyanendra wird Nepals Thron besteigen.

Kurz nach dem Ende der am Sonntagabend verfügten Ausgangssperre hat das Straßenbild an diesem Morgen den Eindruck vermittelt, als ob sich die Sterberate in Kathmandu über Nacht vervielfacht hätte. Als der Badaguruju mit seinem Dienstwagen über die Tripureswor-Straße in Richtung City fuhr, waren zunächst nur einzelne kahl geschorene und trauerweiß gekleidete Männer zu sehen. Doch je mehr er sich nun auf dem Kantipath-Boulevard dem königlichen Palast nähert, desto mehr nimmt die Zahl der kahlköpfigen Männer zu, vereinzelt sind sogar Frauen darunter.

Seit die Frühnachrichten den Tod Dipendras und die bevorstehende Thronbesteigung seines Onkels verkündeten, machen gefährliche Gerüchte die Runde. Der nun zum König berufene Gyanendra wird teils hinter vorgehaltener Hand, teils offen als Urheber des Massakers bezeichnet. Dabei kann dem künftigen König niemand ernsthaft unterstellen, er habe seinen Bruder eigenhändig umgebracht. Schließlich hatte er sich zum fraglichen Zeitpunkt nachweislich gar nicht in der Stadt aufgehalten. Dennoch wird in Kathmandu allgemein die Version angezweifelt, die seit diesem Morgen auch über die offiziellen nepalesischen Massenmedien verbreitet wird – Kronprinz Dipendra habe alkoholisiert die gesamte Familie mit seiner Maschinenpistole hingerichtet, weil ihm die Heirat mit seiner

Durch das vergitterte Fenster blickte die Kumari oft stundenlang unbeobachtet auf die ihr fremde Welt hinaus.

Schülerinnen der benachbarten Nava-Adarsha-High-School auf dem Basantapur-Platz.

Durga Shakya,
Amitas Dienerin im
Kumari-Palast.

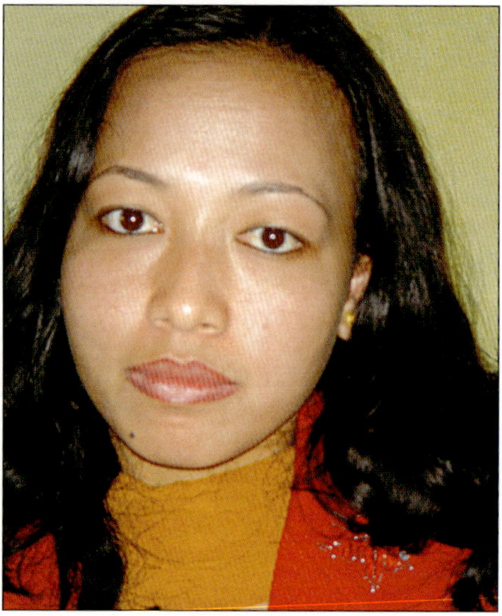

Bina Bajracharya,
Amitas Cousine,
die ihr im Kumari-
Palast Unterricht
erteilte.

DISTRICT LEVEL EXAMINATION BOARD
(DLEB)
KATHMANDU
205.7..

Soja

This is to certify that M~~r~~./Miss Shree Kumari (Amita Shakya) *s~~on~~/daugther of Mr.* Amrit Man Shakya *the student of* Nava Adarsha H. *school* Basantapur *has passed / fai~~led~~ the Annual Examination of class* 5 *and completed/inco~~m~~pleted* Primary *Level. According to school register h~~is~~/her date of birth is* 2045-6-8 *B. S.(A. D. ....)*

MARK-SHEET

S.No.	Subject	Full Marks	Pass Marks	Marks Obtained Int 40	Ext 60	Total 100%
1.	Nepali	100	32	32	36	68
2.	English	100	32	25	40	65
3.	Mathematics	100	32	32	50	82
4.	E.Science & Health Ed.	100	32	28	31	59
5.	Social Study	100	32	21	40	61
6.	Physical Education	50	16	10	15	25
7.	Creative Skill	50	16	10	10	20
8.	Extra English	100	32	25	50	75
9.						
	Total	700	224			455

Remarks

Opening days	....days
Attendance	....days

Result		
	Pass	✓
	Fail	

Division	I
Percentage	65

205.7../..2../..9..
Date

District Education Officer/Member Secretary DLEB

Subjects offered by the School

S.No.	Subject	Full Marks	Pass Marks	Marks Obtained	Remarks
1					
2					
3					
4					
	TOTAL				

Anuka
Written by
Date .205.7..../....2..../...9...

School Stamp

Headmaster/Principal

Das Schulzeugnis einer lebenden Göttin (mit Passfoto der Kumari).

Januar 2001:
Zur letzten Puja im Machhindranath-Tempel bestand die Kumari darauf, dass die Enkel des Chitaidar sie begleiten.

Zum Abschiedsfest darf die abgelöste Kumari erstmals private Kleidung tragen. Ihre Miene verrät gewaltige innere Konflikte. Dahinter ein Taleju-Priester und der Chitaidar.

Amitas Nachfolgerin Preeti Shakya wird in der »Schwarzen Nacht« des Dasain-Festes über weiße Tücher zur Durga-Puja in den Haupthof des Taleju-Tempels geführt.

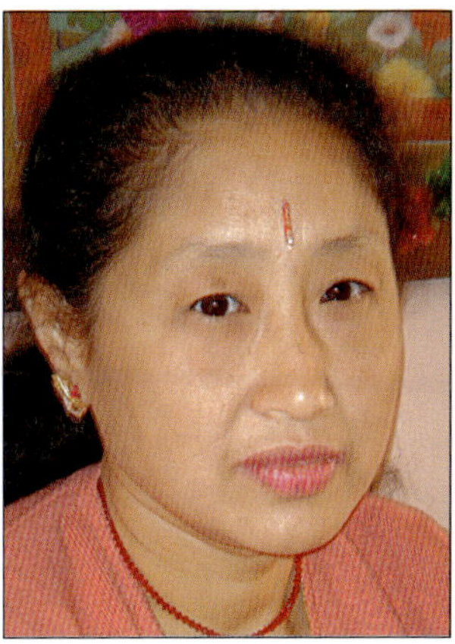

Die ehemalige Kumari Nani Maya Shakya (1961-1969), heute Ehefrau und dreifache Mutter.

Die ehemalige Kumari Rasmila Shakya (1983-1991) studiert heute Informatik.

Amitas Eltern heute.

Amita (zweite Reihe ganz rechts) musste sich in Schuluniform an der Privatschule ihres Onkels erst an das Lernen in der Gruppe gewöhnen.

Amita auf Entdeckungstour durch Kathmandu.

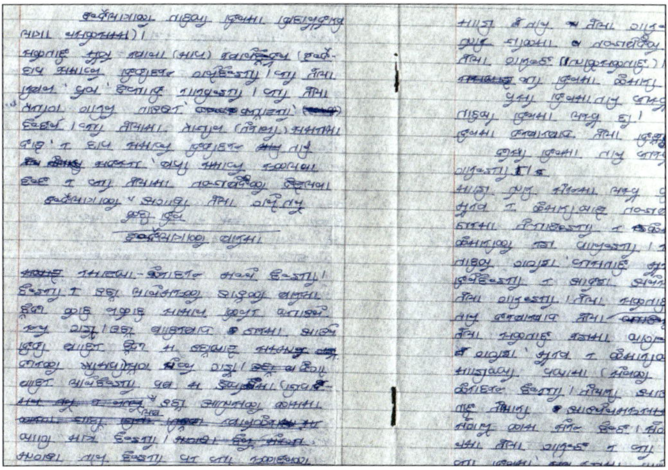

Amitas Aufzeichnungen für die gemeinsame Arbeit am Buch über ihre außergewöhnliche Kindheit.

Amita wählt mit ihrer Schwester Anita Fotos für das Buch aus.

Während der Gufa, der zwölf gemeinsamen Tage in der Dunkelheit, sind sich die Ex-Kumari Amita und ihre Schwester sehr viel näher gekommen.

Vor dem Kumari Bahal erläutert die Ex-Kumari Gerhard Haase-Hindenberg, wo und wie sich der Beginn der Indra-Jatra-Prozession vollzog.

Angebetenen untersagt worden sei. Dieser Nachricht zufolge habe er danach versucht, sich mit einer Pistole selbst zu töten. Auf den Straßen Kathmandus wird vielmehr gemunkelt, dass die Sicherheitsorgane des Palastes seit längerem mit jenem Mann im Bunde seien, der als erklärter Gegner einer konstitutionellen Monarchie bekannt ist und sich heute zum König krönen lässt.

In den Büros und auf den Fluren des Narayanhiti Durbar herrscht hektische Betriebsamkeit. Der Protokollchef hält bei offener Bürotür eine Konferenz ab, deren Teilnehmer versuchen, die Krönungsfeierlichkeiten trotz der Kurzfristigkeit minuziös festzulegen. Ständig laufen Konferenzteilnehmer hinaus, veranlassen irgendwelche Maßnahmen, legen Verantwortlichkeiten fest und kommen wieder herein.

Die sechsspännige Kutsche soll mit Prinz Gyanendra und dem Armeechef pünktlich um zehn Uhr das Grundstück des königlichen Palastes verlassen. Danach wird man über den Durbar Marg zum Ratna-Park und weiter über Ranipokhari und die New Road zum Basantapur-Platz fahren. Das Eintreffen vor dem Hanuman-Dhoka-Palast ist für 10.25 Uhr vorgesehen. Man hat also weniger als zwei Stunden Zeit, um die Beschlüsse dieser morgendlichen Konferenz in die Tat umzusetzen.

Der Nationale Sicherheitsrat erhält soeben von der Protokollabteilung den genauen Zeitplan und die Route der königlichen Kutschfahrt. Umgehend wird der Befehl erlassen, entlang der gesamten Strecke in einem Abstand von zwei Metern auf beiden Seiten der Straße Soldaten mit Maschinenpistolen zu postieren. Man veranlasst die höchste Alarmstufe, was bedeutet, dass in Fällen von offener Rebellion ohne weiteren Befehl von der Schusswaffe Gebrauch gemacht werden kann. Allerdings wird im Tagesbefehl ausdrücklich darauf hingewiesen, dass weiße Kleidung und kahl rasierte Schädel nicht als Zeichen für Rebellion, sondern vielmehr als Zeichen der privaten Trauer anzusehen seien. Außerdem liegen Augenzeugenberichte vor, denen zufolge Demonstranten am gestrigen Abend männliche Passanten unter Androhung von Schlägen gezwungen hätten, sich den Schädel kahl zu rasieren.

Der erste Gang führt den Badaguruju zum Mul Purohit, der in diesem Moment per Telefon veranlasst, dass alle kultischen Gegenstände für eine hinduistische Krönungszeremonie in den Nyashal Chowk, den Innenhof des Hanuman-Dhoka-Palastes, gebracht werden. Er selbst werde dort die Puja abhalten, die Krönung hingegen werde der Badaguruju vornehmen.

Nun setzen sich die beiden alten Brahmanen zusammen, um die Zeremonie abzustimmen. Schließlich liegt die letzte Krönung eines nepalesischen Königs mehr als ein Vierteljahrhundert zurück, und da waren sie beide noch nicht im Amt.

Im Konferenzraum des Nationalen Sicherheitsrats verabschiedet dessen Vorsitzender soeben die Leiter der Streitkräfte, der Polizei und des Geheimdienstes, als der Pressesprecher des Palastes hereingestürmt kommt und aufgeregt in den Raum ruft: »Haben Sie veranlasst, dass die Meldung herausgegeben wird, wonach der Kronprinz die gesamte königliche Familie …?«

»Wir haben veranlasst, dass das Volk die Wahrheit erfährt«, wird er vom Chef des Nationalen Sicherheitsrats unterbrochen.

Die übrigen Mitglieder des Gremiums verfolgen aus einiger Distanz die Auseinandersetzung zwischen den beiden Ressortleitern.

»Wir haben gestern eine offizielle Erklärung mit einer ganz anderen Version herausgegeben«, beginnt der Pressechef seine Erwiderung. »Und ich kann mir nicht denken, dass es der nationalen Sicherheit dient, wenn man keine vierundzwanzig Stunden später mit einer völlig neuen Geschichte an die Öffentlichkeit tritt. Das kann nur der neue König.«

Der Sicherheitschef weist von der Stirnseite des Konferenztisches auf seine noch immer im Raum versammelten Mitarbeiter.

»Diese Herren hier sind für die nationale Sicherheit verantwortlich, jeder von ihnen stellt dafür einige hundert seiner Männer zur Verfügung. Die aber möchten dem Volk mit einem ehrlichen Blick in die Gesichter sehen. Wir glauben jedoch nicht, dass dies möglich ist, wenn man erzählt, die königliche Familie sei umgekommen, weil sich ›zufällig eine Waffe explosionsartig entladen‹ habe!?«

»Diese Version ist gestern von Ihnen mitgetragen …«

»Gestern war der Mörder noch der König!«, unterbricht der Chef des Nationalen Sicherheitsrats den Pressesprecher des Palastes. Dann steht er auf. Offenbar betrachtet er die Auseinandersetzung für beendet. Sein Gegenüber aber macht keine Anstalten, ihm zur Tür zu folgen. Er wirkt hilflos, als er die Frage stellt: »Wie aber soll der neue König denn nun mit dieser ›Wahrheit‹ umgehen?«

Jovial legt ihm der Nationale Sicherheitschef eine Hand auf die Schulter und erklärt: »Mousuf Sarkar wird sich heute Nachmittag über den Rundfunk an das Volk wenden. Wir arbeiten bereits am Redemanuskript. Er wird einräumen, dass es gestern Zwänge gegeben habe, die uns daran hinderten, Licht in die wahren Vorgänge zu bringen … Und er wird eine unabhängige Untersuchungskommission ankündigen, die die Tragödie vom letzten Freitag lückenlos aufklären wird.«

»Aber die Stadt ist voller Korrespondenten aus der ganzen Welt. Sie werden uns fragen …«

»Und Sie werden sie um Geduld bitten bis zum endgültigen Bericht der Untersuchungskommission«, doziert der Sicherheitschef, während er den Pressesprecher zur Tür geleitet: »Und da die Sicherheitsorgane wissen, dass Dipendra objektiv der Mörder ist, wird diese unabhängige Untersuchungskommission sicher zum gleichen Ergebnis kommen!«

Zu den beiden Oberpriestern des Palastes hat sich inzwischen der Protokollchef gesellt, um aus erster Hand zu erfahren, wie der rituelle Teil der Krönung ablaufen werde.

»Gibt es irgendwelche Bedenken bezüglich der Teilnahme des diplomatischen Corps?«, will er wissen. Und als dies vom Badaguruju und dem Mul Purohit ohne Einschränkung verneint wird, fährt er fort: »Welche Rolle wird die Kumari spielen? Soll sie bei der Krönung dabei sein?«

Genau über diesen Punkt haben die beiden Priester kurz zuvor gesprochen. Sie haben in der entsprechenden Literatur diesbezüglich widersprüchliche Hinweise gefunden. Allerdings darf die Mädchengöttin den Kumari Bahal nicht ohne Berechnungen und Zustimmung des Hofastrologen verlassen. Doch der ist seit Tagen untergetaucht. Wahrscheinlich will er Fragen ausweichen, weshalb er das furchtbare Ereignis vom vergangenen Freitag nicht vorausgesagt hatte. So haben sich Protokollamt und Nationaler Sicherheitsrat hinsichtlich des Termins für die Krönung diesmal von pragmatischen und sicherheitsrelevanten Aspekten und nicht etwa vom »astrologisch günstigsten Zeitpunkt« leiten lassen.

»Ich denke, die Dyo Maiju sollte am goldenen Fenster erscheinen, wenn der neu gekrönte König vor dem Hanuman-Dhoka-Palast wieder in die Kutsche steigt«, erläutert der Badaguruju seine Überlegungen. »Setzen Sie den Thronfolger davon in Kenntnis, dass die Kumari seinen Gruß dort oben in Empfang nehmen wird.«

Niemand hat der Kumari gesagt, weshalb an diesem Morgen keine Puja stattfindet. Natürlich ist dem Mädchen nicht entgangen, dass auch heute alles anders ist als sonst, aber wieder hat niemand mit ihr darüber gesprochen.

Der Thuloba hat am Morgen irgendwas davon erwähnt, dass alle Pujari »dafür« gebraucht würden und Durga-didi hat ihrer Mutter versprochen, dass »alles klappen« wird. Sogar Garima und die Jungen scheinen mehr zu wissen als sie, denn die Kinder wollten sich »unten die Vorbereitungen ansehen«.

Sie weiß nicht, warum Garima und die Jungen heute nicht zur Schule müssen. Und sie weiß auch nicht, ob Bina heute kommen wird … Alle sind beschäftigt und niemand kümmert sich um sie. Schließlich entscheidet sie sich, das zu tun, was sie um diese Tageszeit noch nie getan hat: Sie geht zu Gautams Wohnzimmer und schaltet das Fernsehgerät an. Sie sitzt ganz allein in dem geräumigen Zimmer, als auf dem Bildschirm dieses Foto erscheint …

Auf dem Foto hinter dem Nachrichtensprecher ist der verstorbene König zu sehen. In einem kleinen Einspieler wird er noch einmal so gezeigt, wie die Kumari ihn kannte – mit der großen Brille und dem sympathischen Lächeln. Man zeigt die Königin und die anderen Mitglieder der königlichen Familie.

Aber in diesem Bericht ist nicht von einem Unfall die Rede, sondern von Mord. Die erschrockene Kumari ist auf einem der Kanäle des indischen Fernsehens gelandet,und nun verfolgt sie die erste Nachrichtensendung ihres Lebens.

Ein TV-Korrespondent steht vor dem schmiedeeisernen Tor des Königspalastes in Kathmandu und äußert erhebliche Zweifel an der am Morgen veröffentlichten neuen Version der Ereignisse vom vergangenen Freitag. Er begründet seinen Zweifel mit einem ärztlichen Bulletin, wonach Dipendra eine großkalibrige Schussverletzung im Bereich der linken Schläfe hatte. Zu Recht würden sich die Menschen auf den Straßen Kathmandus in diesen Minuten fragen, wie es der Thronfolger als Rechtshänder geschafft haben soll, sich mit einer großkalibrigen Waffe in die linke Schläfe zu schießen. Aber diesen Teil der Meldung hat die geschockte Kumari schon gar nicht mehr bewusst wahrgenommen.

Warum hat Durga-didi gestern von einem Unfall gesprochen? Wenn es Dipendra gewesen ist, der betrunken auf seine Familie geschossen hat, kann man doch nicht von einem Unfall sprechen. Wollte Durga-didi sie nicht mit der Wahrheit belasten? Aber warum? Vielleicht hatte Durga-didi Angst, sie könne sich schuldig fühlen. Immerhin ist sie ja die Schutzgöttin des Königs!?

Hatte die göttliche Energie, die ihr doch vom Raj Guru regelmäßig unten im Agam eingepflanzt wird, plötzlich versagt?

In einem weiteren Einspieler wird noch einmal Gyanendra gezeigt. Die Kumari erinnert sich, dass sie ihn manchmal an Indra Jatra auf dem Balkon in der Nähe des Königs gesehen hat. Bis eben hatte sie nicht gewusst, dass die beiden Brüder waren. Tatsächlich konnte sie keinerlei Ähnlichkeiten erkennen. Der verstorbene König war eine schlanke, elegante Erscheinung, sein Bruder ist eher von gedrungener, bäuerlicher Statur.

In diesem Moment erfährt die Kumari aus dem indischen Fernsehen, dass Gyanendra heute zum neuen nepalesischen König gekrönt werden soll. Es wird berichtet, dass die Bevölkerung ihn angeblich nicht mag und viele sogar in ihm den Mörder seines Bruders sehen würden.

Das wäre ja furchtbar! Wenn dieser Mann wirklich Mousuf Sarkar umgebracht hatte, dann würde das doch bedeuten, dass die Dämonen die Macht übernommen haben. Die Göttin Taleju wäre besiegt – und die furchtlose Durga auch! Was aber würde dann aus ihr, der Kumari? Mit wem kann sie denn darüber sprechen? Mit Durga-didi, die ihr erzählt hat, es sei ein Unfall gewesen? Nein, denn Durga-didi hatte sie ja schützen wollen, und deshalb will sie ihr nun keinen Kummer bereiten …

Sind die Dämonen womöglich schon hier im Bahal? Das hätte sie doch ganz bestimmt bemerkt. In den letzten Tagen war jedenfalls noch alles normal gewesen. Da hatte sie mit Garima, Gaurav und Sourav nebenan Carramboard und Cricket gespielt und von Dämonen war nichts zu spüren. Vielleicht ist das ja auch alles gar nicht wahr, was sie da eben im Fernsehen gesagt haben. Schließlich ist es ja ein indischer Sender und Indien ist weit weg. Na ja, so weit nun auch wieder nicht, aber woher wollen sie dort alles genau wissen, was hier in Kathmandu passiert ist? Auf gar keinen Fall will sie mit irgendjemandem über die Dämonen sprechen, weil sonst alle Angst bekommen.

Der Bildregisseur des nepalesischen Fernsehens hat es heute entweder sehr schwer oder besonders einfach. Je nachdem wie man den Umstand werten will, dass er die gesamte Kutschfahrt des künftigen Königs nur von einer einzigen Kamera aus aufzeichnen lassen kann. Von jener nämlich, die auf einem Auto schräg neben der Kutsche herfährt, in der Gyanendra sitzt. Die künftige Königin Komal, die bei dem Anschlag vom letzten Freitag ebenfalls verletzt worden war, liegt noch immer in der Klinik. Ihr Zustand wurde am Morgen als »stabil und nicht lebensbedrohend« bezeichnet. Ihren Platz hat der Oberbefehlshaber der königlichen Armee eingenommen, den die Kamera neben Gyanendra unablässig bildfüllend aufnimmt. Schwenks hinüber zu den Bürgersteigen verbieten sich schon deshalb, weil dort kaum etwas zu finden ist, was man den Fernsehzuschauern als jubelnde Masse verkaufen könnte.

Es ist dem künftigen nepalesischen Herrscher nicht anzumerken, mit welchem Gefühl er in diesem Moment zu seiner eigenen Krönung fährt. Vorbei an den immer zahlreicher die Straße säumenden kahl geschorenen Männern. Doch sicher kommt niemand auf die Idee, dass sich hinter der starren Maske des künftigen Königs mit den herabgezogenen Mundwinkeln eine euphorische Stimmung versteckt haben könnte. Will Gyanendra womöglich gar den Eindruck vermitteln, als ob er die Königswürde nur widerwillig übernähme?

Die schneeweiße Doura Suruwal, die er statt einer Uniform trägt, könnte man ja zu seinen Gunsten noch als schlichte Trauerkleidung interpretieren. Dann aber stellt sich die Frage, weshalb er dazu ein hellblaues Jackett und volles Haupthaar trägt.

Am Basantapur-Platz haben sich auf dem etwas erhöht liegenden Platz einige – wahrscheinlich bestellte – Jubler mit den kleinen dreispitzigen Nationalflaggen in den Händen eingefunden. Trotzdem fällt es dem künftigen König schwer, ihnen ein huldvolles Lächeln zukommen zu lassen, denn gleich dahinter wird das einfache Volk von einer Kette schwer bewaffneter Soldaten in Schach gehalten.

Kurz bevor die Kutsche und die ihr folgende Wagenkolonne am Kumari Bahal nach rechts auf den Durbar-Platz biegt, ist aus der Menge hinter der Postenkette zunächst eine einzelne, kreischende Frauenstimme zu vernehmen: »Wir wollen dich nicht!«

Als sie es wiederholt, sind es schon zwei weitere Personen, die in den Ruf einstimmen. Schließlich werden es immer mehr, bis es von verschiedenen Seiten des Basantapur-Platzes vielstimmig schallt: »Wir wollen dich nicht!«

Umgehend haben die Jubler in der ersten Reihe diesem Protest lautstarken Applaus entgegengesetzt. Dabei ist ihnen offenbar gar nicht klar, dass dies auch als Zustimmung interpretiert werden kann.

Hinter einem der beiden vergitterten Fenster des Kumari Bahal sitzt die Mädchengöttin und beobachtet die Anfahrt der Kutsche.

Plötzlich steht Durga hinter ihr: »Dyo Maiju, wir müssen uns fertig machen für das goldene Fenster.«

»Für das goldene Fenster?«

»Ja! Unser Land bekommt heute einen neuen König – und er möchte doch seine Kumari sehen.«

Sie wird der Durga-didi nicht sagen, was sie von dem Mann im Fernsehen gehört hat, denn sie weiß doch gar nicht, ob es stimmt. Doch eben hat eine Frau ganz laut gerufen: »Wir wollen dich nicht!«, und dann haben viele Leute geklatscht.

Sie ist völlig durcheinander. Ist sie denn wirklich auch die Kumari dieses neuen Königs? Aber wenn er nun doch im Bündnis mit den Dämonen …? Nein, sie will darüber jetzt nicht nachdenken!

Exakt um elf Uhr setzt der Badaguruju dem seit gestern offiziellen Thronfolger die perlenbesetzte Krone auf, die trotz des langen weißen Schweifs eher an einen Hut erinnert. Während vom zwei Kilometer entfernten Tundikhel-Park der Schall von Salutschüssen herüberdröhnt, verneigt sich der neue König vor seinem »erhabenen Meister«.

Als Vierjähriger war er schon einmal König gewesen. Als sein Großvater ins indische Exil gegangen war, hatte der Rana-Premier den kleinen Gyanendra inthronisiert. Exakt vier Monate hatte dessen Regentschaft gedauert, dann war der König zurückgekommen, und es sollte ein halbes Jahrhundert vergehen, ehe Gyanendra heute erneut gekrönt werden konnte.

Nicht nur die politische und religiöse Elite des Landes ist im Nyashal Chowk des alten Palastes der Malla-Könige versammelt, sondern auch nahezu das gesamte diplomatische Corps. Niemand hier gibt sich der Illusion hin, dass der neue König die parlamentarischen Errungenschaften der letzten Jahre fortzusetzen gewillt ist. Zu oft hatte er in unverhohlener Weise seinen Widerwillen gegen ein rein konstitutionelles Königtum formuliert. Noch aber nimmt jener Premierminister an der Zeremonie teil, der sich noch vorgestern mit der Wut seines Volkes konfrontiert sah – und dessen gesamtes, kaum weniger geliebtes Kabinett. Und auch die religiösen Repräsentanten stehen dem soeben gekrönten König ab sofort loyal zur Seite. Was immer sich in jener Nacht zum Freitag im königlichen Palast abgespielt haben mag, für alle Anwesenden gilt in diesem Moment: »Der König ist tot – es lebe der König!«

Vom goldenen Fenster aus blickt die Mädchengöttin hinauf zu den Dächern der Pagoden, statt hinüber zu dem neu gekrönten König, der gerade den Hanuman-Dhoka-Palast verlässt. Trotz eines leichten Nieselregens, der in der Zwischenzeit eingesetzt hatte, verharren einige hundert Menschen auf dem Durbar-Platz. Das Verhalten ihrer Kumari führt zu einem aufgeregten Murmeln, das auch den Begleitern des neuen Königs nicht entgeht. Ein zunehmend nervöser werdender Bildregisseur ist froh, dass die Krönungsfeierlichkeiten nicht live übertragen werden. Irgendjemand im Palast hatte da ein sicheres Gespür.

Doch niemand auf dem Durbar-Platz ahnt, welchen inneren Kampf in diesem Moment die Kumari zu bestehen hat – einen Kampf zwischen Scham, Verunsicherung und Hilflosigkeit. Dabei geht ihr wieder und wieder derselbe Satz durch den Kopf:

Ich kenne diesen Mann nicht …!

Neben dem goldenen Fenster ruckt Durga nervös auf ihrem Hocker hin und her. Die Dyo Maiju weiß doch, was in diesem Moment von ihr erwartet wird. Warum schaut sie in den Himmel, statt hinunter zum neuen König?

»Da unten ist der neue König! Er erwartet deinen Blick«, flüstert Durga ihr zu.

Im nächsten Moment dreht sich die Kumari um und läuft eilig aus dem Raum. Durgas Familie, die das Unfassbare aus dem Hintergrund des kleinen Salons miterleben musste, blickt der fliehenden Mädchengöttin erschrocken hinterher.

Der Badaguruju spürt den bohrenden Blick des Protokollchefs, der neben ihm in die Pullman-Limousine steigt. Fassungslos hat der betagte Hofbeamte das Geschehen zur Kenntnis genommen. Vor dem Hanuman-Dhoka-Palast werden den Pferden die Leinen gegeben, und im nächsten Moment schießt die königliche Kutsche am Kumari Bahal vorbei in Richtung New Road, gefolgt vom Fuhrpark einer vollkommen ratlosen königlichen Festgesellschaft.

Im Außenspiegel der Pullman-Limousine sieht der Badaguruju das Haus der Mädchengöttin immer kleiner werden. Wie ist deren Verhalten nur zu erklären? Steckte dahinter womöglich eine geschickt eingefädelte Intrige oder nur eine pubertäre Trotzhaltung? In jedem Falle, da ist sich der Badaguruju sicher, wird es nicht folgenlos bleiben.

Ein langer Abschied

Die Ablösung der Kumari hatte gar nichts damit zu tun, dass wir einen neuen König bekommen haben. In einer Zeitung habe ich gelesen, dass sie abgelöst wurde, weil sie dem König den Gruß verweigert hätte. Das ist aber Quatsch. Amita war unrein geworden und der Chitaidar hat es uns nicht gesagt. Dahinter steht ein schlimmes Fehlverhalten und daraus resultieren auch die politischen Probleme im Land ...

Raj Guru
Oberhaupt der Pancha-Buddha-Priester

Drei Wochen nach der Krönung hatte man Mangal Raj Joshi und sein Astrologenteam beauftragt, einen »starken Tag« für die Inthronisation der neuen Kumari zu suchen – und dieser »starke Tag« sollte möglichst bald sein. Gleichzeitig waren diverse Abteilungen des königlichen Palastes in einer hausinternen Mitteilung darauf hingewiesen worden, dass in der Öffentlichkeit nicht der Eindruck entstehen dürfe, »die Ablösung der Kumari könne in einem direkten Zusammenhang mit dem Wechsel auf dem Thron stehen oder mit bestimmten Vorkommnissen am Tag der Krönung von Mousuf Sarkar«. Vielmehr solle der Wechsel auf dem Kumari-Thron »als ganz normaler Vorgang« behandelt werden. Nur dass dieser Vorgang schon deshalb nicht »ganz normal« war, weil er ja nicht wie üblich an Kala Ratri – der »Schwarzen Nacht« des Dashain-Festes – vonstatten gehen würde. Ein Umstand, der unter der königlichen Beamtenschaft zunächst zu vagen Vermutungen und zunehmend zu Spekulationen führte.

Seitdem überlegt man im Presseamt des Palastes, wie man gegenüber Medienvertretern durchblicken lassen könnte, dass die Kumari

Blut verloren habe. Doch niemand im Königspalast würde sich trauen, diese Unwahrheit öffentlich zu behaupten. Denn selbst einflussreiche Realpolitiker und deren servile Beamte fürchten in Nepal den Zorn der Göttin Durga. Deshalb wird man in wenigen Tagen zwar die Ablösung der Mädchengöttin verkünden, auf eine Begründung aber verzichten. Die Vertreter der Medien würden dann schon ihren Schluss daraus ziehen, was unter einem »ganz normalen Vorgang« zu verstehen ist, wenn man trotz beginnender Regenzeit eine Kumari ablöst.

Im Kumari Bahal war man von dem Anruf aus dem Narayanhiti Durbar ziemlich überrascht. Am Krönungstag hatte man durchaus noch mit einer Ablösung der Dyo Maiju gerechnet. Nicht nur wegen ihres seltsamen Verhaltens am goldenen Fenster. Der Wechsel auf dem Thron bedeutet schließlich generell eine Erneuerung für das Land. Weshalb also sollte dem neuen König nicht auch eine neue Kumari zur Seite gestellt werden? Das aber war nicht geschehen, und deshalb hatte in der Familie der Chitaidars bald niemand mehr damit gerechnet, dass dies noch vor dem nächsten Dashain-Fest passieren würde. Schon gar nicht in der nun beginnenden Zeit der starken Regenfälle. Dann aber kam der Anruf mit der nüchternen Mitteilung, dass in fünf Tagen drüben im Mul Chowk eine außerordentliche Durga-Puja angesetzt sei, um die kleine Preeti Shakya als neue Kumari zu inthronisieren.

Dem Chitaidar war nun die Aufgabe zugefallen, nacheinander die Eltern der aktuellen wie der künftigen Mädchengöttin in den Kumari Bahal zu bitten und sie davon in Kenntnis zu setzen. Seine Tochter Durga sah sich außerstande, an diesen Gesprächen teilzunehmen. Sie musste erst mal selbst damit zurechtkommen, dass sie sich nun derart überraschend von dem geliebten Mädchen an ihrer Seite trennen muss. Erst am Abend hatte sie ihre Emotionen so weit im Griff, dass sie mit der Dyo Maiju über das sprechen konnte, was die Entscheidung des Palastes nun für sie beide bedeuten würde.

Die Kumari hatte die Nachricht dann erstaunlich ruhig aufgenommen und sogar die Größe gehabt, Durga zu trösten. Sie zeigte auf Binas Globus, auf das kleine Land Nepal und erklärte: »Sieh mal, auf dieser großen Welt ist unser Land so klein. Da sind wir ja in der Nähe und wir können uns auch immer sehen.«

Durga nahm das Mädchen in den Arm und schwieg. Wie hätte sie es auch bei so viel kindlichem Optimismus übers Herz bringen sollen, der Kumari zu erklären, dass ihre beiden Familien mittlerweile hoffnungslos zerstritten waren, was eine Fortführung der Beziehung nahezu unmöglich machte?

Der unaufhörliche Besucherstrom der Gläubigen hat nach dem Tod von König Birendra kaum nachgelassen. Trotz der beginnenden sommerlichen Regenfälle finden sie Tag für Tag den Weg in den Kumari Bahal. Die Mädchengöttin ist für viele zur Identifikationsfigur in einer allgemeinen Orientierungslosigkeit geworden – zu einem Symbol für die Kontinuität traditioneller Werte in einer sich verändernden Gesellschaft, in der selbst ein Königsmord möglich ist.

Keiner von diesen Menschen hier weiß, dass dies der letzte Tag ist, den sie auf diesem Thron verbringt. Aber alle diese Menschen werden es morgen erfahren. Durga-didi hat gesagt, dass es der Königspalast am Abend bekannt geben wird.

Solange sie zurückdenken kann, ist sie die Kumari. Und nun wird schon morgen ein anderes Mädchen hier sitzen. Sie aber wird dann fort sein, in einem fremden Haus mit fremden Menschen. »Es gibt viel zu entdecken«, hatte die alte Frau vor ein paar Monaten gesagt. Sie aber hat Angst davor, da draußen etwas Neues zu entdecken. Schließlich kann man auch hier im Bahal sein und trotzdem Neues entdecken – zum Beispiel, dass der Drachen fliegt, wenn man den Wind im Rücken hat, oder dass jede Zahl gleich bleibt, wenn man sie mit eins multipliziert oder dividiert … und dass das große Land im Norden China heißt und das im Süden Indien …

Sie drückt den Menschen, die vor ihr niederknien, die Tika auf die Stirn, wie sie es immer getan hat. Sie kann sich gar nicht vorstellen, dass sie in wenigen Tagen in einer richtigen Schule sitzen wird, in ihrer eigenen Schuluniform! Sie kann sich ja noch nicht einmal vorstellen, dass sie in fünf Tagen die hellgraue Hose und die hellgraue Bluse tragen wird, die Durga-didi für sie gekauft und ihr gestern gezeigt hat. Noch nie in ihrem ganzen Leben hat sie eine lange Hose getragen, und ihre Kleidung war bisher immer rot und etwas golden gewesen … Und wie soll sie überhaupt in Schuhen laufen können?

Sie freut sich darauf, etwas anderes tragen zu dürfen, aber es macht sie auch traurig. Denn Durga-didi wird nicht mehr da sein und all die anderen, die sie liebt. Und in diesem Moment spürt sie, dass sie auch alle diese Menschen hier liebt, die zu ihr gekommen sind und die vielleicht weinen werden, wenn sie morgen erfahren, dass sie zu den Letzten gehört haben, die von ihr die Tika bekamen.

Zufrieden registriert der Chitaidar, dass die Kumari ihren Tempeldienst mit der gleichen Ernsthaftigkeit versieht wie immer. Obgleich sie doch weiß, dass dies die letzte Audienz ist, die sie diesen Menschen gewährt, und allen Grund hätte, traurig zu sein.

Der Mann, der all die Jahre hier am Fenster im zweiten Stock saß, bedauert fast ein wenig, dass es überwiegend die Frauen der Familie waren – und ganz besonders Durga – die eine gefühlsmäßige Bindung zur Dyo Maiju aufbauen konnten. Ihm ist schon seit langer Zeit klar, was selbst in diesen letzten Stunden auf dem Thron noch einmal sichtbar wird: Es geht eine wahrhaft große und charismatische Kumari. Und aufgrund seiner lebenslangen Erfahrung in diesem Haus weiß er, dass dies trotz der jeweils göttlichen Berufung keineswegs auf jede Kumari zutrifft.

Sie soll es schön haben, wenn sie in die Familie zurückkehrt. Der Übergang von der einen in die andere Existenz soll für sie so angenehm wie möglich gestaltet werden. Sie soll nicht traurig sein über das Vergangene, sondern sich freuen auf die Zukunft. Darüber, wie dies zu gestalten sei, hatten Amrit Man Shakya und seine Frau Mimita schon seit Monaten gesprochen, und nun musste in vier Tagen realisiert werden, wofür sie sich zwei Monate Zeit lassen wollten.

Amrit musste ein Bankkonto für seine Tochter einrichten, was in diesem Land einen halben Tag in Anspruch nimmt. Er ging beim Guthi Sanasthan vorbei, um die Kontonummer zur Anweisung jener Summe zu hinterlassen, die der Kumari seit letztem Herbst anteilmäßig an den Zuwendungen der Stadtverwaltung zusteht. In den letzten zehn Monaten sind immerhin noch 150 000 Rupien (etwa 1650 Euro) zusammengekommen. Eine imposante Summe in einem Land, in dem der monatliche Durchschnittsverdienst kaum über 4000 Rupien liegt. Doch erst die neue Kumari wird in großem Umfang von jener Regelung profitieren, die auf sein Betreiben hin getroffen wurde. In ein paar Jahren wird sie den Kumari Bahal als vermögende junge Frau verlassen. Und Amrit besuchte den Narayanhiti Durbar, um die lebenslange königliche Apanage in Höhe von monatlich 3000 Rupien für die Ex-Kumari zu beantragen.

Mimita musste einen Möbelschreiner finden, der ihr in vier Tagen einen Schrank zimmerte. Schon bald würde dieser mit selbst ausgewählten Kleidungsstücken der heimgekehrten Tochter gefüllt werden. Mimita verspricht sich von gemeinsamen Shopping-Touren eine positive Entwicklung für die verloren gegangene Mutter-Tochter-Beziehung.

Amrit hatte seinen Bruder aufgesucht, den Schulleiter der privaten Ganesh-Boarding-Highschool, um seine Tochter dort anzumelden und eine nagelneue Schuluniform zu erwerben – das erste Kleidungsstück, das nun in dem neuen Schrank hängt.

Schließlich waren Gespräche mit Anita zu führen. Der vierzehnjährige Teenager musste darauf vorbereitet werden, dass er das Zimmer künftig mit einer jüngeren Schwester wird teilen müssen. Dann aber mussten sich Anitas Eltern überraschende Anweisungen ihrer Tochter anhören, dass sie nämlich den göttlichen Charakter ihrer heimkehrenden Schwester zu achten, die Dyo Maiju nicht für häusliche Arbeiten einzuteilen und auf das Erziehungsmittel einer Ohrfeige gänzlich zu verzichten hätten. Damit traf sie bei ihren Eltern nicht nur auf ungeteilte Zustimmung, sondern sie vermittelte ihnen auch die Zuversicht, dass zwischen den beiden Schwestern keine größeren Konflikte zu befürchten sein würden.

Es waren anstrengende vier Tage für Amrit und Mimita, aber auf eine ganz andere Weise würden sicher auch die kommenden vier Tage nicht einfach werden. Morgen um die Mittagsstunde wird ihre Tochter den Kumari Bahal verlassen. Vier Tage noch wird sie danach das Kleid der Mädchengöttin tragen. Viermal noch wird sie frühmorgens aufwändig zu einer Kumari geschminkt und von ihrer Umgebung mit jener Demut behandelt werden, die man eben einer lebenden Göttin entgegenbringt. Es sind jene vier Tage, in denen die Göttin Taleju den Körper der bisherigen Kumari langsam verlassen und den eines anderen, kleineren Shakya-Mädchens in Besitz nehmen wird. Die Götter kennen eben keine Sedisvakanz.

Üblicherweise verbringen die scheidenden Mädchengöttinnen diese vier Übergangstage bereits im Haus ihrer Eltern. Amrit Man Shakya aber war mit seiner Familie vor einigen Jahren auf die andere Seite des Vishnumati-Flusses gezogen. Doch die Regel besagt, dass auch eine heimkehrende Kumari keinen Fluss überqueren darf. Denn noch glimme ein Funken der Göttlichkeit in ihr. Kaum jemand in Kathmandu weiß, warum das so ist, und selbst Priester sprechen nur ganz allgemein von »schädlichen Energien«, die von den Flüssen ausgehen und »der göttlichen Aura Schaden zufügen« könnten. Nun aber stellte diese Regel den Chitaidar vor ein Problem. Denn es ist natürlich ganz und gar unmöglich, dass sich zwei Mädchengöttinnen tagelang gleichzeitig im Kumari Bahal aufhalten.

Schließlich hatten sich Verwandte der Chitaidars im Stadtteil Itumbahal, nördlich des Durbar-Platzes bereit erklärt, ihr Haus für jene vier Tage zur Verfügung zu stellen – für die scheidende Kumari, für deren Cousine Bina und für die Mutter der Dyo Maiju. Dieser Plan aber hatte bei Mimita ein zwiespältiges Gefühl verursacht. Es würde für sie schon im eigenen Haus nicht einfach sein, die Tochter-Mutter-Beziehung zu reaktivieren (was ihr ja in all den Jahren auch im Kumari Bahal nicht gelungen war) – im Haus einer gänzlich fremden Familie würde das sicher noch problematischer werden. Es war für Mimita dann eine gewisse Erleichterung, dass zumindest Bina sich für diese vier Tage Zeit nehmen konnte. Denn ihr war es als Einzige aus der Familie in den letzten drei Jahren gelungen, die Zuneigung der Dyo Maiju zu gewinnen. Vielleicht würde es ihr auch gelingen, zu einer Mittlerin zwischen der Kumari und ihrer Mutter zu werden – auch wenn Mimita den Schlafraum nicht mit den beiden teilen wird.

Seit Stunden liegt Durga wach. Sie hört angestrengt hinaus in die Nacht und versucht die mannigfaltigen Geräusche voneinander zu unterscheiden. Am frühen Abend war der Regen noch das dominierende Geräusch, das durch die glaslosen Fenster in den Khopi drang. Als er schließlich aufgehört hatte, knatterten sofort wieder Motorräder zwischen Durbar-Platz und New Road am Basantapur-Platz vorbei. Seit wenigen Minuten hört sie nun verstärkt das Klingeln der Rikscha-Fahrer und deren Rufe: »You want to Thamel?« Es ist kurz nach 22 Uhr – jene Stunde, wenn die Cafés und Restaurants am Basantapur-Platz und der nahen Freak Street schließen. Die Rikscha-Fahrer, die nun die Touristen zu ihren Herbergen in den nahen Stadtbezirk Thamel bringen, machen um diese Stunde das letzte Geschäft des Tages.

Sie weiß, dass Durga-didi nicht schläft. Trotzdem spricht sie nicht mit ihr, denn sie will ihre Gedanken einem kleinen Mädchen schicken .... jenem kleinen Mädchen, das morgen hier in den Khopi geführt wird, wo es für eine lange Zeit seine Nächte verbringen wird. Sie weiß nicht, ob es ein liebes Mädchen ist. Durga-didi hat ihr nur gesagt, dass es ein kleines Mädchen ist und Preeti heißt. Sie weiß auch nicht, warum sie nicht mit diesem Mädchen sprechen darf. Es gäbe so vieles, was sie diesem Mädchen gern sagen würde ... und so hofft sie, dass die künftige Kumari diese Gedanken auch empfängt: »Du musst keine Angst haben, hierher zu kommen, denn hier werden alle Leute lieb zu dir sein. Und auch vor dem Thuloba musst du keine Angst haben, selbst wenn er nicht viel mit dir spricht. Denn das ist ein Zeichen, dass er dich verehrt. Das hat nichts damit zu tun, dass er dich nicht mag. Er schimpft nur mit Garima und Gaurav, mit Sourav und Sougat und manchmal mit dem Wächter unten im Hof, aber niemals mit dir. Und der Thuloma kannst du immer sagen, was du essen willst, und wenn es nicht gegen die Regel verstößt, dann bekommst du es auch. Aber alles, was gegen die Regel verstößt, wirst du ja gar nicht erst kennen lernen, und deshalb wirst du es auch nicht vermissen. Eine Kumari darf kein Huhn essen, und deshalb weiß ich auch gar nicht, wie ein Huhn schmeckt. Aber ich weiß, dass Bohnen gut schmecken und Büffelfleisch und Flockenreis ... Bei der Puja geben sie dir das alles, aber dann ist das Büffelfleisch schon kalt und schmeckt längst nicht so gut wie bei der Thuloma. Wenn du bei der Puja etwas nicht essen willst, dann legst du die Finger kurz auf den Teller, dann wird er weggenommen. Das hat mir keiner gesagt, sondern ich habe es selbst herausgefunden.

Der Agam unten ist sehr dunkel ... aber gerade deshalb ist es dort ja auch schön, weil du so besser den Mantras des Raj Guru zuhören kannst. Dann spürst du das ganze Universum in deiner Brust. Von den heiligen Wassern des Mul Pujari musst du nicht viel trinken, nur ein wenig nippen, weil die gar nicht gut schmecken ... und wenn du auf dem Thron sitzt und keine Gläubigen da sind, kannst du die Beine ausstrecken, damit sie nicht einschlafen.

Die anderen Kinder, die hier im Bahal wohnen, dürfen nicht mit dir streiten, und wenn sie untereinander streiten, dann kannst du ihnen sagen, dass dir das nicht gefällt, und dann müssen sie sofort damit aufhören. Garima ist meine beste Freundin und sie wird ganz sicher auch deine beste Freundin werden. Wenn du mit ihr und den Jungen Carramboard spielst, wird Gaurav immer gewinnen, denn er ist der Beste. Man hat keine Chance gegen ihn, aber trotzdem macht es Spaß.

Zu Durga-didi musst du ganz lieb sein, denn sie ist der beste und liebste Mensch auf der ganzen Welt. Sie wird dir jeden Tag die Haare einölen und zu einem Knoten hochstecken. Und sie zieht dich an und du kannst mit ihr auch Geheimnisse haben.

Es ist sehr schön hier im Kumari Bahal, auch wenn es manchmal langweilig ist. Aber Bina, meine Lehrerin, hat gesagt, dass es draußen auch manchmal langweilig ist, sogar noch langweiliger als hier. Ich weiß nicht, wie es draußen sein wird, und eigentlich freue ich mich überhaupt nicht darauf. Ich bin sogar richtig traurig, dass ich von hier fortmuss. Aber ich freue mich, dass du jetzt hierher kommst. Am Indra-Jatra-Fest werde ich auch wieder herkommen und dich auf dem goldenen Wagen sehen. Du musst nur aufpassen, dass dich die Münzen, die man dir zuwirft, nicht im Gesicht treffen. Und wenn Lakhi und die Jungen, die die anderen Dämonen darstellen, miteinander kämpfen, dann darfst du nicht lachen – auch nicht, wenn es lustig ist.

Endlich kann Durga neben sich das gleichmäßige tiefe Atmen vernehmen, dem sie in so vielen Nächten gelauscht hat, ehe sie dann selbst einschlummerte. Es ist schon kurz vor Mitternacht, als das Mädchen dort zum letzten Mal in seinem Leben neben jener Frau eingeschlafen ist, die in all den Jahren für sie Freundin, Schwester und Mutter in einem war.

Während einer langen und schlaflosen Nacht ist Mimita wieder und wieder mit diesem einen Gedanken beschäftigt, worüber in den letzten Tagen auch in der Familie mehrfach gesprochen worden war: Wie kann man die Dyo Maiju in die Familie integrieren und dennoch auf deren noch immer vorhandene Göttlichkeit Rücksicht nehmen? Vom Chitaidar war in dieser Hinsicht keine Hilfe zu erwarten. Doch dessen Frau hatte sie vor vier Tagen im Kumari Bahal kurz zur Seite genommen und gesagt: »Feiert mit eurer Tochter möglichst schnell hintereinander die newarischen Hochzeiten, das wird ihr helfen, sich zu Hause einzuleben.«

Wie aber würde sich die Dyo Maiju fühlen, wenn sie mit fast dreizehn Jahren die Yihee-Hochzeit feiern soll? Die newarischen Mädchen, die während jener Zeremonie mit einer Bel-Frucht verheiratet werden, dem Symbol des Gottes Narayan (einer weiteren Inkarnationen Vishnus), sind in der Regel nicht älter als acht. Andererseits weiß Mimita, wie wichtig für ein newarisches Mädchen der gesellschaftliche Status ist, der durch diese Zeremonie erworben wird.

In früheren Zeiten, als es in Nepal nach dem Tod eines Ehemannes noch die Witwenverbrennung gab, blieb den Newar-Frauen dieses grausame Schicksal erspart, weil sie durch die Yihee-Hochzeit in ihrer Kindheit weiterhin als verheiratet galten. Aber auch in den moderneren Zeiten hat die Vermählung mit dem Gott Narayan eine durchaus positive Bedeutung. Falls eine newarische Frau nämlich mit einem – meist noch immer von den Eltern für sie ausgewählten – Ehemann nicht klarkommt, erleichtert es ihr die Trennung. Denn niemand würde es wagen, die Eheschließung mit dem unsterblichen Gott Narayan als zweitrangig einzustufen.

Die zweite Hochzeit erleben die newarischen Mädchen mit der vedischen Gottheit Surya Bhagawan – dem Sonnengott. Dieser Zeremonie, die kurz vor der zu erwartenden ersten Menstruation erfolgen muss, gehen zwölf Tage und Nächte in einem verdunkelten Raum voraus, den in dieser Zeit nur Frauen betreten dürfen. Da aber dieses »Bhara Tayegu« genannte Ritual die früher vorgenommene

Eheschließung mit dem Gott Narayan voraussetzt, wird der in vier Tagen heimkehrenden Amita nichts anderes übrig bleiben, als die Yihee-Zeremonie mit einigen Jahren Verspätung über sich ergehen zu lassen. Und Mimita hofft, dass die Chitaidar Recht hat und diese beiden Feierlichkeiten ihrer Tochter die Eingewöhnung erleichtern werden.

Mit fast einstündiger Verspätung verlässt die Mädchengöttin auf Gautams Armen den Kumari Bahal durch jenes Tor, das direkt vom Hof zum Basantapur-Platz hinausführt. Nur ein einziges Mal in ihrem Leben wird eine Kumari in östlicher Richtung aus dem Gebäudekomplex durch dieses sonst verschlossene Tor getragen – dann nämlich, wenn sie ihre bisherige Wohnstatt für immer verlässt.

Am Morgen hatte ihr Durga noch einmal die Haare geölt und zu einem Knoten hochgebunden. Noch einmal hatte sie ihr das rote, goldumrandete Dreieck auf die Stirn geschminkt, mit dem göttlichen dritten Auge in der Mitte. In den nächsten Tagen wird diese Zeremonie in jenem Übergangsquartier in Itumbahal von Durgas Schwester Sita erledigt. Durga nämlich dient dann bereits der neuen Kumari. Doch sie hat versprochen, am letzten Tag zu erscheinen, um ihr in einer kleinen Zeremonie feierlich den Knoten zu lösen, die schönen langen Haare zu einem dicken Zopf zu flechten und ihrem langjährigen Schützling schließlich die hellgraue Alltagskleidung zu überreichen.

Als die Kinder des Kumari Bahal gekommen waren, um sich von ihr zu verabschieden, hatte die Kumari gespürt, wie sich ihr Hals zuschnürte. Sie brachte kein Wort mehr heraus. Es war in den letzten Tagen auch niemandem gelungen, Garima und den Jungen nachvollziehbar zu vermitteln, weshalb ihre Kumari-didi sie, mit der sie aufgewachsen waren, nun verlassen muss. Immerhin hatte man ihnen in Aussicht gestellt, ihre Kumari-didi in den nächsten Tagen noch einmal in Itumbahal zu besuchen. Für den kleinen Sougat aber schien das kein Trost zu sein. Mit weinerlicher Stimme presste er heraus: »Kumari-didi, bleib doch hier …«

Es war Tinku zu verdanken, der in diesem Moment bellend vor ihr einen Tanz aufführte und sie damit zum Lachen zwang, dass die scheidende Mädchengöttin nicht regelwidrig in Tränen ausbrach. Denn noch verkörperte sie die furchtlose Göttin Durga. Wenngleich die Bezwingerin des Büffeldämons Mahisasura in dieser Nacht in den Körper jenes Mädchens umziehen wird, das gerade einige hundert Meter nördlich des Kumari Bahal zu einer Willkommens-Puja vor dem Taleju-Tempel eingetroffen war. Den maßgeblichen Männern im königlichen Palast und im Kumari-Komitee war schon bei der ersten Begegnung mit der kleinen Preeti Shakya aufgefallen, dass das Mädchen zwar ein lebhaftes Kind ist, es aber nicht die Ausstrahlung jener »Ausnahme-Kumari« besitzt, die derzeit noch die Göttin Taleju verkörpert.

Doch schon bald setzte sich in diesen Kreisen die Ansicht durch, dass die kleine Preeti nicht etwa lebhaft oder gar aufsässig sei, sondern vielmehr »kämpferisch und furchtlos«. Eigenschaften jedenfalls, die viel besser zu den anstehenden Aufgaben des Staates passten als »die harmoniestiftende Art« der noch amtierenden Mädchengöttin. Hatte doch der neue König zu seinen dringlichen Vorhaben erklärt, der maoistischen Guerilla und dem von ihr erklärten »Volkskrieg« entschieden und notfalls mit militärischer Macht entgegenzutreten. Und da in religiösen Kreisen manche in jener Guerilla die metamorphe Wiederkehr des Dämons Mahisasura sehen, passe dazu natürlich besser eine Kumari, die die Furchtlosigkeit der Göttin Durga schon in ihrem Habitus verkörpere. Und über die Akzeptanz in der Bevölkerung müssen sich die Leute im Umfeld des Badaguruju ohnehin keine Sorgen machen, denn was der kleinen Preeti im Gegensatz zu ihrer Vorgängerin an Aura fehlen mag, bringt sie an Herkunft mit. Schließlich stammt die künftige Kumari aus einer Familie, die seit Generationen berühmte newarische Künstler hervorgebracht hat. Ihr Großvater Siddhimuni Shakya gilt nicht nur im eigenen Land als »der größte newarische Künstler des Jahrhunderts«, sondern genießt in Galerien und Auktionshäusern auf der ganzen Welt hohes Ansehen. Und auch ihr Vater, Surendra Man Shakya, hat bereits durch einige Ausstellungen auf sich aufmerksam gemacht.

Dennoch hat der Badaguruju bestimmt, diesmal auf eine direkte Begegnung der scheidenden mit der künftigen Kumari zu verzichten – dem Chitaidar gegenüber diesen Entschluss aber nicht begründet. Daher beschloss der Hausherr des Kumari Bahal – wenn schon auf die Übergabezeremonie der Insignien der Göttlichkeit verzichtet werden soll –, der Dyo Maiju während ihrer letzten Prozession noch Yantra und Nagmala, die beiden symbolhaften Kumari-Ketten, zu überlassen.

Ein Freund von Amrit Man Shakya ist Besitzer einer Video-Kamera. Er hat sich bereit erklärt, den letzten Weg der Kumari in bewegten Bildern festzuhalten. Er hatte im Hof des Kumari Bahal gewartet und war – die Kamera immer am Auge – der Mädchengöttin hinaus auf den Basantapur-Platz gefolgt. Auf dem Display wird Datum und Uhrzeit des historischen Ereignisses eingeblendet: 26. Assar 2058 (10. Juli 2001) – 12.54 Uhr.

Sie hat Durga-didi versprochen, nach vorn zu blicken, und deshalb dreht sie sich jetzt auch nicht um. Sie will nicht den Kumari Bahal sehen, den sie eben für immer verlassen hat … nicht die beiden vergitterten Fenster, durch die sie bisher auf die Welt geschaut hat und hinter denen jetzt ganz sicher Durga-didi sitzt und zu ihr herunterblickt …

Vom Fenster des Khopi aus betrachtet Durga die große rote Mukut, die von hinten wie eine riesige Haube aussieht. Vor einigen Jahren hat sie diese imposante Kopfbedeckung der lebenden Göttin in wochenlanger Handarbeit hergestellt, nachdem die alte – die zuvor Generationen von Mädchengöttinnen getragen hatten – ziemlich zerschlissen war. Durga erinnert sich noch, wie schwer es war, den roten Seidenstoff mit den dünnen Goldfäden zu rüschen und auf das geschwungene Gestell zu ziehen. Und auch wie stolz sie war, als die Kumari die neue Mukut erstmalig bei einer Machhendranath-Puja getragen hat. Heute Abend würde ihr Vater, der Chitaidar, diese Mukut zusammen mit dem Yantra und der Nagmala hierher zurückbringen. Vor ihrem Gang zur Durga-Puja im Aadhyro Kotha des Taleju-Tempels wird dann die kleine Preeti mit diesen Insignien der Göttlichkeit ausgestattet. Noch aber gelingt es Durga nicht, sich darauf zu freuen, dass sie bei diesem Ereignis von nationaler Bedeutung im Hintergrund eine nicht unwesentliche Rolle spielen darf.

Es ist viele Jahre her, seit die Mutter der Dyo Maiju einmal zu ihr am Telefon gesagt hatte, sie habe nach dem Weggang ihrer Tochter ein Gefühl verspürt, als ob man ihr etwas amputiert hätte. Seinerzeit hatte Durga diese Aussage nicht recht verstanden. Nun aber, wo sie hier oben hinter dem vergitterten Fenster sitzt und sich *ihre* Dyo Maiju nicht mehr zu ihr umdreht, empfindet sie den Begriff »Amputation« als absolut zutreffend für die Trennung von diesem wunderbaren und liebenswerten Mädchen. Und nun setzen bereits heftige Phantomschmerzen ein.

Der Himmel ist wolkenverhangen, und die während der Regenzeit übliche hohe Luftfeuchtigkeit bewirkt, dass sich bei den Menschen dünne Schweißfilme auf der Haut ausbreiten. Die Träger reiben noch einmal Kopf und Arme mit Tüchern ab, ehe sie die dicken Bambusstangen mit der Sänfte der Mädchengöttin anheben und damit in Richtung Itumbahal marschieren. Sie sind wahrscheinlich die einzigen Teilnehmer dieser kleinen Prozession, die sich gewünscht hatten, es möge während dieser schweißtreibenden Tätigkeit regnen.

Viele Menschen sind vom Anblick der Kumari überrascht. Andere sind erschrocken, denn sie wissen, was es bedeutet, wenn die Kumari durch Gassen getragen wird, in denen sie sonst nie zu sehen ist – zudem an einem Tag, der kein Feiertag ist. Wieder andere versuchen die ungewöhnliche Prozession einfach zu ignorieren, aus Angst, dass die Furcht erregende Durga irgendein zorniges Exempel statuieren will und sie deren Opfer sein könnten.

Sie versucht diesen Menschen in die Augen zu blicken. Bisher sollte sie den Leuten, die zu ihr kamen, niemals in die Augen blicken. Einige sehen auch ihr in die Augen und sie haben alle einen freundlichen Blick … Wie aber wird es sein, wenn sie keine Kumari mehr ist, wenn sie durch Gassen wie diese laufen wird und niemand zu ihr hinsieht. Und die Motorräder und die Autos nicht von den Polizisten mit den dunkelroten Mützen angehalten werden, um den Trägern da unten den Weg zu bahnen? Wer wird dann mit ihr durch diese Gassen gehen? Alle ihre Freunde werden nicht mehr da sein. Durga-didi ist schon jetzt nicht mehr da, und Garima läuft neben der Sänfte her, aber es ist wahrscheinlich das letzte Mal, dass sie etwas zusammen unternehmen. Nur Bina wird es dann noch geben … und auch ihre Schwester Anita, die mit Bina damals hierher kam. Aber da hat diese Anita gar nicht mit ihr gesprochen …

Die Uhr im Display der Videokamera zeigt 13.05 Uhr, als die schweißnassen Träger die Sänfte der Kumari vor einer alten Hausfassade mit newarischen Holzschnitzereien absetzen. Die letzte Prozession dieser Mädchengöttin hat gerade einmal elf Minuten gedauert.

Auf dem Videofilm wird man später ein verhuschtes Lächeln der Kumari sehen – genau in dem Moment, als sie Bina entdeckt, die leger mit heller Hose und rosafarbener Bluse gekleidet in der Tür zu diesem fremden Haus auf sie wartet. Daneben steht Mimita. Sie empfängt die Kumari in einem traditionellen roten Sari. Ihr entgeht nicht der vertraute Blick, den die Dyo Maiju mit Bina wechselt, als sie an ihnen vorbei ins Haus getragen wird. Und Mimita registriert auch, dass ihre Tochter sie völlig unbeachtet lässt.

Der Raj Guru, das Oberhaupt der Pancha-Buddha-Priester, hatte an diesem Morgen in seinem Agam eine schreckliche Vision. Noch vor Sonnenaufgang war er dorthin gekommen, um den geheiligten Raum und sich selbst durch eine Sadhana-Meditation mental auf die neue Kumari vorzubereiten. Es war ihm zunächst aber nicht gelungen, den spirituellen Kontakt zur Göttin Vajra Devi herzustellen. Zu sehr war er noch dem Diesseits verhaftet, um die Sinne auf den Sadhana – dem meditativen Weg des Suchenden – lenken zu können. Zu mächtig war die innere Blockade, die durch die unbeantworteten Fragen der letzten Tage aufgerichtet worden war. Warum wurde die Absetzung der Mädchengöttin nicht begründet? Weshalb sollte eine neue Kumari nicht auf einem der zahlreichen religiösen Feste, sondern an einem ganz profanen Tag den Thron besteigen? Weswegen war auf das übliche Ritual verzichtet worden, in dessen Verlauf normalerweise Yantra und Nagmala von der alten auf die neue Kumari übertragen werden? Warum wurden die Pancha-Buddha-Priester bei all diesen Entscheidungen nicht konsultiert?

Wieder und wieder hat der Raj Guru seine Konzentration auf den Sadhana zu lenken versucht. Mehrfach hat er jenes Mantra von vorn begonnen, das am Beginn der allmorgendlichen Nitya-Puja steht: »Rein wie der Schnee des Himalaja, hell wie das Sonnenlicht, weit wie der Himmel, alldurchdringend wie der Äther, unergründlich wie der Ozean und kühl wie das Wasser des heiligen Flusses Bagmati ist die unsterbliche Energie der Vajra Devi …«

Endlich war es dem buddhistischen Oberpriester gelungen, aus der profanen Realität abzutauchen – in die spirituelle Unendlichkeit. Und die Farbe seiner Empfindung war dabei Rot. Aber es war nicht das feurige Rot des Amitambhana-Buddha – es war das dunkle Rot von Blut, dem Symbol der Unreinheit. Der Raj Guru steigerte die Intensität des tantrischen Rituals, doch er wurde von immer mehr Blut umspült – und er erkannte, dass dies ein göttliches Zeichen ist.

Seit Stunden ist der heilige Mann schon mit der Purifikation des geheiligten Raumes beschäftigt. Jeden Winkel des Agam reinigt der Raj Guru mit geweihtem Wasser, das er unter dem Gesang der heiligen Silbe »Om« aus einer Muschel gießt. Schon lange ist ihm bewusst, dass hier im Bahal der Mädchengöttin die religiösen Gesetze verletzt werden. Immer mehr hatte der Sohn der verstorbenen Chitaidar jene Funktionen an sich gerissen, die nur einer allein stehenden Frau zustehen – und lässt sich nun sogar selbst »Chitaidar« nennen. Dieser Mann hatte nicht verhindert, dass seine Mutter an diesem heiligen Ort gestorben ist und seine Söhne hier mit ihren Frauen schlafen. Und nun hat er zugelassen, dass ein unreines Mädchen auf dem Thron der Kumari sitzt. Der heilige Mann in seinem Agam weiß das Zeichen der Vajra Devi zu deuten – und er ist bereit, das Werkzeug seiner Göttin zu sein.

Die wenigen Meter von der Sänfte zum Haus waren die letzten im Leben dieser Kumari, auf denen man ihr den Boden der Realität nicht zumuten wollte. Vor dem engen und verwinkelten Treppenhaus kapitulierend, setzte Gautam die Mädchengöttin schließlich vor der ersten Stufe einfach ab. Das Kameraauge zeichnet auf, wie die Kumari – noch immer mit den göttlichen Insignien ausgestattet – selbstständig die Treppe nach oben steigt. Es hält deren irritierten Blick durch die Tür und das unsichere Zurückweichen vor jenem niedrigen, mit fremden Menschen überfüllten kleinen Zimmer für die Nachwelt fest.

Schließlich fangen wilde Schwenks eines unentschlossenen Kameramanns unfreiwillig Momentaufnahmen ein: alte Frauen in der

Ecke kauernd, kleine Kinder neugierig in Richtung der Kumari schielend, Frauen und Männer, die gleichzeitig sich offenbar widersprechende Anweisungen erteilen, und schließlich die Mutter der Kumari, die mit freundlichen Direktiven dem Chaos für einen kurzen Moment Einhalt gebietet. Als Ruhepunkt findet die Kamera endlich die Kumari, wie sie auf einem roten Kissen vor dem Fenster sitzt. Das grelle Gegenlicht im Rücken taucht ihr Gesicht zeitweise in die Unterbelichtung. Dennoch ist deutlich der unruhig herumirrende Blick des Mädchens zu erkennen. Gelegentlich beugen sich Frauen tief zu den Füßen der Kumari hinab – und bleiben von ihr unbeachtet. Mehrfach werden ihr riesige Teller mit Früchten gereicht, die die von der Situation sichtbar überforderte Mädchengöttin nur kurz berührt. Die gnadenlose Videooptik zeigt das Bild eines hilflosen Geschöpfs, das selbst die nächste Umgebung kaum noch wahrnimmt – die junge Frau mit den offenen Haaren zum Beispiel, die ihr ständig etwas ins Ohr flüstert, oder das Mädchen in dem rosafarbenen Kleidchen, das mit einem riesigen Bastfächer abwechselnd sich und der Freundin Luft zuwedelt.

Die orientierungslos wirkenden Menschen, die ständig den kleinen Raum betreten oder verlassen, scheinen mehr mit der Durchführung eines ungewohnten Rituals als mit dessen Protagonistin beschäftigt zu sein. Endlich entlässt die Abblendautomatik der Kamera den Betrachter als Zeugen jenes unwürdigen Vorgangs – die unglückliche Miene der scheidenden Mädchengöttin versinkt im Fade out.

Noch nie hat sie ein so enges und niedriges Zimmer wie dieses hier gesehen. Und noch nie sind so viele fremde Menschen so nahe an sie herangekommen. Diese Leute bleiben direkt vor ihr stehen, sprechen laut und unterhalten sich selbst dann noch, während sie ihr Teller mit Opfergaben hinhalten. Garima sitzt neben ihr mit einem großen Fächer und verhält sich, als wäre alles ganz normal. Auf der anderen Seite sitzt Bina und flüstert ihr ins Ohr, dass diese Frau eine Tante ist oder eine Cousine ihrer Ma und der Mann dort ein Bru-

der des Baa, also ein Onkel, und deshalb ist seine kleine Tochter dort drüben ihre Cousine ... Sie hat das Gefühl, dass nur noch Leute aus der Verwandtschaft hier sind und niemand von den Menschen, die sie sonst besucht haben. Sie werden jetzt zu der kleinen Preeti gehen und die Tika von ihr bekommen ...

Sie würde gern Bina danach fragen, ob das Leben überall so wie hier ist? Doch sie weiß ja gar nicht, ob sie überhaupt sprechen darf.

Der Thuloba kniet vor ihr nieder und legt seine Stirn auf ihre Füße. Dann steht er wieder auf, nimmt ihr zuerst die Mukut ab und reicht sie an Gautam weiter. Dann nimmt er ihr auch das Yantra und die Nagmala vom Hals ... Nun beugt sich Gautam zu ihren Füßen nieder und legt seine Stirn darauf. Sie weiß, dass Gautam dies nie wieder tun wird – und der Thuloba auch nicht.

Als die Videokamera wieder eingeschaltet wird, trägt die Kumari die Insignien der göttlichen Macht nicht mehr. Dort, wo vorher die gewaltige Mukut saß, ist nur noch ein kleiner Haarknoten zu sehen, der von einem breiten roten Band zusammengehalten wird. Trotzdem wirkt das Mädchen gelöster als zuvor. Mehrfach dreht es sich zum Fenster, um hinauszublicken, spricht gelegentlich mit ihren beiden Freundinnen, und schließlich huscht sogar ein kleines Lachen über ihr Gesicht.

Die Ära der neuen Kumari sollte unbelastet beginnen, weshalb der Raj Guru das Zeichen, welches ihm von der Göttin geschickt worden war, zunächst niemandem anvertraut hatte. Wie es die Regel vorschreibt, hatte er das Kind am Morgen nach der hinduistischen Inthronisations-Puja im Aadhyro Kotha zu sich in den Agam gebeten und ihr in einem tantrischen Ritual die spirituellen Energien der Vajra Devi übertragen. Nun erst will er dem göttlichen Zeichen gehorchen und den Chitaidar zur Rede stellen.

Als er in den Thronsaal tritt, bemerkt er zunächst Durga. Die Tochter des Chitaidar sitzt vor der Kumari und demonstriert ihr die Mudra – die symbolhaften Handhaltungen der lebenden Göttin. Im nächsten Moment springt das Mädchen vom Thron auf, hüpft durch den Saal und erklärt, dass es lieber mit seinen Puppen spielen wolle.

Der Chitaidar hat von seinem Platz am Fenster aus das Oberhaupt der Pancha-Buddha-Priester entdeckt und geht auf den alten Herrn zu. Nun erst nimmt ihn auch der Raj Guru wahr und flüstert ihm zu: »Ich möchte mit dir sprechen.«

Wortlos geht der Chitaidar an dem buddhistischen Weisen vorbei, der ihm nach nebenan in den großen Raum folgt. Der Chitaidar blickt ihn erwartungsvoll an und bemerkt, wie der Raj Guru offenbar um Worte ringt: »Es war nicht recht … die Dyo Maiju darf nicht unrein … Du weißt, dass es Unglück bringt, wenn sie auf diesem Thron dort …«

Der Chitaidar will den alten Mann erlösen: »Es stimmt nicht, was diese Zeitung schreibt.«

»Schreibt es die Zeitung auch?«

Nun ist es der Chitaidar, der irritiert nachfragt: »Woher sonst willst du das denn wissen?«

»Ich habe es als Zeichen erfahren, unten im Agam, während der Nitya-Puja …«

»Dein Zeichen trügt!«, unterbricht ihn der Chitaidar und möchte damit die kurze Unterhaltung beenden.

Schließlich findet nebenan die Unterweisung einer etwas lebhaften Mädchengöttin statt, und es ist ihm im Moment weitaus wichtiger, Durga durch seine Anwesenheit zu unterstützen, als sich die haltlosen Unterstellungen dieses Priesters anzuhören. Doch der Raj Guru wertet jene nervöse Unruhe, die er bei seinem Gegenüber bemerkt, als ein Indiz dafür, dass er mit seiner Anschuldigung richtig liegt.

»Mein Zeichen ist ein göttliches Zeichen, das musst du wissen!«, sagt er zum Chitaidar, und um dessen Entgegnung zuvorzukommen, verfällt er umgehend in einen kleinen Monolog. Plötzlich fallen ihm die passenden Worte ein und sie fügen sich wie selbstverständlich zu vollständigen Sätzen: »Die Dyo Maiju hat Blut verloren, und du hast es gewusst. Du hast es zugelassen, dass die Kumari unrein auf dem Thron dort drüben gesessen hat. Damit ist dieser Bahal entweiht worden und dem Land großer Schaden entstanden.«

»Du meinst, wir hier sind schuld, dass Mousuf Sarkar und seine Familie …?«

»Ja!«

Für einen Moment begegnet der entschiedene Blick des Raj Guru dem fassungslosen seines Gegenübers. Schließlich verlässt der Chitaidar entschlossenen Schrittes den Raum. Der Raj Guru aber will hier bleiben, bis der Chitaidar nicht nur sein Fehlverhalten eingestanden, sondern sich auch bereit erklärt hat, endlich zu den Werten von Religion und Tradition zurückzukehren. Er hat dafür konkrete Vorstellungen: In Durga würde die Kumari eine geeignete Chitaidar haben und in den tantrisch ausgebildeten Pancha-Buddha-Priestern jene Gurus, die in der Lage sind, den Bahal zu purifizieren und neu zu weihen.

Es sind kaum zwei Minuten vergangen, als der Chitaidar mit Gautam und Mahendra zurückgekehrt.

»Dieser alte Mann dort behauptet, wir hätten die Dyo Maiju unrein auf den Thron gesetzt. Bitte, hier sind meine Söhne. Sie sind meine Zeugen, dass das nicht stimmt. Dein Zeichen ist falsch!«

Der Raj Guru blickt zu dem Triumvirat hinüber. Seine in Jahrzehnten erworbenen meditativen Erfahrungen lassen gar nicht erst eine nervöse Unruhe oder gar aggressive Emotionen aufkommen. Gelassen, aber mit fester Stimme erklärt er: »Was sind das für Zeugen, die in einem geheiligten Bahal mit ihren Frauen schlafen? Was ist deine Aussage wert, der du den Titel eines Weibes angenommen hast – Chitaidar? Was ist von einer Erklärung zu halten, die einem göttlichen Zeichen widerspricht?«

Der Mann, der sich Chitaidar nennen lässt, beherrscht die Kunst der meditativen Gelassenheit offenbar weit weniger als der buddhistische Guru.

»Was hast du hier überhaupt zu suchen?«, schreit er den Priester an. »Gehe runter in deinen Agam und lasse uns hier in Ruhe unsere Arbeit machen!«

»Die Arbeit des Chitaidar ist die Arbeit einer Frau …«

»Kümmere dich um deinen Kram. Du bist für mich nicht zuständig. Ich bespreche mich mit dem Guthi Sanathan, und ich werde dafür sorgen, dass man dich ablöst. Mit Leuten, die unter Halluzinationen leiden, kann man die Dyo Maiju nicht alleine lassen.«

»Du hast nicht die Macht, mir die spirituelle Stellung zu nehmen, in die mich die Göttin Vajra Devi eingesetzt hat.«

Die ruhige Stimme des Raj Guru macht den Chitaidar nur noch wütender. Vergeblich versuchen ihn seine Söhne zu beruhigen, und Mahendra bittet den Raj Guru: »Lass uns jetzt allein. Deine Vorwürfe sind vollkommen gegenstandslos. Und in diesem Haus geschieht nichts, was nicht mit dem Kumari-Komitee abgesprochen …«

»Dann verletzt eben auch der Guthi Sanasthan die heilige Tradition des Kumari Bahal!«, unterbricht ihn der Raj Guru. Damit aber treibt er den Zorn des Chitaidar überhaupt erst auf die Spitze. »Wer bist du denn, dass du dich für klüger hältst als das ganze Kumari-Komitee?«, brüllt er so laut in den Raum, dass schließlich seine Frau die Treppe hochgestürzt kommt. »Gehe doch hin zum Guthi Sanasthan und sage den Mitgliedern, dass sie die heiligen Traditionen verletzen, aber lass uns mit deinen Wahnvorstellungen in Ruhe.«

Die eigentliche Chitaidar blickt irritiert zwischen ihrem Mann, den beiden Söhnen und dem Raj Guru hin und her.

»Was ist denn los?«

Nun erst wird sie von ihrem Mann wahrgenommen, und er beschließt, sie zu seiner Entlastungszeugin zu machen: »Der Raj Guru behauptet, wir hätten zugelassen, dass die Dyo Maju unrein auf dem Thron gesessen hätte …«

»Das ist nicht wahr!«, bestätigt die Chitaidar erschrocken.

»… die Göttin Vajra Devi hätte ihm ein Zeichen geschickt.«

»Das ist nicht wahr!«, ruft die Chitaidar noch einmal.

Von diesem Moment an ist der Raj Guru überzeugt, dass der Chitaidar und seine Familie Lügner sind. Er beschließt, nie wieder diesen Teil des Kumari Bahal zu betreten. Er wird seinen sakralen Dienst unten im Agam verrichten. In jedem Monat am zehnten Tag wird er dort der Kumari die spirituelle Energie der Göttin Vajra Devi in den Körper pflanzen. Und er hat die Hoffnung, dass sie sich als stark genug erweisen möge, den schädlichen Kräften zu trotzen, die von der Familie jenes Mannes ausgehen, der sich Chitaidar nennt. Wortlos geht der Raj Guru auf die Tür zu und die Söhne der Chitaidars treten für den heiligen Mann zur Seite.

Am dritten Tag in Itumbahal ist es Mimita Shakya erstmalig gelungen, mit ihrer Tochter allein zu sein. Sie hatte sich mit diesem Wunsch an ihre Gastgeberin gewandt und damit bei der einfachen Frau, die wie sie selbst aus der Shakya-Kaste stammt, Verständnis gefunden. Nachdem der kleine Sougat von seiner Mutter abgeholt worden war, hat die Frau des Hauses die Tür für Besucher geschlossen und sich mit Bina und den anderen Familienmitgliedern in die Küche zurückgezogen.

Seit fast einer Stunde sitzt nun die Kumari am letzten Abend ihrer göttlichen Existenz mit ihrer leiblichen Mutter im selben Raum und verweigert das Gespräch. Mimita weiß nicht einmal, ob ihre Tochter überhaupt zugehört hat, als sie vorhin von dem Haus erzählte, in dem sie ab morgen leben wird, und von der Familie, die sie dort schon sehnsuchtsvoll erwartet. Die Fragen jedenfalls, die sie ihrer Tochter gestellt hat, blieben allesamt unbeantwortet.

Der Mutter des Mädchens, das die ganze Zeit wortlos aus dem Fenster hinauf in den Abendhimmel blickt, fällt eine fast zehn Jahre zurückliegende Szene ein. Sie erinnert sich an jenen Nachmittag im Thronsaal des Kumari Bahal, als Rasmila, die seinerzeit scheidende Mädchengöttin, ihren Eltern zurückgegeben wurde. Amita hatte fröhlich mit der Nagmala herumgespielt, jenes Zeichen der göttlichen Macht, welches nun vor zwei Tagen einem anderen Mädchen um den Hals gelegt worden war. Damals war ihr der Gedanke durch den Kopf gegangen, wer sich eigentlich glücklicher schätzen durfte, die Mutter, deren Tochter gerade die göttlichen Insignien erhielt, oder jene, der in diesem Augenblick eine Tochter zurückgegeben wurde? Selbst heute hat sie darauf keine Antwort.

»Es sind nur wenige Wolken da, dann gibt es morgen nicht so viel Regen …«, versucht Mimita abermals mit ihrer Tochter in Kontakt zu treten. »Dann können wir dein Abschlussfest dort unten in dem großen Hof feiern!«

Das Abschlussfest?! Sie weiß selbst nicht, warum sie sich darauf nicht freuen kann. Sie freut sich, dass Durga-didi morgen kommen wird. Jedenfalls hat Durga-didi ihr das versprochen. Aber sie hat auch Angst vor diesem Abschlussfest. Denn sie weiß ja, dass damit dann endgültig alles aus ist, was bisher ihr Leben war. Die Frau dort drüben, die ihre Ma ist, hat sie gefragt, ob sie neugierig sei auf das Haus und auf das Zusammenleben mit ihrer Schwester … Sollte sie ihr sagen, dass sie vor allem traurig ist, weil sie ihren Khopi verlassen musste und Durga-didi und Garima … und auch den kleinen Tinku, mit dem sie durch den großen Bahal toben konnte, ohne gleich an der nächsten Wand anzustoßen?

Ihre Ma hat erzählt, dass man in diesem anderen Haus immer die Terrassentür schließen muss, weil sonst die Affen in die Wohnung kommen, und dann hat ihre Ma gesagt, dass die Familie selbst die Tiere angelockt hätte, weil alle immer den Affen vom Dach aus Bananen zugeworfen haben. Und dann hat ihre Ma gefragt, ob sie die Affen auch mal füttern will? Aber sie hat ihr nicht geantwortet. Sie weiß nicht, was sie sagen soll, und sie weiß nicht, wie sie es sagen soll. Sie hat noch nie mit fremden Menschen gesprochen. Alle Menschen, mit denen sie in ihrem ganzen Leben geredet hat, waren die Menschen, mit denen sie zusammenwohnte und die sie jeden Tag sah. Diese Frau aber, die ihre Ma ist, ist ihr ganz fremd. Obwohl diese Frau sie im Kumari Bahal manchmal auf den Schoß genommen hat. Von nun an wird sie sie jeden Tag sehen, und gerne würde sie mit ihr sprechen, denn ihre Ma ist schön und fröhlich und auch sehr nett. Manches fällt ihr ein, was sie ihr sagen könnte – aber sie weiß nicht, wie sie mit dieser Frau dort sprechen soll …

Der kurze Blick, mit dem das Mädchen eben seine Mutter gestreift hat, ist von dieser nicht unbemerkt geblieben. Es war ein Blick, der ihr Aufmerksamkeit signalisierte, vielleicht sogar Interesse. Deshalb beschließt Mimita noch mehr zu erzählen und ihre Tochter neugierig zu machen auf das Kommende.

»Wir haben einen Schrank bauen lassen, ganz für dich allein. Er ist sehr schön und geräumig. Aber wir müssen erst mal zusammen einkaufen gehen, damit wir was haben, was wir hineinhängen können. Hast du eine Lieblingsfarbe? … Ich kenne ein Geschäft, das Schals verkauft. Pashminaschals, wie sie die Leute oben in den Bergen herstellen … in allen Farben. Ich kann mir vorstellen, dass es dir dort leicht fällt, deine Lieblingsfarbe zu finden. Wollen wir nächste Woche dort hingehen? … Wir können auch ein Taxi hinunter zur New Road nehmen. Ganz in der Nähe vom Kumari Bahal … dort, wo du am ersten Tag des Indra-Festes am Ende der Jatra immer durchgekommen bist. Kannst du dich an diese Straße mit den vielen Geschäften erinnern? Dort kann man alles kaufen, was man braucht. Schuhe und Hosen und Sari … Was wollen wir zuerst kaufen?«

Ihre Blicke treffen sich und die Kumari sagt leise: »Eine Schuluniform!«

Sie hat etwas gesagt! Sie hat auf eine Frage ihrer Ma geantwortet und nun sieht die Ma sie ganz überrascht an. Und ihre Augen strahlen und ihre Ma sieht dabei wunderschön aus. Und sie blickt ihrer Ma in die Augen und sie will auch gar nicht woanders hinsehen …

»Deine Schuluniform hängt bereits in diesem Schrank!«, sagt sie, und das Strahlen, das sich über das Gesicht des Mädchens ausbreitet, empfindet Mimita Shakya in diesem Moment als das größte Glück ihres Lebens.

Erste Schritte in ein neues Leben

Das Erste, was ich an diesem Morgen anziehen musste, war eine graue Hose aus einem fürchterlich dünnen Stoff, durch den der Wind die Beine hochkroch. Und ein paar Schuhe, die schrecklich wehtaten. Doch es sollte an diesem Tag noch schlimmer kommen …

AMITA

DER HOF IST VOLLER MENSCHEN, als Amita Shakya in einer hellgrauen Hose, mit gleichfarbiger Bluse, Sandalen und einem dicken Zopf auf dem Rücken das Haus verlässt. Offenbar wollte die Zwölfjährige den Übergang in den nepalesischen Alltag nicht ungeschminkt erleben, wenngleich der Kajalstrich – verglichen mit der aufwändigen Kumari-Maske – eher dezent aufgetragen ist. Es entspricht der Logik einer unbarmherzigen Tradition, dass sich die scheidende Kumari nach jenen schützenden Mauern zurücksehnt, hinter denen sie ihre Kindheit verbrachte. Durga hatte es an diesem Morgen sofort erkannt – in ihrem Blick, an der Art, wie sie sich nach Garima erkundigte, und an der Bemerkung, sie habe in den vergangenen Tagen den gemeinsamen Sonnengruß vermisst. Nun macht sich die junge Nepalesin Amita mit unsicheren, stolpernden Schritten auf den Weg in das neue Leben – vom Freund ihres Vaters mit der Kamera festgehalten. Es ist für das Mädchen noch sehr ungewohnt, Schuhe zu tragen, auch wenn es nur leichte Riemensandalen sind. Der Kamerazoom rückt das Gesicht des Mädchens in den Fokus – und in seinem Blick ist eher Ängstlichkeit und Skepsis als Optimismus und Hoffnungsfreude zu erkennen.

Die harten Lederriemen schnüren ihre Füße ein und schmerzen entsetzlich. Jeder Schritt ist eine Tortur. Doch Durga-didi hat gesagt, dass sie sich schnell daran gewöhnen würde. Außerdem würden die Lederriemen bald weicher werden – und dann hätte sie auch keine Schmerzen mehr. Tatsächlich haben die meisten Menschen hier sogar rundum geschlossene Schuhe; aber niemand läuft darin so komisch wie sie.

Sie hatte sich darauf gefreut, endlich das anziehen zu dürfen, was Durga-didi für sie gekauft hatte. Noch im Kumari Bahal hatte ihr die schwesterliche Freundin die hellgraue Hose und die Bluse mit den kurzen Ärmeln gezeigt. Doch Durga-didi hatte ihr nicht gesagt, dass der dünne Stoff schlapp an ihr herunterhängen und sich so furchtbar anfühlen würde. Und auch nicht, dass der Wind von unten in die Hosenbeine wehen wird.

Sie ist es gewohnt, von vielen Menschen betrachtet, gefilmt und fotografiert zu werden – doch noch nie hat sie sich dabei so entsetzlich gefühlt, wie in diesem Moment. Sie entdeckt den Thuloba, der sie aber gar nicht beachtet. Er ist damit beschäftigt zu überwachen, wie dort drüben zwischen den beiden großen Glocken und den komischen Tieren aus Stein der lange schmale Teppich ausgerollt wird. Am anderen Ende des Teppichs liegt bereits ein großes rotes Kissen, und sie weiß, dass dieses Kissen für sie dort hingelegt worden ist.

An dem Brunnen in der Mitte des Hofes steht ihre Ma und lächelt sie an, und für einen kleinen Augenblick lächelt sie zurück, obwohl ihr gar nicht danach zumute ist. Durga-didi hat gesagt, dass es ein Abschiedsfest sein wird. Aber es ist eben nicht nur ein Abschiedsfest, sondern auch der Anfang von etwas Neuem – auch wenn sie nicht weiß, was das sein wird. Sie weiß nur, dass es in dem anderen Haus einen Schrank gibt, in dem eine Schuluniform hängt, und sie weiß auch, dass diese Frau dort drüben, die ihre Ma ist, mit ihr einkaufen gehen will. Danach will sie diese Hose und diese Bluse nie wieder tragen, auch wenn Durga-didi das für sie eingekauft hat …

Die vorgeschriebene Sitzordnung will es, dass die Chitaidar zwischen einem Pancha-Buddha-Priester und dem Vater der Kumari Platz zu nehmen hat. Natürlich hat diese Position auch hier wieder deren

Mann eingenommen. Hinter vorgehaltener Hand erklären einige der anwesenden Frauen, dass dort eigentlich Durga sitzen sollte, die für diese Kumari in all den Jahren ja die Chitaidar gewesen sei.

Dem buddhistischen Priester ist anzumerken, dass er von seinem Raj Guru über den gestrigen Vorfall informiert worden ist. Und auch Amrit Man Shakya kann nicht verbergen, dass er gegenüber dem Mann an seiner rechten Seite großes Misstrauen hegt. Trotz der räumlichen Nähe spürt der Chitaidar die Distanz, die seine beiden Sitznachbarn zu ihm halten. Doch er ist sichtlich bemüht, die kleine Feierlichkeit für die scheidende Kumari ohne Gesichtsverlust zu überstehen.

Immer wieder wird sie aufgefordert, von dem Dhal Bhat zu essen. Der Mann, der ihr Baa ist, beugt sich dafür weit nach vorn, um am Thuloba vorbeisehen zu können. Aber obgleich sie Dhal Bhat gerne mag und dieses auch sehr gut schmeckt, fällt es ihr schwer, davon zu essen. Sie ist es nicht gewohnt, die Speisen mit fremden Menschen gemeinsam einzunehmen – und auch nicht, dabei gefilmt zu werden. Die Teller der anderen sind schon fast leer und zwei Frauen treten mit großen Töpfen heran und geben ihnen noch mehr zu essen. Und als die Frauen zu ihr kommen, sehen sie, dass der Teller noch fast voll ist. Aber als die eine der beiden Frauen fragt, ob ihr das Dhal Bhat nicht schmecken würde, sagt sie zur eigenen Überraschung: »Doch!« Es ist das erste Wort, das sie in den letzten vier Tagen der gastgebenden Familie gegenüber gesprochen hat.

Wie gern würde sie jetzt einfach aufstehen und zu Durga-didi laufen, die sich dort drüben mit ihrer Ma unterhält. Sie wüsste gern, was die beiden miteinander gesprochen haben. Nun aber hat sie Angst, dass Durga-didi einfach weggehen könnte. Doch Durga-didi hat ihr versprochen, dass sie gemeinsam den Weg zum Kumari Bahal zurückgehen würden. Und erst von dort würde sie mit ihrer Ma und ihrem Baa im Auto zu diesem anderen Haus fahren …

Erschrocken klammert sich Amita an Durga, denn der Motorradfahrer ist direkt auf sie zugefahren. Und von hinten nähern sich junge

Männer auf ihren Fahrradrikschas mit rasantem Tempo und lautem Klingeln.

Warum nur hat sich niemand vor dem Motorradfahrer erschreckt. Ihre Ma und ihr Baa und auch die anderen sind ganz einfach weitergelaufen. Immer mehr Motorradfahrer kommen ihnen in dieser engen Gasse entgegen und weichen erst kurz vor ihr aus. Sie hat jedes Mal das Gefühl, als würde sie im nächsten Moment umgefahren werden. Durga-didi legt den Arm um sie, aber sie läuft einfach weiter. Da kommt schon der nächste Motorradfahrer und weit und breit ist kein Polizist mit roter Mütze zu sehen …

Auf diesen unebenen Gassen mit den Löchern und den vielen Steinen ist es noch viel schwieriger, mit den Schuhen zu laufen, als eben in dem Hof in Itumbahal. Schon ein paar Mal ist sie umgeknickt und Durga-didi hat sie im letzten Moment halten können. Warum muss sie die Schuhe überhaupt tragen? Andere Kinder, die hier herumlaufen, haben doch auch keine Schuhe an …

Endlich biegen sie an einer größeren Kreuzung ab und gehen auf einer Straße, auf der die Fußgänger links und rechts ihre eigenen Wege haben. Doch nun will man auf die andere Seite der Straße. Sie erschreckt sich, als Durga-didi sie am Arm zurückzieht und schon im nächsten Moment direkt vor ihr ein großer Lastwagen vorbeifährt.

Nun stehen sie alle in der Mitte der Straße und vorn und hinten rauschen die Autos vorbei. Warum nur hat keiner von denen, die mit ihr hier auf dieser gefährlichen Straße stehen, solch eine Angst wie sie?

Wieder laufen sie durch enge Gassen und plötzlich ist sie zwischen ganz vielen fremden Menschen eingekeilt. Niemand nimmt Notiz von ihr, keiner sieht sie an, alle blicken an ihr vorbei. Doch das sind die Menschen, die sonst zu ihr in den Kumari Bahal gekommen sind, die ihr Opfergaben zu Füßen gelegt und die ihr zugejubelt haben, wenn sie auf dem goldenen Wagen durch die Stadt gezogen wurde. Noch vor vier Tagen haben sie zu ihr hingesehen, als sie mit der Sänfte nach Itumbahal getragen worden war …

Es stinkt! Aber sie weiß nicht, wonach es stinkt. Vielleicht sind es die Motorräder oder aber etwas ganz anderes. Auf einmal machen die Leute Platz, um eine Kuh vorbeigehen zu lassen. Manche Menschen streichen mit der Hand über den Rücken der Kuh und dann über die eigene Stirn … Sie hat das Gefühl, keine Luft mehr zu kriegen. Sie muss ganz tief Luft holen, und sie atmet immer schneller, wie sie es immer tut, wenn sie nicht weinen will. Sie spürt, dass sie in diesem Moment eine ganz furchtbare Angst bekommt – vor der nächsten Straße dort, vor dem Abschied von Durga-didi und vor dem Haus, wo ihr neuer Schrank steht, und vor den fremden Menschen, mit denen sie dort ab heute zusammenleben muss. Aber niemand merkt, dass sie Angst hat. Durga-didi nicht und nicht der Mann, der ihr Baa ist, und auch nicht ihre Ma.

Sie fühlt sich entsetzlich allein, und dieses Gefühl ist anders als sonst, wenn sie sich im Kumari Bahal allein gefühlt hat. Denn damals wusste sie, dass dieses Gefühl aufhören wird, wenn Durga-didi von der Arbeit nach Hause kommt. Wie aber wird es von nun an sein? Sie hat plötzlich Angst, dass dieses Gefühl des Alleinseins nie wieder aufhören wird …

Vor dem Kumari Bahal hält die Gruppe an. Amita sieht sich unentschlossen um. Aus der ungewohnten Perspektive nimmt sie all das wahr, was sie sonst vom goldenen Fenster dort oben gesehen hat. Den gewaltigen Hanuman-Dhoka-Palast und die mehrstöckigen Pagoden auf dem Durbar-Platz und den Weg hinauf zum Taleju-Tempel. Sie weiß, dass sie sich jetzt von Durga verabschieden muss, aber sie weiß auch, dass sie es nicht hier im Gewühl der Menschen tun will. Durga scheint ähnlich zu empfinden, denn sie spricht kurz mit Amitas Eltern und nimmt dann das Mädchen an die Hand. Gemeinsam gehen sie zum Kumari Bahal hinüber.

Im Kumari Chowk, dem düsteren Innenhof des Bahals, ist es ruhig. Der Lärm des hektischen Verkehrs rund um den Durbar-Platz ist hier kaum mehr als ein entferntes Hintergrundgeräusch vernehmbar. Nur das Gurren der Tauben ist deutlich zu hören, die seit Jahrhunderten die Fassade dieses Gebäudeteils als Kloake nutzen. An der Stelle, wo sonst die Touristen darauf warten, gegen einen kleinen Obulus einen

Blick auf die Kumari werfen zu dürfen, steht nun das Mädchen, das selbst noch bis vor einer Woche dort oben vorgezeigt worden war. Wie oft hatte sie sich vorgenommen, irgendwann einmal hier zu stehen und zum Kumari-Fenster hochzublicken. Nun aber, als sie mit Durga genau an dieser Stelle steht, blickt sie zu Boden.

Es ist für sie ein eigenartiges Gefühl zu ahnen, dass ganz sicher der Thuloba wieder an seinem Fenster sitzt, von dem sie sich vorhin noch in Itumbahal verabschiedet hat. Sie hört eine fremde Mädchenstimme und kurz darauf das Bellen eines Hundes, und sie weiß, dass dort oben die neue Kumari mit dem kleinen Tinku spielt.

Amita und Durga fallen sich in die Arme, und als Durga spürt, wie das Mädchen tief und heftig atmet, streicht sie ihr sanft über den Kopf. Eine ganze Weile stehen die beiden eng umschlungen und stumm im Hof des Kumari Bahal. Erst als eine Gruppe von Touristen durch das Tor kommt, die sich laut in einer fremden Sprache unterhalten, macht sich Amita los. Am Eingang zum Kumari Bahal bietet die Postkartenverkäuferin den um diese Jahreszeit seltenen Touristen das Porträt jenes Mädchens an, welches sich in diesem Moment an ihnen vorbeischlängelt. Das Foto der aktuellen Mädchengöttin liegt noch nicht vor.

Auf dem Durbar-Platz wird Amita von ihrer Ma in Empfang genommen. Wortlos gehen sie gemeinsam zum Hanuman-Dhoka-Palast hinüber, wo ihr Baa bereits an einem alten Taxi auf sie wartet – an derselben Stelle, wo sie vor neun Jahren, neun Monaten und zwei Tagen aus einem solchen gestiegen sind. Auf der schmalen Rückbank, eingeklemmt zwischen ihrer Cousine Bina und ihrer Ma, fährt die ehemalige Kumari des Königs einem unbestimmten Schicksal entgegen.

Es ist dem Mädchen nicht anzusehen, ob es sich freut oder ob es Angst hat. Für beide Empfindungen hätte Amrit Man Shakya Verständnis. Seine Tochter aber blickt mit völlig unbewegtem Gesicht abwechselnd nach links und nach rechts, auffälligerweise nie geradeaus. Selbst wenn sie von ihrem Vater angesprochen wird, sieht sie ihn nicht an – nicht wenn er sich zu ihr umdreht und auch nicht, wenn er sie im breiten Rückspiegel des Taxis anblickt. Macht Amrit seine Tochter auf die Läden mit den bunten Saris aufmerksam oder auf die Handwerker, die am Straßenrand große Kupfertöpfe anfertigen, streift ihr Blick nur kurz die dortige Szenerie. Nur als Amrit während der Überquerung des Vishnumati auf den Fluss verweist, sieht sie einen Moment länger auf das zu dieser Jahreszeit gut gefüllte Flussbett hinunter. Aber es ist ihr keine innere Regung anzumerken, keinerlei Interesse und schon gar nicht findet ein Gespräch statt. Amrit Man Shakya empfindet trotz der räumlichen Nähe eine unsichtbare, scheinbar unüberwindliche Barriere zwischen sich und seiner Tochter.

Sie spürt den Blick des Mannes, der ihr Baa ist, in dem kleinen Spiegel dort vorn, und der fremde Mann, der das Auto fährt, schaut auch immer wieder hinein. Aber sie mag nicht von diesen Männern beobachtet werden. Deshalb schaut sie gar nicht mehr hin.

Niemals hätte sie angenommen, dass es in einem Auto so eng ist. Man kann sich kaum bewegen. Vor allem kann sie sich auch gar nicht mit Bina unterhalten, denn dann würden ja alle anderen im Auto zuhören. Gerne würde sie Bina fragen, ob auch sie manchmal einen Sari trägt, denn sie hat ihre Lehrerin noch nie mit einem gesehen. Sie kennt Bina immer nur in Hosen, was für Frauen sehr ungewöhnlich ist … Und heute trägt sie ja auch selbst eine Hose, was ihr noch besser gefallen würde, wenn sie nicht aus diesem scheußlich dünnen Stoff wäre.

Gerne würde sie Bina fragen, woher der Fluss da unten kommt und wohin er fließt. Aber sie weiß, dass dann nicht Bina, sondern dieser Mann da vorne antworten wird, der ihr Baa ist, und der sie vorhin Dyo Maiju genannt hat, obwohl sie doch gar keine Dyo Maiju mehr ist.

Eigentlich hat Amrit es schon aufgegeben, seine Tochter auf irgendetwas am Wegesrand neugierig machen zu können. Dann aber, kurz bevor der Taxifahrer in Richtung Zhhani abbiegt, bewirkt er mit dem eher beiläufigen Hinweis auf die dreihundertfünfundsechzig Stufen, die rechts zur Swayambhunath-Stupa hinaufführen, bei ihr eine überraschende Reaktion. Amita beugt sich weit über den Schoß ihrer Mutter zum Seitenfenster, um den heiligen Ort besser sehen zu können.

Sie sieht zu den vielen Treppen hinüber, die dort hinter dem großen, viereckigen und bunt bemalten Tor steil nach oben führen. Einige Mönche in dunkelroten Gewändern und mit ganz kurz geschorenen Haaren steigen die steilen Stufen zur Lotusblüte des Vipassawi-Buddha hinauf. Doch die Stupa mit der goldenen Krone, von der ihr Durga erzählt hat, ist von hier aus nicht zu sehen.

Nun aber biegt der Wagen ab und fährt einen steilen Weg hinauf. Sie versucht durch das hintere Fenster nach oben zu blicken – dorthin, wo sie die Swayambhunath-Stupa vermutet. Einen ganz kurzen Moment zwischen zwei Häuserfassaden und hinter Bäumen blitzt die goldene Kuppel der Stupa auf – und schon ist sie wieder verschwunden. Doch sie hofft, die Stupa noch einmal für einen Augenblick zu sehen … weil sie doch so viele Geschichten damit verbindet und vor allem die Sehnsucht nach einem weiten Blick über die Stadt und das Land, bis zu den höchsten Bergen der Welt – ein Blick, wie sie ihn noch nie zuvor erlebt hat.

Trotz der qualvollen Enge auf der Rückbank des alten Taxis dreht sich das Mädchen vollständig herum, kniet schließlich vor dem Rückfenster und sieht angestrengt nach links oben.

Fragend blickt Amrit zu seiner Frau, die ratlos die Augenbrauen hochzieht. Aus irgendeinem Grund hat sein Hinweis auf die Swayambhunath-Stupa bei der Tochter ein auffallendes Interesse hervorgerufen, wenngleich er dafür überhaupt keine Erklärung hat. Insbesondere will es dem streng religiösen Mann nicht gelingen, einen spirituellen Zusammenhang zwischen deren Existenz als Kumari und jenem heiligen Ort herzustellen. Denn das Kloster, das sich seit vielen Jahrhunderten dort oben befindet, beherbergt Mönche des tibetischen Buddhismus, deren geistliches Oberhaupt jener Dalai Lama ist, der im indischen Exil lebt. Diese Mönche aber erkennen den göttlichen Status der Kumari gar nicht an.

Seit tausend Jahren leben Angehörige jener aus der nördlichen Himalaja-Region über die Berge gekommenen tibetischen Bevölkerungsgruppe neben den newarischen Vajrayana-Buddhisten im Kathmandu-Tal. Seit der Annexion Tibets durch das kommunistische China im Jahr 1950 und insbesondere durch die Flucht des Dalai Lama neun Jahre später, hat sich deren Zahl noch deutlich erhöht. Die Stupa gilt zwar auch den Vajrayana-Buddhisten als Heiligtum (als Wohnsitz der Göttin Harati nämlich, die einst von einer Dämonin zur Göttin aller Mütter mutierte), aber von einer spirituellen Verbindung zwischen dieser Gottheit und der Kumari ist Amrit nichts bekannt.

An der unbefestigten Straße gibt ein schmales unbebautes Feld zwischen kleinen Stupas und noch kleineren Ladengeschäften für wenige Sekunden erneut den Blick auf die Swayambhunath-Stupa frei. Geradezu andächtig blickt Amita zu der goldenen, schirmartigen Kuppel hinauf, die wie eine Krone auf einem sich nach oben verjüngenden, ringförmigen Aufbau sitzt. Sie weiß nicht, dass es dreizehn Ringe sind, die die dreizehn Stufen spirituellen Fortschritts symbolisieren, und auch nicht, dass jener majestätische »Schirm« ein Sinnbild für das höchste religiöse Ziel darstellt: das Nirwana.

Dort oben also ist die Stupa, an die sie immer denken musste. In ihrer Vorstellung war sie oft dort – mit Tinku in jener Nacht, als Manju Shree mit seinem Schwert das Tal in helle Blitze tauchte und sie im Regen getanzt hat … mit Garima hat sie die Affen gefüttert, die dort oben wohnen, und Gaurav hat ihr das ganze Tal gezeigt, das man von der Stupa aus überbli-

cken kann. Vor allem aber erinnert sie sich daran, dass Durga-didi versprochen hat, einmal mit ihr zusammen dort hinaufzugehen, wenn es ihr erst mal erlaubt sein würde, den Vishnumati-Fluss zu überqueren …

Plötzlich ist die fremde Frau wieder da. Ganz deutlich sieht sie das faltige Gesicht der Ex-Kumari vor sich. Die alte Frau lächelt und sagt: »Hab keine Angst, das Leben draußen ist schön, es gibt viel zu entdecken.«

»Möchtest du denn gern, dass wir mit dir zur Swayambhunath-Stupa hochgehen?«

Amrit hat seine Tochter mit dieser für sie überraschenden Frage aus tiefen Gedanken gerissen. Abrupt dreht sie sich um, lässt sich zwischen ihrer Ma und Bina aufs Polster plumpsen und spricht sehr entschlossen das erste Wort auf dieser gemeinsamen Fahrt: »Nein!«

Der Reporter vom lokalen Fernsehsender *Kantipur Television* hatte sich schon vor einer Stunde mit seinen beiden Kollegen im Wohnzimmer der Shakyas eingerichtet. Der Aufbau des technischen Equipments hat den ohnehin kleinen Wohnraum zu einer engen Kammer degradiert. Zudem waren immer mehr Leute dieser personenreichen Familie hereingedrängt, noch ehe Amita den Raum betreten hatte. Als sie dann endlich kam, hatte der Kameramann ein verunsichertes kleines Mädchen in den Fokus genommen, das nur durch nachdrängende Familienmitglieder davon abgehalten worden war, vor den grell aufleuchtenden Scheinwerfern zu fliehen.

Der Reporter hat sie gleich rechts auf die äußerste Ecke der Couch platziert, an deren anderem Ende der Tonmann mit dem großen Kopfhörer im Off sitzt. Zwischen den beiden hat Bina Platz genommen, und dem Reporter ist nicht entgangen, dass sie die einzige Person im Raum ist, mit der die ehemalige Mädchengöttin hin und wieder leise einige Worte wechselt.

Entnervt nimmt der Tonmann die Kopfhörer ab und weist mit einer hilflosen Geste auf die störende Geräuschkulisse hin. Tatsächlich sprechen und rufen nahezu alle Personen gleichzeitig, die Kinder kreischen und lachen, ein Neugeborenes fängt an zu schreien. Nur mit sehr viel Mühe gelingt es dem energischen Journalisten schließlich, fast alle Familienmitglieder aus dem Raum zu bitten. Und diejenigen, die nicht dazu zu bewegen waren, ihren Sitzplatz auf dem Fußboden aufzugeben, kann er zumindest veranlassen, sich ruhig zu verhalten. Leider aber hält sich auch das Mädchen auf der Couch an dieses Schweigegebot.

Sie kann dem Mann dort neben der Kamera nicht sagen, wie sie sich fühlt, auch wenn er immer wieder danach fragt. Weil sie es gar nicht weiß! Warum fragt er sie dauernd, ob sie sich freut, wieder zu Hause zu sein? Sie ist doch gar nicht hier zu Hause! Und sie will hier auch gar nicht zu Hause sein. Die Gegend da draußen sieht dreckig aus. Wenn sie dort, wo sie bisher zu Hause war, aus dem Fenster sah, war alles viel schöner. Hier gibt es keine richtige Straße, und die meisten Häuser sehen aus, als ob sie gleich umfallen würden – auch dieses Haus, in dem sie jetzt leben soll. Die Räume sind noch viel kleiner als in dem Haus in Itumbahal, wo sie in den letzten vier Tagen gewesen war.

Vor diesem Raum hier führt eine Holztreppe ohne Geländer ganz steil nach oben, und ihre Ma hat gesagt, dass dort das Zimmer liegt, wo sie jetzt wohnen soll. Dieser Raum hier unten scheint gar keine richtige Tür zu haben, sondern nur einen kleinen, dünnen Vorhang … und die Wände sind schmutzig. Das aber will sie diesem Mann dort neben der Kamera nicht sagen, weil ihre Familie sonst vielleicht traurig ist – und das will sie nicht.

Der erfolgsverwöhnte Reporter von *Kantipur Television,* der sonst Premierminister, den Badaguruju oder Mitglieder der Königsfamilie vor die Kamera lädt, muss erkennen, dass vor dieser schweigenden Ex-Kumari selbst die raffinierteste Interviewtechnik versagt. Sichtlich frustriert raunt er seinem Kameramann zu: »Cut!«

Der hellste und gastlichste Platz des Hauses ist die Dachterrasse. Man erreicht sie über eine steile Eisenleiter durch eine kleine Luke. Das flache, rundum von einer etwa einen Meter hohen Mauer begrenzte Dach scheint nur zufällig als Terrasse entstanden zu sein. Jedenfalls weisen aus dem Mauerwerk ragende Eisenstäbe darauf hin, dass offenbar ein höherer Bau geplant gewesen und dann abgebrochen worden war. Amita aber weiß jetzt schon, dass dies ihr Lieblingsplatz werden wird. Nur wenige Sprossen trennen sie von der drangvollen Enge, die unten im ganzen Haus herrscht. Hier oben aber hat sie nicht nur die Unendlichkeit des Himmels über sich, sondern auch einen weiten Blick über die Felder, die sich nach Süden bis zu der Hügelkette am Horizont erstrecken. Niemals zuvor in ihrem Leben hatte sie die Möglichkeit, so weit in die Ferne zu sehen. Vor allem aber steht auf der anderen Seite des Hauses, auf der höchsten Erhebung weit und breit, würdig, erhaben und unübersehbar: die Swayambhunath-Stupa.

Immer wieder blickt sie dort hinauf, wo einst die Lotusblüte des Vipassawi-Buddha gelandet war, nachdem der Manju Shree mit seinem Schwert eine Bresche in die Berge geschlagen hat und das Wasser abfließen konnte … Sie versucht es unauffällig zu tun, denn diesen heiligen Ort verbindet sie mit ihrem anderen Leben. Auch wenn sie als Kumari nie dort hingehen durfte, ja diese Stupa dort oben nicht einmal sehen konnte, so wie jetzt durch ihre heimlichen Blicke – dies war der Ort ihrer Sehnsucht gewesen, und nur mit ihren Freunden aus dem Kumari Bahal will sie jemals den Berg dort drüben besteigen. Bis dahin soll dieser heilige Ort auch weiterhin der Ort ihrer Sehnsucht bleiben.

Rückkehr in eine fremde Welt

Als sie zu uns an die Schule kam, hat sie anfangs mit niemandem gesprochen. Es hat auch sehr lange gedauert, bis sie das erste Mal zu mir kam, um eine Frage zu stellen. Es wurde später viel besser, aber nie wurde ihr Sozialverhalten so wie das der übrigen Schüler.

Sanu Raja Shakya
Lehrer an der Ganesh-Boarding-Highschool

Das nächtliche Gekeife der rivalisierenden Affenherden ist für die Bewohner von Swayambhu nichts Ungewöhnliches. Ihren Besuchern aber raubt es die Nachtruhe. Wenngleich Amita in dieser ersten Nacht im Haus ihrer Eltern sicher selbst bei absoluter Stille kaum Schlaf gefunden hätte. Aber auch Bina kann nicht einschlafen. Das mag an den Affen liegen, die es in ihrer Wohngegend nicht gibt. Doch es beunruhigt sie auch das nervöse Hin- und Herwerfen des Mädchens im Etagenbett unter ihr. Sie, die Amita zwar nicht länger, wohl aber sehr viel besser kennt als irgendeiner in der Familie, ist nun doch froh, dass sie sich bereit erklärt hat, weitere drei Nächte bei ihr zu verbringen. Ursprünglich hatte sie es für richtiger gehalten, das Mädchen gleich in der ersten Nacht in diesem Haus mit den neuen Realitäten zu konfrontieren. Und das hätte für Amita bedeutet, dieses Zimmer mit ihrer Schwester zu teilen, die nun für drei Nächte auf die Couch unten im Wohnzimmer ausquartiert wurde.

Sie ist sehr froh, dass Bina hier ist. Ihre Lehrerin aus dem Kumari Bahal ist schließlich die einzige Person in dieser neuen Familie, die für sie zu dieser anderen Zeit gehört. Waren sie doch in den letzten drei Jahren fast jeden Tag zusammen gewesen. Bina aber gehört auch zu der neuen Zeit, die heute begonnen hat. Ob sie mit ihr auch darüber sprechen kann, wie es ihr jetzt gerade ergeht – in dieser neuen anderen Welt?

Ganz leise ruft Amita den Namen ihrer Cousine. Wenn Bina wach ist, würde sie antworten, und wenn sie schlafen sollte, sich auf diese Weise nicht gestört fühlen:

»Bina?«

»Ja, Dyo Maiju?«

Irritiert fragt Amita: »Warum nennst du mich denn Dyo Maiju?«

»Wie soll ich dich denn sonst nennen?«

Hat Durga-didi denn Bina gar nicht erzählt, dass sie auch einen Namen hat? Sie selbst hat es ja bis vor einigen Tagen auch nicht gewusst. Aber warum weiß denn niemand in dieser Familie, dass sie einen Namen hat? Man hat ihr doch gesagt, dass sie früher einmal bei dieser Ma und diesem Baa und auch bei Anita-didi gewohnt hat, bevor sie die Kumari geworden war, damals, als sie noch ganz klein war, woran sie sich gar nicht mehr erinnern kann. Damals hatte sie doch diesen Namen, den Durga-didi ihr gesagt hat: Amita!

»Durga-didi hat mir gesagt, dass ich Amita heiße …«

Natürlich ist Bina von jeher der Name ihrer kleinen Cousine bekannt gewesen. Doch die Familie hat beschlossen, auch im eigenen Kreis jene Tradition fortzusetzen, wonach eine ehemalige Kumari lebenslang als Dyo Maiju angesprochen wird. Davon ausgenommen sollte nur Anita sein, die ihre kleine Schwester als Kumari-bahini (Kumari-jüngere Schwester) bezeichnen darf. Andererseits scheint es dem Mädchen nicht unwichtig zu sein, von Bina nicht nur als Dyo Maiju, sondern auch als Amita zur Kenntnis genommen zu werden. Daher macht Bina ihrer kleinen Cousine einen findigen Vorschlag:

»Ich könnte dich ja Amita nennen, wenn wir beide alleine sind. Wenn aber jemand in der Nähe ist, nenne ich dich Dyo Maiju!«

Im Kumari Bahal hat sie es immer aufregend gefunden, wenn sie mit Durga-didi ein Geheimnis haben konnte. Und nun würde sie ein solches Geheimnis auch mit Bina haben. Das gefällt ihr.

Ob sie wohl zu Bina sagen kann, dass sie es in dieser Gegend und in diesem dunklen Haus nicht schön findet? Wenn sie schon ein Geheimnis miteinander teilen, dann könnten sie doch auch noch eines zusammen haben. Außerdem hat sie zu Bina immer sagen können, wenn sie mal traurig war oder wenn sie Langeweile empfand.

»Ich finde dieses Haus nicht schön. Es ist so eng und dunkel, und die ganze Gegend da draußen ist schmutzig …«, sagt Amita und hält plötzlich erschrocken inne.

In diesem Moment fällt ihr wieder ein, dass Bina ja auch zu dieser Familie gehört. Außerdem weiß sie gar nicht, ob ihre Cousine vielleicht auch in einem solchen Haus wohnt … Sie hört angestrengt in die Dunkelheit, um die Reaktion ihrer Freundin wahrzunehmen …

»Dieses Haus ist natürlich kein Bahal«, beginnt Bina vorsichtig eine Erwiderung, »aber die meisten Menschen in unserem Land leben nicht wie eine Kumari, sondern wie unsere Familie. Unsere Häuser werden uns nämlich nicht von Mousuf Sarkar zur Verfügung gestellt, sondern wir müssen sie uns selbst bauen.«

Sie hatte sich nie darüber Gedanken gemacht, wie wohl die Häuser der Menschen, die regelmäßig zu ihr in den Bahal gekommen sind und denen sie die Tika gegeben hat, aussehen. In den letzten vier Tagen in Itumbahal war sie zum ersten Mal in einem normalen Wohnhaus gewesen. Durga-didi hat ihr nur einmal gesagt, dass in manchen Zimmern sechs Leute oder mehr wohnen. Deshalb, so hatte sie angenommen, müssten diese Zimmer sehr groß sein.

»Wohnst du denn auch in einem Haus wie diesem?«, will sie nun von Bina wissen.

»Ja, ich wohne mit meinem Baa und meiner Ma und meinen Geschwistern, die du ja in den letzten Tagen schon kennen gelernt hast, auch in einem solchen Haus. Und wir haben nicht einmal eine Dachterrasse mit einem so weiten Blick wie hier oben …«

In diesem Moment ist es ihr peinlich, dass sie sich vorhin bei Bina beschwert hat. Sie will doch gar nicht in einem besseren Haus wohnen als ihre Freundin. Und es ist ihr auch peinlich, dass sie sich zwar an Binas Ma und ihren Baa, aber nicht an Binas Geschwister erinnert. Obwohl sie ihr doch vorgestellt worden waren. Sie weiß gar nicht, was sie jetzt sagen soll. Schließlich steht sie auf und steigt zu Bina ins Bett hoch. Dann schmiegt sie sich ganz dicht an ihre Cousine und ist froh, als Bina ihren Arm um sie legt.

Als Amitas Mutter den Schrank geöffnet hatte, war ihrer Tochter keine Überraschung anzumerken gewesen. Erst hinterher hat sie durch Bina erfahren, dass die Dyo Maiju von ihrer Schuluniform durchaus überrascht gewesen sei. Die Überraschung habe vor allem darin bestanden, dass die Schuluniform blau ist. Pullover, Rock und Hemd in verschiedenen Tönen, am V-Ausschnitt und auf der Krawatte gestreift – aber immer blau. Bisher nämlich habe sie nur die Uniformen der Nava-Adarsha-Highschool gekannt – mit den orangegelben Röcken, den weinroten Pullovern und einer blauen Krawatte auf weißer Bluse. Und Bina wusste weiter zu berichten, dass der Dyo Maiju dieses Blau sehr viel besser gefällt.

Gelegentlich, wenn Mimita ihre jüngere Tochter vor dem Fernseher im ersten Stock oder oben auf dem Dach wähnt, öffnet Amita im Flur leise den Schrank, der noch immer nach frischem Holz riecht, und betrachtet wieder und wieder die blaue Schuluniform. Noch drei Tage wird das Kleidungsstück in diesem Schrank hängen, dann wird sie es anziehen und sich auf den Weg zu ihrer neuen Schule machen. Vorher aber wird sie noch mit ihrer Ma zur New Road fahren.

»Du darfst dir alles selbst aussuchen«, hatte ihre Ma gesagt. Ein solcher Satz verdrängt natürlich so manche nervöse Unsicherheit, mit der das Mädchen naturgemäß dem entgegensieht, was da an Ungewohntem auf sie zukommt. Aber auch wenn es Amita sehr bedauert, dass Bina sie bei diesem Shopping nicht begleiten wird, freut sich die fast Dreizehnjährige dennoch auf den ersten Einkaufsbummel ihres Lebens. Doch sie tut es still, und so bringt sie ihre Ma abermals um das Glück, daran teilhaben zu können.

Die gemeinsame Taxifahrt von Swayambhu ins Geschäftsviertel von Kathmandu war weitgehend wortlos vonstatten gegangen. Daran aber findet Mimita Shakya längst nichts Ungewöhnliches mehr. Schließlich hat ihre Tochter auch in den letzten Tagen kaum ein Wort gesprochen. Doch jede noch so knappe Antwort der Dyo Maiju, selbst ein zustimmendes Kopfschütteln, hatte deren Mutter emphatisch als Ereignis empfunden, als zaghaften Schritt in Richtung einer »normalen« Kommunikation. Weit weniger zaghaft verhält sich Amita zum Erstaunen ihrer Mutter im geschäftigen Treiben der New Road. Kaum waren sie aus dem Taxi gestiegen, hat Amita direkt ein Geschäft angesteuert, das diese amerikanischen Bluejeans verkauft, wie sie hier in der City von Kathmandu viele junge Leute tragen. Selbst Bina war vor einiger Zeit mit solch einer Hose erschienen, die Mimita eher an eine Arbeitshose erinnert als an ein angemessenes Kleidungsstück für eine junge Frau. Doch sie hatte der Dyo Maiju zugesagt, dass sie sich alles selbst aussuchen dürfe, und daran wird sie sich halten. Wer wäre sie denn, einer Dyo Maiju Vorschriften machen zu wollen oder gar Verbote auszusprechen?!

Ratlos steht Amita vor den Stapeln von Bluejeans. Der nette Verkäufer zieht eine dieser Hosen heraus und meint, dass diese sicher die richtige Größe habe.

Warum aber kann sie die Hose nicht einfach mitnehmen? Warum soll sie diese Hose erst noch anprobieren? … Alle sehen sie erwartungsvoll an, der Verkäufer, ihre Ma und der fremde Mann, der auch eine Hose kaufen will. Wo aber soll sie diese Bluejeans denn anprobieren? Sie kann das doch nicht einfach hier in diesem Geschäft machen!? Und als der Verkäufer erklärt, dass es dort hinten eine Umkleidekabine gibt, ist sie erst recht irritiert. Nie zuvor hat sie von einer Umkleidekabine gehört. Und da ihre Ma die einzige vertraute Person weit und breit ist, wendet sie sich leise an sie.

»Was ist denn eine …?«, beginnt Amita hilflos.

»Eine Umkleidekabine?«, fragt ihre Ma freundlich, nimmt sie an der Hand und geht mit ihr in die hintere Ecke des Geschäfts.

Mimita zieht einen Vorhang zur Seite und Amita blickt in das kleine Raumquadrat mit Stuhl und Spiegel.

»Hier kannst du dich umziehen, ohne dass dir jemand dabei zusieht«, sagt sie, schiebt ihre Tochter sanft hinein und zieht hinter ihr den Vorhang wieder zu.

Der Verkäufer in dem Jeansladen hat in der letzten Stunde ganze Arbeit geleistet. Nachdem seine junge Kundin sich umständlich in zwei dieser harten Hosen gequält und sich endlich für beide entschieden hatte, hat er stapelweise bunte T-Shirts und Blusen angeschleppt. Augenscheinlich wollte sich das Mädchen gar nicht erst komplizierten Entscheidungen stellen, weshalb schließlich mehr als ein halbes Dutzend verschiedener Oberteile in Tüten verpackt wurden. Vor allem aber war es dem Verkäufer offenbar gelungen, seiner jungen Kundin tief in die Seele zu blicken. Als sie nämlich in Jeans und pinkfarbenem T-Shirt vor ihm steht, fragt er: »Willst du das gleich anlassen?«

Mit dem strahlenden Blick, den sie in Richtung ihrer Ma schickt, und dem zustimmenden Kopfschütteln, das sie dem Verkäufer zukommen lässt, ist Amita in der Warenwelt von Downtown Kathmandu angekommen – kaum einen halben Kilometer entfernt von jener gänzlich anderen Realität des Kumari Bahal.

Der Modegeschmack der ehemaligen Kumari ist unverkennbar vom Fernsehen inspiriert. Nicht von der traditionellen Kleidung der Darsteller in indischen Bollywood-Produktionen, eher schon von den lässigen Outfits der MTV- und FOX-Kid-Moderatorinnen. Und als Amitas Mutter die Tochter bedrängt, sich doch auch noch »etwas Elegantes« auszusuchen, wird deutlich, dass selbst die emanzipierten Business-Ladies amerikanischer TV-Serien meinungsbildend gewirkt haben müssen. Jedenfalls zieht Amita einen Hosenanzug nach dem anderen aus dem Regal – und beim Hinweis auf nepalesische Saris eine Schnute. Dem Kauf eines roten Saristoffes mit eingewebten goldenen Ornamenten stimmt sie erst zu, nachdem ihre Mutter von der bevorstehenden Hochzeit mit dem Sonnengott Surya Bhagawan erzählt, die noch in diesem Jahr stattfinden würde. Dieser Zeremonie könne sie unmöglich in einem westlich gestylten Hosenanzug und schon gar nicht in einer Bluejeans beiwohnen.

Bei Schuhen aber geht Amita überhaupt keinen Kompromiss ein. Sie müssen bequem sein, aus weichem Material und auf gar keinen Fall dürfen die Füße durch Schnürsenkel bandagiert werden. Am Ende ist es nur der breite Turnschuh eines chinesischen Sportbekleidungsherstellers, der, durch Klettverschlüsse am Fuß gehalten, solchen Ansprüchen genügt. Glücklicherweise gibt es das Modell in verschiedenen Farben.

Am frühen Morgen hatte Anita ihre jüngere Schwester zum Lachen gebracht. Dabei hatte sie es darauf gar nicht abgesehen, es war eher durch eine Nachlässigkeit verursacht worden.

Beide waren sie schon vor Sonnenaufgang erwacht, nach dieser ersten gemeinsamen Nacht in dem Zimmer, das sie fortan zusammen bewohnen werden. Anita hatte das Gespräch mit der jüngeren Schwester gesucht, die im Doppelstockbett unter ihr lag. Sie wollte mit ihr ein wenig über deren gestrige Yihee-Hochzeit plaudern und ihr ein Kompliment dafür machen, dass sie die rituelle Zeremonie so würdevoll über sich hatte ergehen lassen. Doch Amita schwieg. Wie sollte sie auch nach fast zehn Jahren im Kumari Bahal eine priesterliche Puja zu ihren Ehren als etwas Außergewöhnliches empfinden! Im Übrigen hatte sie gar nicht verstanden, weshalb sie mit dieser eigenartigen Bel-Frucht verheiratet werden sollte. Aber sie hatte auch nicht nachgefragt.

Schließlich stellte Anita keine Fragen mehr, sondern erzählte von ihrer eigenen Yihee-Hochzeit und von ihrer Vermählung mit dem Sonnengott Surya Bhagawan im vergangenen Jahr. Dann kam sie auf jenes Ereignis zu sprechen, welches ihrer kleinen Schwester heute bevorsteht – der erste richtige Schultag. Anita schilderte den Ablauf eines solchen, charakterisierte die einzelnen Lehrer, sprach davon, dass die Jungen links sitzen und manchmal zu den Mädchen schauen, die wiederum auf ihrer Seite deren Blicke nicht erwidern … Und wenn sie während dieser Schilderungen ihre kleine Schwester gelegentlich direkt ansprach, titulierte Anita sie korrekterweise mit Kumaribahini. Nach einer Weile aber war dem Teenager diese Bezeichnung für ihre Schwester entweder zu kompliziert oder zu formell, auf jeden Fall wohl zu lang. Denn mit der Neigung von Jugendlichen, längere Namen zu Spitznamen zu verkürzen, wie es auch in Nepal gebräuchlich ist, fragte Anita schließlich ihre Bettgenossin im Hinblick auf den bevorstehenden Schulbesuch: »Freust du dich denn schon darauf, Kum?«

Amita reagierte gleichermaßen irritiert wie spontan: »Was?«

»Ich meine, ob du dich auf die Schule freust!?«

Das knappe »Ja« hat Anita nicht darüber hinwegtäuschen können, dass irgendwas die kleine Schwester irritiert haben musste. »Was ist denn los?«

Nach einem Moment der Stille hörte sie vom Bett unter ihr: »Was ist denn das … Kum?«

Amitas zaghafte Frage bewirkte nun wiederum bei Anita ein riesiges Erschrecken. Fühlte die Dyo Maiju sich etwa von ihr beleidigt? Würde sie gar der Zorn der furchtlosen Durga treffen?

»Ich dachte, weil Kumari-bahini so lang ist, ob ich es …. na ja, ich habe es abgekürzt … Ich dachte, Kum klingt ja nicht schlecht …«, begründete das Mädchen stotternd seine Eigenmächtigkeit und wurde im nächsten Moment durch das Lachen der Schwester aus seiner ängstlichen Not befreit.

Von der Dachterrasse blickt Mimita Shakya ihrem Mann und den beiden Töchtern hinterher. Es ist ein harmonisches Bild, welches sich ihr da unten bietet. Amrit hat den rechten Arm um die Schulter der Dyo Maiju gelegt. Den Blick nach vorn auf den schmalen Trampelpfad gerichtet, der sich zwischen den Feldern bis zu jener Wohnsiedlung schlängelt, hinter der die Ganesh-Boarding-Highschool liegt. Anita schaut sich mehrfach nach allen Seiten um, während sie rechts hinter ihrer kleinen Schwester geht. Sie scheint der Dyo Maiju ständig irgendetwas zu erklären. Jedenfalls zeigt sie mal hierhin und mal dorthin. Die Dyo Maiju aber sieht immer nur kurz in die jeweilige Richtung. Eigenartigerweise bleibt sie hierfür jedes Mal stehen. Dann setzt sie den Gang fort, ihren Blick wieder auf den Boden richtend. Die Körperhaltung des Mädchens wirkt steif und ihre Bewegungen verlaufen ruckartig. Dieser Eindruck wird noch dadurch verstärkt, dass sie die Arme bewegungslos an den Körper zu pressen scheint. Fast könnte man meinen, der freundschaftlich um ihre Schulter gelegte Arm des Vaters habe diese eigenwillige Steifheit herbeigeführt. Doch auch wenn er den Arm zwischenzeitlich zurückzieht, führt dies keineswegs zur Entspannung des kleinen Mädchenkörpers.

Sollte sie etwa der bevorstehende Schulbesuch derart belasten, dass es ihr selbst aus dieser Entfernung körperlich anzumerken ist? Oder ist es vielleicht so, dass sie in den vergangenen zehn Jahren gar keine Chance hatte, ein natürliches Körpergefühl zu entwickeln? Schließlich hielt sie sich fast ausschließlich in geschlossenen Räumen auf. Die Wege, die sie dort zurücklegte, waren kaum länger als zwanzig, höchstens dreißig Meter. Kein Vergleich mit den Kindern, die hier draußen zwischen den Feldern aufwachsen und gelegentlich die Hügelketten erklimmen, die gleich hinter dem Haus emporsteigen. Dies alles geht Mimita Shakya durch den Kopf, während sie ihrer kleinen Tochter nachblickt, die zwischen Vater und Schwester eigenartig ungelenk ihrem ersten Schultag entgegenläuft.

Sie mag es sehr, auf dem weichen Feldboden zu laufen. Es ist viel leichter als auf dem harten Belag der Straßen. Ihre nagelneuen blauen Turnschuhe scheinen sich dem weichen Boden anzupassen. Fast hat sie das Gefühl, als ob sie knapp darüber schweben würde. Sie ist froh, dass ihr der enge Schuh mit dem Riemen, der eigentlich zu dieser Schuluniform gehört, nicht gepasst hat.

Die Blumen, die rechts und links von diesem schmalen Weg stehen, mag sie sehr. Anita-didi hat gesagt, dass sie erst vor kurzem aufgeblüht seien, weil es während der Monsunzeit viel regnet und nicht mehr so heiß ist. Deshalb wären die Felder jetzt auch so grün … Anita-didi will ihr immer etwas zeigen, einen besonderen Berg oder einen Hasen oder die frischen Räucherstäbchen, die in großen Kästen in der Sonne trocknen … Aber am schönsten sind doch diese Blumen, die direkt am Weg stehen. Es sind Blumen in vielen Farben, und sie sind weit vom Boden entfernt, weil zwischen dem Boden und den Blüten ein langer grüner Stiel ist. Bisher kannte sie nur die Blüten der Blumen, deren Blätter sie den Gläubigen auf den Kopf gestreut hat. Diese Blüten waren immer von einer ganz bestimmten Blume – und sie waren immer orangefarben. Durga-didi hat ihr gesagt, dass diese Blume auf Newari Taffo-swan heißt. Aber Mousuf Sarkar und seine Leute nennen diese Blumen, die ja auch an Fulpati in den Hanuman-Dhoka-Palast gebracht werden, »Sayapatri«, denn sie sprechen kein Newari wie ihr Baa und ihre Ma und die meisten Leute hier draußen. Diese Taffo-swan ist eine heilige Blume, denn sie ist der Sitz der Göttin Taleju. Aber auch in den Blumen, die nicht orangefarben sind, sitzen Götter, und deshalb muss man hier auf diesem Weg aufpassen, dass man nicht auf die Blumen tritt. Auch das weiß sie alles von Durga-didi. Außerdem hilft es ihr, wenn sie diese Blumen betrachtet … weil sie dann nicht an die Schule denken muss, in die der Baa und Anita-didi sie jetzt bringen – zu ganz vielen fremden Menschen.

Kurz bevor Amrit Man Shakya mit seinen beiden Töchtern in das Wohngebiet am Ende der Felder einbiegt, dreht er sich noch einmal um und winkt mit großer Geste seiner Frau zu. Anita winkt ihrer Ma sogar mit beiden Armen zu – neben ihr die kleine Schwester, mit gesenktem Kopf, hängenden Schultern, die steifen Arme an den schmalen Körper gepresst. Mimita verspürt Mitleid mit diesem unbeholfen wirkenden Mädchen dort drüben, das sicher Angst hat vor dem Ungewissen, das gleich auf sie zukommen wird. Trotzdem ist heute ein wichtiger Tag im Leben ihrer Tochter. Der Tag der Begegnung mit jener realen Welt, in der kein anderer mehr Verantwortung für sie übernehmen wird als sie selbst.

Mimita verspürt aber auch Stolz – auf den Mann dort drüben, der sich einst dem Guthi Sanasthan und den königlichen Bürokraten im Narayanhiti Durbar entgegenstellte, auf ihren Schwager, den Schulleiter, der ihn darin bestärkte, und auch ein wenig auf sich selbst, weil sie den Mut aufbrachte, den König anzusprechen und ihm den Brief zu übergeben. Ohne all das würde jenes kleine Mädchen dort drüben heute nicht diesem bedeutsamen Ereignis entgegengehen.

Den Namen des netten Mädchens neben sich hat Amita schon wieder vergessen. Doch sie hat ohnehin nicht die Absicht, die Mitschülerin anzusprechen. Dabei findet sie das Mädchen, das sich durch extrem schmale Schlitzaugen von den anderen unterscheidet, sehr nett. Noch weiß sie nicht, dass das Mädchen Tibeterin ist, also jener Volksgruppe zugehörig, von denen hier oben in Swayambhu viele ansässig sind. Sie stellt nur fest, dass das Mädchen offenbar kein Newari spricht. Als Amita vorhin mit ihrem Baa das Klassenzimmer betrat, war dieses Mädchen freundlich auf sie zugekommen, hat sie auf Nepali angesprochen und sie zu dem Platz direkt am Fenster geführt, auf dem sie jetzt sitzt.

Sie ist sicher, dass alle Mädchen und Jungen im Raum genau wissen, wer sie ist. Denn als das Mädchen, dessen Namen sie nicht mehr weiß, vorhin auf sie zugekommen war und sie zu diesem Platz hier geführt hat, war ja klar geworden, dass man sie erwartet hatte. Und auf dem Weg durch den Klassenraum hat sie bemerkt, wie sie von allen beobachtet wurde. Doch niemand spricht sie an, was ihr aber ganz angenehm ist. Sie hatte schon befürchtet, dass man sie nach dem Kumari Bahal fragen würde oder nach der Indra Jatra, und wie man sich dabei fühlt, wenn man im goldenen Wagen durch die Stadt gefahren wird … Sie würde gar nicht wissen, was sie dann sagen soll. Das hier sind doch fremde Kinder und eigentlich will sie gar nicht mit ihnen sprechen. Sie spricht ja sogar mit ihrem Baa kaum und nur ein bisschen mehr mit ihrer Ma oder mit Anita-didi, aber die gehören ja immerhin zu ihrer Familie … Anita-didi hat ihr heute Morgen gesagt, dass kein Lehrer sie nach dem Kumari Bahal fragen wird. Jedenfalls hat das der Onkel, dem diese Schule hier gehört, zu Baa gesagt, als Anita-didi dabei war.

Vor dem Wochenende hatte der Sozialkundelehrer Sanu Raja Shakya die Schüler dieser Klasse darüber informiert, dass sie in der nächsten Woche die bisherige Kumari von Kathmandu als Mitschülerin bekommen würden. Er hatte darauf hingewiesen, dass das Mädchen bisher von einer Privatlehrerin unterrichtet worden war und deshalb keine Erfahrung mit Mitschülern habe. Man möge daher Verständnis aufbringen, wenn sie gelegentlich ein wenig anders reagiere, als dies sonst üblich sei. Im Übrigen aber sollten sie sich ihr gegenüber so benehmen, als ob es ein ganz normales Mädchen sei – was es schließlich auch ist. Insbesondere solle man Amita nicht mit Fragen über ihr bisheriges Leben als Dyo Maiju behelligen.

Sicher wird bald der Lehrer kommen. Aber noch unterhalten sich die anderen Schüler darüber, was sie während der letzten beiden Tage so gemacht haben. Manche waren mit dem Fahrrad unterwegs gewesen, andere haben ihren Eltern auf den Reisfeldern geholfen. Und ein Junge erzählt, dass sein Hund von einem Affen gebissen wurde … Aber niemand kümmert sich um sie, nicht einmal das Mädchen, dessen Namen sie vergessen hat, sieht noch einmal zu ihr hin. Sie spürt, dass sie nicht zu den anderen gehört, obwohl sie doch die gleiche blaue Schuluniform trägt.

Schon in der ersten Minute, nachdem Sanu Raja Shakya das Klassenzimmer betreten und sich die Schüler der Klasse 6a erhoben hatten, wird sein pädagogisches Konzept einer kastenlosen Gleichbehandlung aller Schüler auf eine erste Probe gestellt. Ganz rechts in der dritten Reihe entdeckt er die neue Schülerin – sitzend.

Die ehemalige Kumari und ihr Lehrer für Sozialkunde blicken einander verunsichert an. Dabei wird dem Pädagogen sofort klar, dass das Verhalten des Mädchens unmöglich als renitent gewertet werden kann. Vielmehr weiß sie es vermutlich nicht besser. Ganz sicher hatte sie sich niemals zuvor für irgendjemanden erhoben. Nicht einmal für den König, der sich ja zu ihr herunterbeugen musste. Offensichtlich hat dieses verunsicherte Kind aber auch das Gefühl, von den anderen in diesem Klassenraum isoliert zu sein. Dies mag erklären, weshalb sie sich nicht automatisch dem Gruppenverhalten angeschlossen hat.

»Wie ich sehe, hat unsere neue Mitschülerin … Amita Shakya … bereits einen Platz gefunden«, erklärt der Lehrer.

Plötzlich spürt sie alle Blicke auf sich gerichtet. Aber warum? Es ist ihr unangenehm, dass nun alle Mitschüler zu ihr hersehen. … Und weshalb stehen eigentlich alle? Vielleicht würden sie ja aufhören zu ihr herzusehen, wenn sie auch …

Amita weiß zwar noch immer nicht, weshalb sich Schüler und Lehrer gegenüberstehen müssen, aber wie so häufig in ihrem bisherigen Leben vollzieht sie in diesem Moment wieder einmal ein Ritual, das sie nicht versteht. Die Dyo Maiju erhebt sich von ihrem Platz und wird in diesem Moment als Amita Shakya zu einem Teil der sechsten Jahrgangsstufe der Ganesh-Boarding-Highschool.

Die Braut des Surya Bhagawan

Ich war mit Amita zwölf Tage lang im Gufa – das ist der verdunkelte Raum, in dem sich newarische Mädchen aufhalten, bevor sie mit dem Sonnengott Surya Bhagawan verheiratet werden. In diesen zwölf Tagen hat sie mir vieles erzählt, worüber sie sonst noch mit keinem außerhalb des Kumari Bahal gesprochen hat. Da ist Amita wieder meine Schwester geworden.

Amitas Schwester

Eigentlich hat sich Amita keine konkreten Vorstellungen von einer Gufa gemacht. Ihre Ma hatte ihr gesagt, dass das ein dunkler Raum sei. Das wäre zunächst nichts Besonderes für eine langjährige Kumari, in deren bisherigem Leben dunkle Räume schließlich schon mehrfach eine Rolle spielten. Es hätte sich also um einen Agam handeln können oder um einen Tempelraum, wie der Aadhyro Kotha einer war. Womit sie aber überhaupt nicht gerechnet hatte, war das, was sie schließlich erwartete – das Wohnzimmer unten im Erdgeschoss, dessen Fenster mit Pappe und schwarzem Klebeband verdunkelt worden waren. Sie hatte sich nichts Außergewöhnliches vorgestellt, aber eben auch nichts Profanes. Hier also soll sie nun die nächsten zwölf Tage und Nächte, nur von weiblichen Wesen umgeben, ihrer Vermählung mit dem Sonnengott Surya Bhagawan entgegensehen.

»In diesem Raum wirst du nun die letzten Tage deiner Kindheit verbringen, ehe du durch die Bhara-Tayegu-Zeremonie zu einer Frau wirst«, hatte die Mutter ihres Baa gesagt, als sie Amita vorhin hierher in den Gufa begleitete. Ihre Ma hat gelacht und bedeutungsvoll mit den Augen gezwinkert. Amita aber hatte weder das eine noch das andere verstanden. Sie weiß nur, dass sie nun zwölf Tage in diesem dunklen Raum verbringen wird – und am Ende soll es »eine Party« geben. Das jedenfalls hat ihr Anita gestern erzählt, die diese Eheschließung bereits hinter sich gebracht hat.

Natürlich wird kein newarisches Mädchen durch jenes Vermählungsritual mit dem Sonnengott »zu einer Frau«. Vielmehr erfolgt die Terminierung dieses Rituals unmittelbar vor der zu erwartenden ersten Menstruation. Sollte die Monatsblutung überraschend früher einsetzen, muss umgehend ein Raum verdunkelt und die Gufa sofort begonnen werden.

Sie sitzt allein auf dem Sofa, auf dem sie an ihrem ersten Tag in diesem Haus saß, als dieser Fernsehreporter ihr ständig Fragen stellte. Sie ist erst seit ein paar Minuten hier – und schon ist ihr langweilig. Wie soll sie das nur zwölf Tage aushalten?

Sie sieht sich im Raum um. Überall hängen Bilder an den Wänden … und auf den meisten Bildern, das kann sie trotz der Düsternis erkennen, ist sie als Kumari zu sehen. Ob diese Bilder auch schon hier gehangen haben, als sie noch im Bahal gewohnt hat?

Sie glaubt sich zu erinnern, wer ihr diese große Puppe dort mit dem blonden langen Haar und den blauen Augen einst als Opfergabe überreicht hatte. Vor ihrem geistigen Auge kann sie eine schöne Frau sehen, in einem Sari und mit viel Schmuck. Diese elegante Frau beugt sich zu ihr herunter und legt schließlich die Puppe in einem großen durchsichtigen Kasten neben ihren Füßen ab. Sie weiß auch noch, dass die Puppe diesen komischen Namen hatte – Barbie. Damals hat sie viel mit dieser Barbie gespielt, und als Garima etwas größer wurde, hat sie diese Puppe noch einmal hervorgeholt. Irgendwann aber war Barbie verschwunden und nun taucht sie hier wieder auf …

Neben der Tür, die hinter dem dünnen Vorhang für die Zeit der Gufa verschlossen bleiben wird, hängt in einiger Höhe ein großformatiges Farbfoto. Immer wieder blickt Amita von ihrem Platz aus dort hinüber. Der vergoldete Rahmen ist dem Inhalt der Fotografie durchaus angemessen. Denn es ist unverkennbar der goldene Pagodenaufbau ihres Indra-Jatra-Wagens darauf abgebildet.

Sie ist neugierig auf dieses Bild dort. Wann wurde es wohl aufgenommen? Natürlich an Indra Jatra! Aber ob sie da noch sehr klein war oder ob das Bild vielleicht erst aus dem letzten Jahr stammt, das kann sie von dem Sofa aus nicht sehen. Doch sie traut sich nicht aufzustehen und im Zimmer herumzulaufen. Dabei hat es ihr niemand verboten. Aber sie bleibt sitzen und blickt sich nur von ihrem Platz aus um.

Nach einer ganzen Weile und zahlreichen Blicken zu der Fotografie mit dem Indra-Jatra-Wagen ist die Neugier schließlich so groß, dass Amita aufsteht und hinüberläuft. Der Rahmen aber ist ziemlich hoch angebracht, weshalb sie schließlich einen Sessel heranzieht und darauf steigt. Nun hat die Ex-Kumari sie direkt vor sich, jene Hundertstelsekunde, mit der ein unbekannter Fotograf diesen Wimpernschlag ihrer außergewöhnlichen Kindheit abgelichtet hat.

Sie ist noch sehr klein auf diesem Foto, ihre Beine mit den Füßen in den roten Söckchen reichen kaum über das gewaltige Kissen, auf dem sie dort sitzt. Es muss also schon ein paar Jahre her sein. Sie kann es auch an Gautam und Mahendra erkennen, die ganz vorn auf dem Wagen sitzen, und am Thuloba, der rechts neben ihrem kleinen Thron steht – sie sind alle noch sehr viel jünger als heute.

Plötzlich starrt sie gebannt auf den jungen Mann, der hinter dem Thuloba hervorblickt. Das ist … ja, das ist wirklich ihr Baa. Sie wusste gar nicht, dass ihr Baa auch auf dem Indra-Jatra-Wagen war. Sie schließt die Augen und versucht sich zu erinnern. Sie sieht, wie sie von Gautam auf den Wagen hochgereicht wird … zu Mahendra … und sie sieht den Thuloba, der sich zu ihr herunterbeugt und das Kissen richtet und ihr manchmal mit dem Fächer Luft zuwedelt. Aber die Männer, die weiter hinten stehen, kann sie nicht sehen. Und nun, obwohl sie gar keine Kumari mehr ist und auch nicht mehr auf dem Indra-Jatra-Wagen sitzt, freut sie sich plötzlich sehr, dass der Baa da hinten dabei war, wenn sie durch die Stadt gefahren wurde. Und sie ist selber erstaunt darüber, dass sie sich freut.

Vorsichtig steigt Amita wieder vom Sessel herunter. Auf den gelben Kniestrümpfen, die sie in demselben Laden entdeckt hatte, in dem es auch die bequemen Turnschuhe gab, hüpft sie gut gelaunt durch den ganzen Raum, der jetzt Gufa heißt. Schließlich bleibt sie vor der mit allerlei Kram voll gestellten Vitrine stehen. Neben der Barbie steht ein kleiner Bilderrahmen. Sie studiert die Details der Fotografie, auf der sie als Mädchengöttin am goldenen Fenster abgebildet ist.

Hier ist sie sogar noch kleiner als auf dem anderen Bild dort drüben. Das kann sie daran erkennen, dass sie noch von fremden Händen festgehalten wird. Wahrscheinlich hatte man Sorge, dass sie hinausfallen könnte. Vielleicht sind es die Hände von der Thuloma oder einer anderen Frau aus der großen Chitaidar-Familie. Nur die Hände von Durga-didi können es nicht sein, weil Durga-didi links neben dem goldenen Fenster der Kumari steht, genau hinter dieser schönen Frau, die direkt aus dem Bild herausblickt. Sie betrachtet das Gesicht dieser Frau. Ihre schwarzen Augen sehen aus, als ob sie lachen, obwohl diese Frau gar nicht lacht. Sie vertieft sich in dieses Gesicht, und je länger sie es betrachtet, umso bekannter kommt ihr diese Frau vor. Und dann endlich erkennt sie – ihre Ma. Lange blickt sie in das noch sehr junge Gesicht ihrer Ma, dann geht sie wieder hinüber zu dem Foto, auf dem sie mit ihrem Baa auf dem Indra-Jatra-Wagen zu sehen ist.

Einige Male geht Amita zwischen diesen beiden Fotografien hin und her, ehe sie wieder auf dem Sofa Platz nimmt. Auch jetzt noch lässt sie mehrfach den Blick schweifen. Diese beiden Bilder vermitteln dem Mädchen weit mehr, als nur den Eindruck historischer Momentaufnahmen. Sie suggerieren, dass ihre Eltern zu jeder Zeit an ihrer Seite gewesen waren, ohne aber von ihr wahrgenommen zu werden. Und eigentlich ist es auch nur in Bezug auf die körperliche Nähe eine Suggestion. Denn mental und emotional waren Amrit Man Shakya und seine Frau Mimita an jedem dieser dreitausendfünfhundertsechsundfünfzig Tage und Nächte ihrer Abwesenheit bei dem kleinen Mädchen im Kumari Bahal. Erst jetzt, in diesen stillen Augenblicken im dunklen Gufa, an der Schwelle zum Erwachsensein, bekommt deren Tochter davon erstmalig einen atmosphärischen Eindruck.

Das Erstaunen ist Anita ins Gesicht geschrieben – und ihre kleine Schwester wiederum ist über deren Erstaunen erstaunt.

Was ist denn schon besonderes daran, dass sie Narayan Gopal kennt oder Sanjay Shresta oder Bhaktaraj? Das sind schließlich die bekanntesten Interpreten der nepalesischen Pop-Szene. Wie oft hatte sie mit Garima und den Jungen in Gautams Wohnzimmer gesessen, wo sie sich gemeinsam im Fernsehen die Videos dieser Nepali-Pop-Künstler angesehen haben. Die Lieder von Sanjay Shrestas Album Euta Gaun Thiyo *konnten sie fast alle mitsingen. Der Thuloba hat seine Enkel oft darauf hingewiesen, dass diese Musik »nicht unsere Kultur« sei. Aber wenn sie dabei war, konnte er schlecht etwas dagegen unternehmen, dass sie diese Sendungen sahen oder auch MTV im indischen Fernsehen, wo die Videos der Popstars aus der ganzen Welt gezeigt werden … Seit sie hier in diesem Haus wohnt, hat sie diese Fernsehkanäle vermisst – und nun fragt Anita-didi, ob sie »schon mal etwas von Narayan Gopal gehört hat …«.*

Anita ist nach oben gelaufen in das gemeinsame Zimmer und kurz danach mit einem Kassettenrecorder zurückgekehrt. Fast zwei Monate hat sie diesen kostbaren Schatz vor ihrer Schwester verborgen, weil sie angenommen hatte, die Dyo Maiju nicht mit Nepali-Pop »belästigen« zu dürfen. Nun aber legt Anita eine Kassette ein, auf die ihr eine Schulfreundin die bekanntesten Hits von Sanjay Shresta kopiert hat, jenem Megastar der Nepali-Pop-Szene.

Sie kennt jeden Titel, aber jetzt fällt ihr der Text nicht mehr ein. Kein einziges Wort! Aber als Anita-didi mitsingt, weiß sie wieder jede Zeile. Sie möchte auch mitsingen, aber es gelingt ihr nicht, und sie weiß nicht mal, warum.

Noch nickt Amita nur rhythmisch mit dem Kopf und wippt mit den Beinen, während ihre große Schwester die lyrischen Texte erstaunlich gut intoniert. Ist dies der Grund, weshalb Amita plötzlich eine Blockade hat, die bekannten Hits mitzusingen? Selbst bei »Maya meri Maya« (Oh Liebe, meine Liebe) – einem ihrer Lieblingssongs – bleibt sie stumm, während Anita den Refrain lauter singt als Sanjay Shresta auf dem Band: »… hey meri Anjan mayalu« (He, meine unbekannte Liebe). Während des nun folgenden Instrumentalteils springt Amita plötzlich auf und tanzt durch den ganzen Raum. Ihre große Schwester klatscht dazu rhythmisch in die Hände – gleichermaßen überrascht und glücklich.

Exakt mit dem Schlussakkord, als habe da jemand das Ende des Songs abgewartet, wird von außen die Tür geöffnet. Sofort läuft Amita zum Sofa zurück. Als ihre Mutter den Kopf hereinsteckt, entdeckt sie ihre jüngste Tochter neben ihrer Schwester sitzend – mit hängenden Schultern, die Hände zwischen die Oberschenkel geklemmt und den Blick zum Fußboden gerichtet. In die ersten Takte von »Tyo Mutulai« (Für dieses Herz) hinein, ruft Mimita: »Ich habe euch einen Tee und ein paar Momos gemacht. Wenn ihr Hunger habt – hier draußen steht alles bereit.«

In dem kleinen fensterlosen Raum neben der Holzstiege hat Mimita ihren beiden Töchtern das Abendessen serviert. Normalerweise nimmt die Familie das Essen an dem großen Tisch in der Küche ein. Dort aber scheint zu dieser Stunde noch die Sonne durch die Fenster. Da aber jener verdunkelte Wohnraum, der zurzeit als Gufa dient, durch einen kleinen Buddha-Schrein auch ein sakraler Raum ist, verbietet sich darin das Verzehren jedweder Speisen oder Getränke. Also hat Mimita die Momos – gefüllte Teigtaschen nach tibetischem Rezept – einfach hierher in diesen schmucklosen, nur durch eine Glühbirne beleuchteten Raum gebracht.

Wann immer Mimita in den vergangenen Wochen die Dyo Maiju gefragt hat, was sie zu essen wünscht, hat sie »Dhal Bhat« geantwortet. In der ersten Zeit hat sie ihrer Tochter dann auch jedes Mal dieses aus Linsen, Reis und Gemüsecurry bestehende nepalesische Nationalgericht zubereitet. Offenbar war die Mädchengöttin im Kumari Bahal nicht gerade durch einen vielfältigen Speiseplan verwöhnt worden. Das wollte Mimita ändern und ist schließlich dazu übergegangen, ihre jüngere Tochter mit der ganzen Palette ihrer Kochkünste vertraut zu machen. Natürlich unter genauester Beachtung der religiösen Speisevorschriften, wie sie für eine Kumari gelten. Deshalb hat sie das Chowmein, jenes in Nepal weit verbreitete chinesische Nudelgericht, nicht mit Hühnchen, sondern mit Gemüse zubereitet. Doch eine wirkliche Freude hatte sie der Dyo Maiju damit nicht gemacht. Jedenfalls hat sie lustlos darin herumgestochert und nur wenig davon gegessen. Heute also probiert es Mimita mit Momos, die sowohl mit Gemüse als auch mit Büffelfleisch gefüllt sind. Das Ergebnis aber ist das gleiche wie vor zwei Tagen beim Chowmein. Und als die enttäuschte Köchin ihre Tochter fragt, was sie morgen zu essen wünscht, antwortet Amita: »Dhal Bhat!«

Mit den teuren ausländischen Keksen, die Amrit in seinem kleinen Laden anbietet und die sonst nur zu besonderen Anlässen auf den Tisch kommen, kann sich die Dyo Maiju offenbar eher anfreunden. Mimita kann nicht wissen, dass sie ihrer Tochter damit (aus deren Sicht) keineswegs etwas Exklusives anbietet. Als Kumari hat sie solche Kekse regelmäßig von betuchten Besuchern neben die Füße gelegt bekommen.

Insgesamt macht das Mädchen auf seine Mutter inzwischen einen etwas ausgeglicheneren Eindruck, weshalb Mimita die Gelegenheit nutzen will, mal wieder ein »richtiges« Gespräch mit ihr zu suchen. Schon einige Male war es ihr in den vergangenen sechs Wochen gelungen, über einen kurzen Frage-Antwort-Dialog hinauszukommen. Doch oft war Amitas Gesprächsbereitschaft dann von einem Moment auf den anderen wieder erloschen. Schon die Erwähnung eines Wortes, das sie auf irgendeine Weise mit ihrer Vergangenheit in Verbindung bringen konnte, genügte, um sie verstummen zu lassen. Schmerzlich hat Mimita zur Kenntnis genommen, dass ihre Tochter nicht über ihre Zeit im Kumari Bahal sprechen will. Sie hat gelernt zu akzeptieren, dass es – wie Amrit vermutet – ein göttliches Geheimnis gibt, in das Amita ihre leiblichen Eltern nicht einbeziehen will. Diesbezüglich völlig unverdächtig scheint ihr daher die Frage: »War das vorhin nicht die Musik von Sanjay Shresta, die ihr beiden da gehört habt?«

Enttäuscht stellt Mimita fest, dass sie offenbar abermals eine falsche Frage gestellt hat. Denn während Anita bereits Luft holt, um darauf zu antworten, verfinstert sich die Miene ihrer kleinen Schwester. Amitas Mund verformt sich zur trotzigen Schnute, lustlos legt sie einen Keks wieder in die Dose zurück und bewirkt, dass auch Anita erschrocken innehält.

Überrascht erfährt sie nun, dass auch ihre Ma die Musik von Sanjay Shresta manchmal gerne hört. Aber ist ihre Ma denn nicht schon viel zu alt für Nepali-Pop? Trotzdem freut sie sich, dass die Ma nichts dagegen hat, wenn sie mit Anita-didi solche Musik hört. Aber sie will diesen Nepali-Pop dennoch nur mit Anita-didi hören, und deshalb kann sie ihrer Ma auch nicht sagen, dass sie sich über ihr Interesse freut.

Mimita ist nicht bereit aufzugeben. Sie möchte die Zuneigung der Dyo Maiju gewinnen oder zumindest deren Aufmerksamkeit. Sie will es nicht als gegeben hinnehmen, dass ihre Tochter, abgesehen von gelegentlichem Smalltalk, kaum mit ihr spricht.

»Ist es nicht manchmal ein bisschen langweilig im Gufa?«, versucht Mimita erneut ein Gespräch zu provozieren.

»Manchmal«, sagt Amita.

»Ab morgen sind Ferien, und dann kann Anita-didi dir ja den ganzen Tag Gesellschaft leisten.«

»Ja!«, stimmt Anita spontan zu.

Amita hat das Gefühl, als ob ihre ältere Schwester sich sogar darauf freue – und schweigt wieder.

Viele Tage in dieser düsteren Gufa hörte Amita einfach nur zu. Sie hörte zu, als ihre Schwester von den Umständen erzählte, unter denen die Familie vor ein paar Jahren von Bagbazar hier herauf nach Swayambhu umgezogen ist. Sie hörte zu, als ihr die Mutter ihres Baa erzählte, dass ihr Baa viele Jahre Menschen aus der ganzen Welt in einem Bus durch das Kathmandu-Tal gefahren hat. Sie hörte den Geschichten ihrer Ma zu, während diese im Familienalbum auf verblasste Fotos zeigte, auf denen zwei kleine Mädchen abgebildet sind. Sie hörte auch noch zu, als Anita all jene Bilder kommentierte, auf denen sie allein – ohne ihre kleine Schwester – zu sehen ist. Aber Amita hört nicht mehr zu, als sie schließlich das Foto einer Gan-Kumari entdeckt …

Sie vertieft sich in das Foto, und als Anita-didi die Seite im Album umblättern will, hält sie die Hand darauf, um die Schwester daran zu hindern. Sie erkennt den dunklen Innenhof des Bahal, und sie erkennt ihren Baa, der die Gan-Kumari auf dem Arm trägt, so wie Gautam sie oft auf dem Arm getragen hat. Lange blickt sie in das geschminkte Gesicht – ihrer Schwester. Dann zeigt sie mit dem Finger auf das Kumari-Fenster im Hintergrund. Es ist etwas verschwommen, aber es ist ihr Fenster, von wo aus sie dort unten im

Kumari Chowk immer die fremden Menschen gesehen hat, aber nie die Gan-Kumaris. Sie möchte ihrer Schwester sagen, dass sie sich damals ganz nahe gewesen sind. Noch aber fällt es ihr schwer: »Da oben habe ich gesessen … auf dem Löwenthron … genau in diesem Moment …«

Nach diesem langen Abend hat Anita beschlossen, auch die Nacht im Gufa zu verbringen. In den letzten Stunden hatte Kum zum ersten Mal aus ihrem bisherigen Leben erzählt. Zunächst noch zaghaft, dann ein wenig mehr, und schließlich erzählte sie und erzählte – und deshalb wollte ihre Schwester sie nun nicht alleine lassen. Jetzt liegt Anita auf einer dicken Daunendecke, die ihre Ma für sie auf den Fußboden gelegt hat. Noch einmal lässt sie all die Bilder vorüberziehen, die Kum in den letzten Stunden vor ihr ausgebreitet hat. Deutlich sieht sie das kleine Mädchen vor sich, das mit geschlossenen Augen hinter einem vergitterten Fenster abwartet, bis vor dem Haus Büffeln mit einem Schwerthieb die Köpfe abgeschlagen worden sind, wie es in dunklen Räumen aus einer versilberten Hirnschale heilige Wasser trinkt, die den Kopf drehen lassen, und wie es gelangweilt auf dem Thron sitzend an wildfremde Menschen die Tika verteilt. Zwischendurch ruft der Chitaidar sie ans Fenster, wo sie dann nach unten zu den fremden Menschen aus den fernen Ländern blickt, und am großen Kumari-Fest versuchen junge Leute, sie mit Münzen zu treffen. Und die Jungen, die sich vor dem Kumari-Wagen unter den Masken der Dämonen verbergen, machen sich einen Spaß daraus, die Pancha-Buddha-Priester anzurempeln. Die Kumari auf ihrem Thron unter dem goldenen Pagodenaufbau findet das sehr komisch, aber sie darf nicht lachen. Dabei ist die Kumari eigentlich ein ganz normales Mädchen – wenn sie mit den anderen Kindern im Kumari Bahal Carramboard spielt oder auf dem Balkon den Drachen steigen lässt.

All diese Bilder verdichten sich zu einem verwirrenden Kaleidoskop. Nun aber kann Anita nachempfinden, weshalb ihre kleine

Schwester sich so schwer in diesem Elternhaus einlebt, weshalb sie in der Schule mit niemandem spricht und auch in ihrem gemeinsamen Zimmer oftmals völlig abwesend wirkt. Sie ist in dieser Welt hier, der Welt der normalen Leute, noch immer nicht richtig angekommen. Und Anita beschließt, jenem Mädchen, das sich auf dem Sofa dort ständig unruhig hin und her wirft, auf dieser mühevollen Reise eine Hilfe zu sein.

Sie fühlt sich vollkommen leer, als ob ihr jemand den ganzen Kopf ausgepumpt hat. Wenn sie früher mit dem Fahrrad im Kumari Bahal lange und ganz schnell durch die Gänge gerast ist, hatte sie hinterher ein ähnliches Gefühl. Doch jetzt kommt es daher, dass sie die ganze Zeit erzählt hat … einfach so, ohne nachzudenken, wie ihr die Geschichten eben eingefallen sind. … Warum nur hat sie Anita-didi das alles erzählt, worüber sie noch nie mit jemandem gesprochen hat? Sie hatte das Gefühl, als ob sich alle diese Geschichten in ihr aufgestaut hätten und nun herauswollten. Und sie ist froh, dass sie es getan hat. Aber sie spürt auch, dass sie das alles der Ma nicht erzählen will und auch nicht dem Baa …

»Wo fühlst du dich eigentlich zu Hause?«

Die Frage kommt für Amita schon deshalb völlig überraschend, weil sie angenommen hat, dass ihre Schwester längst schläft.

Auf diese Frage fallen ihr viele weitere Fragen, aber keine einzige Antwort ein. Kann man sich dort zu Hause fühlen, wo man gar nicht wohnt? Oder muss man sich da zu Hause fühlen, wo man wohnt? Muss es da, wo man sich zu Hause fühlt, schön sein? Wenn es aber nirgendwo schön ist, kann es dann auch sein, dass man sich nirgendwo zu Hause fühlt? Ist man da zu Hause, wo die Menschen leben, die man liebt?

»Ich weiß es nicht!«, antwortet Amita nach einer Weile in die Dunkelheit hinein.

Damit aber will sich deren Schwester nicht zufrieden geben.

»Wer ist der Mensch, den du am meisten liebst?«, will Anita schließlich wissen – und diesmal erfolgt die Antwort ihrer Schwester prompt: »Durga-didi!«

Die erste Überraschung dieses Tages ist Mimita perfekt gelungen. Sie hatte nicht zu hoffen gewagt, schon damit eine solche Wirkung zu erzielen. Kaum hat Amita jenes Kleidungsstück erblickt, für das ihre Ma zwei Tage und drei halbe Nächte oben an der Nähmaschine gesessen hatte, war aus dem scheuen Reh eine neugierige Gazelle geworden. Mit jedem Zentimeter, der dieser rote, mit Goldfäden durchwirkte Seidenstoff an ihr heruntergeglitt, wuchs der kleine Körper in die Höhe, und das Kinn des Mädchens reckte sich selbstbewusst nach vorn.

In der Düsternis des Gufa wird der versammelten vielköpfigen Familie anschaulich vor Augen geführt: Es ist nicht nur die Braut des Sonnengottes Surya Bhagawan, die sie hier empfängt – es ist noch ein Mal die Mädchengöttin, die ihnen Audienz gewährt.

Es ist für Amita nicht ganz einfach, ihr Bhara-Tayegu-Kleid in seiner ganzen Dimension zu bewundern. Sie stellt sich auf die Zehenspitzen, um von schräg oben in den viel zu kleinen Spiegel zu blicken. Dann wieder geht sie in die Knie und betrachtet aufmerksam, wie elegant sich eine goldene Borte um ihren schlanken Hals schmiegt.

Sie flüstert ihrer Schwester zu: »Ist das die Überraschung, von der du …?«

Anita winkt energisch ab, und die Mutter der beiden erklärt: »Nein, später gibt es noch eine ganz andere Überraschung.«

Amita bemerkt, wie ihre Schwester die Mutter mit einem Blick ansieht, den man als einen fragenden oder auch als einen ärgerlichen interpretieren könnte. In jedem Fall ist es ein Blick, der für Amita die Spannung auf jene geheimnisvolle Überraschung noch spürbar erhöht.

»Setz dich da auf den Stuhl, damit ich dich schminken kann«, fordert Anita ihre Schwester auf.

Bevor sie den Kajalstift unter Amitas großen dunklen Augen ansetzt, mahnt sie: »Du darfst jetzt aber nicht den Kopf bewegen!«

»Ich weiß!«, erklärt Amita und muss lachen.

Jetzt fällt auch Anita auf, wie überflüssig eine solche Anweisung im Fall ihrer kleinen Schwester ist, und beginnt ebenfalls zu lachen. Nach und nach werden alle anwesenden Familienmitglieder davon angesteckt, und im gemeinsamen Lachen verwandelt sich die stolze Mädchengöttin in die schöne, fröhliche Braut des Surya Bhagawan.

Das bodenlange Kleid ist denkbar ungeeignet, um damit die steile Eisenleiter zur Dachterrasse hinaufzusteigen. Mit einer Hand zieht Amita den Stoff leicht hoch, um sich nicht darin zu verfangen, mit der anderen Hand hangelt sie sich an den Stufen der Leiter nach oben. Der blickdichte Schleier, den sie dabei über dem Kopf trägt, macht das Unternehmen nicht einfacher. Doch als Bina, die extra für die Feier erschienen war, sie von hinten mit zarter Hand nach oben schiebt, gibt ihr das ein Gefühl der Sicherheit.

Von oben kann sie die Stimme ihres Baa hören und auch die seiner Brüder … In den letzten zwölf Tagen hat sie weder ihren Baa noch ein anderes männliches Wesen gesehen. Aber sie hat die Männer nicht vermisst … und schon gar nicht die lauten Söhne einer Cousine, die sie vor ein paar Tagen durch die geschlossene Tür im Haus herumtoben gehört hat. Was sie vermisst hat, war das Sonnenlicht. Diese ewige Dunkelheit hat ihr von Tag zu Tag mehr schlechte Laune bereitet, und irgendwann hat sie angefangen zu frieren. Sie hat sich in eine Decke gehüllt, aber die Kälte war auch durch die Decke gekrochen. Umso mehr freut sie sich jetzt auf die Sonne …

Sofort als die riesige dunkle Wolke vorbeigezogen war, hat Amrit nach der Dyo Maiju gerufen. Nun bleiben etwa fünf bis sieben Minuten, ehe das nächste Wolkengebilde die Sonne wieder verdecken wird. In dieser Zeit muss die Vermählung stattgefunden haben.

Die Wochen des Monsuns sind sicher nicht die ideale Saison für eine Bhara-Tayegu-Zeremonie, aber man kann sich den Zeitpunkt andererseits auch nicht aussuchen. Amitas Familie geht davon aus, dass die erste »Unreinheit« unmittelbar bevorsteht, und die wäre – nach übereinstimmender Ansicht aller – für eine Bhara Tayegu weitaus ungünstiger als ein Monsunregen.

Das Erste, was Amita sieht, als ihre Maa und Bina ihr den Schleier vom Kopf ziehen, ist ein fremder alter Mann, der ein beiges Flanellhemd mit großen Karos und auf dem Kopf eine Pudelmütze trägt. Er murmelt immer wieder »Surya Bhagawan«, und anhand des Jwalanhyanka in seinen Händen – jenes Spiegels mit dem Flammenkranz des Feuergottes Jwala-Devi – kann ihn Amita als Priester identifizieren. Dann entdeckt sie ihren Baa mit einem Fotoapparat vor den Augen und daneben alle seine Brüder. Darunter auch Bhuwan, der der Direktor ihrer Schule ist.

Das Licht des Surya Bhagawan blendet. Sie kneift die Augen zusammen und lässt den Blick über die Weite der Landschaft schweifen. Da hinten liegt ihre Schule … dort sind die Felder, auf denen die schönen Blumen blühen … Jetzt weiß sie, was sie in den vergangenen zwölf Tagen außer den Sonnenstrahlen und der Wärme noch vermisst hat – den Blick in die Ferne.

Im Stockwerk unterhalb der Dachterrasse, gleich neben einem Stapel von Ziegelsteinen, alten Körben und anderen Dingen, die hier oben gelagert werden, ist ein kleiner Buddha-Schrein aufgebaut. Davor stehen einige Dutzend Teelichter, die von Mimita nach und nach entzündet werden. Der Priester hat die Pudelmütze inzwischen gegen eine Krone eingetauscht – wenn man die nach oben spitz zulaufenden Messingplatten, die auf einem elastischen Stirnband befestigt sind, so bezeichnen will. Doch nicht nur durch diese bescheidene sakrale Kopfbedeckung wirkt der Priester auf Amita eher ärmlich gekleidet.

Den newarischen Mädchen mag im Normalfall diese Ärmlichkeit gar nicht auffallen. Sie kennen ja nicht die elegante rote Doura Suruwal des Mul Pujari aus dem Taleju-Tempel, und auch die massiv goldene Krone eines Pancha-Buddha-Priesters haben sie nie aus der Nähe gesehen. An ihrem Bhara-Tayegu-Fest genießen es die angehenden Teenager vielmehr, ein schönes Kleid zu bekommen und im Mittelpunkt einer Puja zu stehen. Und der in kleinen Silberschalen ausgeschenkte rote Reisschnaps Rato Rakshi ist für sie schon deshalb etwas Besonderes, weil es der erste Alkohol ihres Lebens ist. Doch für Amita war all dies für viele Jahre tägliche Realität. Deshalb beschäftigt sie, vom rituellen Geschehen unbeeindruckt, auch eher die Frage, worin wohl die angekündigte Überraschung bestehen könnte.

Als Amita in die Küche hinuntersteigt, glaubt sie schon von der Treppe aus die Überraschung erkennen zu können – in dem hier unten aufgebauten, großartig aussehenden Büfett. Das Dhal Bhat, die verschiedenen Sorten Reis und die Joghurt-Desserts sehen appetitlich aus und werden in glänzenden Silberschalen dargeboten. Amita weiß nicht, dass ihre Ma diese wunderschönen Schalen von einer Freundin ausgeliehen und auf dem Sozius von Amrits Motorrad durch die halbe Stadt transportiert hat. Aber dieser Anblick kann durchaus dem Vergleich mit dem silbernen Geschirr des Kumari Bahal standhalten (wenn sie davon absieht, dass es dort täglich und nicht nur an Festtagen benutzt wird). Doch das Büfett ist nicht die Überraschung, die man Amita versprochen hat.

Fassungslos bleibt ihr Blick auf den beiden Gestalten hängen, die hinten in der düsteren Ecke stehen. Dort gehören diese beiden doch gar nicht hin. Ha-

ben sie sich hier hereingeschlichen? Erst als sie dieses Lächeln von Anita-didi und das freundliche Gesicht ihrer Ma sieht, weiß sie, diese Gestalten dort – sie sind die Überraschung. Und sie sind die schönste Überraschung, die sie sich überhaupt denken kann. Niemals wäre sie auf die Idee gekommen, sich diese Überraschung zu wünschen.

Mit ausgebreiteten Armen läuft die frisch vermählte Braut des Surya Bhagawan auf Durga und Garima zu. Die drei schließen sich gegenseitig in die Arme, vereint in der Sprachlosigkeit des Glücks.

Ohne Eifersucht nimmt Mimita zur Kenntnis, wie Amita ihren Besucherinnen von der neuen Schule erzählt, ihnen die Bluejeans und die Turnschuhe zeigt und sich nach den Leuten im Kumari Bahal und dem kleinen Tinku erkundigt. Je länger Mimita ihre Tochter dabei beobachtet, umso mehr erkennt sie in ihr jene Amita wieder, die ihre Tochter war, ehe sie das Kind einst im Kumari Bahal abgegeben hatte. Hat dieses aufgeweckte und fröhliche Mädchen von damals womöglich nie aufgehört zu existieren? Deren ungezwungener Umgang mit der jahrelangen Betreuerin zeigt, dass Amita sich dort heimisch gefühlt haben muss. Und war jener kleine Freudentanz, den sie vorhin aufführte, als sie erfuhr, dass Garima vier Tage hier bleiben darf, nicht ein Beweis dafür, dass sie keineswegs bindungsunfähig ist?

Insgeheim hofft Mimita, dass sich nun auch die Beziehung zwischen ihr und der Tochter verbessern wird, nachdem sie auf Anitas Anregung hin diese Überraschung möglich gemacht hat.

Sie bemerkt, dass Durga-didi zwischendurch immer wieder auf die Uhr sieht. Muss sie bald schon wieder fort? Eigentlich wollte sie Durga-didi fragen, ob sie heute zusammen zur Swayambhunath-Stupa hochgehen könnten. Aber erst hat sie sich nicht getraut, weil sie ja nicht weiß, ob ihre Ma damit einverstanden wäre. Und jetzt traut sie sich nicht, weil Durga-didi immer auf die Uhr sieht. Sie weiß ja, dass Durga-didi im Bahal viel zu tun hat, und außerdem sitzt dort jetzt wahrscheinlich das andere kleine Mädchen – so wie sie früher – hinter dem vergitterten Fenster im Khopi und blickt hinaus und wartet auf seine Durga-didi … und weil heute nicht mal Garima bei ihr ist, fühlt sich dieses Mädchen vielleicht ganz einsam …

Eigentlich hatte Durga nur Garima vorbeibringen wollen, um sich nach wenigen Minuten wieder zu verabschieden. Sie wusste ja nicht, ob sie überhaupt in diesem Haus willkommen sein würde, denn schließlich sind Amrit Man Shakya und ihr Vater ziemlich zerstritten. Doch Mimita Shakya hatte ausdrücklich darum gebeten, auf jeden Fall zum Essen zu bleiben. Das aber ist schon seit einer Stunde beendet.

»Ich muss nun leider gehen. Im Bahal wartet noch eine Menge Arbeit auf mich«, erklärt Durga und steht energisch auf.

Mit traurigem Blick fragt Amita: »Wann kommst du denn wieder?«

Durga überlegt, was sie ihr antworten soll. Wenn es nach ihr ginge, würde sie ihre kleine Freundin so oft wie möglich besuchen wollen. In den vergangenen zwei Monaten hat es keinen Tag gegeben, an dem sie nicht an dieses liebenswerte Mädchen gedacht hat. Immer wieder wurde sie von heftigen Anfällen der Sehnsucht überwältigt, und mehr als einmal musste sie in der Nacht vor der neuen Kumari ihre Tränen verbergen. Das alles aber konnte sie dem Mädchen ja nicht sagen, ohne es in Gefühlsnöte zu stürzen. Und sie konnte es schon gar nicht vor deren Ma sagen, die sich bisher sehr viel Mühe gab, der heimgekehrten Tochter das Leben so schön wie möglich zu gestalten.

»Vielleicht besuchst du mich ja mal im Kumari Bahal«, sagt Durga und blickt im nächsten Moment in ein strahlendes Mädchengesicht.

Die Entscheidung war kurz vor Mitternacht gefallen. Zuerst hatten die drei Mädchen auf Amitas Bettkante gesessen und sich im Fernsehen einen nepalesischen Liebesfilm angesehen. Danach haben sie sich auf dem Kassettenrecorder Sanjay Shrestas Album *Euta Gaun Thiyo* angehört. Schließlich lagen die drei Mädchen im Dunkeln und redeten und kicherten. Und irgendwann stellte Garima die Frage, ob sie denn oft zum Affentempel hinaufgehen würden, wo sie doch ganz in der Nähe wohne. Nach einer kurzen Pause hat Amita ihrer Freundin dann gestanden, dass sie noch nie dort oben gewesen sei. Und auch dass sie den ersten Besuch dorthin eigentlich mit ihr und Durga unternehmen wollte. Schließlich hat Anita vorgeschlagen, sie könnten doch gemeinsam in der Morgendämmerung hinaufgehen. Sie würde eine Abkürzung kennen, und dann könnte man von der Swayambhunath-Stupa aus den Sonnenaufgang betrachten. Anita hat mit diesem Vorschlag umgehend Zustimmung gefunden – bei ihrer jüngeren Schwester und bei deren Freundin.

Natürlich haben die Mädchen verschlafen. Die Sonne nähert sich schon fast dem Zenit, als sie sich endlich auf den Weg machen. Unter Anitas Führung gehen sie einen steilen Waldweg nach oben, steigen über gewaltige Baumwurzeln, die durch die Regenfälle der letzten Wochen freigespült worden waren. Plötzlich ist kein Weg mehr zu erkennen. Und als sie auf einer Lichtung dann die Swayambhunath-Stupa auch noch rechts hinter sich sehen, wird es für Anita zur Gewissheit: Sie haben sich verlaufen.

Nach einer längeren Odyssee sind sie schließlich unten am Vishnumati-Fluss gelandet. Immerhin ist Anita nun klar, wie sie von hieraus dorthin gelangen, wohin sie eigentlich gar nicht wollten – zu den dreihundertfünfundsechzig Stufen am Fuße des Heiligtums.

Das Schicksal hat es gut mit ihr gemeint. Nie wollte sie über einen anderen Weg zu dem Ort kommen, an dem einst die Lotusblüte des Vipassawi-Buddha mit dem überirdischen Licht gelandet war … In ihren Träumen und Fantasien hat sie immer nur an diesen Weg hier gedacht, der über dreihundertfünfundsechzig Stufen führt.

Sie blickt die endlose steinerne Treppe hinauf, die steil vor ihnen direkt zum Heiligtum führt. Sie ist aufgeregt. Ihr Herz pocht so sehr, wie sonst nur kurz vor dem Beginn der Jatra, ehe Gautam mit ihr auf dem Arm zum goldenen Wagen gelaufen ist und die vielen tausend Menschen »Kumari! Kumari!« geschrien haben.

Sie bleibt fast überall stehen, wo es etwas zu bestaunen gibt ... bei der riesigen Gebetsmühle, die größer ist als die Mönche, die sie drehen ... vor den drei rot und gelb angemalten Buddha-Figuren, die direkt vor der ersten Treppe sitzen ... bei den Garudas aus Stein und den Löwen, Elefanten, Pferden und Pfauen. Und sie kann Anita und Garima ganz genau erklären, welches Tier das Reittier von welchem Dhyani-Buddha ist.

Exakt nach dreihundertundsechzig Stufen droht dem gemeinsamen Unternehmen ein vorzeitiges Ende. Amita blickt voller Ehrfurcht zu der gewaltigen Stupa hinauf und zu den goldenen Ringen unterhalb der schirmartigen Kuppel. Ihre Schwester hingegen nähert sich ebenso ehrfürchtig dem strengen Gesicht eines Mannes, der in einem Kassenhäuschen sitzt. Daran hatte Anita gar nicht gedacht. Beim Eingang auf der Rückseite, den sie sonst über den inzwischen offenbar weggespülten Weg erreichte, hat sie noch nie Eintritt bezahlt. Dieser gestrenge Torwächter aber verlangt von jedem der drei Mädchen 50 Rupien – die sie natürlich nicht haben.

Sie spürt, dass es dort drüben irgendeine Schwierigkeit gibt. Sie beobachtet, wie Amita mit einem alten Mann in dem kleinen Holzhaus redet ... Nun kommt Garima dazu, und ihre Freundin zeigt auf irgendetwas drinnen im Hof vor der Stupa. Anita läuft plötzlich ganz schnell die letzten Stufen hinauf, der Mann beugt sich weit aus seinem Holzhaus und ruft ihr etwas nach. Da kommt Anita schon wieder zurück – mit einem Stück Papier in der Hand. Jetzt hört sie, wie Garima laut »Kumari-didi« ruft und sie zu sich heranwinkt. Was hat das alles zu bedeuten? Langsam geht sie zu den beiden hinüber. Warum zeigt Anita mit dem Finger auf sie? Und warum sieht sie der Mann in dem Holzhaus so komisch an? Erst als sie ganz nah herangekommen ist, macht der Mann mit seinem Arm eine Geste, die wohl bedeuten soll, dass sie jetzt zu der Stupa gehen dürfen. Sie geht hinter Anita und Garima her – aber warum sagen sie ihr denn nicht, was dieser Mann von ihnen wollte? Vor einer großen Holzwand bleibt Anita stehen. Auf dieser Wand sind in einem Drahtgestell ganz viele verschiedene Fotos … Jetzt, als Anita gerade das Stück Papier in ihrer Hand wieder dorthin zurücksteckt, entdeckt sie darauf – ihr eigenes Foto mit der goldenen Mukut auf dem Kopf.

Mehrfach hintereinander schlägt leise der hohe Ton einer Glocke an. Aus einem der Tempel dringen die gesungenen Mantras der tibetischen Mönche nach draußen. Im Bewusstsein der Allgegenwart des Vipassawi-Buddha folgt Amita andächtig den beiden Mädchen auf eine riesige, terrassenartige Plattform.

Sie ist überwältigt! Niemals zuvor hat sie eine Stadt von oben gesehen. Wie breit sie sich hinzieht und wie klein die Häuser dort unten aussehen! Niemand hatte ihr dieses Bild so beeindruckend beschrieben, wie sie es hier vor sich sieht.

»Schau mal da hinten, der Turm dort, das ist der Bhimsen-Tower. Und ein Stück weiter rechts, das ist das Dach vom Hanuman-Dhoka-Palast«, erklärt Garima einer sprachlosen Amita.

Anita zeigt in die entgegengesetzte Richtung: »Wenn du genau hinsiehst, dort am Ende der Felder, ein Stück weiter rechts von der Tankstelle … siehst du, Kum, da ist unsere Schule.«

Nur in ihrer Fantasie hat sie sich vorgestellt, wie es wohl von hier oben aussehen würde – damals im Kumari Bahal. Und nun ist sie fassungslos, dass das, was sie hier nun wirklich vor sich sieht … dass das genauso aussieht, wie sie es sich vorgestellt hatte. Und deshalb kann sie jetzt nichts sagen, keinen

Ton herausbringen … und sieht einfach nur dort hinunter zu dieser großen Stadt, deren Kumari sie damals war.

Ein riesiger Regentropfen, der mitten auf Amitas Nase landet, reißt das Mädchen schlagartig aus seinen Gedanken. Sie blickt nach oben – in eine schwarze Gewitterwolke. Der nächste Regentropfen trifft sie am Kinn, die nächsten beiden auf der Stirn.

»Es fängt an zu regnen. Da drüben können wir uns unterstellen«, ruft Anita und rennt zu dem Vordach, mit dem der Betreiber eines Souvenirladens seine Auslagen schützt.

Garima läuft Anita hinterher. Vom regengeschützten Eingang des Souvenirladens aus beobachten die beiden Mädchen, wie Amita sich mit geöffnetem Mund und weit ausgebreiteten Armen langsam in dem stärker werdenden Regen dreht.

Immer mehr Menschen haben sich mittlerweile bei den wenigen Unterstellplätzen eingefunden. Dicht gedrängt stehen tibetische Mönche neben einheimischen Souvenirhändlern und Touristen aus vielen Teilen der Welt. Selbst die zahlreichen Affen, die eben noch das Gemäuer rund um die Tempelanlage bevölkert haben, sind plötzlich verschwunden. Die dicken Tropfen eines warmen Monsunregens prasseln auf den gefliesten Boden der menschenleeren Terrasse, und mittendrin, Gesicht und Hände gen Himmel gerichtet, tanzt Amita mit langsamen Bewegungen. Die Schar ihrer Beobachter betrachtet das Mädchen mit Wohlwollen, denn es ist ganz offensichtlich glücklich. Aber niemand – nicht einmal Anita und Garima – weiß, dass sich soeben zum zweiten Mal innerhalb weniger Minuten eine lange gehegte und heimliche Vision einer ehemaligen Kumari erfüllt.

Die Zeit danach …

Während meiner Kindheit im Kumari Bahal war das Leben nicht schwer. Ich musste dort ja nicht arbeiten. Aber nach der Ablösung wurde es schwer, denn ich musste einerseits im Haushalt arbeiten und andererseits auch den ganzen Schulstoff nachholen. Heute weiß ich aber, dass dies der richtige Weg war.

Nani Mayiu Shakya
Kumari von 1961 bis 1969

Als Rasmila nach diesen acht wunderbaren Jahren im Kumari Bahal zu uns nach Hause kam, musste sie viel lernen. Nicht nur, dass ich erst mal große Mühe hatte, ihr wenigstens den Schulstoff beizubringen, damit sie mit zwölf Jahren in die zweite Klasse aufgenommen werden konnte. Sie musste vor allem das ganz normale Leben lernen, wie es sich außerhalb des Kumari Bahal auf den Straßen dieser Stadt abspielt. Und ich glaube, sie kann sehr stolz auf das sein, was sie seither erreicht hat.

Pramila Shakya
Schwester von Rasmila – Amitas Vorgängerin als Kumari

Es gibt eine Frage, mit der westliche Journalisten regelmäßig ehemalige Kumaris in Verlegenheit bringen: »Haben Sie sich als Göttin gefühlt?« Würde man jemals Macaulay Culkin, den einstigen Kinderstar der amerikanischen *Kevin*-Filme, fragen: »Haben Sie sich damals als Star gefühlt?« Was sollte er denn antworten angesichts der Tatsache, dass seine gesamte Umgebung ihn als Star behandelt hat? Im Übrigen dürften sich die Fragesteller schwer tun zu definieren, wie man sich als Göttin zu fühlen hat. Wann also ist man »objektiv« ein Star oder eine Göttin (und darf sich berechtigterweise auch so fühlen)? Mancher westliche Soziologe würde darauf sicher salomonisch antworten: »Wenn man jemanden dazu erklärt und diese Erklärung von der öffentlichen Meinung akklamiert wird.« Insofern wohnt in jenem Palast am Durbar-Platz von Kathmandu in der Tat eine »lebende Göttin« – und dementsprechend fühlt sie sich auch so.

Interessanter hingegen ist die Frage, was aus den Kumaris nach der Rückkehr ins jeweilige Elternhaus wird. Also danach, wie sich eine solch ungewöhnliche Sozialisation auf deren weiteres Leben auswirkt. Im Gegensatz zum göttlichen Gefühl sind hier die Fakten überprüfbar. Und die westlichen Fragesteller sind dann regelmäßig verblüfft, worüber sich in Nepal kein Mensch wundert: So unterschiedlich die Biographien der Ex-Kumaris später auch verlaufen, so übereinstimmend schildern sie ihre Kindheit im Kumari Bahal als »in jeder Hinsicht wunderbar«. Der erzwungene Wechsel hingegen, von jener göttlichen Existenz im Kumari-Palast in die meist triste Realität ihrer Herkunftsfamilien, wird ebenso übereinstimmend als Schock beschrieben.

Und noch eine Übereinstimmung ist auffallend. Wenn dieser erste Alltagsschock erst mal überstanden worden ist und wenn die jungen Frauen erkannt haben, dass es nicht – wie im Kumari Bahal – nur das Hier und Heute, sondern auch ein Morgen gibt, dann haben sie irgendwann plötzlich eine Vision. Zum ersten Mal in ihrem Leben tut sich vor ihren Augen ein erstrebenswertes Ziel auf. Ob dieses Ziel erreicht, ja überhaupt ernsthaft angestrebt werden kann, hängt dann meist davon ab, wie sehr die Familie ihre heimgekehrte Tochter darin unterstützt. Da aber gibt es große Unterschiede, denn niemand hat diese Familien auf solche außergewöhnlichen Aufgaben vorbereitet.

Der sehr gläubige Amrit Man Shakya und seine nicht minder religiöse Frau sind auch nach fast vier Jahren noch vom andauernden spirituellen Einfluss der Göttin Vajra Devi auf ihre Tochter überzeugt.

Selbstverständlich konnte das nicht ohne Folgen bleiben. Dieser offenbar durch nichts zu erschütternde Glaube verbietet beispielsweise, dass Amita sich an häuslichen Arbeiten beteiligt. Er schließt darüber hinaus jegliche elterliche Autorität aus – und damit naturgemäß auch jede Möglichkeit, die Tochter in ihrem Verhalten zu reglementieren oder einem möglichen Fehlverhalten Konsequenzen folgen zu lassen. Wer also hätte sich befugt fühlen dürfen, die fortdauernde Göttlichkeit der Dyo Maiju durch so etwas Profanes wie Erziehung in Frage zu stellen?

Nicht selten sitzt Amita in ihrem und Anitas Zimmer auch nach 23 Uhr noch vor dem Fernseher und sieht sich indische Filme an – und diese sind bekanntlich lang. In der Vergangenheit hatte ihr Vater gelegentlich den Versuch unternommen, sie auf den morgendlichen Schulbesuch hinzuweisen oder auf die Schwester, die im oberen Bett keinen Schlaf finden kann. Amita aber hat darauf gar nicht reagiert, und Amrit Man Shakya schließlich »den Willen der Dyo Maiju« akzeptiert. Ein antiautoritäres Prinzip aus buddhistischer Perspektive!

Sanu Raja Shakya – Amitas Sozialkundelehrer an der Ganesh-Boarding-Highschool – hatte bei seiner neuen Schülerin schon in den ersten Wochen mangelndes soziales Gruppenverhalten festgestellt. Wo hätte sie ein solches auch lernen sollen? In der Abgeschiedenheit des Kumari Bahal, wo keines der dort lebenden Kinder mit ihr streiten durfte (und sie folglich immer Recht hatte)? Sanu Raja Shakya hatte ja selbst im eigenen Kollegium einen schweren Stand gehabt angesichts vereinzelter Kollegen, die die Schülerin – als Dyo Maiju titulierend – von Anfang an ganz bewusst gegenüber dem Rest der Klasse bevorzugt haben. Dennoch hatte Sanu Raja Shakya sein pädagogisches Prinzip fortgesetzt, die kleine Amita als eine Schülerin unter vielen zu behandeln – mit den gleichen Rechten, aber auch den gleichen Pflichten.

Die Zeit, in der Nani Mayiu Shakya durch die vergitterten Holzfenster auf den Basantapur-Platz blickte, ist jene Zeit gewesen, als seltsame Gestalten ins Land kamen – junge Männer mit schulterlangen Haaren, Mädchen mit kurzen Röcken oder weiten, bunten Samthosen. Blumen-Malas zierten deren Hälse, und das nicht nur an den dafür vorgesehenen Feiertagen. Viele spielten Gitarre oder auf einer Sitar, die sie aus Goa oder Benares mitgebracht hatten. Seit dieser Zeit trägt jene Straße, die vom Basantapur-Platz in Richtung Süden führt, wegen der diversen Hippie-Absteigen, die es damals dort gab, den Namen »Freak Street«. Das alles hatte das Mädchen im benachbarten Kumari Bahal seinerzeit natürlich nicht gewusst. Aber es hatte diese fremde Musik genossen, die oft halbe Nächte hindurch zu ihr hinauf in den Khopi geklungen war.

Der Wechsel in die nepalesische Alltagsrealität konnte kaum härter sein, als Nani ihn nach dem Dashain-Fest von 1969 erlebt hatte. Es war die Zeit, als die Kumari-Familien keinerlei finanzielle Unterstützung vom Königspalast erhielten – weshalb sich Nanis Eltern so lange darüber beschwerten, bis schließlich eine monatliche Apanage in Höhe von zunächst 300 Rupien bewilligt worden war. Das hatte zwar kaum für das Essen der heimgekehrten Tochter gereicht, war aber der Einstieg in ein verändertes Bewusstsein, welches letztlich zur heutigen weitaus großzügigeren Regelung geführt hat.

Für Nani jedenfalls hatte das privilegierte Leben vier Tage nach der Rückkehr ins Elternhaus mit dem Tag geendet, an dem sie die rote Kleidung der Kumari ablegte. Fortan musste sie sich daran gewöhnen, dass man sie »Nani« und nicht mehr »Dyo Maiju« rief. Ihre Mutter hatte sie umgehend mit den häuslichen Arbeiten vertraut gemacht und sich auch nicht gescheut, das Mädchen allein zum Einkaufen zu schicken. Natürlich war der Frau klar, dass sich ihre solcherart unerfahrene Tochter schwer tun musste, sich draußen unter all den fremden Menschen in dem verwirrenden Verlauf der Gassen zurechtzufinden. Aber sie setzte auf jenes Prinzip, welches in anderen Ländern »learning by doing« genannt wird, und glaubte letztlich, damit Erfolg gehabt zu haben. Tatsächlich aber hatten die beiden Schwestern von Nani vielerlei Hilfestellungen geleistet, waren mit ihr durch die Stadt gelaufen und hatten sie mit den Gewohnheiten des Alltags vertraut gemacht.

Auch wenn die Ex-Kumari Nani Mayiu Shakya nicht verschweigt, dass sie diese radikale Umstellung ihres gesamten Lebens zeitweise in tiefe seelische Krisen gestürzt hat, hält sie in der Rückschau das Vorgehen ihrer Mutter für den einzig richtigen Weg.

Zwei Kumari-Generationen nach Nani war mit Rasmila Shakya ein sehr schüchternes Mädchen auf den Löwenthron gekommen, wenngleich die Chitaidar-Familie von Anfang an keine fremden Leute für sie gewesen waren. Die Chitaidar ist die Schwester ihrer Mutter, und sie war Rasmila damals durchaus bekannt. Nahezu unbekannt hingegen waren ihr acht Jahre später die leiblichen Geschwister, mit denen sie nach der überraschenden Ablösung zusammentraf. Dennoch oder vielleicht gerade deshalb war die Rückkehr in die Familie von ihr keineswegs als freudiges Ereignis empfunden worden. Vielmehr hatte sie wochenlang in der elterlichen Wohnung mit niemandem ein Wort gesprochen. Sowohl mental als auch gefühlsmäßig war es ihr sehr lange unmöglich gewesen, das Ende ihrer göttlichen Existenz zu akzeptieren. Das Mädchen hatte stumm vor sich hin gestiert, hat seitdem immer schwitzende Hände und bald war oberhalb ihrer Schläfen kreisrunder Haarausfall sichtbar geworden. In der Familie hat man von »einer schweren Zeit« gesprochen, »die vorübergehen« werde. Dennoch waren den Eltern zeitweilig Zweifel gekommen, ob es richtig gewesen sei, der Anweisung von Pramila – ihrer ältesten Tochter – zu folgen und Rasmila fortan nicht mehr als Dyo Maiju, sondern mit jenem Namen anzusprechen, der ihrer Tochter fremd sein musste. Für häusliche Arbeiten wurde die heimgekehrte Rasmila jedoch nie herangezogen. Ihre Mutter hat sich beharrlich geweigert, sie dafür einzuteilen. Denn sie vertrat die Auffassung, wenn Rasmila sich daran beteiligen wolle, würde sie es schon sagen. Davon aber war das Mädchen weit entfernt, und kaum jemand in ihrer Umgebung nahm zur Kenntnis, dass es augenscheinlich an einer schweren Depression litt – außer Pramila. Sie war als älteste von vier Geschwistern schon früh zu einer Art Leitfigur für die anderen geworden – mit Ausnahme ihrer fünf Jahre jüngeren Schwester Rasmila. In der Zeit von deren Abwesenheit hatte Pramila als beste Absolventin ihrer Highschool den Schulabschluss geschafft. Mittlerweile studierte sie mit Hilfe eines staatlichen Stipendiums Mathematik und Physik.

Pramila – traditioneller Familienmensch und emanzipierte Intellektuelle in einer Person – hatte damals mit ihrer kleinen Schwester gesprochen, auch wenn diese nicht antwortete. Sie hatte ihr von einem lebenswerten Leben außerhalb des Kumari Bahal berichtet, selbst wenn die Ex-Kumari gar nicht zuzuhören schien. Sie hatte Rasmila vorgeführt, dass man mit Zahlen mehr machen konnte, als sie zu addieren oder zu subtrahieren, und schließlich in den Augen ihrer jüngeren Schwester so etwas wie interessierte Aufmerksamkeit registriert. Dem waren bald Rasmilas erste Worte und Sätze gefolgt und an Pramilas Seite die ersten zaghaften Schritte in die als feindliche Welt empfundenen Straßen von Kathmandu.

Vor allem aber war Rasmila irgendwann bereit, sich von der Schwester in Rechnen, Schreiben und der nepalischen Hochsprache prüfen zu lassen. Das Ergebnis war katastrophal. Das zwölfjährige Mädchen beherrschte kaum den Stoff der zweiten Klasse. In regelmäßigen Unterrichtsstunden bereitete Pramila neben ihrem Studium die Schwester darauf vor, ab dem nächsten Schuljahr die zweite Klasse zu besuchen.

Neun Schuljahre standen der ehemaligen königlichen Kumari von Kathmandu in einem Klassenverband bevor, in dem sämtliche Mitschüler mindestens vier Jahre jünger waren als sie selbst. Keine gute Voraussetzung für soziale Kontakte, weshalb Rasmila sich immer enger an der älteren Schwester orientierte, die ihr den Weg aus der Sinnkrise geführt hatte.

Für die meisten ihrer Mitschüler schwebte Amita in den ersten Monaten schlichtweg in anderen Sphären. Dabei spielten sich deren Gedanken durchaus im Diesseits ab: etwa acht Kilometer südöstlich, um genau zu sein – in einem newarischen Klosterbau aus dem 18. Jahrhundert. Die pensionierte Mädchengöttin hatte sich noch nicht von ihrer Kindheit verabschiedet – nicht vom Leben im Kumari Bahal, nicht von Durga, ihrer Dienerin, und nicht von den Kindern, mit denen sie aufgewachsen war. Ihre Gedanken waren ausschließlich rückwärts gewandt. Schließlich hatte sie im Kumari Bahal, wo ein Tag gleich dem anderen verlief, auch nicht gelernt, nach vorn zu blicken.

In ihrer Klasse fand sie lange keinen Kontakt zu Mitschülern – suchte ihn aber auch nicht. Selbst ihrer Banknachbarin, die als Klassenbeste immer wieder nachgefragt hatte, ob sie helfen könne, war sie die Antwort regelmäßig schuldig geblieben. In den Pausen stand Amita allein auf dem großen Hof herum, und für die von der Schule angebotenen Freizeitaktivitäten hatte sie sich gar nicht erst eingetragen.

Eines Tages war dann Ganga in die Klasse gekommen, deren Familie kurz zuvor nach Swayambhu gezogen war. Sie wusste zu diesem Zeitpunkt nicht, dass sie fortan die Schulbank mit einer ehemaligen Kumari drücken würde. Doch das schüchterne Mädchen hatte schnell erkannt, dass es innerhalb des Klassenverbandes scheinbar festgefügte Freundschaften gab. Ganga traute sich nicht, jene Klassenkameradinnen anzusprechen, die während der Pausen in Dreier- oder Vierergruppen beieinander waren. Daher suchte sie die Nähe zu dem Mädchen, das immer ganz allein am Rand des Schulhofs stand. Und da Amita auf sie einen noch schüchterneren Eindruck machte, gewann Ganga ihr gegenüber schnell an Selbstvertrauen und Eloquenz.

Der Banknachbarin von Amita war deren Annäherung nicht verborgen geblieben, und sie bot an, ihren Platz mit dem von Ganga zu tauschen. Langsam, aber konstant entwickelte sich eine zarte Freundschaft zwischen den beiden Außenseiterinnen. Zunächst war sie nur auf den schulischen Kontakt beschränkt, da Amita außerhalb der Schulstunden noch immer nicht ohne ein Familienmitglied das Haus verließ. Ganga zeigte großes Interesse an den Naturwissenschaften, und Amita interessierte sich seit dem Tag, an dem Bina mit dem Globus aufgetaucht war, für Geographie. Die Freundschaft erlebte schließlich auch die gegenseitige Unterstützung beim Bewältigen des Schulstoffs. Zum ersten Mal wurde Amita nicht als Kumari wahrgenommen, sondern als ein ganz normales Mädchen. Sie genoss diesen Status. Aber Amita hatte eine heimliche Sorge. Die Sorge nämlich, dass sich Ganga ihr gegenüber verändern oder vielleicht sogar abwenden würde, wenn sie erführe, dass ihre neue Freundin eine ehemalige Mädchengöttin ist. Auf gar keinen Fall sollte Ganga sie deshalb zu Hause besuchen, wo all diese Kumari-Bilder an den Wänden hängen und sie von der Familie als Dyo Maiju angesprochen wird. Irgendwann aber hatte sich diese Sorge durch einen einzigen, kurz hingeworfenen Satz der Freundin in Luft aufgelöst: »Das hätte ich mir früher nicht denken können, dass ich einmal in der Schule neben dem Mädchen sitze, das ich an Indra Jatra immer im Fernsehen gesehen habe.«

Damit war klar, dass Ganga ihre Vergangenheit kannte. Es war aber auch klar, dass ihr das nicht allzu viel bedeutete, und schon gar nicht würde es etwas an ihrer Freundschaft ändern. An diesem Nachmittag war Amita der Normalität ein Stück näher gekommen – und das fand sie schön.

Viele Jahre hatte Nani mit niemandem über ihre Zeit im Kumari Bahal gesprochen, sie wollte die Kindheit in ihrem Herzen bewahren wie einen kostbaren Schatz. Selbst ihr Mann wusste bis kurz vor der Verlobung nicht, dass seine Angebetene eine ehemalige Kumari ist.

Amrit Kaji Shakya hatte Nani auf eine kuriose Weise kennen gelernt. Nachdem sie mit Hilfe ihrer Schwestern den Schulstoff gepaukt und von engagierten Lehrern neben dem Unterricht zusätzliche Förderung erfahren hatte, war Nani schließlich zur staatlichen Abschlussprüfung zugelassen worden. Während dieses Examens jobbte der junge Amrit als Aufpasser und konnte folglich tagelang den hübschen Prüfling beobachten. Da die Kastenzugehörigkeit passte, machte er Nanis Eltern seine Aufwartung. Nun erst erfuhr er von ihrer Vergangenheit.

Früher hatten ehemalige Kumaris kaum eine Chance, einen Ehemann zu finden. Schuld daran war der weit verbreitete Aberglaube, dass ein Mann, der eine ehemalige Mädchengöttin ehelicht, im ersten Jahr nach der Hochzeit sterben wird. Doch Amrit Kaji Shakya wurde in einem Jahrhundert geboren, in dem man sich nicht mehr um solchen Aberglauben scherte – in dem vielmehr sieben von Nanis Vorgängerinnen ebenfalls geheiratet und insgesamt acht Töchtern und zehn Söhnen das Leben geschenkt hatten.

Für Nani aber bedeutete die Begegnung mit Amrit das Ende ihrer Vision. Auch wenn nepalesische Frauen in den siebziger Jahren kaum etwas anderes als Hauswirtschaftslehre studierten, so wollte sie doch wenigstens in diesem Fach ein eigenes Studiendiplom ablegen. Ihre pragmatische Mutter hatte hingegen nur wenig Verständnis für die ohnehin nur zaghaft vorgetragene Vision einer selbstbestimmten Zukunft. Also ließ Nani sich schließlich von Amrit Kaji zur Frau nehmen. Schnell bekam sie hintereinander drei Kinder – einen Sohn und zwei Töchter. Und als wieder einmal eine neue Kumari gesucht wurde, wollte Nani dem Kumari Bahal unbedingt die Horoskope ihrer Töchter zur Verfügung stellen. Aber auch jetzt zeigte sich, dass

Amrit nicht nur einer neuen Generation entstammte, sondern – was ja nicht zwangsläufig ist – auch weniger traditionellen Ansichten zuneigte. Er war jedenfalls nicht bereit, eine seiner Töchter aus dem Haus zu geben.

Noch heute hängt in der Wohnstube eine große Schwarzweiß-Fotografie, die Nani während jener außergewöhnlichen Kindheit zeigt, in der sie sich nicht nur als lebende Göttin verehrt, sondern vor allem als kleiner Mensch ernst genommen fühlte. »Welches nepalesische Mädchen kann das schon von sich behaupten?«, fragt sie selbstbewusst. Inzwischen lebt sie mit ihrer eigenen Familie kaum einen Kilometer vom Kumari Bahal entfernt und kommt so regelmäßig daran vorbei. Auch heute noch, mehr als drei Jahrzehnte später, empfindet sie das Haus am Durbar-Platz als ein Stück Heimat.

Mit der ersten Zukunftsvision ihres Lebens hatte Rasmila ihre Umgebung gegen Ende ihrer Schulzeit überrascht, plötzlich äußerte sie den Wunsch, Architektin werden zu wollen. Niemandem war es je gelungen herauszufinden, woher diese Vision kam. Selbst Pramila nicht. Und keiner wusste, wie ernst es ihr mit jenem beruflichen Nahziel war, den Kumari Bahal umzubauen. Vor allem, da dieser Plan schon deshalb aussichtslos sein musste, weil der Gebäudekomplex erst vor dreißig Jahren umfassend renoviert worden war.

Die Vision war geplatzt, nachdem sich die zwanzigjährige Rasmila trotz eines außerordentlich guten Schulabschlusses erfolglos an der Bauakademie im benachbarten Patan beworben hatte. Die Entscheidung war von einer ausschließlich männlich besetzten Jury getroffen worden, und die beiden Schwestern halten es für ziemlich wahrscheinlich, dass die Ablehnung mit Rasmilas »falschem Geschlecht« in Zusammenhang stand.

Schon Jahre vor dem geplatzten Architektinnentraum hatte Rasmila den Computer für sich entdeckt, hatte sich von Pramila in immer neue Softwareprogramme einweisen lassen. Seither verbringt sie ganze Tage vor dem Bildschirm. Was lag also näher, als diese zukunftsweisende Technologie auch mit einer eigenen beruflichen Perspektive zu verbinden. Pramila brauchte nicht lange Überzeugungsarbeit zu leisten. Rasmila schrieb sich schließlich als Studentin für Informatik ein.

Erst spät ist es Pramila Shakya klar geworden, dass aus der Hilfestellung, die sie der kleinen Schwester einst hatte zuteil werden lassen, längst eine nahezu symbiotische Beziehung geworden war. Eine Beziehung, die Pramila – den mittlerweile zur Hochschullehrerin avancierten Familienmenschen – zwar an die Herkunftsfamilie band, die Gründung einer eigenen aber bislang verhinderte. Und im traditionellen Nepal gilt eine fast dreißigjährige unverheiratete Frau als kaum noch vermittelbar.

»An eine Heirat denke ich erst nach der Doktorarbeit«, erklärt sie dennoch selbstbewusst und fasst eine Promotion in den Vereinigten Staaten ins Auge.

Sollte sie mit dem Ortswechsel etwa auch eine Distanz zu Rasmila im Hinterkopf haben? Doch selbst die ehemalige Mädchengöttin kann sich nach Abschluss des Studiums durchaus einen Job in der boomenden amerikanischen IT-Branche vorstellen. Der Weg vom Kumari Bahal ins Silicon Valley wäre eine wahrhaft außergewöhnliche Biographie – ohne Pramila aber im Moment noch kaum vorstellbar.

Drei Jahre und neun Monate nachdem Amita als Kumari abgelöst worden war, stellte sie sich in der Ganesh-Boarding-Highschool den Examensfragen einer staatlichen Prüfungskommission – und kehrte eine Woche später in den Kumari Bahal zurück.

Bereits einige Tage zuvor war Durga bei Mimita und Amrit Man Shakya erschienen und hatte sie davon in Kenntnis gesetzt, dass Amita telefonisch mit Garima für die Zeit nach der Prüfung einen Besuch verabredet habe. Sie bat um Verständnis, denn schließlich hätten die beiden Mädchen sich eine Weile nicht gesehen und Amita »nach den Anstrengungen der letzten Wochen einen Urlaub verdient«.

Den Eltern war klar, dass die langjährige Dienerin ihrer Tochter mit diesem Anliegen auch ein ganz eigenes Interesse verfolgte, aber sie fühlten sich andererseits nicht befugt, dem Willen einer Dyo Maiju zu widersprechen. Sicher, so machten sie sich gegenseitig Mut, würde die Tochter nach zwei oder drei Tagen wieder nach Hause zurückkommen. Trotzdem beschloss Mimita, an jenem Tag, an dem man ihre Tochter abholen würde, Amrit in das Ladengeschäft zu begleiten. Denn auch wenn Amitas Abwesenheit diesmal nur von kurzer Dauer sein würde, so wollte sie sich das Déjà-vu eines Abschieds ersparen.

Der Gang durch den Kumari Bahal wurde für Amita zur Rückkehr an den Ort ihrer Kindheit. Sie kannte jeden Winkel des geräumigen Gebäudes und dessen Bewohner begrüßten sie wie ein heimgekehrtes Familienmitglied – auch wenn Garima mittlerweile eine Brille trug, Sourav und Gaurav – und ein wenig auch schon Sougat – zu hochgewachsenen jungen Männern, die Thuloma und der Thuloba sichtbar älter und Tinku spürbar ruhiger geworden waren. Amita war mittlerweile fast genauso groß wie Durga, doch als sie einander in den Armen lagen, es kam ihr vor, als hätten die letzten drei Jahre und neun Monate nicht stattgefunden.

Aber Amita bekam auch überall und ständig zu spüren, dass sie nicht mehr die Hausherrin im Kumari Bahal war. Sie schlief bei ihrer Freundin Garima und nicht bei Durga, die das Bett im Khopi natürlich mit der jetzigen Kumari teilt. Von den Gläubigen, die an ihr vorbei die Treppe nach oben stiegen, um von der Mädchengöttin die Tika zu empfangen, wurde sie kaum wahrgenommen. Und der Thronsaal war für sie natürlich tabu – zumindest solange die Kumari auf dem Löwenthron saß und ihrer göttlichen Mission nachging.

Amita musste akzeptieren, dass man die privilegierte Stellung einer Dyo Maiju nun einer anderen zuteil werden ließ, auch wenn sie von den Bewohnern des Kumari Bahal nach wie vor so genannt wurde.

Wenn Amita mit Garima über den Basantapur-Platz streifte, so hat sie das Gefühl gehabt, als sei alles nahezu unverändert, seit sie durch die vergitterten Fenster hier heruntergeblickt hatte. Ein trügerisches Gefühl, das keiner der hier tätigen Souvenirverkäufer bestätigen würde. Die Leute vom Basantapur-Platz bekommen schließlich hautnah die Folgen jener Veränderungen zu spüren, unter denen das Land zu leiden hat, seit Gyanendra drüben im Hof hinter dem Hanuman-Dhoka-Palast gekrönt worden ist.

Zwölf Tage nach Amitas Ablösung hatte der König den verhassten Premierminister Koirala entlassen, was zunächst zu Waffenstillstandsverhandlungen mit der maoistischen Guerilla führte. Doch bald musste Mousuf Sarkar auch den nächsten Premierminister entlassen und die Rücktritte zweier weiterer akzeptieren. In der Zwischenzeit dehnten die kommunistischen Rebellen ihren Einfluss auf siebzig der fünfundsiebzig nepalesischen Distrikte aus, blockierten zeitweilig die Zufahrtsstraßen ins Kathmandu-Tal, ließen mehrere Waffenstillstandsabkommen platzen und schließlich mitten im Zentrum der Hauptstadt zwei Bomben detonieren.

Am Tag seiner Krönung hatte König Gyanendra seinem Volk das Versprechen gegeben, den maoistischen Terror notfalls mit militärischen Mitteln zu beenden und die Ordnung im Land wiederherzustellen. Dieses Vorhaben drohte nun endgültig zu scheitern und der ungeliebte Monarch griff zu einem letzten Strohhalm: Während Amita und ihre Klassenkameraden in der Ganesh-Boarding-Highschool über den Examensfragen brüteten, putschte der König gegen die eigenen Verfassungsorgane. Er löste das Parlament auf, ersetzte die Regierung durch ein Kabinett royaler Verwaltungsbeamter und ernannte sich selbst, internationalen Protesten zum Trotz, für die Dauer von mindestens drei Jahren zum Regierungschef. Die absolute

Monarchie war damit vollkommener als je zuvor – denn früher bildete immerhin noch die Rana-Familie so etwas wie eine regulierende Gegenmacht zum Königshaus. Und bei all diesen diktatorischen Maßnahmen musste der Monarch auf keine unbequemen Berater und religiösen Traditionswächter mehr Rücksicht nehmen. Der Badaguruju und der Mul Purohit hatten längst ihren Abschied genommen und deren Posten sind seither nicht neu besetzt worden. Selbst der Blick in die Sterne hatte sich erübrigt – Mangal Raj Joshi, der Chefastrologe, hatte wenige Tage vor dem königlichen Putsch im Alter von sechsundachtzig Jahren den Planeten Erde verlassen.

Wechselnde Regierungskrisen, die Bedrohung durch eine kommunistische Guerilla und gelegentliche Terroranschläge fanden zwar nur selten den Weg auf die Frontseiten internationaler Medien – potenzielle Nepal-Reisende und Trekking-Touristen aber haben für solche Nachrichten selbst dann einen Sensor, wenn sie unter »Vermischtes« gemeldet werden. Und der daraus resultierende erhebliche Einbruch der Besucherzahlen brachte mittlerweile so manchen Souvenirhändler vom Basantapur-Platz an den Rand seiner ohnehin bescheidenen Existenz.

Aus den zwei bis drei Tagen, die Amrit und Mimita für den Besuch ihrer Tochter bei deren Freundin Garima veranschlagt hatten, sind mittlerweile fast zwei Wochen geworden, und ein Ende von Amitas »Besuch« ist nicht abzusehen. Aber Mimita hat ihren Mann auch heute wieder gedrängt, im Kumari Bahal anzurufen.

Wann immer sich Amrit dort im Verlauf der letzten beiden Wochen telefonisch gemeldet hatte, bekam er zu hören, dass die Dyo Maiju mit den anderen Kindern draußen auf dem Durbar-Platz sei oder mit der Chitaidar beim Einkaufen im Kashtamandap oder sich mit Garima im Haus von Durgas Schwester Ambika aufhalte, deren Tochter zurzeit die Gufa sitze. Als er nun im rückwärtigen Teil seines kleinen Lebensmittelladens erneut die Nummer des Kumari Bahal wählt, hat er daher kaum Hoffnung, dass es diesmal anders sein würde. Und der Chitaidar enttäuscht ihn nicht. In knappen Worten teilt er Amitas Vater mit, dass die Dyo Maiju sich gerade bei der Dyo Maiju aufhalte und daher auf keinen Fall gestört werden könne.

Das Bild, welches sich Amita beim Eintreten in den großen Raum neben dem Khopi bietet, ist ihr sehr vertraut. Noch immer steht der rustikale Holztisch an jener Stelle unweit des vergitterten Fensters, wo er auch damals schon gestanden hatte. Und die aufgeschlagenen Bücher und Hefte, die auf diesem Tisch verstreut liegen, unterscheiden sich nicht von jenem Chaos, das auch sie seinerzeit regelmäßig darauf verbreitet hatte.

Als die Kumari das Mädchen neben ihrer Durga-didi in der Tür entdeckt, springt sie sofort auf und hüpft den beiden entgegen.

Überrascht legt Amita die Handflächen aneinander und grüßt artig: »Namaste!«

Die Kumari aber plaudert sofort los: »Durga-didi hat gesagt, dass du eine gute Schülerin bist und mir bei Mathematik helfen kannst …?«

Sie ist erstaunt darüber, dass Durga-didi das behauptet hat, obwohl sie ja selbst noch gar nicht weiß, ob sie überhaupt das Examen bestanden hat. Und wenn sie es nicht bestanden hat, dann ganz sicher wegen Mathematik. Aber die Kumari ist ja noch jung, und das, was das Mädchen in Mathematik lernen muss, wird sie ihr schon beibringen können. Sie ist aber auch erstaunt, dass die Kumari mit ihr spricht, obwohl sie doch eigentlich gar nicht mehr im Bahal wohnt. Vor allem aber erstaunt es sie, dass die Kumari überhaupt Lust hat, sich mit Mathematik zu beschäftigen. Sie jedenfalls hatte damals dazu nur wenig Lust gehabt, und hinterher an der Ganesh-Boarding-Highschool hat sie deshalb ganz lange gebraucht, bis sie überhaupt etwas verstanden hat.

Durgas Entschluss, die Kumari mit ihrer Vorgängerin zusammenzubringen, war ein rein intuitiver, denn rational gab es keinen nachvollziehbaren Grund für diesen höchst ungewöhnlichen Schritt. Es mag sein, dass tatsächlich die Mathematikschwäche der Kumari dafür den Ausschlag gegeben hat. Es ist nicht auszuschließen, dass sie mit dieser Begegnung die Kumari diesmal schon sehr frühzeitig auf die spätere Ablösung vorbereiten wollte. Vielleicht aber wollte sie einfach nur diese unerträgliche innere Spannung lösen, unter der sie zu leiden hat, seit sie sich überwiegend bei der Kumari aufhalten muss, die sie verehrt, während im Nordflügel des Kumari Bahal das Mädchen sitzt, welches sie noch immer liebt wie am ersten Tag.

Tatsächlich sind die Mathematikaufgaben, die der Mädchengöttin Schwierigkeiten bereiten, für Amita nicht besonders schwer. Aber es will ihr nicht gelingen, den Lösungsweg so zu erklären, dass ihn die Kumari versteht. Durga hat die beiden allein gelassen, und als Amita angesichts der ungewöhnlichen Aufgabe immer nervöser wird, verliert die Kumari schließlich die Lust und springt zu dem vergitterten Fenster hinüber.

»Hier setze ich mich manchmal hin«, beginnt sie zu erklären, »weil mich dann nämlich niemand sehen kann, aber ich kann alle Leute da draußen ganz genau beobachten!«

»Ich weiß!«

Die fast achtjährige Mädchengöttin blickt Amita erstaunt an: »Woher denn?«

In diesem Moment wird ihr schlagartig klar, dass Durga-didi der Dyo Maiju gar nicht gesagt hat, dass sie auch mal eine Kumari war. Was sollte sie denn jetzt antworten? Sie konnte doch nichts Unwahres sagen. Vielleicht weiß ja die Kumari noch gar nicht, dass sie irgendwann einmal gar keine Kumari mehr sein wird – so wie sie es damals auch nicht wusste, bevor sie es von dieser alten Frau erfahren hat, die auch mal eine Kumari war?! Trotzdem war sie dieser alten Frau später dankbar – und vielleicht will Durga-didi ja auch, dass sie es der Kumari sagt?!

»Woher weißt du das?«, fragt die Kumari beharrlich nach.

Amita zögert einen kleinen Moment, ehe sie antwortet:

»Weil ich dort auch oft gesessen habe … als ich noch die Kumari war.«

Die Mädchengöttin wirft die Stirn in tiefe Falten, während sie ihre Vorgängerin fixiert. Der Blick wird Amita unheimlich, aber sie hält ihm stand. Erst der Chitaidar erlöst die beiden Dyo Maijus aus dieser stummen Konfrontation, als er von der Tür aus in den Raum ruft: »Unten im Hof warten Leute auf dich, Dyo Maiju. Darf ich dich ans Fenster …«

»Nein!«, unterbricht ihn die Kumari barsch, dreht sich energisch zu dem vergitterten Fenster um und blickt angestrengt hinaus.

Wortlos zieht sich der Chitaidar wieder zurück. Nach einer kleinen Weile dreht sich die Mädchengöttin zu Amita um: »Komm her!«

Amita nimmt neben ihrer Nachfolgerin auf jener kleinen Bank hinter dem vergitterten Fenster Platz, auf der sie viele Jahre meist allein gesessen hatte.

Nun will die kleine Mädchengöttin alles von ihr wissen. Wie lange Amita im Kumari Bahal gewohnt hat und auf welche Schule sie dann später gegangen und ob das Examen schwer gewesen sei. Und als sie ihre Vorgängerin fragt, was sie nun nach dem Examen vorhabe, antwortet Amita zu ihrem eigenen Erstaunen: »Ich werde Wirtschaft studieren und danach will ich in einem Hotel arbeiten.«

Kommentarlos nimmt die Kumari diese Aussage als bereits feststehenden Plan zur Kenntnis. Sie weiß nicht, dass Amita diesen »Plan« soeben erstmalig formuliert hat. Und sie weiß auch nicht, dass diese Vision exakt den angestrebten beruflichen Perspektiven von deren Schwester Anita entspricht.

Es ist der letzte Tag der dunklen Monatshälfte des Baisakh (April/Mai). In Nepal wird die Mata-Tirtha-Puja gefeiert, eine religiöse Variante des Muttertages, zu der üblicherweise die bereits erwachsenen Kinder ihre Mütter besuchen. Da Nepal aber eine Region der Frühgebärenden ist und es folglich in vielen Familien bis zu vier erwachsene Generationen gibt, bedingt dies wiederum entweder riesige Familienfeste oder eine geradezu meisterhafte Terminplanung für das gegenseitige Besuchsprogramm. Hinzu kommt, dass all diejenigen, deren Mütter im abgelaufenen Jahr verstorben sind, an diesem Tag üblicherweise ein Bad im Mata-Tirtha-Teich in der Nähe von Kathmandu nehmen.

Dieser Tag würde für Mimita ein schwerer Tag werden, wie er viele Jahre zuvor ein schwerer Tag für sie gewesen war. Eine Weile hatte Amrit noch gehofft, Amita würde die Mata-Tirtha Puja zum Anlass nehmen, um nach Hause zurückzukehren. Nun aber scheint es, als würde es wieder so sein wie damals, als Amita im Kumari Bahal gelebt und Mimita unter deren Abwesenheit gelitten hat. In den vergangenen drei Jahren hatte Amita zwar meist teilnahmslos gewirkt, sogar fast ein wenig gelangweilt, aber sie war während der Mata-Tirtha-Pujas immerhin anwesend – und ihre Mutter glücklich.

Üblicherweise versucht Mimita wieder die starke Frau zu spielen und sich nichts anmerken zu lassen. Aber Amrit kennt seine Frau längst gut genug, um zu spüren, dass sie mit dieser übertriebenen Fröhlichkeit und der hektischen Aktivität, mit der sie die Puja vorbereitet, nur ihren Schmerz und die Sehnsucht vor sich und der Familie verbergen will. Sollte er vielleicht doch noch ein weiteres Mal im Kumari Bahal anrufen und diesmal ganz konkret fordern, die Tochter solle zumindest für die Mata-Tirtha-Puja nach Hause kommen? Durfte er die Familie des Chitaidar an einem solchen Tag stören? Schließlich wird ja heute auch im Kumari Bahal mit Kindern und Enkeln gefeiert.

Amrit entschließt sich, seine Bitte in anderer Form zu übermitteln. Von der Küche steigt er die steile Holzstiege nach oben und nimmt im Wohnraum vor dem kleinen Buddha-Schrein im Yoga-Sitz Platz. Lange blickt er in das flackernde Öllicht, und mit einem leichten Summen auf den Lippen beginnt er schließlich die Reise in eine tiefe Sadhana-Meditation.

Von den Passanten auf dem Durbar-Platz weitgehend unbeachtet, sitzt Amita auf dem Podest am Fuße des Trailokya-Mohan-Narayan-Tempels – nur wenige Meter von der Postkartenverkäuferin entfernt, die von ihrem angestammten Platz unterhalb des goldenen Fensters verstohlene Blicke zu ihr herüberschickt. Sie hat in dem vollkommen abwesend wirkenden Mädchen jene Dyo Maiju erkannt, von der sie einst täglich die Tika empfangen hatte.

Noch nie hat sie die Halle eines Hotels mit eigenen Augen gesehen, aber sie weiß aus vielen Filmen, wie eine Rezeption aussieht und was es für die Angestellten dort zu tun gibt. Seit einigen Tagen, seit sie mit der Kumari hinter dem vergitterten Fenster neben dem Khopi saß, hat sie immer wieder dasselbe Bild vor Augen. Sie steht hinter der Rezeption, und davor befinden sich all diese fremden Menschen, die früher vom Kumari Chowk aus zu ihr hochgesehen haben, und sie spricht mit ihnen in Englisch, wie sie es inzwischen ganz gut gelernt hat. Aber sie ist nicht allein hinter dieser Hotelrezeption, da ist auch Anita-didi, und auch sie spricht Englisch mit diesen fremden Leuten, die sehr nett zu Anita-didi und zu ihr sind.

Auf dem Durbar-Platz suchen die nachlässig geschminkten Sadhus wie eh und je die Nähe der immer weniger werdenden Touristen, um sich gegen Dollars oder höhere Rupien-Beträge von ihnen ablichten zu lassen. Doch die Geldbörsen der Touristen sind hier längst ein hart umkämpftes Terrain. Es gibt zwar kaum Taschendiebe in jenem Land, in dem die Kriminalitätsrate (noch) eine der niedrigsten der Welt ist –

wohl aber selbst ernannte Tourist-Guides, die zu überhöhten Preisen die Sehenswürdigkeiten des Platzes erklären, sowie Rikscha-Fahrer, die sie zu ebensolchen Konditionen von hier wegbringen wollen. Die ganze Gegend steht unter der strengen Beobachtung schwer bewaffneter Soldaten, deren Präsenz an den neuralgischen Punkten der Hauptstadt seit Wochen stetig zunimmt. Dazwischen spielt sich der ganz normale nepalesische Alltag ab: Passanten streben aus der Geschäftsgegend rund um die New Road hierher in die Altstadt und andere kehren mit ihren Einkäufen aus dem Kashtamandap dorthin zurück.

Es gefällt ihr, einmal ganz allein hier zu sitzen und die Menschen zu beobachten. Wie anders verläuft doch das Leben auf diesem Platz, wenn nicht die Kumari ein Fest feiert oder vom goldenen Fenster aus zum König blickt. Genau hier an dieser Stelle standen zu Indra Jatra immer die Fotografen und Kameraleute, hier wurde Gautam, der sie auf seinen Armen trug, immer gestoppt, und es dauerte oft eine ganze Weile, ehe sie dort hinüberkommen konnten, wo der goldene Wagen auf sie wartete.

Rechts, in dem Schuppen dort zwischen Kumari Bahal und dem Geschäft, wo die Kumari-Bäckerei den Kuchen verkauft, steht der Wagen jetzt, bis er für die nächste Indra Jatra wieder hervorgeholt wird. Und wenn man über die hohen Stufen zu diesem Tempel hochsteigt, so wie sie es vor ein paar Tagen mit Garima gemacht hat, kann man von oben über das gelbe Tor blicken und den goldenen Pagodenaufbau sehen, in dem damals ihr kleiner Thron stand.

So sehr sie sich auch bemüht, nicht daran zu denken, es will ihr nicht gelingen. Immer wieder fällt ihr ein, wie gestern die Kumari – mitten beim Abfragen der nepalischen Vokabeln – plötzlich gefragt hat, ob sie denn als Gast an der Mata-Tirtha-Puja für die Thuloma teilnehmen will. Und dann hat die Kumari ihr versprochen, Durga-didi zu fragen. Aber ganz sicher habe Durga-didi nichts dagegen … Das hat ihr einen Stich in der Brust versetzt. Die Kumari will mit Durga-didi sprechen, damit sie als Gast an der Mata-Tirtha-Puja für die Thuloma teilnehmen darf? Wie oft schon hat sie an der Mata-Tirtha-Puja für die Thuloma teilgenommen, lange bevor diese Dyo

Maiju die Kumari von Kathmandu war. Weil sie keine Ma hatte oder weil ihre Ma nicht im gleichen Haus wie sie gewohnt hat, war sie mit Durga und deren Geschwistern zur Mata-Tirtha-Puja ins Wohnzimmer der Thuloma hinübergegangen. Doch jetzt hat sie ja eine Ma! Im Kumari Bahal aber ist sie nur noch ein Gast. Alle freuen sich, wenn sie da ist, aber trotzdem ist sie nur noch ein Gast – wie andere Gäste auch.

Sie beobachtet eine Gruppe fremder Menschen, die durch die niedrige Tür aus dem Kumari Bahal treten … Sie hört, wie sie »Very interesting!« sagen oder »It's a terrible childhood, isn't it?!« oder »It's a question of belief …!« Sie versteht, was diese Leute sagen – und plötzlich ist es wieder da, dieses Bild von der Hotelrezeption … Nun ist sie sich ziemlich sicher, dass ihre Entscheidung richtig war, auf Gautam zu warten. Sobald er vom Besuch bei seiner Schwiegermutter zurück ist, wird er sie auf seinem Motorrad fahren …

Die Zufahrt zur Vishnumati-Brücke ist derart verstopft, dass Gautam nicht einmal mehr mit dem Motorrad durchkommt. Da der nachfolgende Verkehr dicht aufgefahren ist, besteht auch keine Möglichkeit umzukehren. Aber wahrscheinlich sieht es ohnehin an den weiter nördlich gelegenen Brücken derzeit ebenso aus.

»Heute müssen mal wieder viele Mütter warten, bis ihre Kinder sie besuchen können«, ruft er nach hinten, wo sich Amita mit einem viel zu großen Helm auf dem Kopf an ihn klammert.

Gautams Blick fällt rechts auf das Gebäude des Paropakar – Kathmandus größtem Waisenhaus.

»Hier zu warten ist aber immer noch besser als da drüben zu sitzen. Diese Kinder haben niemanden mehr, mit dem sie eine Mata-Tirtha-Puja feiern können.«

Sie weiß, was Gautam meint. Früher, am ersten Tag des Indra-Jatra-Festes, war sie hier ganz in der Nähe immer mit dem Wagen vorbeigekommen. Manchmal hat sie der Thuloba oder einer der Männer mit dem schwarzen Topi auf dies und das am Straßenrand hingewiesen. Auch auf das Waisenhaus des Paropakar. Sie wusste damals nicht, was ein Waisenhaus ist, aber sie konnte ja schlecht fragen – nicht auf dem Wagen jedenfalls. Deshalb hat sie hinterher Durga-didi gefragt, und die hat ihr erklärt, dass dort Kinder wohnen, die keine Eltern mehr haben oder aus verschiedenen Gründen nicht bei ihren Eltern leben können. Und sie hat damals gedacht, dass sie auch so ein Kind ist, und der Kumari Bahal ist für sie das Gleiche wie für diese Kinder das Paropakar …

Langsam kommt Bewegung in den Pulk von Fahrzeugen. Gautam nutzt eine Lücke, um weiter nach vorn zu kommen. Schließlich tut sich eine weitere auf, in die er mit seinem Motorrad hineinschießt, und noch eine, und dann hat er freie Bahn. Mit einigem Tempo überquert er den Vishnumati, biegt auf der anderen Flussseite steil nach rechts ab und prescht die kurvenreiche Straße in Richtung zum Birendra-Sainik-Hospital hoch. Auf dem Beifahrersitz klammert sich die kleine Amita mit dem großen Helm noch enger an ihren Vordermann.

Als oberhalb der Straße die Swayambhunath-Stupa auftaucht, ruft Gautam nach hinten: »Da ist schon der Affentempel. Jetzt bist du gleich zu Hause!«

Doch Amita hat die humorvoll gemeinte Doppeldeutigkeit gar nicht realisiert.

Zu Hause? Ist sie wirklich in diesem engen, dunklen Haus mit den steilen Holztreppen zu Hause, in dem schiefen Gebäude, das nicht einmal einen Garten hat? Wo aber ist sie zu Hause? Darauf hatte sie ja auch damals schon keine Antwort, als Anita-didi sie das vor langer Zeit im Gufa gefragt hatte … Sie weiß nur, dass sie dort, wo sie gerade herkommt und wo sie sich einmal lange zu Hause gefühlt hat, nun nicht mehr zu Hause ist. Dort wohnt Durga-didi, die sie liebt, und Garima, die immer eine engere Freundin für sie sein wird als Ganga – aber zu Hause ist sie dort nicht mehr.

Der newarische Teenager wirkt etwas verloren zwischen den schiefen, vom Monsunregen verwitterten Fassaden der schmucklosen Wohnhäuser. Die längst zu kurz gewordene Lieblings-Bluejeans und der etwas zu große Rucksack ihres Baa auf dem Rücken verstärken diesen Eindruck noch. Die Hände in den Hosentaschen vergraben, blickt sie wehmütig Gautam hinterher, wie er sein Motorrad geschickt zwischen den Schlaglöchern der unbefestigten Straße hindurchmanövriert, auf dem Weg zurück in den Kumari Bahal. Welch ein Unterschied zwischen dieser staubigen Gegend hier, wo sich fast kein Haus vom anderen unterscheidet, und den gewaltigen Pagoden am Durbar-Platz. Doch so wie dort, das hat auch Amita mittlerweile mitbekommen, sieht es fast nirgendwo aus in dieser großen Stadt Kathmandu.

Am Durbar-Platz hat sie heute Morgen nur zwei Gesichter erkannt. Den Raj Guru, der sie auf seinem täglichen Gang in den Agam gar nicht bemerkt hat, und die Frau, die die Postkarten verkauft, mit der sie aber noch nie ein Wort gesprochen hat. Hier oben in Swayambhu kennt sie inzwischen fast jeden: den alten Mann, der wie an jedem Tag dort drüben vor seinem kleinen Laden sitzt, in dem er von Haarspangen bis Putzeimer alles verkauft; die alten Frauen und Männer der Nachbarschaft, die auf der staubigen Straße herumstehen und in ihren Händen kleine Gebetsmühlen drehen, und die Mönche von der Swayambhunath-Stupa, von denen ihr Bina gesagt hat, dass es Tibeter sind. Und sie kennt die Kinder, die hier draußen spielen – und von den meisten weiß sie sogar die Namen.

Aus dem ersten Stock hört sie plötzlich eine vertraute Stimme. Sie freut sich! Ja, sie freut sich tatsächlich, dass sie gleich ihre Anita-didi wiedersehen wird … und auch Ma und Baa.

Sie blickt hoch zu der glaslosen Fensteröffnung, hinter der das Zimmer liegt, in dem sie jetzt wieder mit Anita-didi leben wird. Sie findet das Haus immer noch nicht schön, und die Tür, durch die sie gleich treten wird, ist so niedrig, dass selbst sie sich bücken muss, obgleich sie doch die Kleinste in der

Familie ist, außer der Mutter von Baa – ihre Großmutter. Aber in diesem Haus ist sie nicht nur Gast, hier ist sie – zu Hause.

Als sie den schwarzen Klingelknopf drückt, der an einem dünnen Draht neben der farblosen alten Holztür hängt, hört sie drinnen das vertraute Schnarren der Türglocke. Am Geräusch der energisch herannahenden Schritte kann sie bereits erkennen, wer gleich die Tür öffnen wird. Im nächsten Moment blickt sie in ein Gesicht, das gleichzeitig Überraschung und Freude offenbart – das schöne und vertraute Gesicht ihrer Ma.

Dieser Moment vermittelt Mimita schlagartig die Gewissheit, dass sie heute die schönste Mata-Tirtha-Puja ihres bisherigen Lebens erleben würde. Für Amita aber bedeutet er das Ende ihrer Kindheit, von der sie sich an diesem Tag endgültig verabschiedet hat – an jenem vertrauten Ort, an den sie noch einmal für drei Wochen zurückgekehrt war. Dort war vor vier Jahren eine verunsicherte Dyo Maiju in eine fremde Welt gestoßen worden. Heute aber ist es die Heimkehr einer jungen Frau, die einmal die Kumari des Königs gewesen ist.

Anhang

Glossar

Aadhyro Kotha
ein sakraler (nahezu dunkler) Raum im Haupthof zwischen der alten Königsresidenz *Hanuman-Dhoka-Palast* und dem *Taleju*-Tempel, in dem während *Kala Ratri* – der *»Schwarzen Nacht«* des *Dashain-Festes* – in Gegenwart der Kumari die geheimnisvolle *Durga-Puja* abgehalten wird.

Adi-Buddha
gilt als »Ur-Buddha«, der sich selbst erschaffen und durch ein Urfeuer auf die Erde geschleudert wurde. Der Legende nach erschuf er die fünf *Dhyani-Buddhas.*

Agam
der dunkle Tempelraum der *Pancha-Buddha-Priester* im Erdgeschoss des *Kumari Bahal.*

Astami
der »große achte Tag« des *Dashain-Festes* vor *Kala Ratri (»Schwarze Nacht«),* an dem im ganzen Kathmandu-Tal Tieropfer dargebracht werden.

Baa
newarische Anrede für den Vater (in Nepali: Buba).

Badaguruju
die wörtliche Übersetzung bedeutet: »erhabener Meister«. Der Badaguruju entstammt der Priesterkaste der *Brahmanen* und ist der Chefpriester des Königs. Im Gegensatz zu dem ihm unterstellten königlichen

Hauptpriester *Mul Purohit* hat er eigene Entscheidungsbefugnisse. Er ist auch und vor allem der religiöse Ratgeber des nepalesischen Königs.

Bhairav
die furchtlose Manifestation des Göttervaters *Shiva*.

Bhara Tayegu
newarischer Name für die Hochzeit mit dem Sonnengott *Surya Bhagawan,* mit dem die newarischen Mädchen kurz vor der ersten Menstruation vermählt werden, um zeitlebens das Los der Witwenschaft auszuschließen, und nicht als ledig zu gelten. Die Zeremonie heißt auf Nepali: *Gufa Rakhne.*

Brahmanen (– brahmanisch)
die Kaste, die als »Kopf« der hinduistischen Gesellschaft angesehen wird. Ihre Mitglieder gelten als die intellektuelle Elite, weshalb ausschließlich dieser Kaste die Priester und überwiegend die Gelehrten entstammen.

Chitaidar
nennt man in Nepal jene Person, die im *Kumari Bahal* die »lebende Göttin« betreut. Traditionell war die Chitaidar eigentlich eine allein stehende Frau. Da die derzeitige Chitaidar aber verheiratet ist, wird auch deren Mann so genannt.

Dashain-Fest
dauert zehn Tage und endet mit der ersten Herbst-Vollmondnacht. Das Fest ist der Göttin *Durga* und dem Sieg des Guten über das Böse gewidmet.

Dhal Bhat (auch: Dhalbhat Tarkari)
nepalesisches Nationalgericht, bestehend aus Reis, Linsen und Gemüsecurry.

Dhkysha
Priesterweihe für einen hinduistischen Priester.

Dhyani-Buddhas
der Legende nach sind die fünf Buddhas die Schöpfer des Universums in verschiedenen Zeitaltern. Sie stammen nicht vom Gautama – dem historischen Shakya-Muni-Buddha – ab, sondern wurden vom *Adi-Buddha* erschaffen. Ihre leibhaftigen Repräsentanten sind die *Pancha-Buddha-Priester* von Kathmandu, die die Elemente Feuer, Erde, Wasser, Luft und Himmel repräsentieren.

-didi
die Nachsilbe hinter einem Namen bedeutet »ältere Schwester« (im Gegensatz zu -bahini, was »jüngere Schwester« bedeutet.

Doura Suruwal
typische nepalesische Tracht für Männer – bestehend aus einer Röhrenhose und einem langen, hemdartigen Oberteil.

Durbar
ist die englische Schreibweise von »Darbar«, was »königlich« bedeutet.

Durga (– Durga-Puja)
eine der furchtlosen und gelegentlich auch grausamen Manifestationen der Göttin *Parvati* – wie auch Bhagvati und Kali. Ihr zu Ehren wird während des *Dashain-Festes* die geheimnisvolle Durga-Puja zelebriert, der die Opferung von vierundfünfzig Ziegen und vierundfünfzig Büffeln im *Mul Chowk* vorausging.

Dyo Maiju
newarischer Begriff für »Mädchengöttin«.

Fulpati
der »Siebte Tag« des *Dashain-Festes* und eigentlicher Beginn der mehrtägigen Feierlichkeiten.

Ganesh
der mit einem Elefantenkopf dargestellte Sohn von *Parvati* und *Shiva*. Er wird als ein Gott verehrt, der Hindernisse zur Seite räumt und das Glück garantiert.

Gan-Kumari
am Tag der *Durga-Puja* während des *Dashain-Festes* werden acht Jungfrauen als Gan-Kumaris (Göttinnen für einen Tag) verehrt, die die acht Manifestationen der Göttin *Durga* darstellen.

Garuda
das Reittier des Gottes *Vishnu* ist halb Adler und halb Mensch. Es wird vor Vishnu-Tempeln kniend dargestellt.

Gorkha
einstiges kleines Königreich in Zentral-Nepal. Dessen Herrscher Prithvi Narayan Shah eroberte 1768 Kathmandu und beendete die Herrschaft der *Malla-Dynastie* (siehe auch: *Shah-Dynastie*).

Gufa
der verdunkelte Raum, in dem sich die *Newar*-Mädchen zwölf Tage aufhalten, ehe sie mit dem Sonnengott *Surya Bhagawan* während der *Bhara Tayegu* vermählt werden. Aber auch die Zeit selbst, die in diesem Raum verbracht werden muss, wird Gufa genannt.

Gufa Rakhne
nepalischer Begriff für die Vermählungsfeier mit dem Sonnengott *Surya Bhagawan*. Die Feier heißt auf Nepali: *Bhara Tayegu*.

Guthi Sanasthan
das Kumari-Komitee, dessen offizielle Amtsbezeichung »Amt für religiöse Güter« lautet.

Hanuman-Dhoka-Palast
einstiger Regierungssitz der *Malla*-Könige. Noch heute wird der Palast vom Monarchen am *Indra-Jatra*-Fest und anderen offiziellen Anlässen von der königlichen Familie aufgesucht. In dessen Hof (*Nyashal Chowk*) finden auch die Krönungen der nepalesischen Könige statt. Der Name des Palastes ist dem Affengott Hanuman entlehnt, der als Sinnbild für Kraft und Ausdauer gilt.

Indra Jatra
Indra ist der König der *vedischen* Götter und auch der Hindu-Gott des Regens. Am Ende der Monsunzeit wird ihm zu Ehren ein viertägiges Fest gefeiert. An diesen höchsten Festtagen im umfangreichen nepalesischen Feiertagskalender kommt die Kumari während drei *Jatras* zu ihrem Volk.

Jatra
nepalesischer Begriff für eine religiöse Prozession.

Jwala-nhyanka
jener Spiegel mit dem silbernen Feuerkranz ist ein tantrisches Werkzeug, mit dessen Hilfe die göttliche Energie gebunden und weitergegeben werden soll.

Kala Ratri (»Schwarze Nacht«)
ist die neunte Nacht des *Dashain-Festes.* In der Nacht, in der die *Durga-Puja* stattfindet, werden im ganzen Kathmandu-Tal Tieropfer durchgeführt.

Khopi
Schlafraum der Kumari.

Kumari Bahal (– Kumari Ghar)
in dem zweigeschossigen Palast am Durbar-Platz von Kathmandu wohnt und residiert die jeweils amtierende Kumari sowie der *Chitaidar* und dessen Familie. Der Palast heißt nur bei den nepalesischen Buddhisten Kumari Bahal (Kumari-Kloster), von den Hindus wird der Palast Kumari Ghar (Kumari-Haus) genannt.

Kumari Chowk
Innenhof des *Kumari Bahal.*

Kusa (»Eragrotis cynasuroides«)
ein Gras, dem spirituelle Energien nachgesagt werden. Es kommt auch während der *Durga-Puja* im *Aadhyro Kotha* zum Einsatz.

Lakshmi
Göttin des Wohlstands. Sie wird häufig in einer Lotusblüte stehend dargestellt, mit je einem Elefanten auf beiden Seiten, die sie mit Wasser besprühen.

Lingam
Phallus-Symbol für die schöpferische Kraft *Shivas.*

Ma
newarische Anrede für die Mutter (in Nepali: Aamaa).

Machhendranath
buddhistische Gottheit im Kathmandu-Tal. Er gilt als Herr über Regen und Wohlstand.

Malla-Dynastie
bezeichnet die Ära der Malla-Könige, die das Kathmandu-Tal vom 13. Jahrhundert bis zu ihrer Niederlage unter Prithvi Narayan *Shah* im Jahre 1769 regierten. Sie waren die letzten *Newars* auf dem Thron.

Mantra
mythische Silben und Formeln, die während *tantrischer* und *vedischer* Rituale vorgetragen werden und denen man eine spirituelle Energie nachsagt.

Mousuf Sarkar
offizielle Anrede des nepalesischen Königs; es entspricht in etwa der Anrede »Ihre Majestät der König« (Mousuf = Ihre/Seine Majestät und Sarkar = König)

Mudra
so werden die symbolhaften Handhaltungen von Gottheiten genannt.

Mukut
Krone der Kumari – je nach Anlass mit oder ohne Gold und Edelsteinen.

Mul Chowk
der Haupthof zwischen *Taleju*-Tempel und *Hanuman-Dhoka-Palast*. Hier findet an *Astami* die rituelle Schlachtung von vierundfünfzig Büffeln und vierundfünfzig Ziegen statt. Hier befindet sich auch der *Aadhyro Kotha*.

Mul Pujari
hinduistischer Hauptpriester unter den Priestern (Pujari) im *Taleju*-Tempel.

Mul Purohit
königlicher Oberpriester, der formell direkt dem *Badaguruju* unterstellt ist.

Nagmala
hölzerne Schlangenkette, die die Mädchengöttin vor der Macht der Dämonen schützen soll.

Namaste
nepalesischer Begrüßungs- und Abschiedsgruß.

Narayanhiti Durbar
Königspalast in Kathmandu.

Navami
jener neunte Tag des *Dashain-Festes,* der nach *Kala Ratri* beginnt.

Newar
Ureinwohner des Kathmandu-Tales mit eigener Sprache (Newari).

Nitya-Puja
sakrale Handlung, die täglich vom *Raj Guru* im *Agam* durchgeführt wird, um »die Heiligkeit des Raumes zu erhalten«.

Nyashal Chowk
kleiner Innenhof des *Hanuman-Dhoka-Palastes* (im Gegensatz zum *Mul Chowk*). Hier finden die Krönungen der nepalesischen Könige statt.

Pancha-Buddha-Priester
die fünf buddhistischen Priester verkörpern die *Adi-Buddhas.* Gemeinsam repräsentieren sie die fünf Elemente Himmel, Erde, Wasser, Luft und Feuer.

Parvati
Gattin des *Shiva* und Muttergöttin.

Patro
mit Silber ausgeschlagene Hirnschale eines Menschen, in welcher der Kumari die »heiligen Wasser« (Reisbier, Reiswein und roter Schnaps) gereicht werden.

Raj Guru
Oberhaupt der *Pancha-Buddha-Priester* und höchster Repräsentant des newarischen *Vajrayana-Buddhismus.*

Ramayana
Nach dem »Mahabh'arata« das zweitwichtigste hinduistische Heldenepos. Im Mittelpunkt steht Rama, die siebte Inkarnation des Gottes *Vishnu,* ein Prinz und späterer König, dessen Frau Sita, der Affengott Hanuman und der Dämonenkönig Rawana.

Sadhana
»Der Weg des spirituell Suchenden« ist eine spezielle Kunst der Meditation.

Sadhu
hinduistischer Heiliger, der den Weg in die Askese gewählt hat. Er steht außerhalb der Kastengliederung.

Satyayug
der Begriff steht für das »Zeitalter der Wahrheit«. Damit wird ein verlorengegangener gesellschaftlicher Zustand der spirituellen Einheit beschrieben, den wiederherzustellen das Ziel religiösen Handelns ist.

Shagun
wörtlich übersetzt heißt es »heiliges Essen« und versteht sich als Opfergabe in Form von Speisen und Getränken.

Shah-Dynastie
seit dem historischen Sieg von Prithvi Narayan Shah am ersten Tag des *Indra-Jatra*-Festes des Jahres 1769 sitzen Shah-Herrscher auf Nepals Thron.

Shakti
im Sanskrit bedeutet dieser Begriff sowohl »spiritiuelle Kraft« wie auch »Energie«. Im religiösen Sprachgebrauch der Hindus steht das Wort für den weiblichen Aspekt von göttlicher Allmacht.

Shakya
Kastenbezeichnung und Familienname von Angehörigen der einstigen Gold- und Silberschmiedekaste. Wenngleich nur noch wenige Shakyas diesem Gewerbe nachgehen.

Shiva
(wörtliche Übersetzung: »der Gesegnete«) ist der mächtigste Gott der Hindus. Er gilt gleichermaßen als Schöpfer und Zerstörer.

Sinhamu
reichlich verziertes silbernes Gefäß, welches das rote *Tika*-Pulver enthält. Es wird auch während *tantrischer* Pujas eingesetzt.

Stupa
halbkugelförmiger buddhistischer Sakralbau, der eine Reliquie enthält.

Surya Bhagawan
Sonnengott, mit dem die newarischen Mädchen in dem Ritual *Bhara Tayegu* (auf Nepali: *Gufa Rakhne*) verheiratet werden.

Swayambhunath-Stupa
buddhistischer Tempel auf einer Bergkuppe westlich von Kathmandu; ist eines der bekanntesten und auf den ersten Blick erkennbaren architektonischen Bauwerke Nepals.

Taleju
ursprünglich eine südindische Gottheit. Sie kam vor etwa vierhundert Jahren ins Kathmandu-Tal, wo sie als Inkarnation von *Durga* zur Hausgöttin der *Malla*-Könige aufstieg. Nach dem Sieg der *Shah-Dynastie* über die der Malla im Jahre 1769, wurde sie von Prithvi Narayan Shah – dem ersten König der neuen Dynastie – übernommen.

Tantra (– tantrisch)
ursprünglich eine esoterische Form des Buddhismus mit zahlreichen magischen Elementen, die später auch Einzug in hinduistische Rituale gefunden hat. Grundlage des Tantra ist es, durch Meditation und Rezitieren *mantrischer* Verse in einen energetischen Zustand zu gelangen, der zielgerichtet eingesetzt werden kann.

Thuloba
newarisch: ältester Onkel (Onkel = Kaka).

Thuloma
newarisch: älteste Tante (Tante = Kaki).

Tika
farbiges (meist rotes) Zeichen auf der Stirn. Es ist das Zeichen des Segens, das den Träger desselben vor Dämonen schützen soll.

Topi
typische nepalesische, mützenartige Kopfbedeckung.

Vajra Devi
Hauptgöttin des nepalesischen *Vajrayana-Buddhismus.* Aus newarisch-buddhistischer Sicht ist die Kumari deren Inkarnation.

Vajrayana-Buddhismus
spezielle newarische Form des Buddhismus, an dessen Spitze die Göttin *Vajra Devi* verehrt wird.

Veden (– vedisch)
die Übersetzung des Begriffs aus dem Sanskrit bedeutet »die Erteilung des Wissens«. Die vedischen Schriften sind die ältesten hinduistischen Texte (etwa aus dem 2. Jh. v. Chr.) und stehen im Mittelpunkt vedischer Rituale.

Vishnu
einer der drei Hauptgötter des Hinduismus. Er gilt als der Erhalter des Universums.

Yantra
tantrisches Werkzeug in der Form eines Donnerkeils, dem magische Kräfte zugeschrieben werden. Es kommt während buddhistischer Rituale zum Einsatz. Die Kumari trägt ein Yantra an der Kette um den Hals.

Yihee-Hochzeit
die newarischen Mädchen werden während jener Zeremonie mit einer Bel-Frucht verheiratet, einem Symbol des Gottes Narayan (einer der Inkarnationen *Vishnus*). Fortan gelten sie zeitlebens, unabhängig von einer späteren Vermählung mit einem Mann, als verheiratet. Frü-

her entgingen die *Newar*-Frauen nach dem Tod eines Ehemanns dadurch dem furchtbaren Ritual der Witwenverbrennung.

Yoni
Symbol des weiblichen Geschlechtsteils, Gegenstück zum *Lingam*.

Danksagung

In Nepal:

Zunächst gebührt mein Dank natürlich Amita – der einstigen Kumari –, die bereit war, mir ihre Lebensgeschichte zu erzählen (auch wenn es ihr nicht immer leicht gefallen ist). Desgleichen ihrer Schwester Anita sowie ihrer Cousine und einstigen Lehrerin Bina. Ferner Amitas Eltern: Mimita und Amrit Man Shakya. Ohne die Bereitschaft all derer zur Zusammenarbeit und deren Gastfreundschaft hätte ich dieses Buch nicht schreiben können.

Mein Dank gilt Durga Shakya, die mir von ihrer Zeit mit Amita im Kumari Bahal berichtete, dem inzwischen verstorbenen königlichen Chefastrologen Mangal Raj Joshi, allen im Buch zitierten Priestern der beiden nepalesischen Hauptreligionen sowie allen Informanten, die darum gebeten haben, anonym zu bleiben.

Ich danke meinem Team, welches mir bei der Recherche vor Ort hilfreich zur Seite gestanden hat: Yuvraj Acharya (dem exzellenten Reporter und Rechercheur), Jaya Krishna Nhuchhe Pradhan (der für mich weit mehr war als ein Übersetzer) sowie Kalpana Shakya, Yagya Bikram Shahi, Prakash Adhikari und Vishnu Gyanwali (die mir zeitweilig als Berater zur Seite standen).

Es darf das gesamte Team des »International Guesthouse« in Kathmandu nicht unerwähnt bleiben, das mir meine mehrmonatigen Aufenthalte sehr angenehm gestaltet hat.

In Deutschland:

Ich danke Dr. Dietrich Lückoff, der große Passagen aus dem Werk *Le palais et le temple* von Gérard Toffin für mich übersetzt hat, welches mir eine professionelle Vorbereitung auf die Interviews mit der nepalesischen Priesterschaft ermöglichte. Mein Dank geht auch an Eva-Beatrice Rodenstock – stellvertretend für viele Freunde, die meine Arbeit auf vielfältige Weise unterstützt haben.

Ein ganz besonderer Dank gilt meiner Literaturagentin Barbara Wenner von der Agentur Graf & Graf in Berlin und Andrea Kunstmann vom Heyne Verlag, die beide an dieses Projekt geglaubt haben – und natürlich meiner Lektorin Regina Carstensen.

Bildnachweis